Kapstadt & Kap-Provinz

Dieter

Gratis-Download: Updates & aktuelle Extratipps des Autors

Unsere Autoren recherchieren auch nach Redaktionsschluss für Sie weiter. Auf unserer Homepage finden Sie Updates und persönliche Zusatztipps zu diesem Reiseführer.

Zum Ausdrucken und Mitnehmen oder als kostenloser Download für Smartphone, Tablet und E-Reader.
Besuchen Sie uns jetzt!
www.dumontreise.de/kap-provinz

short.travel/?rj1g

DUMONT
Reise-Taschenbuch

Kap-Provinz persönlich 6
Lieblingsorte 12
Schnellüberblick 14

Reiseinfos, Adressen, Websites

Informationsquellen 18
Wetter und Reisezeit 21
Anreise und Verkehrsmittel 23
Übernachten 27
Essen und Trinken 29
Aktivurlaub und Sport 32
Feste und Unterhaltung 34
Reiseinfos von A bis Z 36

Panorama – Daten, Essays, Hintergründe

Steckbrief Kapstadt und die Kap-Provinz 44
Geschichte im Überblick 46
Fynbos – das kleinste Florenreich der Erde 52
Pinguine und Paviane – Kap-Fauna 56
Wale – das Comeback der sanften Riesen 58
Kap der guten Tropfen 60
Money Talks – die Wirtschaft blüht 64
Apartheid – Rassismus als Staatspolitik 68
Die Regenbogennation 72
Friedlich statt fundamental – religiöse Vielfalt 74
Beten und Arbeiten – deutsche Missionsstädte in der Kap-Provinz 76
Giebelhäuser und Wolkenkratzer – Stilmix à la Kapstadt 79
Pieter-Dirk Uys – der bekannteste Kabarettist des Landes 82

Unterwegs in der Kap-Provinz

Kapstadt 86
Die aufregendste Stadt Afrikas 88
Rundgang durch die historische City 90
Bo-Kaap 106
Victoria & Alfred Waterfront 107
Townships 111
Ausflüge 112

Kap-Halbinsel 136
Schöne Aussichten rund ums Kap 138
Von Kapstadt an die False Bay 138
Simon's Town 142
Von Simon's Town zum Cape Point 144
Vom Kap nach Hout Bay 148
Hout Bay 150
Von Hout Bay nach Kapstadt 155

Weinland 160
Historisches Herz des Weinbaus 162
Weingüter rund um Constantia 162
Somerset West 165
Über die Berge nach Franschhoek 167
Boland Hiking Trail – Wanderung 170
Franschhoek 171
Von Franschhoek nach Stellenbosch 176
Stellenbosch 177
Paarl 184
Von Paarl nach Tulbagh 190

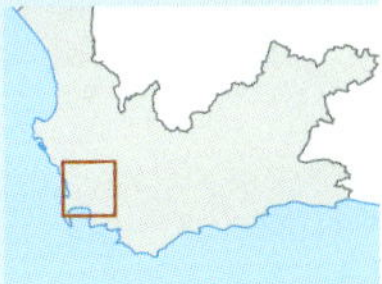

Westküste 192
Ruhige Idylle im Nordwesten 194
Bloubergstrand, Mamre 194
Darling 195
Yzerfontein 195
West Coast National Park 195
Postberg Wildflower Trail – Wanderung 199
Langebaan 201
Saldanha, Paternoster 201
St. Helena Bay 205
Eland's Bay 205
Lambert's Bay und Vogelinsel 205

Inhalt

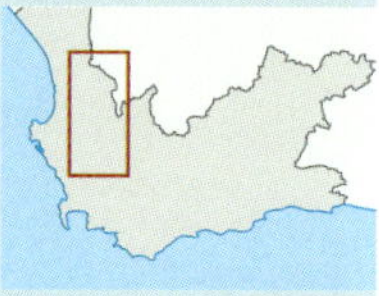

Cederberge 208
Land der Früchte und Berge 210
Ceres 210
Citrusdal, Clanwilliam 211
Nach Wupperthal 214
Wupperthal 216

Entlang der Walküste 218
Südlichster Punkt Afrikas 220
Von der False Bay zur Walker Bay 220
Hermanus 223
Walker Bay 226
Elim, Bredasdorp, Cape Agulhas 229
Waenhuiskrans 230
De Hoop Nature Reserve 230
Wanderung auf dem Whale Trail 231
Malgas 235
Swellendam 236
Greyton und Genadendal 238

Garden Route 240
An der Grünen Küste 242
Mossel Bay 242
Wanderung auf dem Oystercatcher Trail 246
Botlierskop Private Game Reserve 250
George, Seven Passes Road und Wilderness 251
Knysna 252
Knysna Elephant Park, Plettenberg Bay 256
Tierreservate an der Garden Route 259
Nature's Valley 260
Tsitsikamma & Storms River Mouth 261

Karoo 264
Pässe und Vögel der Superlative 266
Auf der Route 62 in die Karoo 266
Oudtshoorn 272
Cango Caves 275
Swartberg Pass 275
Auf dem Swartberg Hiking Trail 277
Prince Albert 281
Matjiesfontein 282

Sprachführer 286
Kulinarisches Lexikon 289
Register 292
Autor/Abbildungsnachweis/Impressum 296

Auf Entdeckungstour

District Six – zu Besuch in einem ausgelöschten Stadtteil 98
Table Mountain – mehr als nur ein Berg 114
Cape Town, Jazz Town – eine Jazztour durch Kapstadt 132
Light Houses – zu den Leuchttürmen am Kap 146
Auf historischen Pässen – im Weinland 186
Robben Island – Südafrikas Alcatraz 196
Bizarre Felsen – Wanderung in den Cederbergen 212
Unter Dampf – eine Fahrt mit historischen Zügen 244
Rüsselerlebnisse – zu Besuch bei den Elefanten 248
Wanderung auf dem Otter Trail 262

Karten und Pläne

s. hintere Umschlagklappe

▶ Dieses Symbol im Buch verweist auf die Extra-Reisekarte Kapstadt & Kap-Provinz

Das Klima im Blick

atmosfair

Reisen verbindet Menschen und Kulturen. Wer reist, erzeugt auch CO_2. Der Flugverkehr trägt mit bis zu 10 % zur globalen Erwärmung bei. Wer das Klima schützen will, sollte sich – wenn möglich – für eine schonendere Reiseform entscheiden. Oder Projekte von *atmosfair* unterstützen: Flugpassagiere spenden einen kilometerabhängigen Beitrag für die von ihnen verursachten Emissionen und finanzieren damit Projekte zur Verringerung des CO_2-Ausstoßes in Entwicklungsländern *(www.atmosfair.de)*. Auch der DuMont Reiseverlag fliegt mit *atmosfair!*

Liebe Leserin, lieber Leser,

ich kann es kaum glauben, dass ich nun schon seit über 20 Jahren in der schönsten Stadt der Welt lebe. Meine Antwort auf die Frage, wie lange ich schon hier lebe, lautet immer: so lange wie die Demokratie. 1994 fanden die ersten freien Wahlen Südafrikas statt, und Nelson Mandela wurde der erste schwarze Präsident.

Ich habe es nie bereut, dass ich Kapstadt zu meiner neuen Heimat auserwählt habe. Und die Betonung liegt auf Kapstadt. Ich bin dorthin ausgewandert, nicht nach Südafrika. Kapstadt ist Afrika light. Und wenn ich Afrika will, fahre ich ein, zwei Stunden aus Kapstadt hinaus, in die Karoo oder die Westküste hoch.

Ich lebe dort, wo selbst Kapstädter zum Relaxen hinfahren, in Hout Bay. Da, wo der Chapman's Peak Drive beginnt, Südafrikas schönste Küstenstraße. Neben einem herrlichen Strand mit einer von Bergen gesäumten Bucht gibt es dort coole Kneipen und Restaurants. Mein Favorit bietet nicht nur Meerblick, sondern auch nach dem deutschen Reinheitsgebot gebrautes Windhoek-Lager-Bier vom Fass. Und die Fish and Chips sind hier ein echter Klassiker. Doch ich verrate Ihnen auch, wo Sie die leckersten griechischen und asiatischen Gerichte oder Gourmetburger bekommen.

Edle Tropfen kommen natürlich nicht zu kurz. Eines meiner Lieblingsweingüter liegt gleich zwischen Hout Bay und Constantia, wo einst Südafrikas Weinbau begann. Die exzellenten Tropfen genießt man hier in fast toskanisch anmutendem Ambiente, und die Schinken-, Wurst- und Käseplatten sind ein wahrer Genuss.

Neben der Glitzerseite Kapstadts zeige ich Ihnen, wie Sie die Townships, wo das afrikanische Herz der Stadt schlägt, angstfrei erleben können. Und für jene, die die Kap-Provinz ausführlicher erkunden wollen, gibt es tolle Safaritipps, spektakuläre Bergübergänge und coole Stopps neben den Highways. Alles Orte, an die ich selbst gern fahre – haben Sie mein Buch dabei, spreche ich Sie an, und wir trinken ein Glas Wein zusammen.

Ich liebe Kapstadt nach wie vor so wie am ersten Tag. Und Ihnen wird es bei Ihrem Besuch nicht anders ergehen. Versprochen!

Ihr

Dieter Losskarn

Leser fragen, Autoren antworten

Kap-Provinz persönlich – meine Tipps

Kapstadt zum ersten Kennenlernen

Kapstadt ist die einzige Millionenmetropole der Welt, die direkt in einem Nationalpark liegt. Naturnah sozusagen. Die Wanderung in die ›Wildnis‹ des **Tafelbergmassivs** beginnt mitten in der City. Während am Table Mountain ab und zu Menschen in Bergnot geraten und mit Hubschraubern gerettet werden müssen, schlürfen andere unten in der Stadt ihren Espresso oder nippen an einem Cocktail.

Wer etwas außerhalb des Zentrums nächtigt, parkt am besten am **Heritage Square.** Von dort lassen sich die **Bree Street** mit ihren vielen kleinen Bistros, Cafés und Restaurants sowie die historische **Long Street** mit vielen Shops in viktorianischen Gebäuden entdecken. Im Gegensatz zu 1994, als lediglich Giovanni's in **Green Point** echten italienischen Espresso und Cappuccino servierte, wird heute Kaffeekultur in Kapstadt regelrecht zelebriert. Wer in der Stadt seinen Frühstückscappuccino zu sich nehmen möchte, kann das in den oben genannten Straßen tun, wo sich in den letzten Jahren eine richtiggehende Straßenkultur mit Tischen im Freien (von denen man teilweise Tafelbergblick genießt), entwickelt hat. Meine derzeitigen Koffeinfavoriten in der City und im trendigen **Cape-Quar-**

Kapstadt zum Kennenlernen

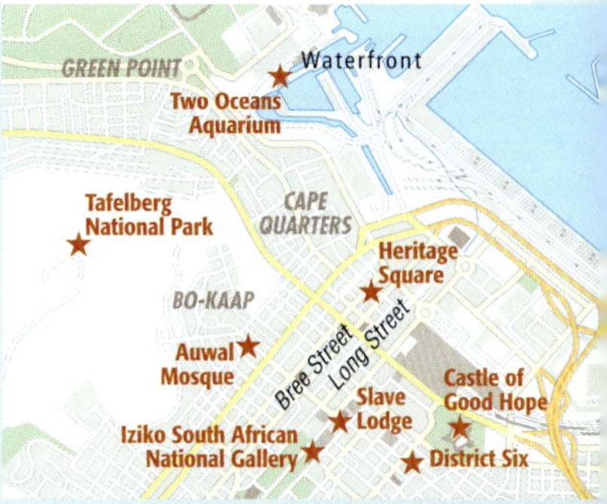

ters-Viertel beschreibe ich ausführlich im Buch. In Gegenrichtung liegt das älteste Viertel der Stadt – **Bo-Kaap.** Dort leben hauptsächlich Muslime in den kopfsteingepflasterten Straßen mit ihren kleinen bunten Häuschen, die in den 1780er-Jahren entstanden sind. Die **Auwal Mosque** in der Dorp Street ist die älteste Moschee Südafrikas.

Welche Sehenswürdigkeiten sind ein Muss?

Das **Castle of Good Hope** ist das älteste Gebäude der Stadt und unbedingt einen Besuch wert. Meine Lieblingsmuseen sind **Slave Lodge** und das **District Six.** Die **Iziko South African National Gallery** ist ebenfalls ein Muss. In der Waterfront ist das **Two Oceans Aquarium** absolutes Besichtigungs-Highlight.

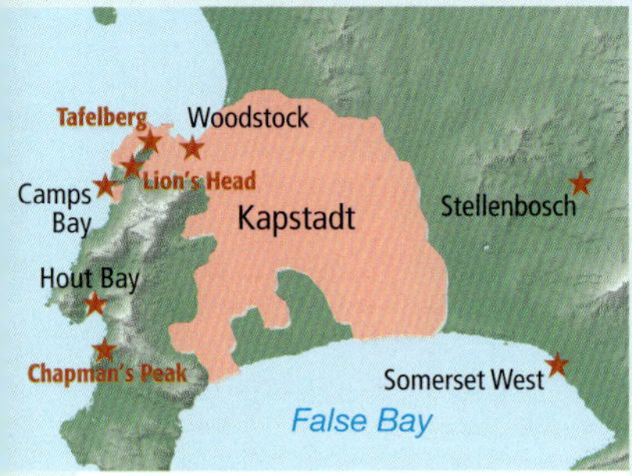

Schöne Aussicht rund um Kapstadt

Designer-Metropole – wo ist Kapstadt besonders kreativ?

Vor allem Kapstadts innovative Township-Art und die Fähigkeit, historische Gebäude stilvoll zu modernisieren, sind Designschwerpunkte in der Stadt. Die Mother City zieht Kreative, vor allem Fotografen und Designer aus aller Welt an. Ich glaube, die Kreativität kommt vom Tafelberg selbst, der ein spirituelles Zentrum der Welt darstellt – so wie der Uluru (Ayers Rock) in Australien.

Epizentrum der urbanen Erneuerung und Standort vieler lokaler Künstler und Designer sind **Woodstock, Salt River und Observatory.** Was mit der alten Keksfabrik **Biscuit Mill** begann, hat sich Richtung Stadt und auf die andere Seite nach **Salt River** und **Observatory** ausgebreitet. Überall werden einst verfallene Lagerhallen und historische Gebäude stil- und fantasievoll renoviert und revitalisiert. Mit einer Mischung aus Shops, Restaurants und Loft-Apartments.

Wo hat man die beste Aussicht?

Neben den Klassikern **Tafelberg** und **Lion's Head** bietet die anderthalbstündige Wanderung zum Gipfel des **Chapman's Peak,** oberhalb der gleichnamigen, spektakulären Küstenstraße, den besten Blick.

Die beiden aussichtsreichsten **Restaurants** der Stadt gehören gleichzeitig zu den Top Ten des Landes: Zum einen das **Roundhouse** (s. S. 158) in Camps Bay, zum anderen das **Pot Luck Club Restaurant** (s. S. 126). Ersteres ist in einem historischen Haus unterhalb des Lion's Head mit Blick auf Camps Bay untergebracht, das andere im Trendviertel Woodstock, ganz oben auf einem ehemaligen Getreidesilo, mit Tafelberg- und Hafenblick.

Die **Lodge** mit der besten Aussicht ist nach wie vor **Tintswalo Atlantic,** direkt am Meer, unterhalb des Chapman's Peak Drive in Hout Bay. Und die drei Weingüter mit Megablick sind **Constantia Glen** in Constantia, **Tokara Wine Estate** bei Stellenbosch und **Waterkloof Wine Estate** in Somerset West.

Wo isst und trinkt man gut?

In der Waterfront am Pier, das **Harbour House** (s. S. 127) für Fisch und **La Parada** (s. S. 124) in der City für die besten Tapas der Stadt. Wer ein Stückchen weiter rausfährt, an die False Bay, dem sei das **Easy Tiger** (s. S. 140) in Kalk Bay empfohlen: exzellente Hamburger und Ribs in relaxter Atmosphäre, mit Blick auf den Bilderbuchhafen.

Gibt es besondere Spezialitäten?

Die gekringelte *boerewors* (Burenwurst) ist eine gut gewürzte Bratwurst, die bei einem *braai* – dem südafrikanischen Barbecue – nie fehlen darf. *Braai* hat quer durch alle Hautfarben Kultstatus im Land und wird traditionell von Männern mit Bierflaschen in der Hand zubereitet.

Wo erlebt man eine unvergessliche Nacht?

Im **Grand Daddy Airstream Trailer Park** (s. S. 117) in der Long Street lässt es sich in einem von sieben der kultigen Original-Airstream-Wohnwagen aus den USA übernachten – eine etwas edlere Interpretation eines Trailerparks –, mit Tafelbergblick. Die silbernen ›Zigarren‹ wurden vor einigen Jahren per Kran aufs Dach gehievt – definitiv das skurrilste Bett für die Nacht in der Mother City.

Das ländliche Pendant findet sich in der Nähe von Elgin, östlich von Somerset West. Dort gibt es, neben erstklassigen Weinen (wie Iona & Paul Cluver Sauvignon Blanc), auch den **Old Mac Daddy Airstream Trailer Park** (s. S. 167).

Wo kann man gut shoppen?

Das **Victoria Wharf Shopping Centre** (s. S. 108, 129) an der Victoria & Alfred Waterfront weist nach wie vor die größten Besucherzahlen des Landes auf. Kein Wunder, hier gibt es alles zu kaufen, und zwar in herrlichem Hafenambiente mit Tafelbucht- und Tafelberg-Blick. Im ersten Stock finden sich neben internationalen Marken auch Boutiquen mit Mode von lokalen Designern.

Zwischen Granitfelsen am Strand von Llandudno

Ein ausgefallenes Mitbringsel ist die **Township-Art** – aus Plastik, Metall oder Draht hergestellte Skulpturen, die oft auch am Straßenrand gekauft werden können. Mein Lieblingsladen für Authentisches aus ganz Afrika liegt auf der Kap-Halbinsel, zwischen dem Kap der Guten Hoffnung und Scarborough. **Red Rock Tribal** (s. S. 149) verkauft garantiert keinen ›Made-in-China‹-Schund.

Ich persönlich stöbere gerne in den **Antik- und Secondhand-Läden** von **Kalk Bay** und **Simon's Town** an der Kap-Halbinsel und in der **Long Street.**

Lohnt sich eine Township-Tour?

Eine Township-Tour sollte definitiv zum Kapstadt-Besuchsprogramm gehören. Abseits der Glitzerwelt der Waterfront schlägt hier das afrikanische Herz der Stadt. Auf alle Fälle nur organisiert im Minibus und mit ortskundigem Führer, der in den Townships lebt oder aufgewachsen ist. Nicht auf eigene Faust!

Die meisten Kapstadt-Touristen wollen sich aber nicht wie Zoobesu-

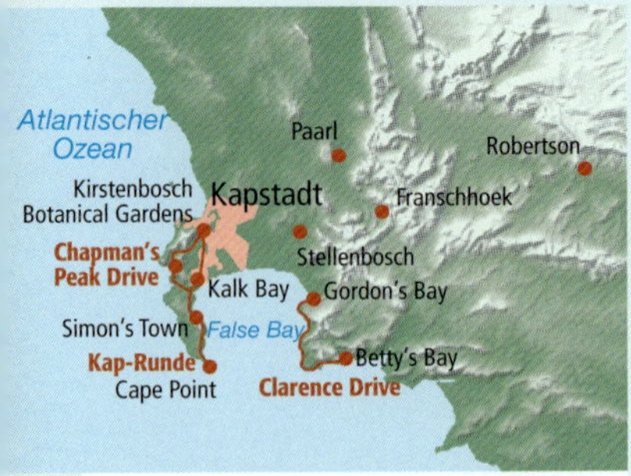

Tagesausflüge auf der Kap-Halbinsel

cher rein- und wieder rausfahren lassen, sondern suchen ein authentisches Tourangebot. Deshalb am besten mit Leuten buchen, die vor Ort leben und die lokalen Projekte kennen und unterstützen s. S. 131.

Die schönsten Tagesausflüge von Kapstadt aus?

Südafrikas attraktivster Tagestrip ist und bleibt die **Kap-Runde.** Nach einem ersten Stopp an den herrlichen **Kirstenbosch Botanical Gardens** geht es an der **False Bay** entlang bis zum **Kap.** Auf dem Weg dorthin ›warten‹ einige wichtige Vertreter der südafrikanischen Fauna auf Bewunderer: Wale, Weiße Haie, Pinguine und die frechen Paviane. **Kalk Bay** oder **Simon's Town** bieten sich für einen Bummel oder Lunch an. Im wunderbaren Nachmittagslicht geht es dann über den spektakulären **Chapman's Peak Drive** zurück. Er gilt als eine der schönsten Küstenstraßen der Welt und wird meiner Meinung nach nur noch vom **Clarence Drive** zwischen Betty's Bay und Gordon's Bay übertroffen.

Und jenseits der False Bay beginnt das **Weinland** mit den Weinorten **Franschhoek, Stellenbosch, Paarl und Robertson.** Wer gerne ein Gläschen trinkt, sollte statt eines Tagesausflugs vielleicht doch lieber gleich dort übernachten. Es gibt nicht nur viele erstklassige Restaurants, sondern auch wunderbare Übernachtungsmöglichkeiten.

Welches sind die Highlights in der Kap-Provinz?

Von Betty's Bay setzt sich die R44 entlang der Walküste bis zum südlichsten Punkt Afrikas, dem **Cape Agulhas** fort. In der Saison, zwischen Juni und November, lassen sich die sanften Riesen hier von der Küste aus beobachten.

Übernachten im Grande Roche Hotel bei Paarl im Weinland

Mossel Bay gilt als inoffizielles Tor zur **Garden Route,** und die **Strände des Indischen Ozeans** laden immer wieder zum Baden ein. Über die Berge geht es von dort in die **Kleine** und **Große Karoo.**

Die semiaride Einsamkeit und Ruhe der **Kleinen Karoo** erleben Besucher am besten auf der **Route 62,** die in **Montagu** beginnt und sich über **Barrydale** (mit Südafrikas bestem Diner) bis in die Straußenmetropole **Oudtshoorn** zieht. Von dort ist es nur noch ein Leopardensprung zum Fuß des historischen **Swartberg Pass,** der sich ungeteert nach oben schlängelt. Auf der anderen Seite liegt mein, nach Hout Bay, zweitliebster Ort im Land, das nach wie vor verschlafene Karoo-Städtchen **Prince Albert.**

Eine weitere Berge-und-Meer-Tour führt von Kapstadt aus nach Norden die **Westküste** entlang und über das **Namaqualand** und die rot zerklüfteten **Cederberge** zurück in die Mother City. Im August und September verwandelt sich die Landschaft in ein buntes Blumenmeer. Herrlich frische Fischgerichte gibt es an der Westküste ganzjährig, und die Cederberge sind ein Wanderparadies.

Wo kann man gut wandern?

In Südafrika gibt es zahlreiche Wanderrouten, alleine auf Kapstadts Tafelberg führen über 300 schwierige bis extrem schwierige. Am **Tafelberg** zieht sich der Hoerikwaggo-Trail bis zum Kap der Guten Hoffnung. In diesem Buch beschreibe ich einige mehrtägige Touren: entlang der **Küste**, u. a. auf dem bekanntesten Pfad des Landes, dem **Otter Trail,** aber auch in den Bergen, über den **Swartberg Hiking Trail** in der Karoo und durch die **Cederberg Wilderness Area** zum Wolfberg Arch.

Highlights in der Kap-Provinz

Und noch ein persönlicher Tipp zum Schluss

Meine erste Wahl am Wochenende ist der **Bay Harbour Market** in **Hout Bay** (s. S. 157). Nach einem morgendlichen Strandspaziergang gehe ich im Hafen in die einst völlig heruntergekommenen Lagerhäuser. Eine Gegend, in die sich früher kein Tourist getraut hätte, wurde in faszinierender Weise revitalisiert. Jedes Wochenende (Fr abends, Sa/So tagsüber) lockt der Markt nun Tausende von Besuchern in den Hafen von Hout Bay. Im herrlich skurril dekorierten Lagerhaus gibt es Dutzende von Essens- und Verkaufsständen, diverse Biere vom Fass und ausgezeichneten Kaffee aus garantiert fairem afrikanischem und organischem Anbau.

NOCH FRAGEN?

Die können Sie gern per E-Mail stellen, wenn Sie die von Ihnen gesuchten Infos im Buch nicht finden:

losskarn@dumontreise.de
info@dumontreise.de

Auch über eine Lesermail von Ihnen nach der Reise mit Hinweisen, was Ihnen gefallen hat oder welche Korrekturen Sie anbringen möchten, würden wir uns freuen.

Spektakuläre 360-Grad-Aussicht am Lion's Head, S. 120

Wochenendvergnügen in Hout Bay: Bay Harbour Market, S. 157

Lieblingsorte!

Stadtrundfahrt in Matjiesfontein: im Original Londoner Doppeldeckerbus, S. 284

Diesel and Crème: kultiger Stopp entlang der Route 62, S. 271

Auf der Harley über den Franschhoek Pass, S. 168

Die Strandloper in Langebaan: Fischgrill und Beach Bar, S. 202

Die Reiseführer von DuMont werden von Autoren geschrieben, die ihr Buch ständig aktualisieren und daher immer wieder dieselben Orte besuchen. Irgendwann entdeckt dabei jede Autorin und jeder Autor seine ganz persönlichen Lieblingsorte. Erleben Sie z. B. mit Diesel & Crème ein fantastisch dekoriertes Karoo-Diner, die kürzeste Stadtrundfahrt Ihres Lebens in Matjiesfontein oder entrückende Einsamkeit auf dem Swartberg Pass mit anschließendem Besuch in der ›Hölle‹ – nur einige von vielen Wohlfühlorten, an die man immer wieder zurückkehren möchte.

Swartberg Pass & Die Hel: in engen Kehren über spannende Bergübergänge, S. 278

Weiße Sanddünen im De Hoop Nature Reserve, S. 232

Schnellüberblick

Westküste
Highlights sind der Westcoast National Park und ein Meeresfrüchte-Gelage in einem der typischen Restaurants im Freien direkt am Strand. S. 192

Cederberge
In den zerklüfteten Tälern finden sich die größten Buschmann-Galerien der Welt. Manche der Kunstwerke sind viele Jahrhunderte alt. S. 208

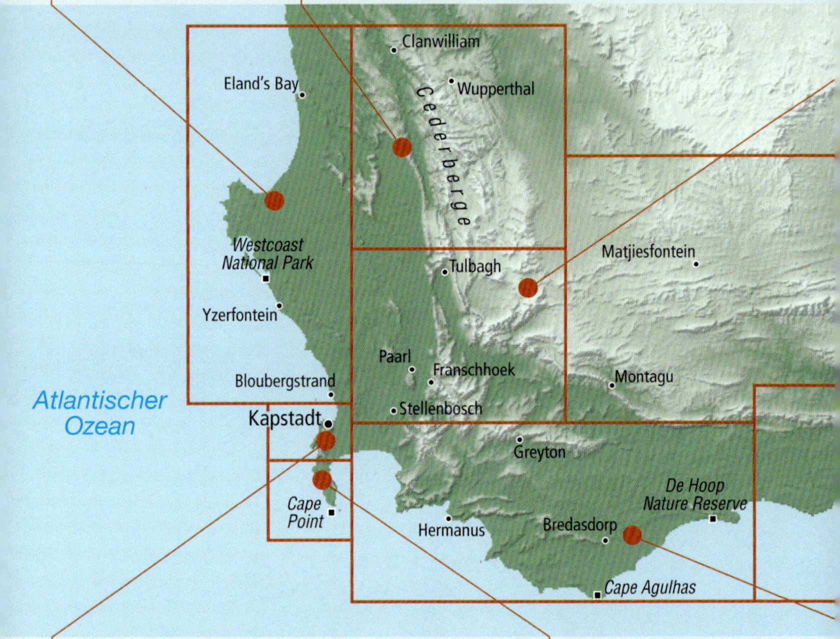

Kapstadt
Sie gilt als die schönste Stadt der Welt – und das mit Recht. Die Lage zwischen Bergen und Meer ist einmalig. Die Mother City ist die älteste Stadt im Land und die mit Sicherheit trendigste Metropole des Schwarzen Kontinents. S. 86

Kap-Halbinsel
Der Trip um die Halbinsel ist »National Geographic« live. Unterwegs erleben Sie Paviane, Pinguine und Wale. S. 136

Weinland
Die herrlichen kapholländischen Weingüter von Franschhoek, Stellenbosch, Paarl und Tulbagh sind durch attraktive Weinrouten miteinander verbunden. S. 160

Karoo
Die halbwüstenhafte Landschaft der Karoo hat etwas Poetisches an sich. Nirgendwo sonst lässt sich der afrikanische Sternenhimmel intensiver erleben. S. 264

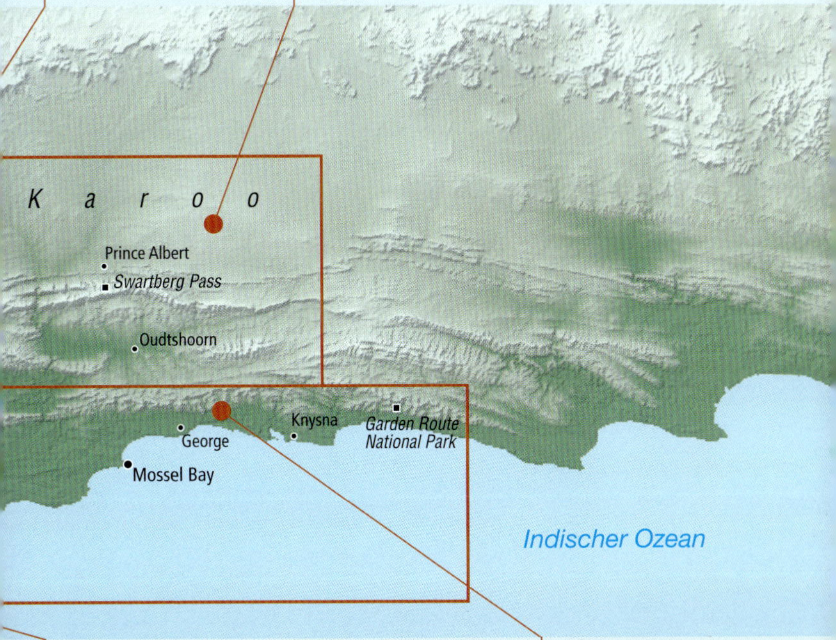

Entlang der Walküste
Südafrika gilt als einer der besten Plätze der Welt, um die sanften Riesen vom Land aus zu beobachten. Von der Wal-Hauptstadt Hermanus ist es nicht mehr weit bis zu einem geografischen Highlight: Cape Agulhas, Afrikas südlichster Punkt. S. 218

Garden Route
Die berühmte Strecke führt immer zwischen Bergen und Meer entlang. Adrenalinsüchtige kommen hier ebenso auf ihre Kosten wie Wanderer und Tierfreunde. S. 240

Reiseinfos, Adressen, Websites

Summer Concerts in den Kirstenbosch Botanical Gardens

Informationsquellen

Infos im Internet

In Südafrika gibt es viele Internetcafés und -nutzer, und fast alle Unterkünfte und viele Restaurants haben eine Website.

Viele Kap-Highlights, Restaurants und Unterkünfte sind auch mit Fanseiten auf Facebook und Twitter vertreten. Es lohnt sich, dort Kapstadt-Relevantes einzugeben, um an brandaktuelle Infos heranzukommen oder vorab Kontakte zu knüpfen.

www.capetown.travel
Informative Seite des Kapstädter Tourismusbüros (englisch).

www.places.co.za
www.portfoliocollection.com
Wer sich ein paar Gästehäuser, Bed & Breakfasts oder Hotels vor dem Urlaub im Netz ansehen möchte, sollte mal hier reinsehen.

www.tablemountain.net
Kapstadts Wahrzeichen, der Tafelberg, hat natürlich seine eigene Website.

Allgemeine Surftipps

Auf den folgenden Websites findet sich Aktuelles zum Thema Südafrika und zu Kapstadt, das mit **mehreren** deutschsprachigen Seiten im Netz vertreten ist:
www.iafrica.com
www.ananzi.co.za
www.sundaytimes.co.za
www.kapstadt.com
www.kapstadt.de
www.kapstadt.net
www.kapstadt-net.de
www.kapstadt.org

www.waterfront.co.za
Site der berühmten Waterfront mit vielen Tipps zu Restaurants und Übernachtungsmöglichkeiten.

www.robben-island.org.za
Ein virtueller Besuch auf Robben Island.

www.capepoint.co.za
Umfangreiche Infos, Geschichte und Bilder über die Südspitze Afrikas.

www.canalwalk.co.za
Läden und Events von Afrikas größtem Einkaufszentrum im Netz.

www.grandwest.co.za
Diese Seite macht eventuell Lust auf einen Kasinobesuch oder andere Veranstaltungen.

www.wine.co.za
Ausführliche Website über die südafrikanischen Weine, Weingüter und -routen sowie Kauf und Versand.

www.eatout.co.za
www.dining-out.co.za
Zum Wein darf das Essen nicht fehlen. Unter diesen Adressen sind Kapstädter Restaurants gelistet. Man kann sogar einige der Speisekarten einsehen.

www.africam.co.za
Wer die südafrikanische Tierwelt live erleben möchte, sollte sich bei einer Webcam einklicken, wo sogar Haie beobachtet werden können.

www.gaysouthafrica.net
Südafrikas größte Homosexuellen-Website mit Informationen zu Veranstaltungen, Reisen, Restaurants und Treffpunkten.

www.aquarium.co.za
Das Two Oceans Aquarium in der Kapstädter Waterfront stellt sich und seine Bewohner vor.

www.nandos.co.za
www.evita.co.za
Humorvolle, südafrikanische Seiten sind die von Nandos Chicken und die von Evita Bezuidenhout, Südafrikas berühmtester Frau, die allerdings ein Mann ist.

www.karoo-biking.de
Jürgen Muess, leidenschaftlicher Motorradfahrer und begeisterter Kapstadt-Fan, veranstaltet maßgeschneiderte Enduro-Touren durchs Mandela Country.

www.streetwires.co.za
Die ursprünglich aus den Townships stammende Drahtkunst ist mit ihrer eigenen Website vertreten.

www.dyna.co.za/cars.htm
www.capetownstreetrods.co.za
Erstere bietet einen guten Einblick in die südafrikanische Oldtimerszene, alle Klassikertreffen und Oldie-Markt. Letztere ist die Website des Clubs von Liebhabern amerikanischer Streetrods.

Fremdenverkehrsämter

... in Deutschland

South African Tourism
Friedensstr. 6–10, 60311 Frankfurt/M.
Tel. 0800 118 9 118 (kostenfrei, Mo–Fr 9–13 Uhr) oder 069 929 12 90
www.southafricantourism.de

... in Österreich

Tel. 08 20 50 07 39

... in der Schweiz

Tel. 08 48 66 35 22
In Österreich und in der Schweiz Prospektversand über Deutschland. Die südafrikanischen Tourismusbüros versenden kostenlos Landkarten, Reiseführer und Unterkünftelisten.

Am Nobel Square in Kapstadt

Infostellen vor Ort

Das Büro in Kapstadts City (s. S. 89) ist eine moderne Touristeninformationen mit Internetanschluss, Souvenirshops, Infostellen (Übernachtungsmöglichkeiten, Autovermietungen, Restaurants); 24 Std. telefonischer Service für Touristen, Reservierung von SA-Nationalpark-Unterkünften möglich, Weinproben. Unterkünfte werden auf Wunsch sofort telefonisch gebucht. Es gibt außerdem Tickets für Sehenswürdigkeiten und Veranstaltungen.

Karten und Pläne

Die besten Detailkarten für Kapstadt und die Western Cape Province legt The Map auf. Sie sind sowohl für Auto- und Motorradfahrer als auch für Radler und Wanderer interessant. Auf der Website **www.slingsbymaps.com** lassen sie sich ganz einfach online bestellen. Es gibt zwei wasserdichte Einzelkarten zum **Table Mountain National Park:** Table Mountain (150

Mein Tipp

Kartenliebling

Lieblingskarte des Autors ist die Abenteuer-Faltkarte **Table Mountain & Cape Peninsula Activities Map** von Map Studio (www.mapstudio.co.za) für 99,95 Rand. Auf einer Seite befinden sich ein ausführlicher Kapstadt-Stadtplan und eine detaillierte Tafelbergkarte mit allen Trails (Wanderrouten). Auf der anderen Seite findet sich die Kap-Halbinsel mit sehr schöner und übersichtlicher Reliefschattierung und vielen in die Karte eingetragenen Tipps.

Rand) und Silvermine/Hout Bay (150 Rand). Außerdem: Kapstadt mit Straßenverzeichnis, Marco Polo Cityplan, Extra Standardfaltung, International, Maßstab 1 : 15 000, 6,99 €.

Weitere Zielgebiete: Cape Peninsula (120 Rand), Garden Route (85 Rand), Overberg/Whale Coast (110 Rand), Cape Winelands (85 Rand), Cederberg (wasserdicht 270 Rand), Baviaanskloof Mega Reserve (120 Rand) und Wild Coast (85 Rand, wasserdicht 120 Rand). Die Karten sind auch in Souvenir-, Outdoor- und Buchläden (wie Cape Union Mart, Cape Storm, Exclusive Books, CNA oder bei Cape Town Tourism in der Burg St.) erhältlich.

Die besten Übersichtskarten für Autofahrer bietet der Straßenatlas von Map Studio: **Road Atlas South Africa** (www.mapstudio.co.za) für 79,95 Rand. Die größte Kartenauswahl gibt es bei Exclusive Books in der Waterfront.

Lesetipps

Bryce Courtenay: The Power of One. Penguin 2007. Sein fesselndes Erstlingswerk über Grausamkeit, Traurigkeit, Liebe und Treue in einer durch Hass und Rassismus gespaltenen Gesellschaft. Im ersten Teil von »Tandia«, Penguin 2007, schildert der Autor das Schicksal des von der südafrikanischen Polizei brutal vergewaltigten Mischlingsmädchens Tandia, um später ihre Lebensgeschichte mit der von Peekay, dem Helden seines Erstlingswerks, zu verknüpfen.

Madame & Eve: Penguin. Südafrikas bester Cartoon (von S. Francis, H. Dugmore & Rico), erscheint nicht nur in der Cape Times, sondern es gibt auch mehrere brüllend-komische Bücher (www.madameve.co.za).

Deon Meyer: Südafrikanischer Thrillerautor, der mehrere, spannende Romane mit Schauplatz Kapstadt bzw. Südafrika verfasst hat. Die Bücher können mit denen der amerikanischen und englischen Krimistars mithalten und sind auch auf Deutsch erhältlich (www.deonmeyer.com).

James Michener: Verheißene Erde, Knaur-Taschenbuch 1984. Fünf Jahrhunderte südafrikanischer Geschichte, von den ersten weißen Entdeckern bis zum Höhepunkt der Apartheid 1979. Dabei mischt der Autor fiktive und authentische Figuren. Packend und spannend geschrieben, ist das Buch eine ideale Reiselektüre.

Roger Smith: Ein zeitgenössischer südafrikanischer Thrillerautor, der allerdings erheblich schonungsloser als Meyer (s. o.) die Kehrseite Kapstadts und Südafrikas aufzeigt und Meyer von Platz 1 verdrängt hat. Seine knallharten und spannenden Romane »Mixed Blood«, »Wake Up Dead«, »Dust Devils« sowie »Capture« sind auf Deutsch unter folgenden Titeln erhältlich: »ap der Finsternis«, »Blutiges Erwachen«, »Staubige Hölle«, »Stiller Tod« und »Leichtes Opfer«. Website: www.rogersmithbooks.com.

Wetter und Reisezeit

Das Jahr am Kap

Südafrika liegt in der südlichen Hemisphäre, die Jahreszeiten sind den europäischen also entgegengesetzt. Wenn in Südafrika der Frühling beginnt, verfärben sich auf der Nordhalbkugel die Blätter an den Bäumen. In Südafrika sind die Jahreszeiten allerdings nicht so ausgeprägt wie in Mitteleuropa.

Kapstadt hat ein mediterranes Klima ohne extreme Temperaturunterschiede. Die niedrigsten Temperaturen im Winter (Juni–Aug.) liegen bei etwa 5 °C. Auf den Bergen fällt dann manchmal Schnee. Tagsüber steigen die Temperaturen bis auf 18 °C an, es ist oft sonnig, die Winterregen kommen in heftigen Güssen.

Zwischen September und November kann es wunderschön sein, ab und zu pfeift jedoch der berüchtigte Southeaster, der manch karibischem Hurrikan Konkurrenz macht, mit Geschwindigkeiten von über 120 km/h durch die Stadt. Dafür reinigt er die Luft in der abgasbelasteten City radikal und wird daher auch Cape Doctor (Kap-Doktor) genannt. Eine typische Kapstadt-Frage: Wie nennt man einen Tag mit tollem Sonnenschein nach zwei Tagen brutalem Wind und Regen? Montag!

Von Dezember bis März ist es sommerlich heiß, die maximalen Temperaturen liegen bei 30 °C. März und April gelten als die schönsten Monate in Kapstadt, denn es ist windstill und die Temperaturen sind angenehm.

Im Weinland und in der Karoo ist es weniger windig, dafür vor allem im Sommer deutlich heißer als an der Küste. Temperaturen um die 40 °C sind dann keine Seltenheit. Plötzlich auftretende, heftige Gewitterregen können kleine Bäche blitzschnell in reißende Flüsse verwandeln. Um keine bösen Überraschungen zu erleben, sollte man einen Wasserlauf unbedingt vor dem Durchqueren mit dem Auto zu Fuß abgehen, um Tiefe und Strömung zu testen.

Ein Highlight: Wandern am Cape Point bei schönstem Wetter

Reisezeiten

Ruhiger Naturgenuss

In Kapstadt und an der Garden Route, den typischen Winterregengebieten, ist es zwischen Juni und August recht kühl – das richtige Wetter für Spaziergänge am Strand mit anschließendem Rotwein vor einem offenen Kamin mit knisterndem Feuer. In den Bergen am Kap kann es dann, vor allem abends, empfindlich kalt werden. *Green season* nennen Capetonians diese ruhige, windstille und fast touristenfreie Zeit des Jahres. Es regnet allerdings nicht andauernd, oft scheint tagelang die Sonne bei Temperaturen um 20 °C, blauem Himmel und kristallklarer Luft.

Am schönsten ist es in Kapstadt und in der westlichen Kap-Provinz von Ende September bis Ende November und von März bis Anfang Mai.

Blütenmeer

Blumenfans und Liebhaber knallbunter Farbenpracht zieht es zwischen Herbst und Frühling ans Kap, wenn der *fynbos* blüht. Die meisten Besucher kommen im Frühjahr – dann erreicht die Farbenpracht ihren Höhepunkt. Eine **Flower Hotline** informiert über die spektakulärsten Stellen (Tel. 072 938 81 86, tgl. 8–16.30 Uhr, Aug.–Mitte Okt.).

Blühende Farbenpracht am Kap

Klimatabelle Kapstadt

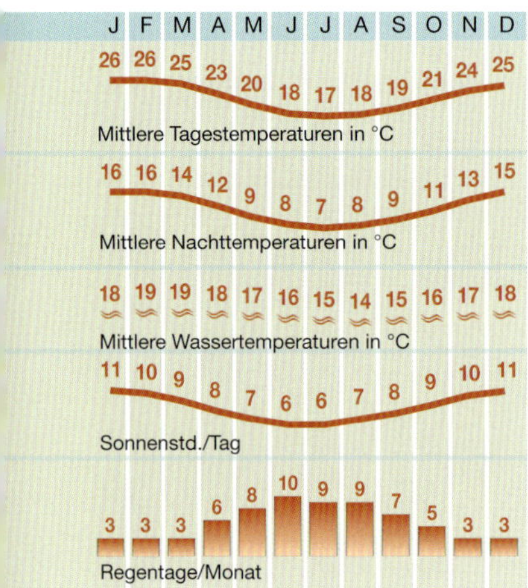

Bumper Season

Nach Möglicheit meiden sollten Urlauber den Zeitraum zwischen 15. Dez. und 15. Jan.: In den südafrikanischen Sommerferien geht in Kapstadt und Umgebung nichts mehr. Die Strände sind voll, das Bier meist ausverkauft, und die Fahrt von Hout Bay nach Sea Point dauert statt einer Dreiviertelstunde mehr als zwei Stunden. *Bumper season* – ›Stoßstangen-Saison‹ – nennen das die Capetonians, die dann oft fluchtartig die Stadt verlassen, allerdings nicht ehe sie ihre Häuser vier Wochen lang für horrendes Geld an Gauties (sprich: ›Chauties‹; Slang für die Bewohner der bevölkerungsreichsten südafrikanischen Provinz Gauteng, rund um Johannesburg) vermietet haben. Besonders beliebt sind in dieser Zeit Autoaufkleber wie »Welcome to Cape Town – now go back!«.

Anreise und Verkehrsmittel

Einreisebestimmungen

EU-Bürger und Schweizer benötigen für einen Aufenthalt von bis zu 90 Tagen kein Visum, der Reisepass muss bei Einreise aber noch mindestens 30 Tage über das Ausreisedatum hinaus gültig sein und wenigstens zwei freie Seiten aufweisen. Kinder brauchen eigene Reisepässe. Kinder in Begleitung ihrer Eltern benötigen keine beglaubigte Geburtsurkunde in englischer Sprache mehr. Die erst im Sommer 2015 eingeführte Regel wurde Anfang 2016 wieder abgeschafft. Möglicherweise wird bei der Einreise die Vorlage eines Rückflugtickets oder der Nachweis ausreichender Geldmittel verlangt. Arbeitsvisa sind schwer zu bekommen. Sie müssen bei den diplomatischen Vertretungen Südafrikas in den Heimatländern der Arbeitswilligen gestellt werden (www.suedafrika.org). In Südafrika selbst kann ein Touristen- nicht in ein Arbeitsvisum umgewandelt werden.

Zollvorschriften

Eingeführt werden dürfen 5000 Rand in bar, ausländische Devisen und Reiseschecks unbegrenzt. Gegenstände des persönlichen Gebrauchs sind zollfrei. Erwachsene dürfen ferner zollfrei einführen: Geschenke bis zu einem Wert von 200 Rand, 1 l Spirituosen, 2 l Wein, 400 Zigaretten, 50 Zigarren, 250 ml Eau de Toilette und 50 ml Parfüm.

Anreise und Ankunft

... mit dem Flugzeug

Diverse Fluggesellschaften fliegen mehrmals pro Woche nach Südafrika und zum **Cape Town International Airport** (www.airports.co.za, Tel. 021 937 12 00), der vor allem 2010 zum Beginn der Fußball-WM, renoviert und modernisiert worden ist. Die **Lufthansa** (www.lufthansa.com) fliegt nur noch im Südsommer, d. h. im deutschen Winterflugplan direkt nach Kapstadt. Ansonsten geht alles über das Star-Alliance-Drehkreuz Johannesburg, wobei der Weiterflug dann immer mit dem Kooperationspartner **South African Airways** (SAA; www.flysaa.com) erfolgt, und nicht nur einfach mit einem ›Zwischenstopp‹, sondern mit Umsteigen und Zollabfertigung. Das Gepäck muss neu eingecheckt werden, die Gesamtreisezeit beträgt dann über 15 Std. Beim Nonstop-Flug sind es etwa 11,5 Std. SAA fliegt mehrmals wöchentlich ab Frankfurt, Hamburg und München mit Zwischenstopp in Johannesburg nach Kapstadt. **Air Berlin** (www.airberlin.de) operiert von München aus. Die Flugpreise liegen in der Economy Class bei ca. 800–1000 €. Günstig fliegt auch die staatlich subventionierte **Air France** (www.airfrance.de) nach Kapstadt, allerdings via Paris. Condor und Emirates fliegen ebenfalls nach Kapstadt. **Condor** direkt oder über Windhoek und **Emirates** über Dubai.

Vom Flughafen in die City

Der **Cape Town International Airport** liegt 22 km östlich der City. Die direkte Verbindungsroute ist die N 2, auf der die Fahrt normalerweise rund 15–20 Min. dauert. Zu Stoßzeiten (werktags 7–9, 16.30–18 Uhr) kann sich die Fahrtzeit bis auf 50 Min. erhöhen. **Shuttlebusse** nach Kapstadt fahren regelmäßig zwischen Airport und City hin und her (250–350 Rand/Pers.). Infos: MyCiti Airport Shuttle, www.capetown.gov.za, MyCiti-Quicklink anklicken, alle 20 Min. ab der Haltestelle direkt vor dem Flughafen (4.20–22

Uhr), je nach Uhrzeit und Fahrstrecke 43,10–70,20 Rand; www.airportshuttle.co.za, www.way2gotransfers.co.za, www.capetownshuttles.co.za, www.inflightshuttles.co.za.

Verkehrsmittel im Land

Flugzeug

Mehrere große Fluggesellschaften und einige kleinere Charterfirmen bedienen Südafrikas Inlandsflugstrecken. **South African Airways,** www.flysaa.com, **South African Express,** www.saexpress.co.za, verkehren mehrmals täglich zwischen Kapstadt und allen großen Städten Südafrikas sowie kleineren Destinationen. **Kulula.com,** www.kulula.com und **Mango,** www.flymango.com, fliegen etwas günstiger auf den populären Routen zwischen Kapstadt und Johannesburg, Durban, Port Elizabeth, Nelspruit und George. **British Airways** fliegt in Kooperation mit **Comair,** www.britishairways.com, zwischen den Hauptzentren. Die beliebteste Strecke zwischen Kapstadt und Johannesburg kostet hin und zurück zwischen 1000 und 2500 Rand, je nach Airline, Wochentag und Tageszeit.

Busse

Golden Arrow ist neben **MyCiti** die andere städtische Buslinie. Auf der Website finden sich detaillierte Fahrpläne mit Haltestellen: www.gabs.co.za.

Folgende Busunternehmen verbinden Kapstadt regelmäßig mit allen wichtigen Städten des Landes: **Greyhound Cityliner,** Tel. 083 915 90 00, 011 611 80 00, www.greyhound.co.za, **Intercape Mainliner,** Tel. 021 380 44 00, www.intercape.co.za, und **Translux Express,** Tel. 011 774 83 11, www.translux.co.za. Die günstigste Busverbindung ist der **Baz Bus,** 8 Rosedene Rd., Sea Point, Tel. 021 422 52 02, www.bazbus.de. Er ist bei Backpackern beliebt, da er an vielen Stellen entlang der Garden Route hält.

Taxis

In Kapstadt gibt es verschiedene Taxiunternehmen. Die Fahrzeuge haben keine bestimmte Farbe und nicht alle ein Schild auf dem Dach. Taxis nimmt man entweder an Taxiständen oder ruft sie per Telefon. Das Anhalten durch Handzeichen wie in New York ist in Kapstadt nicht üblich. Eher zu den Abenteuersportarten zählt das Minibus-Taxifahren. Hier steigen nur abgebrühte und mutige Reisende ein.

Bahn

Ein Regionalzug von **Metrorails** verkehrt entlang der False Bay bis nach Simon's Town (Auskunft: 0800 65 64

Mein Tipp

MyCiti

Kapstadt besitzt ein perfektes Busnetz mit modernen Bussen und neuen Haltestellen in allen Vororten, inklusive Camps Bay und Hout Bay und zum Flughafen (www.myciti.org.za). Normale Bustickets kosten ab 20 Rand. Es gibt keine Papiertickets, sondern die sogenannte **Myconnect Card,** die an den Haltestellen ›aufgeladen‹ werden kann. Ein Monatsticket für alle Buslinien kostet ca. 650 Rand. Die Myconnect-Karte ist an den MyCiti-Haltestellen-Kiosken erhältlich und kostet einmalig 30 Rand. Der aufgeladene Kontostand kann dort auch jederzeit abgerufen werden. Die speziellen, verkehrsunabhängigen roten Busfahrbahnen sind mit Fuß- und Radwegen kombiniert, Fahrräder dürfen mit in die Busse genommen werden.

63, 24 Std., kostenlos, www.metrorail.co.za). Der **Trans Oranje** fährt Mo 18.50 Uhr nach Bloemfontein (19 Std.), Durban und Pietermaritzburg (36 Std.). **Southern Cross** fährt Fr 18.15 Uhr nach George (12 Std.), Oudtshoorn (14 Std.) und Port Elizabeth (21 Std.). **Trans Karoo** fährt tgl. 9.20 Uhr nach Johannesburg (25 Std.), Pretoria (26 Std.) und Kimberley (16 Std.). Zentrale Reservierung: Tel. 086 000 88 88 oder www.spoornet.co.za.

Südafrikas berühmte Luxuszüge **Blue Train,** Joubert Park, Tel. 021 449 26 72, 012 334 84 59, www.bluetrain.co.za, und **Rovos Rail,** Pretoria, Tel. 012 315 82 42, und in Kapstadt, Tel. 021 421 40 20, www.rovos.co.za, können über einige Reiseveranstalter in Deutschland gebucht werden. Beide verkehren u. a. auf der Hauptstrecke Pretoria–Johannesburg–Kapstadt. Während der modern-elegante Blue Train diese Strecke in nur 25 Std. bewältigt, lässt sich der historische Rovos gut zwei Tage Zeit.

Mietwagen und Wohnmobil

Günstiger und sicherer ist es, bereits im heimischen Reisebüro einen Camper oder Mietwagen zu buchen. Dann fällt meist auch die Kilometerpauschale weg. Und im Falle eines Problems ist es erheblich einfacher, in Deutschland Regressansprüche durchzusetzen. Das Mindestalter für die Anmietung liegt bei 23 Jahren. Es empfiehlt sich, zusätzlich zum Internationalen Führerschein die Mitgliedskarte eines Automobilclubs (ADAC) mitzubringen. Der kooperierende südafrikanische AA gibt Ratschläge, verteilt kostenlos Landkarten und leistet sogar Pannenhilfe. Eine genaue Wageninspektion und kurze Probefahrt bei Anmietung ist in jedem Fall empfehlenswert.

Mit vielen Campingplätzen und Caravanparks eignet sich die Kap-Provinz ebenso gut für einen Urlaub mit dem Wohnmobil wie die USA, Kanada, Australien oder Neuseeland. Da oft in *chalets, rondavels* und Zimmern übernachtet werden kann, lässt sich eine ›Camping-Reise‹ auch im Mietwagen unternehmen. Das Angebot an Wohnmobilen nimmt zwar ständig zu, trotzdem kann es während der *peak season* eng werden. Rechtzeitige Reservierung ist deshalb angeraten. Für die Miete sollte man ca. 270 €/Tag einplanen.

Die ›Großen‹ in Kürze

Avis: Tel. 0861 02 11 11 und 011 923 36 60, www.avis.com.
Avis Luxury Cars: Tel. 021 936 43 43, www.avisluxurycollection.co.za.
Europcar: Tel. 011 479 40 00, www.europcar.co.za.
Budget: Tel. 011 398 01 23 oder 086 101 66 22, www.budget.co.za.

Empfehlenswerte Verleihfirmen:
Atlantic Car Hire: Ecke Bahrain Drive/ Bradford Rd., Tel. 021 385 01 78, www.atlanticcarhire.co.za. Vom Golf über VW-Bus zum Allrad-Doppelkabiner.
Cape Cobra Hire: 33 Buitengracht Street. Tel. 083 321 91 93, www.capecobrahire.co.za. In der südafrikanischen Replika der legendären, klassischen Cobra mit 5,7-Liter-V8-Maschine die Küstenstraße entlangröhren.
Hertz Rent a Car: Tel. 021 425 82 82, www.hertz.co.za. Vom kleinen VW Chico über Mercedes E 240 und VW-Bus bis zum Allrad-Doppelkabiner.
Classic Wheels: 33 Bateleur Crescent, Tel. 071 596 13 20, www.classicwheels.co.za. Der deutsche Anbieter hat einige klassische Cabrios im Verleihprogramm, vom Käfer bis zum Mercedes SL 350 und Porsche 911 Targa.
Scenic Car Hire: 114 Main Rd., Sea Point, Tel. 021 439 16 98, www.scenic

carhire.com. Toyota- und Nissanwagen, Kleinbusse und Anhänger fürs Gepäck.

Motorräder und Motorroller

Wer einen Motorradführerschein besitzt, kann sich für ein bis zwei Tage eine Maschine ausleihen.

Cape Bike Travel: 125 Buitengracht Street, City, Tel. 084 606 44 49, www.capebiketravel.com. Organisiert Harley- und BMW-Motorradtouren, vermietet Harley Heritage Softail Classic, Electra Glide, BMW F 650 GS Dakar, F800 GS, R 1200 GS und Ducati 796 Monster.

Karoo Biking: www.karoo-biking.de, Infos und Reservierung in Deutschland unter: 0221 355 33 20 02. BMW-Motorradreisen und -vermietung in Südafrika unter deutscher Leitung. Auf Wunsch wird Urlaubern auch eine individuelle Tour ausgearbeitet.

Auto fahren und Verkehrsregeln

Wie in allen ehemaligen englischen Kolonien wird auch in Südafrika auf der linken Seite gefahren. Es herrscht Anschnallpflicht; die Promillegrenze liegt bei 0,5 ‰. Im Kapstädter Verkehr geht es recht hektisch zu. Während der Geschäftszeiten ist es nahezu unmöglich, einen freien Parkplatz zu finden. Man sollte auf die zahlreichen Parkhäuser ausweichen.

Parkuhren gibt es in der Innenstadt zwar keine, dafür uniformierte Parkwächter, die die Parkgebühren direkt kassieren und dann die Autonummer in ihrem Handcomputer speichern. Wer länger parkt, muss nachzahlen.

Außerhalb geschlossener Ortschaften geht es etwas ruhiger zu. Nachtfahrten sind allerdings nicht zu empfehlen, da die zahlreichen Minibusse, die als Sammeltaxis fungieren, oft nicht über funktionierendes Licht oder gute Bremsen verfügen und immer wieder in verheerende Unfälle verwickelt sind.

Wer tagsüber außerhalb geschlossener Ortschaften etwas flotter unterwegs ist und von seinem Vordermann Platz gemacht bekommt, sollte sich

Im Oldtimer stilvoll durchs Weinland – mit entsprechender Unterkunft im Palmiet Valley Estate in Paarl

nach dem Überholen landestypisch durch zweimaliges Betätigen der Warnblinkanlage bedanken.

Es gibt zwar Geschwindigkeitsbegrenzungen (120 km/h auf Autobahnen, 100 km/h auf Landstraßen, 60 km/h in Ortschaften), viele Südafrikaner nehmen diese jedoch trotz häufiger Kontrollen und hoher Strafen recht locker.

Übernachten

Die Kap-Provinz bietet eine breite Palette an Übernachtungsmöglichkeiten. Es empfiehlt sich mittlerweile auch außerhalb der Hochsaison Zimmer, vor allem in den kleinen, exklusiven *guest houses*, rechtzeitig zu reservieren.

Hotels

Die Hotels in Südafrika werden mit ein bis fünf Sternen klassifiziert, was aber nicht viel bedeutet, denn das Vergabesystem ist meist nicht nachvollziehbar. Es gibt einige schöne, oft historische Landhotels und *guest houses*, die auf eine solche Klassifizierung verzichten und trotzdem, oft aufgrund ihres persönlich gehaltenen Services, ihres geschmackvollen Interieurs und der Lage locker Fünf-Sterne-Niveau erreichen. Einige Hotels haben sich zu kleineren Gruppen zusammengeschlossen. Die Websites der ›Miniketten‹ sind informativ und bieten einen guten Einblick in die Qualität der Unterkünfte: **African Pride Hotels** (www.africanpridehotels.com), **Sun International** (www.suninternational.com), **The Collection by Liz Mc Grath** (www.collectionmcgrath.com), **Five StarAlliance** (www.fivestaralliance.com), **The Mantis Collection** (www.mantiscollection.com).

Bed & Breakfast

Bed-&-Breakfast-Unterkünfte haben in den letzten Jahren in Kapstadt und Umgebung eine große Verbreitung gefunden. Im Vergleich zu Europa sind sie meist komfortabler, zudem oft in historischen Gebäuden untergebracht und inhabergeführt. Damit bieten sie eine gute Gelegenheit, um mit Südafrikanern ins Gespräch zu kommen. Mehr Infos unter:
www.bnbfinder.co.za
www.bedandbreakfast.co.za
www.sleeping-out.co.za

Reservierung in Kapstadt:
Bed & Breakfast Association: Tel. 021 683 35 05, 762 08 80, Fax 021 683 51 59. Bed-&-Breakfast-Unterkünfte sollten spätestens einen Tag vor der Ankunft gebucht werden.
South African Hostels: www.hisouthafrica.com.
Backpacker Tourism of SA: Tel. 021 461 68 92, www.southafricanbackpackers.co.za.

Landestypische Unterkünfte

Im Gegensatz zu den östlichen Provinzen des Landes gibt es in der Western Cape Province nur wenig afrikanisch angehauchte, Lodge-artige Unterkünfte. Zu den reetgedeckten, grob verputzten oder aus Holz gebauten und ethnisch dekorierten Plätzen gehören **Bushmans Kloof Reserve** in den Cederbergen, **Tsala Treetop Lodge**, **Botlierskop Private Game Reserve**

Unterkünfte im Internet buchen

Neben den schon genannten Websites können Sie sich auf den folgenden Portalen einen Überblick über das Angebot an Unterkünften in der Kap-Region verschaffen und auch direkt Zimmer reservieren: **www.sa-venues.com, www.places.co.za, www.hrs.de, www.hotel.de.**

Freunde spontaner Entscheidungen können ihr Glück *last minute* auf der Website **www.laterooms.com** (in deutscher Sprache) versuchen. Ein positiver Nebeneffekt: Sie schonen dabei meist auch noch Ihren Geldbeutel, da die Zimmer aufgrund der kurzfristigen bzw. späten Buchung oft verbilligt abgegeben werden. Im Internet, auf den Websites der Unterkünfte, finden sich oft auch günstigere Selbstbuchertarife, vor allem in der Nebensaison.

und **Gondwana Game Reserve** an der Garden Route, bei Mossel Bay, sowie das **Sanbona Private Game Reserve** außerhalb von Montagu an der Route 62.

Ihnen gemeinsam sind meist sogenannte *bomas*, wo geschützt hinter Zäunen, aber unter freiem Himmel, das Abendessen an Tischen, die rund um ein großes Feuer gestellt werden, eingenommen wird.

Ferienwohnungen

In Südafrika laufen solche meist privaten Wohnungen und Häuser für Selbstversorger unter dem Begriff *self catering*. Auskunft erteilt **Cape Town Tourism,** aber auch einige Agenturen in Kapstadt vermitteln derartige Übernachtungsmöglichkeiten (www.sa-venues.com/selfcatering, www.sleeping-out.co.za).

Camping

In gut ausgestatteten Caravanparks gibt es die Möglichkeit, im Zelt, Wohnmobil oder in preisgünstigen *chalets, rondavels* (komfortable Rundhütten) und Zimmern zu übernachten.

Übernachtungen auf einem der etwa 120 Campingplätze in der Kap-Provinz können bei folgenden Stellen gebucht werden:

Forever Resorts: www.foreversa.co.za.

South African Camping & Caravan Club: Tel. 011 954 02 29, www.caravanclub.org.za.

Federation of Caravan and Camping Clubs: Tel. 012 543 10 10, www.caravanparks.com.

Nationalparks und Naturreservate

In den Nationalparks und Naturreservaten der Kap-Provinz (Bontebok National Park, De Hoop Nature Reserve, Cederberg Wilderness Area, Garden Route National Park (Wilderness und Tsitsikamma Sections) liegen einige der schönsten Campingplätze. Da die Parkunterkünfte in der Hochsaison oft ausgebucht sind, sollten Sie möglichst schon einige Monate vor Ihrem Tourantritt reservieren.

Die Buchung von Nationalpark-Unterkünften lässt sich online über **SA National Parks (SANP),** www.sanparks.org, am komfortabelsten erledigen. Alternativ besuchen Sie den SANP-Schalter in der Filiale von Cape Town Tourism in Kapstadts Burg Street, Tel. 021 426 42 60. Vergessen Sie beim Besuch des Parks nicht Ihre Buchungsbestätigung!

Informationen und Buchungsformulare zu den Naturreservaten *(nature reserves),* die von **Cape Nature Conservation** unterhalten werden, finden Sie auf der Website: www.capenature.co.za.

Essen und Trinken

Die Speisekarte der Kap-Küche spiegelt die kulturelle Vielfalt der Bewohner wider. Es begann mit Holländern und Deutschen, dann folgten Portugiesen, Engländer, Franzosen und Seefahrer aller möglichen Nationen, die ihre Rezepte mitbrachten. Orientalische Würze kam mit den Sklaven aus Indonesien (fr. Niederländisch-Indien), Madagaskar und Indien. Die französischen Hugenotten gaben dem Ganzen etwas Finesse, die Briten brachten Roastbeef, Puddings und den *high tea* mit Gurken-Sandwiches oder *scones*. Italienische Einwanderer steuerten nach dem Zweiten Weltkrieg ebenso Rezepte bei wie Immigranten aus Griechenland.

Mittlerweile finden sich in Kapstadt auch kantonesische, indische, chinesische, thailändische, französische und peruanische Restaurants. Da Capetonians sehr trendy sind, setzen sich Trends aus L. A., New York, Paris und London auch am Kap schnell durch. So gibt es einige viele Steak- und orientalische Lokale und die *delis*, die immer sonnengetrocknete Tomaten und Pesto auf ihren Speisekarten haben. Cafés, Tapas- und Espressobars sowie Bistros finden sich vor allem entlang von Wa-

Mein Tipp

Preisverdächtig dinieren – Die Eat Out Awards

Sie gelten als die Gourmet-Oscars Südafrikas und werden jedes Jahr mit entsprechender Spannung erwartet: die Eat Out Awards (www.eatout.co.za) für die zehn besten Restaurants Südafrikas. Bei der Preisverleihung im November 2015 wurden vier Lokale in Kapstadt, eines in Franschhoek, eines in Somerset West und zwei in Stellenbosch unter die Top Ten des Landes gewählt. Somit befanden sich nur zwei Restaurants außerhalb von Kapstadt und Umgebung unter den Top Ten, und zwar das **Five Hundred** (www.saxon.co.za/five-hundred.html) in Johannesburg und das Restaurant **Mosaic at the Orient** in Elandsfontein, Pretoria (www.restaurantmosaic.com).

Restaurant des Jahres wurde seit 2012 zum vierten Mal in Folge **The Test Kitchen** (www.thetestkitchen.co.za) in Woodstock von Promi-Chefkoch Luke Dale Roberts, der 2011 bereits Koch des Jahres war. In Kapstadt gewann außerdem: sein Schwester-Restaurant **The Pot Luck Club** (www.thepotluckclub.co.za), ebenfalls in der Biscuit Mill in Woodstock (s. S. 126), **The Greenhouse** mit Chefkoch Peter Tempelhoff und **La Colombe** (www.lacolombe.co.za) in seiner neuen Hout Bay Location mit Chefkoch Scot Kirton (s. S. 165). In Franschhoek wurde – man kann schon fast sagen, wie immer – **The Tasting Room** mit Chefköchin Margot Janse (s. S. 174) preisgekrönt. In Stellenbosch war die Jury begeistert von: **Jordan Restaurant** mit Chefkoch George Jardine (s. S. 183), und von **Terroir** auf dem Weingut Kleine Zalze (www.kleinezalze.co.za) mit Chefkoch Michael Broughton. In Somerset West gewann das Restaurant **Waterkloof** (www.waterkloofwines.co.za) mit Chefkoch Gregory Czarnecki (s. S. 166).

terfront, Bree, Long und Kloof Street sowie rund um den Greenmarket Square und in der zur Fußgängerzone erklärten St. George's Mall.

Essen gehen

In den meisten Restaurants am Kap empfiehlt sich eine Dinnerreservierung. Oft dürfen Gäste ihren Wein mitbringen. Es wird dann eine *corkage fee* (Korkgeld) berechnet. Achtung: In den muslimischen kapmalaiischen Restaurants wird kein Alkohol serviert. Meist wird man zu seinem Tisch geführt, d. h. schnurstracks auf einen freien Tisch zuzusteuern kommt nicht gut an. Dasselbe gilt abends für Shorts, Turnschuhe oder Sandalen. *Smart casual* (lässig-elegant) ist der Dresscode.

Bei der Rechnung ist zu beachten, dass anders als z. B. in Deutschland das Service-Entgelt zumeist nicht enthalten ist, also 10 % mehr gezahlt werden sollten. Diese 10 % sind nicht mit Trinkgeld gleichzusetzen.

Barbecue oder Grillen? – Braai!
Lange Tradition hat das *braai,* das vor allem bei den weißen Afrikanern burischer Abstammung ein wichtiges Ereignis ist. *Braai* heißt Grill, ist ›Männersache‹ und entspricht dem amerikanischen Barbecue. Als die *Voortrekker* mit ihren Ochsenwagen ins Landesinnere Südafrikas vordrangen, mussten sie jagen, um zu überleben. Das Wildfleisch grillten sie über dem offenen Feuer – *braaivleis* war ›erfunden‹. Heute gehören Rind-, Schweine- und Hammelfleisch sowie die gekringelte *boerewors* (mit Koriander und anderen Gewürzen angereicherte Bratwurst) und *pap* (trockener Maisbrei) zu einem Original-*braai* dazu.

Fleisch, Fisch und Desserts

Die beliebtesten traditionellen, südafrikanischen Gerichte sind *sosaties* (Fleischspießchen von Hammel und Rind), *bobotie* (Auflauf aus Lammhackfleisch mit Curry) und verschiedene Versionen von *bredie* (Eintöpfe mit Fleisch und Gemüse). Eigenwillig schmeckt der Zungenbrecher *waterblommetjie-bredie,* das mit frischen Wasserblumen zubereitet wird. Currys mit Rind, Lamm, Huhn und Fisch schmecken im kapmuslimischen Viertel Bo-Kaap am besten.

Die oft am Straßenrand verkauften frittierten *chili bites* (Chili-Bissen) gibt es in der stark gewürzten, auf Kartoffeln basierenden indischen Version und der auf Erbsenmehl basierenden kapmalaiischen Variante.

Die noch heute gebräuchlichste Art und Weise, Fleisch haltbar zu machen, hat lange Tradition. *Biltong* bezeichnet durch kräftiges Würzen und anschließende Trocknung konserviertes Fleisch, meist von Antilopen (Springbock, Kudu, Oryx), aber auch von Rindern und Straußen, seltener von Elefanten und Büffeln. Schon die ersten Siedler schufen sich so haltbaren Reiseproviant. Auf Flohmärkten in und um Kapstadt wird *biltong* an Ständen verkauft, in mundgerechte Häppchen gehackt, an denen man oft ganz schön zu kauen hat.

Berühmt ist die Kap-Provinz für ihr ausgezeichnetes, immer frisches *seafood* in üppiger Auswahl. Vor allem Languste oder Felshummer *(crayfish* oder *rocklobster)* sind beliebte Delikatessen. Auf den meisten Speisekarten der *seafood*-Restaurants ist *line fish* aufgeführt. Das ist keine Fischsorte, sondern bedeutet, dass der Fang, meist Kabeljau *(cod), yellowtail* oder *cape salmon,* frisch aus dem Netz kommt. Etwas seltener gibt es den eiweißreichen, empfehlenswerten *butterfish.* Ebenfalls festes, weißes Fleisch – mit einem

Süße Verführung: Dattelbällchen mit Kokosraspeln

etwas kräftigeren Geschmack – bieten *white stumpnose* und *steenbras.* Zum Fisch gibt es in den meisten Fällen eine Zitronenbutter- *(lemon butter)* oder Knoblauchsoße *(garlic sauce),* Gemüse *(veggies)* und entweder eine Folienkartoffel *(baked potato),* Pommes frites *(chips)* oder kleine gekochte Kartoffeln *(baby potatoes).* Für die besten Austern *(oysters)* der Kap-Provinz lohnt der Weg nach Knysna, die leckersten Muscheln *(mussles)* kommen von der Westküste.

Von den Nachspeisen seien *malva pudding* (süßer, kalorienreicher Kuchen aus Milch, Zucker, Sahne und Aprikosenmarmelade) und *melktart* (eine Art burischer Käsekuchen) empfohlen. Wem es nicht süß genug sein kann, sollte sich an den in Sirup ›ertränkten‹ *koeksisters* versuchen.

Getränke

Das Kap-Getränk ist Wein, der gleichberechtigt neben den Traditionsgewächsen der europäischen Weinbaugebiete steht.

Für Biertrinker interessant: Mehr und mehr lokale Brauereien bieten schmackhafte Alternativen zu den faden ›Chemie‹-Produkten Castle, Lion, Amstel und Carling Black Label. Aus Namibia kommen die nach dem deutschen Reinheitsgebot gebrauten Windhoek- und Tafel-Lager-Biere.

An Minibrauereien empfiehlt sich Mitchells in der Kapstädter Waterfront (www.mitchellsbrewery.com), Foresters aus Knysna, Birkenhead aus Stanford (s. S. 226), Darling Brew Slow Beer (www.darlingbrew.co.za) und Union Craft Beers (www.andunion.com). Jährlich im November findet das dreitägige Cape Town Festival of Beer (www.capetownfestivalofbeer.co.za) statt, wo alle Minibrauereien ihre Produkte zapfen. Nach Meinung des (in Bayern geborenen) Autors dieses Buches sind die in unmittelbarer Nähe zur Weinstadt Paarl auf dem Spice-Route-Weingut (www.spiceroute.co.za) gebrauten Biere der Cape Brewing Company (www.capebrewing.co.za) die besten am Kap: vom kristallklaren oder naturtrüben Weizen über Pilsener bis zum Lager sowie dem saisonalen Maibock und dem Oktoberfestbier. Eine der besten Bieradressen in Kapstadt ist Beerhouse on Long (s. S. 122) in Kapstadts quirliger Long Street.

Aktivurlaub und Sport

Urlaubern bietet sich in der Kap-Provinz eine unglaubliche Fülle sportlicher Betätigungen – die Spanne reicht von beschaulich bis adrenalinfördernd. Neben Abseiling am Tafelberg, Kloofing im Kamikaze Canyon, Tandem-Fallschirmspringen oder Mountainbike-Trips (s. u.) stehen Tauchkurse und geführte Tauchgänge zu Schiffswracks oder auch Haikäfigtauchen in Gansbaai (s. S. 228) zur Auswahl.

Abseiling

So aufregend, dass die Südafrikaner gleich das deutsche Wort übernommen haben! Abgeseilt werden kann jeder, auch ohne Vorkenntnisse – und zwar täglich (abhängig von den Wetterverhältnissen), z. B. vom 1063 m hohen Tafelberg (s. S. 130).

Brücken- und Bungee-Jumping

Ob kopfüber in die Tiefe mit einem Bungeeseil an den Füßen oder schwingend von Brücke zu Brücke – gesichert durch einen Gurt um die Hüfte – in Südafrika ist beides in beeindruckender Naturkulisse ein Erlebnis der Extraklasse: beim welthöchsten Bungee-Jump von der Bloukrans Bridge, der 216 m hohen Bogenbrücke (s. S. 260).

Fahrradfahren

Mit dem Rennrad oder Mountainbike bieten sich zahlreiche Routen an. Da Mountainbiking in Südafrika boomt, werden in Nature Reserves und Parks immer mehr Wege angelegt. Mit der Argus-Tour ans Kap startet hier im März das größte Radrennen der Welt; unter www.pedalpower.org.za gibt es Mountainbike-Renninfos. Atemberaubende Mountainbike-Touren, u.a. den Tafelberg hinunter, veranstaltet **Downhill Adventures,** 10 Overbeek Building, Tel. 021 422 03 88, www.downhilladventures.com (Fahrradkarten s. S. 19). Gemächlicher geht es mit dem Bike durchs Cape of Good Hope Nature Reserve (s. S. 145, per gebuchtem Tagesausflug oder mit separat geliehenem Fahrrad, z. B. www.capetowncyclehire.co.za, www.rentabicycle.co.za. Interessant ist die Website **www.capetownbicyclemap.co.za** mit allen Radwegen in der Stadt.

Fallschirmspringen

Fallschirmspringen ist am Kap selbst ohne Vorkenntnisse möglich. Im Weinort Robertson, 147 km östlich von Kapstadt, folgt nach 8–9 Stunden Crashkurs am Boden bereits der erste Sprung aus dem Flieger. Keine Angst, nach 2–3 Sekunden freiem Fall ›fängt‹ Sie die Sicherheitslinie, mit der Sie am Flugzeug hängen, auf. Schneller geht's per Tandemsprung: Nach einer kurzen Einführung heben Sie bereits ab!
Infos: Skydive Robertson: Tel. 083 462 56 66, www.skydive.co.za.

Gleitschirm- und Drachenfliegen

In und um Kapstadt gibt es atemberaubende Plätze für Anfänger und Fortgeschrittene. Paragliding hat den Vorteil, dass der eigene Schirm im Flieger als Sondergepäck ›mitreisen‹ darf.

Beliebteste Flugplätze in Kapstadt sind der Tafelberg (extrem schwierig), Signal Hill (schwierig) und Lion's Head (für Fortgeschrittene). Anfänger üben in den Dünen bei Wilderness an der Garden Route. Mit etwas Erfahrung ist Hermanus die beste Wa(h)l für Paraglider, die in der Saison oft die Wale von oben im Meer beobachten können. Vorsicht ist allerdings bei der Landung geboten, da das Terrain sehr nahe an einem Golfplatz liegt! In Kapstadt gibt es mehrere gute Veranstalter: s. S. 131.

Golf

Kapstadt und die Kap-Provinz bieten eine Fülle an ausgezeichneten Golfplätzen. Das Städtchen George hat eine lange Golftradition: Seit 1886 wird hier eingelocht (s. S. 251). Auch bei Hermanus gibt es ein Golf Estate (s. S. 223). Auf www.kapstadt.de haben Sie Zugriff auf die Online-Ausgabe des Magazins »Golf am Kap« mit Infos zu den schönsten Golfplätzen im Bereich Kapstadt und Wineland.

Kloofing

Kloof ist das südafrikanische Wort für Canyon – und diese Canyons werden kletternd, schwimmend, springend und wandernd durchquert, je nachdem wie es die jeweilige Schlucht gerade erfordert. **Xtreme Adventures** organisiert Kloofing-Trips durch die Suicide Gorge bei Kapstadt (s. S. 131, 170). Einen Überblick gibt www.sa-venues.com/activities/kloofing.htm.

Sandboarding

Die Leidenschaft fürs Sandboarden wird im beeindruckenden Sanddünengebiet an der Westküste in der Nähe von Atlantis ausgelebt. Mit modifizierten Snowboards saust man dabei steile Dünen hinunter. Aber immer dran denken, Sand sieht zwar weich aus, ist aber deutlich härter als Schnee, also Jeans und langärmeliges Hemd tragen!

Abenteuerlustig?
Anbieter von *adventure*-Sportarten:
www.downhilladventures.com
www.abseilafrica.co.za
www.daytrippers.co.za
www.southafrica.info/travel/adventure
www.cape-xtreme.com

Surfen

Die Kap-Halbinsel bietet fantastische Surfmöglichkeiten. Die Hotspots sind Muizenberg Beach, Olifantsbos am Kap, Scarborough, Misty Cliffs, Noordhoek, Dungeons bei Hout Bay und Llandudno. Äußerst beliebt wegen seiner idealen Bedingungen – Sandstrand, Sandboden, warmes Wasser wie in der heimischen Badewanne und perfekter Wind – ist der Muizenberg Beach, wo vor allem Anfänger gut aufgehoben sind.

Der Besitzer der dort ansässigen **Gary's Surf School** (34 Beach Rd., Tel. 021 788 98 39, www.garysurf.co.za) ist eine lokale Legende (s. S. 141). **Downhill Adventures** hat die älteste Surfschule in der Stadt (Blouberg, Big Bay, Long Beach und Cool Bay): Tel. 021 422 03 88, www.downhilladventures.com.

Wandern

Auch Wanderer finden in der Kap-Provinz paradiesische Möglichkeiten vor. Informationen: **Mountain Club of South Africa,** Tel. 021 465 34 12, www.mcsacapetown.co.za.

Feste und Unterhaltung

Kapstadt für alle Sinne

Karneval in der Mother City

Der **Cape Minstrel Carnival** oder **Coon Carnival** findet jedes Jahr zu Neujahr statt und ist Kapstadts Pendant zum Karneval in Rio. Das Fest beginnt an *Tweedenuwejaar,* dem 2. Januar, und dauert etwa drei Wochen. Musikgruppen der *Coloureds,* jedes Team in einer anderen knalligen Farbe, ziehen dann laut singend durch die Straßen (s. S. 135). Das Ereignis geht zurück auf die Zeit der Sklaverei. Der 1. Januar war der einzige Tag, an dem die Sklaven frei hatten und singen und tanzen konnten. Obwohl die Sklaventransporte ans Kap seit 1807 verboten waren, entließ England die etwa 39 000 Kap-Sklaven erst am 1. Januar 1834 in die Freiheit. Seither wird am 2. Januar gefeiert.

Musik & Film

Das **Cape Town International Jazz Festival** Ende März/Anfang April im Convention Centre dauert zwei Tage und kombiniert internationalen Jazz mit afrikanischen Rhythmen. Tages- oder Wochenendkarten gibt es bei Computicket (www.computicket.com). Programme und News unter: www.capetownjazzfest.com.

Bei den Sonntagabendkonzerten in den **Kirstenbosch Botanical Gardens** gibt es neben Jazz auch Rock, Pop und Klassik auf die geneigten Ohren (s. S. 142).

Das südafrikanische Dokumentarfilm-Festival **Encounters: South African International Documentary Film Festival** im Juli/August legt den Schwerpunkt auf afrikanische Beiträge – »Africa Focus« – mit Filmen von Afrikanern über Afrika (s. S. 135).

Juli/August wird die **Cape Town Book Fair** in Kooperation mit der Frankfurter Buchmesse organisiert und erfreut sich immer größerer Beliebtheit (s. S. 135).

Kulturelle Vielfalt feiern!

Das **Cape Town Festival** (s. S. 135) findet Mitte/Ende März über drei Tage um den Tag der Menschenrechte herum in den Company Gardens statt und konzentriert sich darauf, alle kulturellen Gruppen Kapstadts zusammenzubringen. Der Eintritt ist frei, um auch finanziell weniger gut gestellten Capetonians die Teilnahme zu ermöglichen. Es gibt viele Konzerte, Theater- und Tanzvorstellungen sowie Essensstände mit kaptypischen Spezialitäten.

Das **MCQP Mother City Queer Project** ist Afrikas größtes Schwulenfestival (im Dezember): ein gigantisches Kostümfestival mit einem neuen Thema für jedes Jahr. Viele Heteros nehmen teil – die Atmosphäre ist mitreißend. Themen vergangener Jahre waren Zirkus, Comic Strip, Einkaufswagen, Glitzerndes Meer und Space Cowboys (www.mcqp.co.za).

Um Kostüme anderer Art geht es bei der **Cape Town Fashion Week** im August, wo Topdesigner zeigen, was heiß und trendy ist. Die neuen Frühlings-/Sommer-Kollektionen der bekanntesten, südafrikanischen *fashionistas* werden präsentiert (s. S. 135).

Lokale und internationale Stand-up-Comedians liefern im Mai/Juni beim **Cape Town Funny Festival** einen Lachmarathon. Ein Teil des Events ist nur für Erwachsene – Danger Zone – dort finden die Gags eher unterhalb der Gürtellinie statt. Das Festival ist ein prima Tipp für Besucher mit guten Englischkenntnissen, die diese gerne noch vertiefen wollen (s. S. 135).

Lokale Festivals

In der ganzen Provinz gibt es etliche lokale Feste mit vielen Buden, die Essen, Getränke und Kunsthandwerk verkaufen wie bei der **Paarl Show** Ende Januar in Paarl (s. S. 189). Ende Mai folgt das **Calitzdorp Port Festival** mit Ständen, Vorführungen, Portwein-Proben und Oldtimertreffen (s. S. 266). Ein Highlight für Fans von Oldtimern und schnellen Autos ist das jährliche **Knysna Speed Festival** im Mai – eine populäre Rennsportveranstatung mit Volksfestcharakter (s. S. 254).

In der dritten Septemberwoche findet das einwöchige **Hermanus Whale Festival** statt, mit Kunsthandwerkständen und Theatervorführungen. Die Wale vor der Küste sind natürlich als Hauptattraktion live dabei (s. S. 226).

Natürlich im Juli wird beim **Bastille Festival in Franschhoek** (s. S. 175) der Sturm auf die Bastille hauptsächlich kulinarisch zelebriert. Die Stadt wird rot-weiß-blau für ein Wochenende. Es wird Boule gespielt, Käse gegessen und Rotwein getrunken.

Das **Klein Karoo National Arts Festival** (s. S. 275) in Oudtshoorn gehört mittlerweile zu den wichtigsten Kulturveranstaltungen im Land.

Sportliche Events

Die Fahrradmesse **LifeCycle Week** findet Mitte März in der Victoria & Alfred Waterfront statt; eine Woche vor der 105 km langen **Cape Argus Pick n Pay Momentum Cycle Tour** (s. S. 135), die mit über 35 000 Teilnehmern das größte Radrennen der Welt ist.

Beim **Two Oceans Marathon** (s. S. 135) laufen die Teilnehmer jedes Jahr an Ostern ganze 56 km rund um die Kap-Halbinsel.

Festkalender

Januar/Februar

Coon Carnival: ab 2. Jan., 3 Wochen
Paarl Show: Paarl, Ende Jan.

März

LifeCycle Week: Kapstadt, Mitte März
Cape Town Festival: Kapstadt, Mitte/Ende März
Cape Town International Jazz Festival: Kapstadt, Ende März/Anfang April

April/Mai

Klein Karoo Arts Festival: Oudtshoorn, Anf. April
Two Oceans Marathon: Kap-Halbinsel, Ostern
Calitzdorp Port Festival: Calitzdorp, Anfang Mai

Juli/August

Knysna Oyster Festival: Knysna, Juli
Bastille Festival: Franschhoek
Cape Town Book Fair: Kapstadt, Ende Juli/Anfang Aug.
Encounters: Kapstadt, Juli/Aug.
Cape Town Fashion Week: Kapstadt, Anfang Aug.

September

Nando's Cape Town International Comedy Festival: Kapstadt, Anf. Sept.
Hermanus Whale Festival: Hermanus, Ende Sept.

November

Cape Town International Kite Festival: Kapstadt, Anfang Nov.
Cape Town Festival of Beer: Kapstadt, Ende Nov.

Dezember

MCQP Mother City Queer Project: Kapstadt, Mitte/Ende Dez.

Reiseinfos von A bis Z

Apotheken

Apotheken, in Südafrika *chemists* bzw. *apteek* genannt, sind gleichzeitig Drogerien und verfügen meist über einen Notdienst.

Ärztliche Versorgung

Für die Dauer einer Reise nach Südafrika sollte eine Reisekrankenversicherung abgeschlossen werden, da die Behandlungen in Südafrika nicht von allen gesetzlichen und privaten Krankenversicherungen bezahlt werden.

Die medizinische Versorgung in Südafrika, speziell in der Western Cape Province, ist ausgezeichnet. Die Ärzte sind hoch qualifiziert, private Krankenhäuser stehen in ihren Leistungen solchen in Mitteleuropa in nichts nach. Behandlungen sind jedoch erheblich preiswerter als in Europa. Im Krankheitsfall kümmert sich die Hoteldirektion oder Botschaft um einen Deutsch sprechenden Arzt.

Diplomatische Vertretungen

Nur Deutschland und die Schweiz unterhalten in Kapstadt Generalkonsulate. Österreicher wenden sich an die **Österreichische Botschaft** in Pretoria (454 A Fehrsen St., Eingang William St., Brooklyn, Tel. 012 452 91 55, Fax 012 460 11 51, www.bmeia.gv.at/pretoria).

Deutsches Generalkonsulat
14 Stirling St. (Eingang am oberen Ende der Stirling Street)
Zoonebloem 7925
Tel. 021 405 30 00, Fax 021 421 04 00
www.kapstadt.diplo.de

Schweizer Generalkonsulat
1 Thibault Square (26. Stock)
Ecke Long/Strijdom St.
Tel. 021 400 75 00, (Jan.–März Tel. 021 418 36 69),
Fax 021 418 36 88, (Jan.–März Fax 021 418 15 69)
www.eda.admin.ch/capetown

Elektrizität

Wie in Mitteleuropa beträgt die Stromspannung 220/230 V. Aber man braucht für die dreipoligen südafrikanischen Steckdosen einen Adapter, der in lokalen Elektrogeschäften verkauft wird. Viele Hotels leihen sie auch kostenlos.

Feiertage

1. Januar – Neujahr *(New Year's Day)*
21. März – Tag der Menschenrechte *(Human Rights Day);* erinnert an das Sharpeville-Massaker von 1960, bei dem 69 Schwarze von der Polizei erschossen wurden.
Karfreitag – *Good Friday*
Ostermontag – *Family Day*
27. April – *Freedom Day;* erinnert an Südafrikas erste demokratische Wahlen von 1994.
1. Mai – Tag der Arbeit *(Worker's Day)*
16. Juni – *Youth Day;* gedenkt der Schüler, die 1976 beim Soweto-Protest gegen die Einführung von Afrikaans als Unterrichtssprache von der Polizei erschossen wurden.
9. August – Nationaler Frauentag *(National Women's Day)*
24. September – *Heritage Day;* Geburtstag des Zulu-Kriegers Shaka
16. Dezember – Tag der Versöhnung *(Day of Reconciliation;* früher *Day of the Vow* – Tag des Gelöbnisses); zur

Erinnerung an die Schlacht am Blood River, wo 1838 ein kleines Burenkommando Tausende von Zulukriegern besiegte, was den Tag zum höchsten Feiertag der Buren machte.
25. Dezember – Weihnachten
26. Dezember – Tag des Guten Willens *(Day of Goodwill)*
Fällt ein Feiertag auf einen Sonntag, ist der darauf folgende Montag frei.

Fotografieren

Das Fotografieren von Menschen ist in Südafrika kein Problem. Wie überall sonst auf der Welt sollte man aber vorher um Erlaubnis fragen. Gerade in den ärmlichen Townships freuen sich die Bewohner, dass sich ausländische Besucher für sie interessieren. Fotozubehör wie Speicherkarten und Batterien sind in Südafrika teurer als in Europa.

Geld

Die Währung Südafrikas ist der Rand (ZAR). Die verschiedenfarbigen Geldscheine (R 10, R 20, R 50, R 100, R 200) tragen das Porträt von Nelson Mandela auf der Vorderseite (daher auch scherzhaft Randelas genannt) und einen der Big Five – Löwe, Leopard, Nashorn, Elefant und Büffel – auf der Rückseite. Reiseschecks, die bei Banken gegen Vorlage des Reisepasses in Rand getauscht werden können, bilden eine Alternative zu Kredit-/Bankkarten, sind allerdings teurer.

Mit Kreditkarte und PIN-Nummer kann ebenso wie mit Bankkarten, die dem Maestro-System angeschlossen sind, an internationalen Geldautomaten (ATM = Automatic Teller Machine), die in allen größeren Städten vorhanden sind, Geld abgehoben werden.

Folgende Geldwechselstellen an Kapstadts Waterfront sind tgl. geöffnet:
American Express: Shop 6228, Victoria Wharf Shopping Centre, Tel. 021 421 47 48, www.americanexpress.co.za, Mo–Fr 9–19, Sa–So 9–17 Uhr
Rennies Travel: Shopping Centre, 22 Riebeeck Street, City Centre, Tel. 021 410 36 00, www.renniestravel.com, Mo–Fr 9–19, Sa 9–17, So 10–17 Uhr
Achtung: Tankstellen akzeptieren manchmal keine Kreditkarten.
Wechselkurse Sommer 2016:
1 €/1 CHF = 17,69/16,08 ZAR, 1 ZAR = 0,057 €/0,062 CHF. Aktuelle Wechselkurse auf www.oanda.com.

Gesundheitsvorsorge

Südafrika verlangt keine Impfnachweise, wenn der Reisende direkt aus Europa kommt. Eine Malaria-Prophylaxe ist für die gesamte Western Cape Province nicht notwendig.

Zecken (engl. *ticks)* gibt es vor allem da, wo das Gras sehr hoch wächst. Ihr Biss kann das gefährliche *tick fever* auslösen. Bei Spaziergängen durch dichtes Gestrüpp sollte man daher lange Hosen und Schnürstiefel tragen.

In der Kap-Provinz macht sich das Ozonloch unangenehm bemerkbar – wer mit weißer Haut dem mitteleuropäischen Winter entflieht, sollte eine Sonnencreme mit hohem Lichtschutzfaktor (mindestens 25) dabei haben.

Die Anzahl der Aidsinfizierten nimmt in Südafrika trotz vieler Aufklärungsprogramme, noch immer zu.

Trinkwasser: Wasser aus der Leitung kann überall im Land problemlos getrunken werden.

Kinder

Die ›Kinderpolitik‹ in südafrikanischen Hotels und Bed & Breakfasts ist sehr relaxt. Der globale Trend, dass begüterte ältere Ehepaare mit jüngeren Kids und Babys Urlaub machen, wirkt sich auch aufs Land am Kap aus. Fast jedes größere Hotel bietet einen Babysitterservice an. Es gibt außerdem alle Arten von Babyprodukten und -nahrung in jeder größeren Stadt zu kaufen. Einkaufszentren und Casinos bieten stundenweise Betreuung der Kleinen in Spielgruppen und haben sehr gut sortierte Spielzeugläden. Baby- und Kinderkleidung ist übrigens deutlich preisgünstiger als in Europa.

Insgesamt gesehen ist Südafrika, vor allem in der malariafreien Western Cape Province, ein Paradies für Mini-Urlauber: Delfine, Wale und Meer, Sandstrände und Berge, sowie Tiere aller Art und Größe, die sonst nur im Fernsehen zu bestaunen sind. Zahlreiche geschützte Gezeitenpools bieten den Kids sichere Badefreuden. Kapstadts Waterfront veranstaltet sehr gute Kinderprogramme (Infos: Tel. 021 418 23 69), viele Büchereien haben wöchentliche Kinderstunden. Wer einmal ohne die Kleinen ausgehen möchte, kann in Kapstadt auf mehrere Babysitterdienste zurückgreifen.

Einige Topattraktionen für Kids: **World of Birds** (s. S. 151) in Hout Bay; **Grootbos Nature Reserve** (s. S. 227); **Ratanga Junction Theme Park** (Century Blvd., Century City, Tel. 021 550 85 04, www.ratanga.co.za, tgl. 10–17 Uhr, 172/83 Rand) bei Kapstadt; **Gondwana Private Game Reserve** (s. Mein Tipp S. 246), **Monkeyland** (s. S. 259), **Birds of Eden** (s. S. 259) und **Elephant Sanctuary** (s. S. 260) bei Plettenberg Bay; **Eulen- und Adlerwarte** (s. S. 182) im Spier Wine Estate bei Stellenbosch.

Medien

Radio und Fernsehen

Die besten Radiosender in der Kap-Provinz sind Good Hope FM (www.goodhopefm.co.za), P 4 Radio und KFM (www.kfm.co.za). Letzterer ist vor allem bei Überlandfahrten gut zu empfangen. SAFM (www.safm.

Paradies für Mini-Urlauber: Natur und Tiere in Südafrika

Reisekosten und Spartipps
Obwohl die Preise in der letzten Zeit deutlich gestiegen sind, sorgt der gute Umtauschkurs zum Euro (und Schweizer Franken) dafür, dass der Südafrika-Urlaub sehr günstig ist. In Lokalen fällt angenehm auf, dass nicht versucht wird, über die alkoholischen Getränke Geld zu machen. Selbst in Luxusrestaurants liegen die Preise für eine Flasche Wein nicht massiv über dem Ladenpreis. Benzin und Diesel sind mit etwa 13 Rand pro Liter günstiger als in Deutschland.

co.za) sendet Nachrichten, Talkshows, Klassik, Sport sowie Hörspiele. Weitere Hörempfehlungen: 5FM (www.5fm.co.za) und Cape Talk (www.567.co.za).

Die meisten Hotels haben Satellitenfernsehen, manche sind mit dem Deukom-Satelliten verbunden (www.deukom.co.za), dann können Gäste auch ARD, ZDF, SAT 1, RTL, PRO 7 und 3sat empfangen. Die staatlichen Sender sind SABC 1, 2 o. 3 (www.sabc.co.za). Englische Nachrichten (›News at 7‹) gibt es tgl. um 19 Uhr auf SABC 3 und auf dem ebenfalls frei zu empfangenden Sender e-tv (www.etv.co.za). M-Net (www.mnet.co.za) ist ein kostenpflichtiger, also nur mit Dekoder zu empfangender Sender, der hauptsächlich aktuelle Filme zeigt.

Zeitungen

Es gibt zwei englischsprachige Tageszeitungen in Kapstadt, den »Argus« (www.capeargus.co.za), der nachmittags erscheint, und die »Cape Times« (www.capetimes.co.za), die es jeden Morgen gibt. Für ihren guten, investigativen Journalismus bekannt ist die englischsprachige Wochenzeitung »The Mail & Guardian«, die auch Artikel des britischen »Guardian«, der französischen »Monde« und der amerikanischen »Washington Post« enthält. Deutsche Zeitungen und Zeitschriften gibt es in vielen internationalen Hotels und Geschäften sowie in der deutschen Buchhandlung in der Burg Street, gegenüber von Cape Town Tourism.

Notruf

Bei Gefahr (z. B. bei Einbrüchen oder *car hijacking*): Tel. 10 111; Handy: 112.
Ambulanzen und Bergrettung: nationale Nummer, Tel. 10 177.
In Kapstadt:
Touristen-Polizeistation: Tel. 021 418 28 53 (tgl. 7.30–23 Uhr, sonst Notruf 10 111).
Feuerwehr: Tel. 021 590 19 00
Seenotrettung: Tel. 021 449 35 00
Giftzentrum (Schlangenbisse u. Ä.): Red Cross Children Hospital, Rondebosch, Tel. 021 689 52 27, oder Tygerburg Hospital, Bellville, Tel. 021 931 61 29.
Sperrung von Handys, Bank- und Kreditkarten: +49 116 116

Öffnungszeiten

Übliche Ladenöffnungszeiten sind werktags 8.30–17, Sa 8.30–13, So 9–12 Uhr. Manche Geschäfte und Einkaufszentren haben länger geöffnet. Die Läden der Waterfront warten sieben Tage die Woche auf Kundschaft.

Post

Postämter sind Mo–Fr 8.30–16.30, Sa 8–12 Uhr geöffnet. Wer möchte, dass Briefe und Postkarten einigermaßen schnell in Europa sind, sollte sie per Luftpost versenden (Postkarten 8 Rand, Briefe ab 10 Rand).

Rauchen

In Südafrika herrschen strenge Gesetze für Raucher. In öffentlichen Gebäuden ist Rauchen verboten. Angestellte müssen zum Rauchen auf die Straße gehen. Restaurants müssen von Nichtrauchern getrennte Rauchersektionen aufweisen. In Einkaufszentren ist das Rauchen ebenfalls verboten.

Reisen mit Handicap

Fast alle neuen Hotels, Restaurants und Museen in Kapstadt und der Western Cape Province sind auch auf Menschen mit Handicaps eingestellt. Einkaufszentren sowie die Waterfront sind behindertenfreundlich. Autovermietungen haben Automatikwagen im Programm. Mehr Infos im Netz unter: www.suedafrikatour.de/allgemeines/behindert.htm (deutsch).

Behindertenorganisationen:
The Association for the Physically Disabled, Tel. 021 637 12 04
The SA National Council for the Blind, Tel. 012 452 38 11

Sicherheit

Die Kriminalität in Südafrika ist relativ hoch, findet allerdings größtenteils in den Townships der Städte statt. Die Townships und abgelegene Stadtteile sollten Sie daher nicht auf eigene Faust besuchen. Schmuck und Kameras nicht offen tragen, nicht auf offener Straße hilflos in den Cityplan starren, sondern in einen Laden oder ein Café gehen und dort nach dem Weg oder Ziel fragen. Selbstbewusst und bestimmt auftreten.

Kapstadt hat durch die Installation von Kameras im Innenstadtbereich die Kriminalitätsrate drastisch gesenkt. Die Zugriffszeiten auf Taschendiebe und Geldautomatenbetrüger liegen meist bei wenigen Minuten. Ein Kontrollzentrum meldet den Fluchtweg der Täter an patrouillierende Polizisten. Dadurch sind selbst abends Spaziergänge in Long und Kloof Street wieder möglich geworden. Sicher sind außerdem die Victoria & Alfred Waterfront, Canal Walk, der Vergnügungspark Ratanga Junction und das Gelände des Grand West Casino in Kapstadt.

Auch auf die Gefahr hin, als unhöflich zu gelten, sollten Südafrika-Besucher keine Tramper mitnehmen, die Gefahr des *carjacking* ist zu groß. Nichts sichtbar im geparkten Mietwagen liegen und das leere Handschuhfach am besten offen stehen lassen. Statt der meist verkehrsunsicheren Sammeltaxis und überfallgefährdeten Nahverkehrszüge empfehlen sich eher die vor Ort angebotenen, günstigen Mietwagen. Abends vom Hotel aus ein Taxi zum Restaurant bestellen, wenn dieses außerhalb der oben beschriebenen Gebiete liegen sollte.

Eine Touristen-Polizeistation (Police Tourist Assistance Unit) befindet sich an der Ecke Riebeeck Street/Tulbagh Square, Tel. 021 418 28 53 (7.30–23 Uhr, danach Notruf 10 111) oder tagsüber Tel. 021 421 51 15, -6. In der St. George's Mall ist ebenfalls ein Polizeiposten stationiert. Die Hauptwache ist in der Buitenkant Street zwischen Albertus und Barrack Street. Am Hauptbahnhof und an der Waterfront sind Polizisten ebenfalls stets präsent.

Souvenirs

Holzschnitzereien, Masken und anderes Kunsthandwerk aus ganz Afrika ersteht man am günstigsten auf den sonntäglichen Flohmärkten, am Greenmarket Square in der Altstadt oder von den fliegenden Händlern auf den Parkplätzen zwischen Camps Bay und Llandudno, direkt am Meer.

Sprache

Mit Englisch kommt man in Kapstadt und Umgebung gut zurecht. Von den elf offiziellen Landessprachen werden in der Westkap-Provinz Englisch, Afrikaans und Xhosa gesprochen. Aufgrund der vielen Auswanderer am Kap folgt Deutsch an vierter Stelle.

Steuerrückerstattung

Die Mehrwertsteuer (VAT = *value added tax)* von 14 % ist in den meisten Waren enthalten. Ausländische Touristen können die VAT beim Verlassen des Landes zurückbekommen, wenn ihre Waren einen Verkaufswert von 250 Rand übersteigen; Einzelposten müssen über 50 Rand gekostet haben. Dazu muss der Verkäufer zusätzlich zur Originalrechnung das Formular VAT 255 mit der Anschrift des Käufers sowie genauen Angaben zur Ware ausfüllen. Am VAT-Schalter im Flughafen werden die Formulare vorgelegt, manchmal müssen die gekauften Waren vorgezeigt werden. Der bezahlte Mehrwertsteuerbetrag wird dann direkt wieder in der Abflughalle bar in Euro oder Schweizer Franken zurückerstattet (www.taxrefunds.co.za).

Telefonieren

Telefonieren von den blauen Münz- oder grünen Kartentelefonen ist kein Problem, am besten mit 50-Cent- und 1-Rand-Stücken. Telefonkarten gibt es in vielen Geschäften, auf vielen Telefonen ist die nächste Bezugsquelle vermerkt. Die Gebühren betragen etwa 1,80 Rand für ein dreiminütiges Ortsgespräch. Nationale und internationale Gespräche sind mit den Karten problemlos möglich. In Südafrika wird selbst bei Ortsgesprächen immer die jeweilige Stadtvorwahl mitgewählt, also im Falle Kapstadts 021 plus die siebenstellige Anschlussnummer.

In Kapstadt gibt es bei der Ankunft am Flughafen die Möglichkeit, eine SIM-Karte für das Handy zu mieten. Das kostet bei den südafrikanischen Netzanbietern Vodacom (www.vodacom.co.za), MTN (www.mtn.co.za), Cell C (www.cellc.co.za) und Virgin Mobile (www.virginmobile.co.za) etwa 30 Rand am Tag und rund 15 Rand pro Minute (www.rentafone.net; www.cellhire.com). Nachteil: Man bekommt eine neue Rufnummer. Abgerechnet wird über die Kreditkarte.

Die deutschen Netzanbieter D1, D2 oder O2 haben Roaming-Abkommen mit Südafrikas Anbietern geschlossen, d. h. man kann in Südafrika angerufen werden und selbst anrufen. Achtung: Ankommende Telefongespräche aus dem Ausland werden dem SIM-Karteninhaber in Rechnung gestellt, abgehende Gespräche ins Ausland mit einem happigen Servicezuschlag abgerechnet.

Trinkgeld

Da Bedienungen in den Restaurants nur ein geringes oder gar kein Gehalt bekommen, sind sie auf Trinkgelder der Gäste angewiesen. 10–15 % des Rechnungsbetrags sind angemessen, bei hervorragendem Service entsprechend mehr. Pro Koffer oder Tasche gibt man einem Gepäckträger im Hotel 5 Rand. Wie in Deutschland üblich, rundet man bei Taxifahrten auf.

Zeit

Der Zeitunterschied zwischen Südafrika und Mitteleuropa beträgt eine Stunde, d. h., wenn es in Deutschland 9 Uhr ist, ist es in Kapstadt bereits 10 Uhr. Während der MESZ besteht kein Zeitunterschied.

Panorama – Daten, Essays, Hintergründe

Blick vom Bloubergstrand auf den Tafelberg

Steckbrief Kapstadt und die Kap-Provinz

Daten und Fakten

Lage und Fläche: Kapstadt und die Kap-Provinz liegen im südwestlichsten Teil Südafrikas, begrenzt vom Atlantik im Süden und Westen, vom Indischen Ozean im Süden und Osten. Die geografische Lage wird zwischen 32° und 35° südlicher Breite und 17° und 23° östlicher Länge angegeben. Die Fläche beträgt 129 462 km², was 10,6 % der Fläche Südafrikas entspricht. Die Western Cape Province (WP) ist die viertgrößte der neun Provinzen des Landes.
Hauptstadt: Kapstadt (Cape Town)
Einwohner: 6 016 900 (2014 geschätzt; ganz Südafrika 54 Mio., 2014 geschätzt)
Währung: Südafrikanischer Rand (ZAR)
Zeitzone: MEZ + 1 Std.; MESZ = keine Zeitverschiebung
Amtssprachen: Von den elf offiziellen Landessprachen Südafrikas werden in der Western Cape Province drei gesprochen: Afrikaans (Muttersprache von 49,7 % der Bevölkerung), Xhosa (24,7 %) und Englisch (20,2 %). Die inoffizielle vierte Sprache am Kap ist Deutsch, aufgrund der vielen Auswanderer, die sich in Südafrikas schönster Ecke angesiedelt haben.

Geografie und Natur

Die Western Cape Province ist die abwechslungsreichste und attraktivste Provinz Südafrikas. Und das nicht nur weil deren Hauptstadt eine der schönsten der Welt ist. Die Mother City – Kapstadt – ist die älteste im Land und alleine schon einen Urlaub wert.

Sie erstreckt sich nördlich der Halbinsel, an deren südlichem Ende das Kap der Guten Hoffnung liegt. Der älteste Teil der Stadt und das Zentrum *(city bowl)* liegen zwischen Tafelberg, Signal Hill und Tafelbucht, wo die ersten europäischen Siedler 1652 mit ihren Schiffen landeten. Die Küstenlinie und der alte Hafen befanden sich früher näher an der Stadt, denn das heute Foreshore genannte Gebiet wurde erst in den 1930er- und 1940er-Jahren dem Meer abgerungen. Eine vor allem im Nachmittagslicht spektakuläre Bergkette, die am Tafelberg beginnt und sich über die Twelve Apostles fortsetzt, zieht sich von der City bis zum Cape Point. Die Vororte am Atlantik und entlang der False Bay liegen auf einem relativ engen Küstenstreifen. Östlich der Bergkette erstreckt sich die Küstenebene der Cape Flats, die bis an die Strände der False Bay reicht. Östlich der Cape Flats ragen Berge auf, in deren Wäldern das Weinland liegt. Noch weiter im Osten folgen die Hochebenen der Kleinen und der Großen Karoo-Wüste. Nördlich des Weinlandes gehen die Cederberge in die Ausläufer der Kalahari-Wüste über. Die Westküste besteht aus kilometerlangen Sandstränden, die bisher kaum vom Tourismus entdeckt worden sind.

Bei einem Besuch Kapstadts und der Western Cape Province ist die Natur immer ganz nahe. Der Table Mountain National Park beginnt praktisch in der Stadt und zieht sich, wie bereits erwähnt, vom Tafelberg bis zum Kap.

Zwischen Juni und November besuchen jedes Jahr mehr und mehr Wale die Küsten. Die Zunahme der einst fast ausgerotteten Großsäuger überrascht selbst Biologen. Außerdem gibt es Seehunde, Pinguine, Weiße Haie und Paviane, die mindestens ebenso faszinierend sind wie die Berggorillas in Ruanda, aber leichter zu beobachten.

Staat und Politik

Südafrika hat seit 1997 eine der liberalsten Verfassungen der Welt und ist eine Demokratie nach westlichem Vorbild. Seit den ersten demokratischen Wahlen 1994 wird es von einer ANC-Regierung geführt. Nelson Mandela war der erste schwarze Präsident des Landes. 1999 übernahm der frühere Vizepräsident Thabo Mbeki das Amt, der 2004 wiedergewählt wurde. Ein seit der Wahl Jacob Zumas zum ANC-Präsidenten im Jahr 2007 andauernder Machtkampf zwang Mbeki 2008 zum Rücktritt. In der Übergangsphase (25. September 2008 bis 9. Mai 2009) war der damalige Vize Kgalema Mothlanthe Präsident von Südafrika. Der umstrittene und in zahlreiche Korruptionsskandale verwickelte Jacob Zuma wurde 2009 vierter schwarzer Präsident Südafrikas. Bei den Wahlen im Mai 2014 wurde er im Amt bestätigt.

Wirtschaft und Tourismus

Billige Textilimporte aus China machen der Bekleidungsindustrie zu schaffen. Hightech-Industrien und die Branchen internationale Callcenter, Modedesign und Werbe- bzw. Filmproduktionen verzeichnen dagegen rapiden Zuwachs.

Des Weiteren ist die Wirtschaft der Provinz vom Tourismus, dem Finanzsektor (Banken und Versicherungen), Wein- und Obstanbau geprägt. Die Tourismusbranche ist die am schnellsten wachsende des Landes, die fantastische, super organisierte Fußball-WM 2010 tat ein Übriges. Das Cape Town Stadium in Green Point ist eine architektonische Perle zwischen Tafelbucht und -berg – und stiehlt nun, vor allem nachts, Letzterem fast die Show.

Lebensstandard

Das Pro-Kopf-Einkommen (Western Cape Province) beträgt etwa 65 000 Rand pro Jahr. Das Bruttosozialprodukt liegt bei 438,7 Mrd. Rand, was etwa 19 % des BSP von Südafrika entspricht. Die Arbeitslosenquote liegt bei etwa 20 % (25 % in ganz Südafrika).

Städte

Kapstadt ist die älteste Siedlung im Land und die Hauptstadt der Western Cape Province (WP). Die zweitälteste Stadt Südafrikas ist Stellenbosch, an dritter Stelle folgt Swellendam; beide liegen ebenfalls im Western Cape.

Bevölkerung

In der Western Cape Province leben rund 6 Mio. Menschen bei einer Bevölkerungsdichte von 46 Einw./km². Die Bevölkerungsgruppen (s. S. 72) bestehen aus Englisch und Afrikaans sprechenden Weißen (15,7 %), Coloureds (48,8 %), Asiaten (1 %) und Schwarzen (32,8 %; meist Xhosa).

Religion

Die meisten Bewohner der Kap-Provinz sind Christen (76,6 %), gefolgt von Muslimen (9,7 %), Juden (0,5 %) und Hindus (0,2 %). Mit Angehörigen sonstiger Religionsgemeinschaften (2,3 %) und Einwohnern ohne Religion (10,7 %) leben sie friedlich mit- und nebeneinander.

Geschichte im Überblick

Frühgeschichte

30 000 v. Chr. Skelettfunde und Buschmann-Zeichnungen beweisen, dass die Kap-Provinz ursprünglich von San und Khoi besiedelt war.

Die ersten Europäer am Kap

1487 Der portugiesische Kapitän Bartolomeu Dias navigiert sein Segelschiff erfolgreich um das Kap der Guten Hoffnung und nennt es aufgrund seiner Erfahrungen Kap der Stürme.

1497 Der Portugiese Vasco da Gama segelt auf seinem Weg nach Indien um das südliche Ende Afrikas.

1503 Der portugiesische Seefahrer Antonio de Saldanha segelt in die Tafelbucht und besteigt als erster Europäer den Tafelberg.

Die holländische Besiedlung beginnt

1652 Am 6. April landet der holländische Kaufmann Jan van Riebeeck in der Tafelbucht. Er soll eine Versorgungsstation für holländische Schiffe errichten, Gemüse- und Obstgärten anlegen und Vieh züchten. Aus dem temporären Etappenziel auf halbem Weg zwischen Amsterdam und Batavia wird die erste feste europäische Siedlung in Südafrika.

1657 Die ersten Sklaven werden ans Kap verschleppt. Bis 1834 entsteht ein stetiger Zufluss, vor allem aus Afrika, Indien und Südostasien.

1659 Es kommt zur ersten ernsten Auseinandersetzung zwischen weißen Siedlern und Khoi.

1662 Van Riebeeck wird vom Kap nach Malaysia versetzt. Die europäische Niederlassung besteht inzwischen aus 75 Menschen – freien Bürgern mit Familien. Das Fundament für die Stadt am Tafelberg ist gelegt.

1671 Erneut kommt es zum Krieg zwischen Siedlern und Khoi. Ursache ist wieder, dass die Weißen aufgrund des höheren Fleischbedarfs einer ständig zunehmenden Bevölkerung immer mehr Vieh brauchen, von dem sich die Khoi aber nicht trennen wollen.

1679 Der neue Kap-Gouverneur Simon van der Stel versucht, den Männerüberschuss in der Kolonie durch den ›Import‹ von weiblichen holländischen Vollwaisen auszugleichen.

1688 Durch die Aufhebung des Edikts von Nantes, das Glaubensfreiheit für alle Protestanten in Frankreich versprach, werden die Hugenotten zu Verfolgten im eigenen Land. Die Holländer verhelfen 164 von ihnen zur Flucht ans Kap. Reben und das Wissen um den Weinbau haben die Flüchtlinge im Gepäck – die Geburtsstunde des südafrikanischen Weinbaus schlägt.

1717 Die Anzahl der Sklaven am Kap übersteigt die der freien Bürger.

Die Briten erlangen die Macht am Kap

1795 Die Briten besetzen die Umgebung von Kapstadt. Die Vormachtstellung der Holländer am Kap ist beendet.

1814 Das Land um Kapstadt wird zur britischen Kronkolonie.

1820 In Algoa Bay, dem heutigen Port Elizabeth, treffen 5000 englische Siedler ein.

1827 Die neuen Machthaber lassen in der Kap-Kolonie nur noch ihre Sprache – das Englische – vor Gericht zu.

1834 Die Briten schaffen die Sklaverei ab. Die Buren verweigern den Gehorsam, geben ihre Farmen auf und verlassen die Kap-Provinz Richtung Nordosten. Da die Buren nur durch die Ausbeutung ihrer Sklaven riesige Farmen bewirtschaften können, wird ihnen mit dem Verbot der Sklaverei die wirtschaftliche Grundlage entzogen. Auch die zunehmende Anglisierung am Kap ist ihnen ein Dorn im Auge. Sie möchten irgendwo im Landesinnern wieder ›frei‹ und unter sich sein.

1835 Während des sogenannten Großen Trecks ziehen etwa 10 000 *Voortrekker* in Gebiete, die seit Jahrhunderten von schwarzen Ethnien besiedelt sind. Es kommt zu blutigen Auseinandersetzungen.

Kriege zwischen Buren und Engländern

1880 Zwischen Engländern und Buren bricht der Krieg aus, weil England die seit 1852 unabhängige Burenrepublik Transvaal annektiert. Die Briten wollen die dort 1867 entdeckten Diamantenvorkommen ausbeuten. Die Buren gewinnen den Ersten Englisch-Burischen Krieg *(First Anglo-Boer War).*

1882 In Kapstadt wird elektrisches Licht installiert.

1886 Die Goldfelder am Witwatersrand werden entdeckt. Erneut will England unbedingt in den Besitz der Burenrepublik Transvaal gelangen. Es kommt daher zum Zweiten Englisch-Burischen Krieg *(Second Anglo-Boer War),* den die Briten durch die Taktik der ›verbrannten Erde‹ gewinnen.

1899–1902 Burenkrieg: Trotz gewaltiger Übermacht der Engländer gelingt es diesen nicht, die Buren, die immer wieder in kleinen Guerillakommandos angreifen, zu besiegen. Erst als der Befehlshaber der Briten, Lord Kitchener, die Farmen der Kämpfer niederbrennen lässt und Konzentrationslager für deren Frauen und Kinder einrichtet, in denen 25 000 von ihnen ums Leben kommen, geben die Buren auf. Bis heute spielt dieser vermeintliche Sieg der Engländer eine Rolle im Umgang zwischen Englisch und Afrikaans sprechenden Südafrikanern.

1910 Durch den Zusammenschluss von Oranje-Freistaat, Transvaal, Natal und Kap-Kolonie entsteht die Südafrikanische Union.

1912 In Bloemfontein wird der African National Congress (ANC) gegründet.

Die Apartheid beginnt

1913 Südafrika führt die Homeland-Politik ein: Schwarze werden in unfruchtbare ›Stammesgebiete‹ zwangsumgesiedelt. Der *Natives Land Act* verbietet der schwarzen Bevölkerung Landbesitz außerhalb dieser künstlichen Reservate. Der *Native Labour Regulation Act* verbietet bei Strafandrohung Streiks jeder Art.

1914 Gründung der National Party (NP). Südafrika kämpft im Ersten Weltkrieg auf der Seite der Alliierten.

1923 Im *Urban Areas Act* wird die Trennung von Stadtteilen nach Rassen festgelegt. Für Schwarze wird ein einheitliches Passsystem eingeführt, das jedoch in der Kap-Provinz keine Gültigkeit hat.

1924 Die National Party gewinnt die Wahlen, und der neue Premierminister I. B. M. Hertzog verschärft die Apartheidgesetze.

1925 Afrikaans wird zweite offizielle Landessprache. Auch in der bis dato eher liberalen Kap-Provinz verlieren Schwarze das Wahlrecht.

1927 Der *Immorality Act* verbietet sexuelle Beziehungen zwischen Südafrikanern verschiedener Hautfarbe und ahndet ›Vergehen‹ dieser Art mit Gefängnisstrafen.

1939 Südafrika erklärt Deutschland den Krieg und kämpft auf alliierter Seite im Zweiten Weltkrieg.

1948 Erneut gewinnt die National Party unter Daniel François Malan die Wahlen. Sie macht sich daran, die Apartheid weiter gesetzlich zu verankern.

1949 Der *Prohibition of Mixed Marriages Act* stellt Ehen zwischen Südafrikanern verschiedener Hautfarbe unter Strafe.

1950 Der *Group Areas Act* legt für jede Rassengruppe eigene Wohngebiete fest; ursprüngliche Siedlungen werden dem Erdboden gleichgemacht.

1952 ANC und SAIC (South African Indian Congress) rufen erstmals die Bevölkerung auf, friedlich gegen das Regime zu protestieren.

1953 Die Regierung der National Party verhängt aufgrund der Proteste im Januar den Ausnahmezustand im Land, um jede Opposition gegen ihre Politik im Keim zu ersticken.

Der Widerstand wächst

1956 Verkündung der Freedom Charta durch den Congress of the People am 25. Juni. Vertreter aller Rassen fordern ein demokratisches Südafrika. Als Folge werden 156 Personen wegen Hochverrats angeklagt. Auch die Coloureds verlieren am Kap ihr Wahlrecht.

1960 In Panik geratene Polizisten eröffnen am 21. März in Sharpeville bei Johannesburg mit Maschinengewehren das Feuer auf Antiapartheiddemonstranten und töten 69 von ihnen. ANC und Pan African Congress (PAC) werden verboten. Ihre Mitglieder gehen entweder ins Exil oder arbeiten im Untergrund weiter.

1961 Die weißen Südafrikaner entscheiden sich in einer Volksabstimmung für den Austritt aus dem Commonwealth. Südafrika wird Republik.

1962 Nelson Mandela wird am 5. August verhaftet und zusammen mit Walter Sisulu und anderen im Rivonia-Prozess erst zum Tode, dann zu lebenslanger Haft auf der Kapstadt vorgelagerten Gefängnisinsel Robben Island verurteilt.

1970 Millionen von Schwarzen werden durch das Staatsbürgerschaftsgesetz ausgebürgert und in zehn Homelands zwangsumgesiedelt.

1976 Der Anfang vom Ende der Apartheid. Schüler demonstrieren in Soweto gegen Afrikaans als alleinige Unterrichtssprache. Die Polizei feuert in die Menge und tötet viele der Kinder. Massenproteste im ganzen Land zwingen die Regierung zu ersten Zugeständnissen.

1977 Im Gefängnis wird der bei jungen Schwarzen als Idol verehrte Studentenführer Steve Biko von der Polizei zu Tode gefoltert. Die UNO verhängt ein Waffenembargo gegen Südafrika.

Proteste und Ausnahmezustand

1984–1986 Politiker des ANC fordern die Jugend auf, Südafrika unregierbar zu machen. Über 2300 Menschen kommen bei den folgenden Auseinandersetzungen ums Leben, mehr als 50 000 werden verhaftet. Als die Regierung Militär in den Townships einsetzt, steht Südafrika kurz vor einem Bürgerkrieg. Die USA verhängen umfangreiche Wirtschaftssanktionen gegen Südafrika.

1986 Staatspräsident Pieter Willem Botha verhängt den Ausnahmezustand über ganz Südafrika. Polizei und Armee gehen rücksichtslos gegen Demonstranten vor. Weltweite Sanktionen und die anhaltenden Proteste im Land zeigen Wirkung. Erstmals nehmen Regierungsmitglieder geheime Gespräche mit dem inhaftierten Nelson Mandela auf.

1989 Im Februar wird Frederik Willem de Klerk Parteivorsitzender der National Party. Am 5. Juli trifft der Noch-Staatspräsident Botha erstmals Nelson Mandela. Im August wird de Klerk Staatspräsident und verkündet umgehend das Scheitern der Apartheidpolitik.

Das Ende der Apartheid

1990 De Klerk hebt das Verbot des ANC und 32 weiterer Oppositionsparteien auf und kündigt Verhandlungen über eine neue Verfassung an. Am 11. Februar wird Mandela nach 27 Jahren aus der Haft entlassen. In seiner ersten Rede vor Hunderttausenden von Menschen ruft er zur Versöhnung auf. De Klerk verspricht die Abschaffung aller Apartheidgesetze binnen zwei Jahren und hebt den Ausnahmezustand auf.

1993 De Klerk beruft am 1. April drei Coloureds als Minister in die Regierung. Mandela ruft weiße Südafrikaner dazu auf, das Land nicht zu verlassen. Trotzdem setzt eine enorme Kapitalflucht ein. Südafrikas weltweite Isolation endet. Eine Mehrparteienkonferenz unter Führung von Mandelas ANC und de Klerks NP verabschiedet eine neue Verfassung mit gleichen Rechten für alle Rassen. Mandela und de Klerk erhalten am 10. Dezember gemeinsam den Friedensnobelpreis.

Der demokratische Neubeginn

1994 Mehr als 7 Mio. in den Homelands lebende Schwarze erhalten ihre südafrikanische Staatsbürgerschaft zurück. Ende April finden die ersten demokratischen Wahlen in Südafrika statt. Von den 23 Mio. wahlberechtigten Südafrikanern sind 18 Mio. Schwarze. Vor den Wahllokalen bilden sich kilometerlange Warteschlangen. Wie erwartet, führt Mandela den ANC, der 62,7 % der Stimmen erhält, zu einem grandiosen Wahlsieg. Mandela leistet am 10. Mai den Amtseid als erster schwarzer Staatspräsident Südafrikas.

1996 Nach zweijährigen Verhandlungen wird am 8. Mai eine neue südafrikanische Verfassung mit überwältigender Mehrheit im Kapstädter Parlament verabschiedet.

1997 Am 4. Februar tritt die neue Verfassung in Kraft. Die berühmte Seilbahn auf den Tafelberg wird in mehrmonatiger Arbeit modernisiert. Im Dezember übernimmt Thabo Mbeki wie geplant den ANC-Parteivorsitz von Nelson Mandela.

1999 Bei den zweiten demokratischen Wahlen wird der ANC mit Thabo Mbeki als Staatspräsidenten gewählt.

Kapstadt und Südafrika heute

2004 Wie zu erwarten, gewinnt der ANC die dritten demokratischen Wahlen des Landes mit mehr als zwei Dritteln der abgegebenen Stimmen, Mbeki wird im Amt des Staatspräsidenten bestätigt. Alle neun südafrikanischen Provinzen werden nun vom ANC regiert. Südafrika bekommt den Zuschlag für die Fußball-WM 2010 – einer der größten Erfolge Nelson Mandelas, der sich massiv dafür eingesetzt hatte.

2006 Helen Zille, Vorsitzende der Democratic Alliance (DA), schnappt bei den Provinzwahlen mit einer wackeligen Koalition aus Mini-Parteien dem ANC das Bürgermeisteramt in Kapstadt weg.

2009 Bei den vierten demokratischen Wahlen Südafrikas wird Jacob Zuma Präsident. Die deutschstämmige Helen Zille gewinnt für ihre Oppositionspartei Democratic Alliance (DA) mehr als 50 % der Stimmen in der Western Cape Province und wird Premierministerin am Kap.

2010 Die Fußball-WM findet zum ersten Mal in der FIFA-Geschichte in Afrika statt. Südafrika und vor allem Kapstadt begeistern die Welt mit einer fantastisch organisierten Veranstaltung.

2013 Nelson Mandela, einer der größten Staatsmänner der Neuzeit, stirbt nach langer Krankheit am 5. Dezember 2013 im Alter von 95 Jahren.

2014 Bei den fünften demokratischen Wahlen am 7. Mai verliert der ANC deutlich an Stimmen, bleibt aber landesweit stärkste Partei. Die einzige nicht vom ANC regierte Provinz ist nach wie vor Western Cape, wo die DA mit Helen Zille mit überwältigender Mehrheit gewinnt.

2016 Die Proteste gegen den Präsidenten Jacob Zuma, dem Korruption und Misswirtschaft vorgeworfen werden, nehmen immer mehr zu. Auch die Kritik in den eigenen Reihen wächst.

Fynbos – das kleinste Florenreich der Erde

Die Kap-Provinz ist berühmt für ihre einzigartige Fynbos-Vegetation. Das sogenannte Kap-Florenreich (Cape Floral Kingdom), dessen Zentrum in der Overberg-Region liegt, ist eine von insgesamt sechs botanischen Regionen der Welt, und obwohl sie nur 0,04 % der Landfläche der Erde ausmacht, ist die Vielfalt hier mit 8500 Arten am größten.

Diese einzigartige und charakteristische Pflanzengruppe wird *fynbos* (feiner Busch) genannt. Sie gedeiht auf nährstoffarmen Böden, braucht nur sehr wenig Wasser und besteht aus immergrünen, niedrig wachsenden Büschen mit kleinen, harten Blättern sowie aus den berühmten Proteen und Eriken. 6000 Arten sind endemisch, d. h. sie wachsen nur in einem ganz bestimmten Gebiet, das manchmal nicht größer als ein Fußballfeld ist. Während einige *fynbos*-Arten sehr selten sind, gedeihen andere in einer verschwenderischen Fülle: Bis zu 121 verschiedene Spezies wurden bereits auf einer Fläche von nur 100 m² gezählt.

Charaktertypen

Charakteristische *fynbos*-Pflanzen sind Kap-Gräser und Eriken, die größten Familien bilden Gänseblümchen (über 1000 verschiedene Arten), Iris (600 Arten) und Lilien (400 Arten). Eine echte *fynbos*-Besonderheit sind die Eriken mit 600 verschiedenen Arten – der Rest der Welt hat nur 26 aufzuweisen! Eine typische deutsche Balkonpflanze, die Geranie, gehört ebenfalls zur *fynbos*-Vegetation.

Die beste Zeit des Jahres, um den *fynbos* im Western Cape in seiner ganzen Pracht zu erleben, liegt zwischen Herbst und Frühling, wenn viele Pflanzenarten in voller Blüte stehen. Die Blumenblüte im Frühling ist dementsprechend ein Besuchermagnet. Das braungelb verbrannte *veld* explodiert dann förmlich in einem Farbenrausch. Alles steht in voller Blüte.

Feuer frei – ohne Flammen kein Leben

Feuer muss nicht immer zerstörend wirken. Im Kap-Florenreich des *fynbos* sind regelmäßige Buschfeuer fester Bestandteil des Lebenszyklus. Sie schädigen den *fynbos* nicht – im Gegenteil: Für die mehr als 8000 *fynbos*-Pflanzenarten sind die Brände überlebensnotwendig. Wissenschaftlich nennt man das Brandkeimung. Erst die hohen Temperaturen während eines Brandes und der dabei entstehende Rauch lassen die Sa-

Fynbos-Blumen am Kap

Fynbos für den Hausgebrauch
Fynbos-Pflanzen sollten nicht an Straßenständen gekauft werden, denn das führt zu einem unkontrollierten Ausgraben der Vegetation in freier Natur. Wer sich ein solch ungewöhnliches Souvenir mit nach Hause nehmen möchte, sollte lieber einen der regelmäßigen *fynbos*-Verkaufsmärkte der Kirstenbosch Botanical Gardens *(Indigenous Plant Sales)* besuchen. Einen virtuellen Vorgeschmack der Pflanzenpracht bietet http://fine bushpeople.com: Dort ist nicht nur viel Interessantes und Wissenswertes zum Thema *fynbos* nachzulesen, es gibt auch einen reich bebilderten Online-Farmladen, wo es vom Protea-Starterkit bis hin zu Samen und Blumenzwiebeln alles gibt, was am Kap gedeiht – auch den berühmten Rooibostee.

menkapseln aufspringen. Die Asche der verbrannten Vegetation dient danach als Dünger für die neue Saat, die meist bereits ein Jahr nach einem Brand aufkeimt.

Natürliche Buschfeuer im *fynbos,* meist durch Blitz- oder Steinschlag verursacht, sind ›schnelle‹ und ›kühle‹ Feuer. Die Vegetation brennt augenblicklich ab, was den meisten Tieren das Überleben ermöglicht. Antilopen und andere Großsäuger spüren die Feuer schon sehr früh und können sich meist vorher retten. Schildkröten und Schlangen graben sich im Boden ein oder verstecken sich in Felsspalten, während das Feuer über sie hinwegfegt.

Nur direkt nach Buschfeuern wachsen die wunderschönen, roten Feuerlilien *(fire lily)* aus dem schwarzen Boden. Danach ruhen sie wieder bis zum nächsten Buschbrand, manchmal 30 oder sogar 40 Jahre später.

Auch Hausbesitzer, deren Domizil in natürlicher *fynbos*-Vegetation steht, haben von den ›natürlichen‹ Buschfeuern in der Regel nichts zu befürchten. Die Feuer sind, meist angefacht durch einen heftigen Südostwind, so schnell, dass Häuser oft verschont bleiben. Die Temperaturen reichen in der Regel nicht aus, um Gebäude zu entzünden.

Etwa 300 *fynbos*-Pflanzen, einschließlich 100 verschiedener Proteen- und einer Erika-Sorte, überleben Buschfeuer ausschließlich als Samen. Sie geben pro Jahr nur ein paar wenige Samen ab, der Rest verbleibt innerhalb sehr harter, hölzerner Zapfen an der Stammpflanze. Wenn diese im Buschfeuer stirbt, trocknet die Hitze die Zapfen, die schließlich bersten und die Saat in das verbrannte Gebiet streuen. Hier gibt es dann weniger ›Wettbewerber‹, da die umliegenden Pflanzen ebenfalls verbrannt sind; gleichzeitig fungiert die Asche als natürlicher Dünger. Bricht über längere Zeit jedoch kein Feuer aus, sterben diese *fynbos*-Pflanzen aus.

Zu viele Feuer sind ebenfalls nicht gut. Ideal sind relativ ›kühle‹ Feuer im Spätsommer oder Frühherbst (Februar, März und April), in Intervallen von zwölf bis 15 Jahren. Nicht saisonale und von Menschen verursachte Feuer hingegen schädigen den *fynbos*.

Kritisch wird es außerdem, wenn Fremdvegetation wie Nadel- oder Eukalyptusbäume zwischen dem *fynbos* wachsen. Sie brennen länger und entwickeln dabei eine größere Hitze. Das hat zur Folge, dass nicht nur Häuser zerstört und zahlreiche Tiere getötet werden, sondern auch die *fynbos*-Samenkapseln verbrennen und die Vegetation damit dauerhaft geschädigt wird.

Löschhubschrauber auf seinem Weg zum Einsatz

Umweltschutz

Um Letzteres zu verhindern, werden aufwendige und teure Aktionen zur Entfernung nichtheimischer Vegetation *(alien vegetation),* die dem *fynbos* das ›Wasser abgräbt‹, durchgeführt. Dazu gehören neben Tannen und Eukalyptus die Weidenblatt-Akazie (Port Jackson) sowie andere schnell wachsende Hölzer, die am Kap zur Dünenbefestigung, zum Windschutz und für die Holzproduktion genutzt wurden. Sie gerieten jedoch außer Kontrolle und verbreiteten sich fast unaufhaltsam. Die Nationalparks sind mittlerweile fast *alien free.* Ein Gesetz verpflichtet Privatleute dazu, ihr Land fremdvegetationsfrei zu halten. Kommt es aufgrund der brandgefährdeteren Nadel- und Eukalyptusbäume bei Buschbränden zu Schäden, können Eigentümer mit *aliens* auf ihren Grundstücken haftbar gemacht werden.

Aber auch andere Themen stehen auf der Umweltschutzagenda des ANC. So werden z. B. Naturschutzgebiete ständig erweitert. Das generelle Fahrverbot auf allen Stränden, dessen Einhaltung streng überwacht wird, ist insbesondere für die sehr sensible Dünenvegetation und den seltenen, im Sand brütenden *oystercatcher* ein Segen.

Schließlich gingen die Umweltschützer auch der inoffiziellen ›Nationalblume‹ Südafrikas an den Kragen – der Plastiktüte. Wurde die zuvor in Supermärkten in rauen Mengen kostenlos verteilt, kostet nun jede Tüte Geld, was dazu geführt hat, dass die Südafrikaner einfach die gebrauchten wiederverwenden. Auch die städtische Müllabfuhr sammelt inzwischen getrennt Papier, Plastik und Glas in speziellen, transparenten Plastiksäcken. Früher kam noch alles in den gleichen Müllsack.

Pinguine und Paviane – Kap-Fauna

Am Stadtrand Kapstadts, »urban edge« genannt, lassen sich lustige Homevideos, in denen sich Tiere in den Großstadtdschungel wagen, nicht nur auf der Mattscheibe, sondern live vor der Haustüre erleben. Da wackelt schon einmal ein Pinguin durch den Garten, ein Pavian räumt die Mülltonne aus oder eine Puffotter sonnt sich neben dem Pool.

Artenvielfalt zu Lande …

Die einst üppige Tierwelt der Kap-Provinz ist seit Ankunft der Weißen auch vor den Toren der Stadt stark dezimiert worden. Im Bereich der *fynbos*-Vegetation waren größere Säugetiere allerdings schon immer selten. Das liegt daran, dass der Nährwert der ölhaltigen, immergrünen Blätter sehr gering ist.

Typisch für die Kap-Flora-Region und recht häufig zu beobachten, sind das kleine, nur im *fynbos* vorkommende Greisböckchen *(cape grysbok)* und der graue Rehbock, eine Antilope, die aber nicht mit unseren Rehen verwandt ist, in kleineren Herden vorkommt und beim Laufen an ihrem weißen, flauschigen Schwanz zu erkennen ist. In eher felsigem Gelände sieht man andere Antilopen, die Klippspringer *(klipspringer)*, aber

Am Boulder's Beach können Sie mit Brillenpinguinen baden gehen

auch Paviane *(baboons)* und – eher selten – Luchse *(caracal).*

Der Leopard ist das größte Raubtier, das am Kap noch in freier Wildbahn lebt. Der Nachtjäger ist allerdings so scheu, dass Besucher meist nur seine Spuren bewundern können. Vor allem in den Cederbergen leben noch viele dieser wunderschönen gefleckten Katzen. Ebenfalls Nachttiere und deshalb schwierig zu beobachten sind die weit verbreiteten Honigdachse *(honey badgers),* Ginsterkatzen *(genets)* und Stachelschweine *(porcupines).*

Besucher des Tafelberges werden auf alle Fälle mit den Klippschliefern *(rock dassies)* Bekanntschaft machen, die sich dort halbzahm sonnen (Vorsicht: scharfe Zähne!) und auf Touristenbesuch warten. Kaum zu glauben: Die meerschweinchengroßen, murmeltierähnlichen Tiere sind mit den Elefanten verwandt.

… in der Luft …

Vogelbeobachter werden am Kap paradiesische Verhältnisse vorfinden. Bereits in den Parks von Kapstadt lassen sich typische *fynbos*-Vögel entdecken: filigrane Rotbrustbuschsänger *(victorin's warbler),* langschwänzige Kap-Honigfresser *(cape sugarbird),* herrlich bunte Goldbrust- und Malachit-Nektarvögel *(orangebreasted/malachite sunbird),* die mit ihren langen Schnäbeln an Kolibris erinnern, Hottentottengirlitze *(cape siskin),* die hohe, metallische Geräusche von sich geben, und scheue Proteagirlitze *(protea canary).*

… und im Meer

Doch nicht nur kleine Singvögel erwarten den Besucher. Südlich von Simon's Town gibt es sogar eine Festlandkolonie von Brillenpinguinen *(African penguins),* die dort einen sicheren Brutplatz gefunden haben. Am Boulders Beach kann man die an Land tolpatschig wirkenden Vögel von Holzstegen aus beobachten. Im Wasser bewegen sie sich hingegen blitzschnell wie Robben vorwärts.

Letztere gibt es übrigens auch zu bestaunen, allerdings sind sie fast ausschließlich auf den vorgelagerten Inseln anzutreffen. Wie z.B. auf Duiker Island bei Hout Bay, wo es vor Pelzrobben nur so wimmelt und das mit verschiedenen Chartergesellschaften vom Hafen in Hout Bay aus zu erreichen ist. Eine große Attraktion sind die Wale, die alljährlich in die Buchten der Kap-Provinz kommen, um sich dort zu paaren und ihre Jungen zur Welt zu bringen (s. S. 58, 223).

Tierbeobachtungen
Sehr gute Plätze, um Tiere zu beobachten, sind das De Hoop Nature Reserve (s. S. 230), der Table Mountain National Park (s. Entdeckungstour S. 114), der Bontebok National Park (s. S. 237) und das Gondwana Private Game Reserve (s. Mein Tipp S. 246).

Geschützt

In zahlreichen Reservaten und Nationalparks haben heute neben Steppenzebras *(Burchell's zebra)* die sehr seltenen Bergzebras *(mountain zebra),* Springböcke *(springbok),* Elenantilopen *(eland)* sowie Buntböcke *(bontebok)* und die von Farmern fast ausgerotteten Wildhunde *(cape hunting dogs)* einen sicheren Zufluchtsort gefunden.

Wale – das Comeback der sanften Riesen

Zwischen Juni und Oktober kommen die Wale aus den planktonreichen, eiskalten Antarktisgewässern in die subtropische, 8000 km entfernte False Bay und ihre Nachbarbuchten. In der Hermanus vorgelagerten Walker Bay, unterhalb der Klippen in der Nähe des alten Hafens und vor dem 40 km weit entfernt liegenden Städtchen Die Kelders, befinden sich die Lieblingsplätze der Südlichen Glattwale (Southern Right Whales). Bis zu 70 von ihnen tummeln sich dort oft gleichzeitig, was Einheimische dann scherzhaft-despektierlich als ›Walsuppe‹ bezeichnen.

Von Wal zu Wal

Die Wale legen bestimmte Verhaltensmuster an den Tag. Schon von Weitem erkennt man die Wasserfontänen, wenn die Tiere ›ausatmen‹ *(blowing).* Walforscher sprechen von *breaching,* wenn ein Wal rückwärts aus dem Wasser schießt und mit viel Getöse wieder auf der Wasseroberfläche landet. Dieser Vorgang, der meistens vier- bis fünfmal hintereinander zu beobachten ist, kann eine Art von Spiel oder Kommunikation sein, manchmal auch Zeichen von Agressivität. Das Schlagen der Schwanzflosse auf die Wasseroberfläche – *lobtailing* – ist viele Kilometer weit zu hören und informiert andere Wale. Um ihre Umgebung besser in Augenschein nehmen zu können, stehen die Wale manchmal senkrecht, bis zu den Flossen aus dem Wasser ragend, im Meer *(spyhopping).*

Bei der Begattung geht es recht liberal zu. Gleich mehrere Männchen versuchen, in einer sogenannten mating session ein einziges Weibchen zu begatten.

Walfang gestern, Walschutz heute

Zwischen 1908 und 1925 wurden etwa 25 000 Buckelwale (seit 1963 geschützt) in den Gewässern um das südliche Afrika getötet. Auch die mittlerweile wieder häufig zu sehenden Glattwale (seit 1935 geschützt) standen einst kurz vor ihrer Ausrottung. Professionelle Walfänger jagten sie seit dem Ende des 18. Jh. gnadenlos, vor allem wegen des Trans, der als Brennstoff und als Grundlage für Arzneimittel Verwendung fand, und wegen der Barten, aus denen insbesondere Korsettstangen hergestellt wurden. Der englische Name *right whale* stammt von seinen ehemaligen Jägern: Er war der ›richtige‹ Wal zum Töten, da er langsam schwamm und dadurch leicht zu harpunieren war und zudem nach seinem Tod nicht unterging wie andere Wale, sondern an der Wasseroberfläche trieb.

Schätzungen ergaben, dass, als der Walfang verboten wurde, nur noch 10–30 geschlechtsreife Weibchen am

Leben geblieben waren. Heute sind es wieder ungefähr 400, bei einer Gesamtpopulation an dieser Küste von ca. 1600 Tieren.

Kommunal-Wal

Der einzige fest angestellte Walschreier der Welt, Eric Davalala, patrouilliert stilecht mit Seetanghorn zwischen Juni und November durch die Straßen von Hermanus. Wann immer einer der Großsäuger gesichtet wird, bläst er in sein Horn und vermerkt die Location auf einer Schiefertafel. Eric ist in der Saison auch über Facebook zu verfolgen: www.facebook.com (›Hermanus Whale Crier‹). Um seine Fähigkeiten zu verfeinern, nimmt er jährlich an der in London stattfindenden Stadtschreier-Konferenz teil.

Ein 12 km langer Klippenpfad folgt dem Verlauf der Walküste und bietet viele gute Möglichkeiten, die majestätischen Ozeanriesen, die bis auf 10 m Entfernung ans Ufer herankommen, zu beobachten.

Sehen und Gesehenwerden
Die **MTN Whale Hotline** (kombiniert mit der Flower Hotline) ist unter Tel. 083 910 10 28 oder 0800 22 82 22 zu erreichen.
Infos zum jährlichen Walfestival: www.capetownmagazine.com/whale-watching-hermanus, www.satourismonline.com. Es gibt außerdem eine Liste mit allen lizenzierten Walbeobachtungsbooten entlang der Küste, die Fahrten anbieten, einzusehen beim Tourismusbüro in Hermanus, Checkers Building, Mitchel Street, Tel. 028 312 38 46, z. B. www.hermanus-whale-cruises.co.za

Am Kap lassen sich Wale oft aus nächster Nähe bewundern

START

Kap der guten Tropfen

Umgeben von hohen, zerklüfteten Bergen, in denen noch heute Leoparden leben, gehören Südafrikas Weinanbaugebiete zu den landschaftlich und klimatisch abwechslungsreichsten der Welt – von der Kap-Halbinsel bis zur Westküste, von der Walker Bay bis in die deutlich trockenere Karoo.

Wie kam der Wein ans Kap?

Die Geschichte des südafrikanischen Weinbaus begann damit, dass die Niederländisch-Ostindische Kompanie (VOC) den jungen Kaufmann Jan van Riebeeck 1652 ans Kap strafversetzte, um dort eine Versorgungsstation für ihre Schiffe auf halbem Weg nach Indien einzurichten. Das Kap galt im 17. Jh. als unwirtlicher Ort, aber Riebeeck zog es einem Gefängnisaufenthalt in Holland vor. Kaum angekommen, erkannte er, dass das mediterrane Klima, mit feuchten, frostfreien Wintern und langen, heißen sowie gleichmäßig temperierten Sommern ideal für den Weinbau sein müsste. Sein Problem war, an die Reben heranzukommen, denn es galt den 17-köpfigen Rat der alten Herren in Amsterdam davon zu überzeugen, ihm diese per Schiff zukommen zu lassen. Die profitgierigen Geizhälse der VOC waren immer skeptisch, wenn einer ihrer Überseeangestellten Sonderwünsche anmeldete, und verdächtigten ihn sofort, Privatgeschäfte tätigen zu wollen.

Erst eine tragische Tatsache half van Riebeeck schließlich weiter. Während die Flotten der weinproduzierenden Länder Frankreich, Spanien und Portugal fast ohne Todesfälle um die Welt segelten – ihre Seeleute bekamen täglich Rationen jungen Rotweins –, starben die Holländer reihenweise an Skorbut. Der Rotwein hatte außerdem den Vorteil, dass dieser an Bord länger genießbar blieb als Wasser.

Die Anfänge

Anderthalb Jahre nach seiner Anfrage erhielt van Riebeeck die ersten Reben. Die Zweige waren in Erde gebettet und in Leinensäckchen genäht; die Seeleute sollten sie während der Überfahrt ständig feucht halten. Das ständige Gießen übertrieben sie wohl etwas. Als die Reben in Kapstadt ankamen, waren sie alle verrottet. Weitere Monate vergingen, bis die ersten gesunden Weinpflanzen eintrafen.

Es wird heute angenommen, dass diese ersten Setzlinge aus Frankreich

Weinkeller des Gutes Klein Rhebokskloof in Wellington

stammten. 1656 landeten zwei holländische Schiffe am Kap – die Dordrecht und die Pavel –, die französische Reben mit an Bord hatten. Es ist sehr wahrscheinlich, dass damals die Rebsorte Chenin Blanc eingeführt wurde. Egal aber welche Sorte – Hauptsache, die Pflanzen waren gesund. Van Riebeecks Obergärtner Hendrik Boom und sein Helfer Jacob Cloete van Kempen pflanzten die Weinreben neben das Gemüse im Company's Garden (dem heutigen Botanischen Garten Kapstadts: The Gardens, s. S. 90) – mediterrane Fremdlinge unter holländischen Gurken und Tomaten.

Der Wind blies, die jungen Reben hielten stand und überlebten sogar ihre Gärtner, die wie van Riebeeck selbst keine Ahnung vom Weinbau hatten. Noch bevor die ersten Trauben gekeltert wurden, stieg dem Gouverneur der Wein zu Kopf. Immer wieder forderte er von seinen Vorgesetzten in Amsterdam neue Reben an. Rund um seine Kolonie suchte er nach neuen und besseren Lagen, um seinen Wein anzupflanzen. Am heutigen Liesbeek River, den die holländischen Siedler nach dem Fluss, der durch Amsterdam fließt, Amstel nannten, entstand die

erste große Weinfarm Wijnbergen, die später in Bosheuvel umgetauft wurde.

Die Gärtnerei im Company's Garden wurde beibehalten, um neue Rebensetzlinge zu ziehen. Im August 1658 schrieb van Riebeeck in sein Tagebuch: »Mit der Hilfe freier Bürger und Sklaven haben wir einen Großteil von Bosheuvel mit jungen Weinreben bepflanzt.« Innerhalb von vier Tagen wurden 1200 Pflanzen eingesetzt.

Die Weinbibel
Wer tiefer gehendes Interesse an den Weinen Südafrikas entwickelt, sollte sich den »Platter« zulegen, die vinikulturelle Bibel Südafrikas. Das dicke Büchlein wird jährlich neu aufgelegt. Regelmäßige Updates finden sich auch auf der Website www.wineonaplatter.com. Hier finden sich Weinbeurteilungen sowie detaillierte Beschreibungen aller Güter (www.wine.co.za).

Die ersten Winzer

Die Verträge der Arbeiter der VOC liefen nach fünf Jahren aus, danach konnten sie sie verlängern, nach Holland zurückkehren oder als freie Bürger *(free burgher)* ein Stück Land am Kap erhalten und bewirtschaften. Die ersten neun freien Bürger wurden im Jahr 1657 entlassen, ihnen folgten immer mehr. Alle bekamen Weinpflanzen aus dem Garten und pflanzten sie rechts und links des Liesbeek River an.

Wiege des Weinbaus – Basse Provence bei Franschhoek

Am 2. Februar 1659 findet sich ein weiterer bedeutender Eintrag in van Riebeecks Tagebuch: »Heute, der Herr sei gepriesen, wurde das erste Mal Wein aus Kap-Trauben gepresst.« Über die Qualität schweigt er sich aus. Zeitgenossen berichteten von einem Geschmack nach einer Mischung aus Essig und Putzmittel. 1662 verließ Jan van Riebeeck das Kap und segelte neuen Aufgaben im heutigen Indonesien entgegen. Der Weinbau ging weiter. Um zu vermeiden, dass die Vögel sich über die reifen Trauben hermachten, wurde immer viel zu früh geerntet, was sich verheerend auf die Weinqualität auswirkte.

Ohne van Riebeecks feste Hand brach die Organisation der Kolonie immer mehr zusammen, die VOC verlor allmählich das Interesse an ihrer Kap-Besitzung. 17 Jahre nach van Riebeeck wendete sich mit Simon van der Stel als neuem Gouverneur das Blatt. Auf einer Inspektionsreise erforschte er ein langes, grünes Tal, das ihm als gutes Farmland und ideal für eine Siedlung erschien. Im November 1679 gründete er Stellenbosch, die erste *free-burgher*-Stadt im Landesinneren und heute ein bedeutendes Weinbauzentrum.

Dem Wein auf der Spur

Auf fast allen der über 400 *wine estates* Südafrikas werden Weinproben veranstaltet, meist kostenlos. Es gibt verschiedene Weinrouten, die je nach zur Verfügung stehender Zeit kombinierbar sind. Viele der Weingüter sind historische, kapholländische Häuser, es gibt aber auch einige neue, moderne *estates* mit faszinierend-futuristischer oder afro-schicker Architektur. Einen Überblick verschaffen die Websites der Weinrouten: Stellenbosch Wine Route (www.wineroute.co.za; auch auf Deutsch), Helderberg Wine Route (Somerset West, www.uncoverthecape.co.za/wine-farms/helderberg), Franschhoek Wine Route (http://franschhoek.org.za), Paarl Wine Route (www.paarl-unlimited.co.za/wine-estates.php), Elgin Valley Wine Route (www.elginwine.co.za) und Robertson Wine Route (www.robertsonwinevalley.com).

ORIGIN
COFFEE ROASTING

Von den massiven Investitionen im Vorfeld der Fußball-WM 2010 in die Infrastruktur, speziell in den Personennahverkehr und Straßenbau, profitiert Kapstadt noch immer, vor allem im Tourismussektor. Die vier Wochen Fußball waren außerdem eine geniale Werbeveranstaltung für die Mother City und den Rest Südafrikas.

Kapstadt ist heute Südafrikas Versicherungszentrum und Standort einer immer größer werdenden Anzahl von Firmensitzen. Viele Unternehmen versuchen, ihre Büros von Johannesburg und Durban ans Kap zu verlegen, weil dort die Lebensqualität deutlich höher als im Rest des Landes ist. Und der Boom zieht die ganze Provinz mit. Noch Mitte der 1980er-Jahre war das Wirtschaftswachstum in der Western Cape Province eher verhalten. In den 1990er-Jahren hat sich das dramatisch verändert – die Wirtschaft explodierte förmlich. Von allen neun Provinzen weist das Western Cape heute das höchste Wirtschaftswachstum und die niedrigste Arbeitslosenquote auf. Die Analphabetenrate ist die niedrigste im Land, und dank der Ausbildungssituation stehen ausreichend gut ausgebildete Arbeitskräfte zur Verfügung. Nach der Provinz Gauteng hat Western Cape das höchste Pro-Kopf-Einkommen in Südafrika.

Ausländische Investoren

Die Provinz profitiert außerdem von einer diversifizierten Wirtschaft, einer hervorragenden Infrastruktur, einem hoch entwickelten Finanzsektor, sehr günstigen Strompreisen und einer effizienten Telekommunikation. Kein Wunder, dass das Western Cape bei ausländischen Investoren, deren Delegationen häufig am Kap eintreffen, ganz oben auf der Wunschliste steht. Nach Auskünften von WESGRO (www.wesgro.co.za), der nicht profitorientierten Gesellschaft zur Förderung des Wirtschaftswachstums in der Region, kommen Investoren hauptsächlich aus Europa und den USA. Asien – vor allem China und Malaysia – ist ebenfalls auf dem Vormarsch. Ausländer investieren insbesondere in die traditionellen Wirtschaftszweige wie die Bekleidungs- und Textilindustrie, die Nahrungsmittelproduktion und den Tourismus.

Money Talks – die Wirtschaft blüht

Landwirtschaft und Weinbau

Die landwirtschaftliche Produktion ist durch Qualität und Vielfalt gekennzeichnet, weshalb Western Cape oft auch als Brotkorb Südafrikas bezeichnet wird. Dieser Sektor, in dem 14 % der Bevölkerung beschäftigt sind, ist ein wichtiger Devisenbringer.

Nach dem politischen Wandel erlebte der südafrikanische Weinbau einen gewaltigen Boom. In der Kap-Provinz gibt es momentan 13 Wein produzierende Regionen mit insgesamt 560 Weingütern. Weine aus Südafrika, vor allem Merlot und Sauvignon blanc, sind in der ganzen Welt beliebt. Die weltweite Wirtschaftskrise hat allerdings auch am Kap zu empfindlichen Einbußen und geringeren Exporten geführt. Deutschland bleibt jedoch nach wie vor zweitgrößter Absatzmarkt hinter Großbritannien.

Auch im Obstanbau liegt die Provinz Western Cape ganz weit vorne. Rund um Ceres und zwischen Elgin und Grabouw wachsen die Äpfel, Birnen, Pfirsiche und Orangen, die in Europa helfen, so manch tristen Winter vitaminreich zu überstehen. Auf großen betonierten Flächen trocknet hier außerdem ein Teil der Ernte zu haltbaren Sultaninen, Rosinen und anderen Trockenfrüchten. In der Nahrungsmittelproduktion, einer der am schnellsten wachsenden Industrien in der Region, arbeiten die meisten Beschäftigten der Provinz. Entsprechend üppig fallen hier ausländische Investitionen aus.

Bauboom am Kap
Gute Zeiten fürs Baugewerbe: In keiner anderen Provinz Südafrikas entstehen so viele neue Häuser wie im Western Cape und vor allem in der City von Kapstadt selbst. Die Grundstückspreise rund um Kapstadt sind die höchsten in Südafrika. Viele Käufer kommen dank des 2016 sehr günstigen Umtauschkurses aus Deutschland. Die größeren südafrikanischen Makler haben auf diesen Trend reagiert und Büros in Deutschland eingerichtet.

Textilproduktion und andere Gewerbe

Im textilproduzierenden Gewerbe steht die Bekleidungsindustrie an erster Stelle. Dieser Sektor ist aber wenig konkurrenzfähig, da er zur Zeit der Apartheid und ausländischer Sanktionen vom Staat stark geschützt und subventioniert wurde. Viele namhafte ausländische Bekleidungsproduzenten (z. B. Levi Strauss) sind mit Fabriken am Kap präsent. Sie können sich also im Levi's-Laden in der Waterfront eine 501 *Made in South Africa* kaufen, was Sie übrigens deutlich billiger zu stehen kommt als in der Heimat.

Hergestellt werden darüber hinaus Chemikalien, Gummi, Plastik und Kohle- bzw. Petroleumprodukte. Ein Drittel aller in Südafrika produzierten Schuhe kommt aus der Kap-Provinz. Der Produktionssektor wird zudem immer weiter ausgebaut. In Saldanha Bay wurde ein großes Stahlwerk errichtet – eine Einzelinvestition von etwa 6,3 Mrd. Rand. In der Nähe von Muizenberg entstand der Capricorn Hi-tech Industrial Park, wo sich Elektronik- und Informationstechnologien angesiedelt haben.

Tourismus, Film und Fernsehen

Der Tourismus spielt in der Kap-Provinz die wirtschaftlich wichtigste Rolle. Über Jahrzehnte hinweg führte der Apartheidstaat Südafrika ein fast isoliertes Dasein. Die Sanktionen lähmten jegliche Entwicklung und die Besucherzahlen blieben niedrig. Seit dem demokratischen Wandel in den 1990er-Jahren ist Südafrika zum

Südafrikas beeindruckende Natur als Kulisse für Film und Werbung

In-Reiseziel avanciert. Nicht zuletzt wegen so tragischer Ereignisse wie den Terroranschlägen in den USA und Europa, der Tsunami-Katastrophe, den SARS-Ausbrüchen und Erdbeben in Asien konnte das Regenbogenland andere beliebte Touristendestinationen überholen und so seine Stellung festigen. Der günstige Umtauschkurs tat ein Übriges und ließ die Zahlen in der Saison 2015/2016 erneut deutlich anwachsen.

Zwischen November und März wimmelt es in Kapstadt und Umgebung nur so von internationalen Produktionsgesellschaften. Werbefilme und Pressefotos von neuen Produkten, vor allem Mode und Autos, werden bevorzugt in der Western Cape Province in Szene gesetzt. Zwischen den Cape Flats und Stellenbosch an der N 2 entstanden moderne Filmstudios, deren Ausstattung sich vor Hollywood nicht verstecken muss. Das Licht am Kap ist ideal, die Luft fast immer transparent klar, und die landschaftliche Vielfalt auf kleinstem Raum enorm. Außerdem scheint in Kapstadt fast immer die Sonne, wenn in Mitteleuropa der Winter regiert. Vor allem die City mit ihren steilen, stadtauswärts aus Bo-Kaap führenden Straßen wird oft zu New York oder San Francisco umfunktioniert. Da tappt dann schon mal Godzilla auf eine aus dem Big Apple eingeflogene Würstchenbude, oder ein gelbes New-York-Taxi schleudert mit quietschenden Reifen um eine Straßenecke. Beliebteste Location in der Innenstadt ist nach wie vor die historische Long Street mit ihren zahlreichen alten Gebäuden, Läden und den an New Oreans erinnernden Balkongeländern.

Ob Mercedes, Porsche, BMW oder Mini – in den Werbeprospekten und -filmen der großen Automobilhersteller tauchen oft Kap-Landschaften im Hintergrund auf. Doch nicht nur Werbung, auch Fernseh- und Kinofilm-Produzenten entdecken Kapstadt und seine Umgebung. Zahlreiche Hollywood-Blockbuster wurden bereits in der Mother City abgedreht.

Apartheid – Rassismus als Staatspolitik

Die getrennte Entwicklung verschiedener Volksgruppen in einem Land zur Politik zu erheben und diesem staatlich forcierten Rassismus einen Namen zu geben – Apartheid – nahm im Alltag oft groteske, fast tragikomische Ausmaße an.

Der Weg in die Apartheid

Noch unter den Engländern begann 1913 die menschenverachtende Politik der Apartheid, der ›getrennten Entwicklung‹: Der *Natives Land Act* verbot Schwarzen Landbesitz außerhalb von Reservaten (sog. Homelands). Bei den Parlamentswahlen im Jahr 1948 gewann die National Party der Buren und machte die Apartheid zum offiziellen Regierungsprogramm. Alles wurde fortan streng nach Schwarz und Weiß getrennt: Briefkästen, Aufzüge, Restaurants, Kinos, Strände, Blutkonserven, Ambulanzwagen. Ein staatlich verordneter Wahnsinn, der Menschen verschiedener Rasse, die sich liebten, bei Gefängnisstrafe verbot, sich zu küssen oder gar miteinander zu schlafen. Eltern ließen bei Verkehrsunfällen ihre Kinder sterben, obwohl schwarze Sanitäter sofort zur Stelle gewesen wären, braun gebrannte Kinder, die gerade aus dem Strandurlaub zurückkamen, durften nicht in ›weißen‹ Bahnabteilen sitzen, solange nicht sicher war, dass sie wirklich weiß waren; schwarze Kindermädchen durften ihre weißen Schützlinge nicht umarmen oder küssen. Selbst die berühmte erste Herztransplantation in Kapstadt verschob sich, weil Professor Christiaan Barnard nur ein ›schwarzes‹ Spenderherz zur Verfügung hatte.

Jedes Individuum wurde nach der Rasse klassifiziert, eine Kommission entschied, wer welcher Kategorie zugeordnet wurde und in welchem Gebiet er demnach wohnen musste.

Grotesker Alltag

In der Sunday Tribune vom 9. Juli 1989 berichtete ein gewisser Mr. Norman Peters, der als Weißer klassifiziert war, dessen Nachbarn ihn allerdings für *coloured* hielten: »Ich bin in der Nähe des Muizenberg-Strandes aufgewachsen. Da ich jeden Tag in der Sonne war, wurde meine Haut immer dunkler. Eines Tages ging mein Vater besorgt mit mir zum Arzt, da mein Haar durch das Salzwasser recht hart geworden war. Der Doktor empfahl ihm, mich nicht mehr schwimmen zu lassen.«

Oft nahm die strikte Trennung groteske Ausmaße an. So regte im Mai 1950 ein Abgeordneter der National Party die ›Blut-Apartheid‹ an, bis Ärzte glaubhaft versichern konnten, dass Blutkonserven eines schwarzen Spenders keine ›biologische Reaktion‹ beim weißen Empfänger auslösten, sondern dass es lediglich auf die Blutgruppe ankomme.

In einem Bericht der Polizei von Durban stand 1961 zu lesen, dass während einer *Immorality-Act*-Kontrolle Schüsse abgefeuert worden waren. Doch es wurde niemand verletzt oder verurteilt. Was war geschehen? Ein weißer Mann und eine einheimische Frau hatten den Verdacht der ›Gesetzes‹-Hüter erregt, weil sie nebeneinander in einem Auto saßen (der Mann fuhr). Als Grund für die Schüsse gab die Polizei an, das Auto gestoppt und, als es weitergefahren sei, geschossen zu haben. Die Insassen wurden verhaftet, befragt und medizinisch untersucht, bevor sie wieder freigelassen wurden.

Manchmal fielen die Berichte der Polizei unfreiwillig komisch aus, zeigen aber dabei umso drastischer die brutale Einmischung des Staates in die Intimsphäre seiner Bürger. In einem Polizeibericht vom März 1962 heißt es: »Sergeant Swardt sagte, er hätte durch ein Schlüsselloch geschaut und einen nackten Inder vom Bett zum Schrank laufen sehen. Es war Pillay. Er konnte außerdem die Beine einer weißen Frau erkennen, die auf dem Bett lag. Daraufhin wurde die Tür eingetreten, und er und Constable Stonier betraten das Zimmer. Pillay war verschwunden, aber sie fanden Sutcliffe nackt auf dem Bett. ›Ich fragte Sutcliffe nach einer Erklärung. Sie sagte, Pillay sei der *Garden Boy* und habe Tee gebracht. Es waren keine Teetassen im Raum‹, sagte Sergeant Swardt.«

Im März 1969 berichtete ein Major Coetzee, dass er bei einer Untersuchung eines Hauses zweier Verdächtiger unter den Bettdecken zwei warme Stellen entdeckt hätte, außerdem hätten die Kopfkissen Druckstellen aufgewiesen. Dies reichte für die Verhaftung eines weißen Universitätsprofessors und einer indischen Ärztin.

Küssen verboten

Noch 1975 erklärte F. W. de Klerk – der spätere Staatspräsident, der die Apartheid mit seiner Rede am 2. Februar 1990 beendete –, warum das Verbot von Mischehen notwendig sei: »Die Politik der National-Party-Regierung ist die einer getrennten Entwicklung. Wenn nun ein weißer Mann eine schwarze Frau aus der Transkei heiratet, wird der Mann für das weiße Parlament, die Frau für die Transkei-Regierung und die Kinder für das Representative Council der Coloureds wählen. Ich glaube, das spricht nicht für ein gutes Familienleben.«

Auch ausländische Besucher Südafrikas blieben von den Auswirkungen der abstrusen Gesetzgebung nicht verschont. So bekamen Japaner 1961 von der südafrikanischen Regierung den Status von Weißen verliehen. Japaner, die das Land besuchten oder im Land lebten, durften also mit weißen Frauen verkehren – aber nicht mit Farbigen oder Chinesinnen, das wäre eine Straftat nach dem *Immorality Act* gewesen.

1966 wurde ein junger, weißer Mann, der eine Schwarze geküsst hatte, zu einem Jahr Haft verurteilt. Der Richter: »Meiner Meinung nach ist das Küssen einer nicht-weißen Person in einer dunklen Ecke eines Autos ein Akt, der gegen die öffentliche Moral verstößt.«

Im Mai 1980 sprach ein Stadtratsmitglied von Pretoria über die Einrichtungen für Schwarze im Stadtzentrum: »Es gibt drei Toiletten in der City, die von allen Rassen benutzt werden dürfen, aber wir möchten deren Namen nicht bekannt geben – das könnte zu Überfüllungen führen.«

Im Herbst 1989 wurde Reportern, die Südafrikas Atomkraftwerk Koeberg, besichtigten, erklärt, dass in dem gesamten Komplex nur ein einziger Schwarzer beschäftigt sei – aus Sicherheitsgründen. Erst als den Journalisten am Ende der Führung die Wachhunde vorgeführt wurden, sahen sie den Schwarzen – er wurde von den Hunden gejagt, die auf ihn abgerichtet waren.

Lesetipps

Nelson Mandela: Der lange Weg zur Freiheit, S. Fischer Verlag 1997. Ausgezeichnet geschriebene Autobiografie des Staatspräsidenten; ein Muss für jeden, der sich für die jüngere Geschichte Südafrikas interessiert.

Rian Malan: Mein Verräterherz, Rowohlt 1994. Ein Afrikaner erzählt, was sein Volk angerichtet hat.

Mike Nicol: Plötzlich ein freies Gefühl, Rowohlt 1995. Interessante Hintergrundgeschichten zum demokratischen Wandel in Südafrika.

Ben Maclennan: Apartheid – The lighter side, Chameleon Press 1991. Eher humorvoller Umgang mit den Zeiten der Apartheid; Sammlung von Zitaten, in denen Zeitgenossen versuchten, die Apartheid zu rechtfertigen.

Allister Sparks: Morgen ist ein anderes Land, Berlin Verlag 1999. Ein südafrikanischer Journalist skizziert Südafrikas geheime Revolution.

Produkt der Apartheid: die Township Gugulethu

Die Regenbogennation

Die Bezeichnungen Schwarz, Coloured (farbig) und Weiß, die noch aus Apartheidzeiten stammen, dürfen im Kontext dieses Buches nicht als rassistische Klassifizierung nach Hautfarben verstanden werden, sondern vielmehr als Abgrenzung verschiedener kultureller Gruppen. Viele Südafrikaner bezeichnen sich selbst als Schwarz, Coloured oder Weiß.

Volksgruppen Südafrikas

Entgegen den offiziellen Sprachregelungen der Apartheid ist und war die schwarze Bevölkerung Südafrikas niemals homogen. Es gibt neun Ethnien, die alle verschiedene Sprachen sprechen. Zusammen mit Englisch und Afrikaans gibt es in Südafrika deshalb elf offizielle Sprachen. In Kapstadt und der Kap-Provinz leben hauptsächlich Schwarze vom Volk der Xhosa, das wiederum in viele Clans aufgespalten ist. Auf der Suche nach Arbeit kommen die Xhosa aus den ehemaligen Homelands Transkei und Ciskei nach Kapstadt, wo sie zumeist in den quadratkilometergroßen Townships in Verschlägen aus Blech, Holzplanken und Kartons am Rand der Stadt und

Die nächste Generation lebt das friedliche Miteinander bereits

des Existenzminimums leben. Schätzungsweise leben derzeit etwa 1 Mio. Xhosa in Kapstadt.

Coloureds und Weiße

Die zweite große Bevölkerungsgruppe in Kapstadt und Umgebung sind die Coloureds, deren Sprache das Afrikaans ist. Dies sind Nachkommen der ersten weißen Seefahrer, schwarzer Sklaven aus Westafrika und Mosambik sowie Angehöriger der ›Buschmann‹-Völker San, Khoi und Nama.

Die Weißen teilen sich in jene englischen und burischen Ursprungs auf. Die Buren – oder Afrikaner – oft als ›weißer Stamm Afrikas‹ bezeichnet, waren die ersten Weißen, die Fuß auf südafrikanischen Boden setzten: größtenteils Holländer und Deutsche, aber auch Franzosen, Briten und andere Nationen. Laut Meinung vieler Historiker waren die ›Anderen‹ Schwarze und Coloureds, was bei einigen Afrikanern auch heute noch als Beleidigung aufgefasst wird. Die Buren sprechen Afrikaans, die einzige germanische Sprache, die außerhalb Europas entstanden ist.

Rastafaris

Eine kulturelle Besonderheit sind die in Kapstadt häufig zu sehenden Rastafari *(Rastafarians)*. Sie verehren Haile Selassie, den ehemaligen Kaiser von Äthiopien, unter seinem früheren Namen Ras (Prinz) Tafari. Ihn sehen sie als Messias der Schwarzen. Sie glauben, dass Schwarze wiedergeborene Israeliten seien, die als Strafe für ihre Sünden in einem früheren Leben von den Weißen unterdrückt würden. Sobald sie erlöst seien, müssten die Weißen für sie arbeiten. Die Rastafari haben lange Haare mit den charakteristischen, verfilzten (Rasta-)Locken, die sie unter gigantischen, bunten Strickmützen verbergen. Sie sind Vegetarier und rauchen aus religiösen Gründen Marihuana *(dagga)*, für dessen legalen Genuss sie immer wieder öffentlich demonstrieren.

Die zweite große Gruppe ›europäischer‹ Südafrikaner stammt aus Großbritannien. Die Spannungen zwischen den beiden weißen Bevölkerungsgruppen sind heute noch unterschwellig zu spüren. Während die ›Engländer‹ theoretisch immer noch die Möglichkeit haben, ›zurück‹ nach Großbritannien zu gehen, gibt es für die Buren nur Afrika. Aus diesem Grund werden Erstere oft derb als *soutpiels* (Salzschwänze) bezeichnet, da sie mit einem Bein in Afrika, mit dem anderen in England stehen und der Atlantik einen gewaltigen Spagat erforderlich macht.

Friedlich statt fundamental – religiöse Vielfalt am Kap

Wie nicht anders zu erwarten, weist Südafrikas Kultur- und Volksgruppen-Schmelztiegel natürlich auch eine Fülle von Religionsgemeinschaften auf. Die verschiedenen Kirchen zeichnen sich vor allem dadurch aus, dass deren Mitglieder friedlich neben- und miteinander leben. In Kapstadts Long Street stehen Kirchen, Synagogen und Moscheen auf engstem Raum nebeneinander – ohne Probleme.

Vom Christentum …

Über drei Viertel der Bevölkerung Südafrikas sind Christen. Diese sind allerdings stark diversifiziert. Darunter fallen alleine 4000 afrikanische ›Mini‹-Kirchen und diverse Sekten, die sich von der Holländisch-Reformierten Kirche abgespalten haben und teilweise noch in der Denkweise der einstigen ›Apartheid‹-Kirche verhaftet sind. Die afrikanischen Kirchen werden von Schwarzen für Schwarze gestaltet, unabhängig von den weißen ›Mainstream‹-Kirchen. Sie folgen weitgehend der äthiopischen Linie, der ältesten christlichen Kirche Afrikas, die sich von frühen, methodistischen Missionen emanzipierte oder der zionistischen Linie, die aus der amerikanischen Pentecoastal-Missionsaktivität Anfang des 20. Jh. resultiert.

Die Holländisch-Reformierte Kirche umfasst mindestens drei Hauptgruppen Afrikaans sprechender weißer Südafrikaner, die alle konservativ ausgerichtet sind. Die größte und einflussreichste ist die Nederduitse Gereformeerde Kerk (NG Kerk), während der Apartheid aufgrund ihrer Pro-Regierungshaltung ›die National Party beim

Gebet‹ genannt. Die Church of England ist ebenfalls vertreten. Sie wurde durch die Antiapartheidproteste von Erzbischof Desmond Tutu berühmt.

... über ›Voodoo‹

Eine Minderheit der Schwarzen folgt traditionellen Religionen, oft pauschal als Voodoo bezeichnet. Glauben und Bräuche sind von Ethnie zu Ethnie verschieden, gemeinsam sind ihnen eine übergeordnete Gottheit und der Ahnenkult. Magische Kräfte spielen eine Rolle im Glauben und in den Zeremonien. Sehr oft werden christliche und traditionelle Riten vermischt, ähnlich der ›heidnischen‹ Elemente, die sich noch oft im europäischen Christentum finden lassen.

... bis hin zum Islam

Als Begründer der Muslimgemeinde am Kap gilt Sheikh Yusuf, der 1694 68-jährig von Ceylon wegen aufrührerischer Umtriebe – sprich Ausübung des islamischen Glaubens – ins Exil nach Kapstadt geschickt wurde. Zusammen mit 49 weiteren religiösen Gelehrten, die ans Kap verbannt worden waren, setzte er seinen Widerstand gegen die Holländer fort, indem er gemeinsame Gottesdienste abhielt und Einheimische sowie Sklaven zum Islam bekehrte.

Seine Gruppe ließ sich außerhalb Kapstadts auf der Farm Zandvliet am Eerste River nieder. Die Etablierung des Islam am Kap war eine gefährliche Angelegenheit, denn bis im Jahr 1804 die Religionsfreiheit garantiert wurde, war außer der Holländisch-Reformierten Kirche keine andere erlaubt.

Der bekannteste Iman der muslimischen Gemeinde ist Tuan Guru, einer der ersten Imame und einflussreichsten Muslime am Kap sowie Gründer der ersten Moschee. Während der 13 Jahre, die er als Gefangener auf Robben Island verbrachte, schrieb er den Koran aus dem Gedächtnis auf. Tuan Guru bedeutet Herr Lehrer, mit richtigem Namen hieß der Imam Abdullah Kadi Abdus Salaam. Als er 1793 aus dem Gefängnis entlassen wurde, galt sein Hauptanliegen der Gründung einer muslimischen Schule am Kap. An dem Platz, wo die Schule stand, wurde später die Auwal-Moschee errichtet. Als Tuan Guru 1807 starb, hatte die Schule bereits 375 Studenten.

Der Einfluss der Muslime ist heute stärker denn je, obwohl nur knapp 2 % der südafrikanischen Bevölkerung Anhänger des Propheten sind. Viele wichtige Ministerposten in der südafrikanischen ANC-Regierung sind von ihnen besetzt, etwa ein Zehntel der Regierungsmitglieder und der Parlamentsabgeordneten bekennen sich zum Islam.

Kap-Muslime
Kap-Muslime, von den Weißen fälschlicherweise Kap-Malaien genannt, sind alteingesessene Südafrikaner. Viele kamen als Sklaven nach Kapstadt, andere waren politische Gefangene oder Exilanten aus den ostindischen Kolonien der Holländer. Da die Handelssprache zwischen Indien und dem heutigen Indonesien damals Malaiisch war, kam es zu der Bezeichnung Kap-Malaien. Die gemeinsame Sprache und Religion schuf ein festes Zusammengehörigkeitsgefühl dieser vor allem in Bo-Kaap angesiedelten Bevölkerungsgruppe.

Beten und arbeiten – deutsche Missionsstädte in der Kap-Provinz

Die verschiedenen Missionsstationen der Herrnhuter Brüdergemeinde trugen viel dazu bei, das Selbstbewusstsein der lokalen Farbigen-Gemeinden zu festigen. Sie erlernten Handwerksberufe wie Schuhmacher und Reetdachdecker, die ihre Nachfahren noch heute in langer Tradition ausüben.

Die ersten Missionen am Kap

Als der erste Missionar 1737 in Kapstadt ankam, war er nicht sonderlich begeistert von dessen Einwohnern. In einem Brief nach Deutschland schrieb Georg Schmidt: »Die Pietätlosigkeit ist sehr groß in diesem Land, es wird zügellos getrunken. Viele Leute beschweren sich über mich, aber ich schenke ihnen keine Beachtung, denn sie wissen nicht, was sie tun.«

Die Holländisch-Reformierte Kirche hegte Misstrauen gegenüber Missionaren. Das Taufen von Khoisan (›Buschmännern‹) war für sie Zeitverschwendung, gefährlich und subversiv. Trotz aller Probleme gründete Schmidt eine Mission mit den Bewohnern von Baviaanskloof, das später in Genadendal umbenannt wurde. 1995 änderte auch Nelson Mandela den Namen seines einstigen Kapstädter Amtssitzes Westbrooke. Er heißt seither Genadendal, da Gottes Gnade sowohl dem Staatspräsidenten als auch Südafrikas ältester Missionsstadt zuteil wurde.

Diese älteste Missionsstadt Südafrikas existiert noch heute, hat einen schönen original erhaltenen Kirchplatz mit 25 denkmalgeschützten Gebäuden und ein kleines, interessantes

Museum (Website: www.museums.org.za, dort Genadendal eingeben).

Aber zurück zu Georg Schmidt. Bei seiner Ankunft standen die verarmten Khoi kurz vor dem Exodus ihres Volkes. Der Missionar lehrte seine kleine, christliche Gemeinde lesen und schreiben. Als er die ersten von ihnen taufte, gingen die Geistlichen der Holländisch-Reformierten Kirche auf die Barrikaden. Ihrer Meinung nach war Schmidt kein richtiger Priester, durfte also die Sakramente nicht erteilen. 1744, sieben Jahre nach seiner Ankunft in Baviaanskloof, musste er das Land verlassen.

Schmidts Vermächtnis

Erst 48 Jahre später, 1792, bekamen drei Missionare der Herrnhuter Brüdergemeinde die Erlaubnis, das Werk Schmidts fortzusetzen. Bei ihrer Ankunft wurden sie von einer alten, buckligen Frau begrüßt. Magdalena, so erfuhren sie, war von Schmidt getauft worden. Aus ihrem Kleid zog sie eine kleine Bibel – ein Abschiedsgeschenk von Georg Schmidt. Völlig überrascht erlebten die Missionare, wie die erblindete Magdalena ihre Tochter herbeirief, die dann einen Teil des Neuen Testaments vorlas. Die kleine Bibel ist heute das wertvollste Ausstellungsstück im Mission Museum von Genadendal.

Viele Farmer der Umgebung protestierten gegen die Mission. Für sie waren die Stationen Verstecke von Mördern und Dieben. In Wirklichkeit waren sie Zufluchtsorte für Arbeiter, die auf den Farmen misshandelt wurden. 1909 wurde ein Gesetz erlassen, das Einwohnern von Missionsstädten Grundbesitz verwehrte. 1926 wurde das Lehrerausbildungszentrum mit der Begründung geschlossen, dass Coloureds keine weitergehende Erziehung benötigten. Diese Politik führte zu einer Verarmung der Kirchengemeinden: Häuser und Kirchen verfielen.

Die Missionsstädte heute

Eine der schönsten von Deutschen gegründeten Missionsstädte ist Elim (von Pearly Beach auf der R 317 Richtung Bredasdorp erreichbar). Seit 1824 kaum verändert, reihen sich reetgedeckte, weiß verputzte Häuschen an der Straße, und die Uhr im Kirchturm funktioniert immer noch so korrekt wie 1764, als sie installiert wurde. Kein Wunder, sie ist ja *made in Germany*.

Die Missionsstadt Wupperthal – 1830 von zwei Missionaren aus Elberfeld im Tal der Wupper gegründet – wird bis heute von etwa 4000 Ahnen befreiter Sklaven, Khoisan und weißen Seefahrern bewohnt. In der damals von den Deutschen gegründeten

Schuhfabrik entstehen bis heute die bekannten, bequemen *Veldskoene:* lederne Wanderschuhe, die ohne Leim oder Nägel gefertigt werden. Das teils nur auf Staubpisten zu erreichende Wupperthal liegt in den Cederbergen, 70 km von Clanwilliam.

Mamre liegt zwischen Darling und Atlantis, an der Westküste, etwa eine Stunde Autofahrt von Kapstadt entfernt. 1808, als die Kap-Kolonie wieder unter britischer Herrschaft war, wurde das Gebiet an die deutschen Herrnhuter Missionare Kohrhammer und Schmidt transferiert. Mit der Zeit entstand eine blühende Mission. Alle Gebäude aus der Zeit sind heute restauriert und stehen unter Denkmalschutz. Mamre ist eine friedliche Oase unter Eichenbäumen.

Goedverwacht (Hohe Erwartungen) liegt in der Nähe von Piketberg und ist auf einer sehr guten Teerstraße erreichbar. Die Missionsstation wurde 1881 ebenfalls von der Herrnhuter Brüdergemeinde etabliert. Ihre Geschichte ist faszinierend: Das Land gehörte ursprünglich dem verwitwetem Farmer Hendrik Schalk Burger. Als die Abschaffung der Sklaverei in Sicht war, fragte er seine indische Sklavin Maniesa und ihre fünf Kinder, ob sie auf der Farm bleiben würden, um ihn bis zu seinem Tod zu betreuen. Sie stimmten zu und wurden in seinem Testament bedacht. Maniesa und ihre Kinder bekamen die Farm, mit der Auflage, dass, wenn all ihre Kinder gestorben seien, deren Nachfahren die Farm verkaufen und den Erlös aufteilen sollten. Die Nachfahren verkauften schließlich an die Herrnhuter Brüdergemeinde für 750 Pfund.

Missionen

Infos zu den Missionsstationen: Elim (s. S. 229, Tel. 028 482 18 06, Fax 028 482 17 50), Genadendal (s. S. 238, Tel./Fax 028 251 81 96), Goedverwacht (westlich von Piketberg, Tel. 022 912 49 24, Fax 022 912 42 07), Mamre (s. S. 194, Tel. 021 576 11 17), Wupperthal (s. S. 216, Tel. 027 492 34 10). Mission Museum: www.museums.org.za, nach Genadendal suchen, Tel. 028 251 85 82.

Die junge Generation in Elim

Giebelhäuser und Wolkenkratzer – Stilmix à la Kapstadt

Nicht nur Architekten kommen bei einem Spaziergang durch die Jahrhunderte baulicher Entwicklung in Kapstadt auf ihre Kosten. Vom traditionellen kapholländischen Stil der ersten Siedler zu den heute bei ›Stadtrückkehrern‹ besonders beliebten Art-déco-Schmuckstücken.

Kapholländischer Stil

Als kapholländischer Stil *(Cape Dutch)* wird die ursprüngliche Architektur Kapstadts und der Kap-Provinz bezeichnet. Typisch für die Ende des 17. Jh. entstandenen Häuser sind weißer Außenputz, ein reetgedecktes Dach und ein elegant geschwungener Giebel. Die teilweise wunderschönen Häuser verleihen der Kap-Provinz ihr charakteristisches Erscheinungsbild.

Der Frontgiebel wurde ursprünglich aus rein praktischen Gründen angebracht, um durch ein Fenster Licht in den ersten Stock fallen zu lassen. Außerdem war die Eingangstüre so vor Regen geschützt, der sonst hätte vom Dachvorsprung tropfen können. Bei einem Feuer verhinderte der Giebel des Weiteren das Herunterfallen von brennendem Reet. Während die ersten Giebel einfach nur halbrunde Unterbrechungen des Reetdachs waren, um ein Fenster unterzubringen, verfeinerte sich der Stil im Laufe der Jahre. Europäische Stuckateure und asiatische Künstler schufen immer anmutigere Giebeltypen.

Die Häuser der ersten Siedler aus Holland passten gut zum mediterranen Klima am Kap: Die dicken, verputzten Wände verhinderten starke Temperaturschwankungen. In den

Häusern ist es im Sommer kühl und – dank offener Kamine – im Winter mollig warm. Die Grundrisse der Häuser variieren, es kommen I-, U-, L-, T-, TT- und H-Formen vor. Allen gemeinsam ist die große *voorkamer,* wie der großzügige Eingangsbereich genannt wird. Die Haustüren sind fast immer zweigeteilt, um einerseits das Vieh daran zu hindern, ins Haus zu gelangen, andererseits aber Licht und Luft durch die geöffnete obere Hälfte der Haustür ins Innere strömen zu lassen.

Kapholländisch at its best
Die schönsten Beispiele kapholländischer Architektur sieht man im Weinland (Groot Constantia Manor House, s. S. 163), Vergelegen Wine Estate, s. S. 166), in Kapstadt (Old Town House, s. S. 105), in Hout Bay (Kronendal Estate, heute Restaurant Kitima, s. S. 154), in Stellenbosch (entlang der historischen Dorp Street, s. S. 181), Lanzerac Wine Estate, s. S. 182), in Prince Albert (entlang der Church Street, s. S. 281) und in Swellendam (Drostdy und Innenstadt, s. S. 236).

Art déco

Neben kapholländischen Gebäuden finden sich in Kapstadt einige sehr schöne Art-déco-Gebäude – eine Stilrichtung, die südafrikanische Architekten in den USA kennenlernten und mit ans Kap brachten. Ein wunderschönes Beispiel ist das alte Postamt (General Post Office) in der Darling Street. Es wurde zwischen 1938 und 1940 aus Transvaal- und Kap-Granit erbaut. Gegenüber steht das in den 1930er-Jahren erbaute und an das berühmte Chrysler-Gebäude in New York erinnernde Old Mutual Building. Aufwendige Skulpturen stellen Geschichte, Flora, Fauna und Menschen Südafrikas dar. Für die Öffentlichkeit ist nur das Erdgeschoss zugänglich, das aber sehr reizvoll ist. Ein Schmuckstück der Art-déco-Architektur ist das Gebäude von Muller & Sons Optometrists mit seinen Chromelementen. Die größte Konzentration von Art-déco-Gebäuden am Kap findet sich am Greenmarket Square (s. S. 105).

Art déco ist der für Architektur-Fundis interessanteste und attraktivste Baustil in Kapstadt. In den letzten Jahren ging der Wohntrend eindeutig zurück in die Stadt, was dazu geführt hat, dass viele Art-déco-Perlen wunderbar renoviert und mit herrlichen Apartments ausgestattet wurden. Paradebeispiel ist das erwähnte Mutual-Heights-Gebäude in der Darling Street, das als schönstes Art-déco-Haus Afrikas gilt. Die Wohnungen in der ehemaligen Bank mit der beeindruckenden Marmor-Eingangshalle gehören zu den teuersten der Stadt. Leicht übersehen wird das schlanke Holyrood-Apartmentgebäude in der Queen Victoria Street.

Moderne Architektur

Einige der in den letzten Jahren entstandenen Hochhäuser Kapstadts stehen mit ihren glitzernden Fassaden denen amerikanischer Großstädte in nichts nach. Neue größere Bauprojekte, wie das Table Bay Hotel (viktorianisch prunkvoll) an der Waterfront oder das Victoria Junction Hotel (kühles Industriedesign) in Green Point wurden im Stil der jeweiligen Umgebung angepasst, was bei beiden Herbergen sehr gut gelungen ist. Eine geniale Kombination aus historisch und modern ist das Mandela-Rhodes-Gebäude in den Straßen Adderley/Wale Street/St. George's Mall.

Aber auch die typischen Bausünden der 1970er-Jahre sollen hier nicht verschwiegen werden. Einer der hässlichsten Klötze ist das Golden Acre Centre in der Adderley Street, das darüber hinaus bewirkt hat, dass sich das Leben von der Straße in neonbeleuchtete Malls verlagert hat. Dieser Prozess kehrt sich derzeit allerdings wieder um, wie die zahllosen fliegenden Händler beweisen. Andere schlechte Architekturbeispiele sind die Reserve Bank, die Zentralbank mit ihren blanken Fassaden und das geradezu monströse, unpersönliche Civic Centre.

Einige neue städtebauliche Projekte machen Kapstadt noch attraktiver. Seit das Land des während der Apartheid plattgewalzten Stadtteils District Six (s. Entdeckungstour S. 98) an seine ursprünglichen Bewohner bzw. deren Kinder zurückgegeben wurde, werden dort wieder Häuser im alten Stil aufgebaut.

Seit Juni 2003 besteht erneut eine Verbindung zwischen City und Meer. Der Roggebaai Canal fließt vom International Convention Centre direkt in die Victoria & Alfred Waterfront (hier verkehren Taxiboote). Der künstliche Wasserlauf geht vorbei an der eleganten Waterfront Marina, mit Apartments, Penthäusern und davor angedockten Jachten.

Viele der historischen Gebäude in der City werden aufwendig restauriert und sind bereits in schicke Wohnungen und luxuriöse Hotels umgewandelt worden. Das Cape Town Stadium im Stadtteil Green Point, zwischen Atlantik und Tafelberg errichtet, stiehlt Letzterem nun fast die Show. In nur 33 Monaten erbaut, verschlang es gut 4,4 Mrd. Rand (etwa 460 Mio. €). Der finanzielle Aufwand hat sich gelohnt. Wenn sich der Tag dem Ende zuneigt, wirkt das von zahllosen Lichtern indirekt beleuchtete Bauwerk – vom Aussichtspunkt Signal Hill aus betrachtet – wie ein Raumschiff, das gerade am Abheben ist. Das futuristische Design ist leicht, luftig, transparent, passt somit prima zum Rest des Afrika-Light-Images von Kapstadt und ist seit der Fußball-WM genauso berühmt wie Sydneys Opernhaus.

Wahrzeichen: das Cape Town Stadium zwischen Atlantik und Tafelberg

Pieter-Dirk Uys – der bekannteste Kabarettist des Landes

Die berühmteste weiße Südafrikanerin ist ein Mann. Der 1945 in Kapstadt als Sohn eines Afrikaner-Vaters und einer deutsch-jüdischen Mutter geborene Pieter-Dirk Uys ist mit der Verkörperung Evita Bezuidenhouts zu Südafrikas bekanntestem Kabarettisten geworden.

So fing alles an

Während schlimmster Apartheidzeiten umging Uys die Zensur, indem er sich in Evita verwandelte, die dann auf der Bühne fröhlich losplapperte. Ende der 1970er-Jahre erschien Evita erstmals in einer wöchentlichen Kolumne des Johannesburger Sunday Express. Im April 1981 wurde sie dann Realität. Pieter-Dirk klebte sich Wimpern an, schminkte sich und setzte sich eine Perücke auf. Die Öffentlichkeit wollte immer mehr von ihm/ihr, und so kreierte der Antiapartheid-Kabarettist mehr Charaktere um sie herum: ihren Ehemann Hasi, einen Politiker der National Party, und ihre drei Kinder.

Das Publikum nahm die Seitenhiebe auf das Burenregime mit Begeisterungsstürmen hin. Die Mitglieder der National Party bezeichnete Pieter-Dirk einmal als seine besten Scriptwriter: »Die haben mir Material geliefert, das kein gesunder Mensch sich hätte ausdenken können. Ich war mit einer weißen Minderheit gesegnet, die absolut keinen Sinn für Humor hatte.«

Humor als stärkste Waffe

Die Absurdität der südafrikanischen Homeland-Politik führte dazu, dass Pieter-Dirk Evita Bezuidenhout zur Botschafterin Südafrikas im imaginären Homeland Bapetikosweti ernannte. Schließlich wurde Evita auch über die Grenzen Südafrikas hinweg bekannt. Pieter-Dirk Uys reiste mit ihr nach Australien, Europa und in die USA.

Seit dem demokratischen Neubeginn in Südafrika nimmt Pieter-Dirk Uys die neue ANC-Regierung auf die Schippe. Auch Staatspräsident Nelson Mandela war ein absoluter Evita-Fan, er hat ›sie‹ sogar in seinem Buch »Der lange Weg zur Freiheit« verewigt. Der Kabarettist meint, dass Humor Südafrika helfen werde, den Gestank der Apartheid loszuwerden: »Wir haben uns so getrennt entwickelt, dass es 100 Jahre dauern wird, bis wir den Rest von Menschlichkeit entdecken. Aber es gibt eine Abkürzung zur Erlösung: Humor.«

Von der Kapstädter Rhodes-Universität bekam Uys 1997 die Ehrendoktorwürde verliehen. Er lebt im winzigen Örtchen Darling an der Westküste, wo er sein eigenes Theater unterhält (s. Mein Tipp S. 195). Ansonsten tritt er regelmäßig in Kapstadts Artscape Theatre und im Amphitheater des Spier Wine Estate in Stellenbosch auf.

Evita pur

Unterwegs in der Kap-Provinz

Flotte Schritte in Kapstadts Vergnügungsrevier Victoria & Alfred Waterfront

AFRICAN TRADING PORT

Das Beste auf einen Blick

Kapstadt

Highlights!

Victoria & Alfred Waterfront: Das einst heruntergekommene Hafenviertel ist seit Jahren Südafrikas Touristenattraktion Nummer eins, was hauptsächlich daran liegt, dass es keine ›künstliche‹ Anlage ist, sondern ein *working harbour* – ein lebendiger Hafen. S. 107

Tafelberg: Das Wahrzeichen der Mother City ragt über 1000 m hoch aus der Stadt. Der dazugehörige Nationalpark beginnt somit direkt in der Stadt. Der Blick von oben ist traumhaft, speziell im letzten Licht des Tages. S. 112

Auf Entdeckungstour

District Six – zu Besuch in einem ausgelöschten Stadtteil: Kapstadts erster multikultureller Stadtteil war der Apartheidregierung ein Dorn im Auge und musste weichen – ein geführter Rundgang durch District Six und das Museum 15 erschließt heute das Gebiet. S. 98

Table Mountain – mehr als nur ein Berg: Von den Kirstenbosch Botanical Gardens aus führt eine wunderschöne Wanderung durch die Plattekloof Gorge auf den Tafelberg und wieder zurück. S. 114

Cape Town, Jazz Town – eine Jazztour durch Kapstadt: Wie in New Orleans ist auch in Kapstadt der Jazz tief verwurzelt. Der Besuch eines Clubs ist sozusagen ein Muss. S. 132

Kultur & Sehenswertes

The Gardens: Der einstige Gemüsegarten der ersten Siedler am Kap ist heute eine romantische Oase inmitten der Stadt. 1 S. 90

Slave Lodge: Im zweitältesten Gebäude Kapstadts hausten früher die Sklaven der Kap-Kolonie. Heute befindet sich dort ein interessantes Kulturmuseum. 12 S. 96

Aktiv unterwegs

Wandern auf den Lion's Head: Der charakteristische Gipfel liegt direkt gegenüber vom Tafelberg, der Aufstieg ist weniger anstrengend, bietet aber auch grandiose Ausblicke. S. 113, 120

Tauchen mit Haien: Im Two Oceans Aquarium in der Waterfront können Mutige die faszinierenden Geschöpfe hautnah erleben. 30 S. 131

Organisierte Township-Tour: Erleben Sie die andere Seite Kapstadts. S. 131

Genießen & Atmosphäre

Cooles Wohnen: Im Protea Hotel Fire & Ice. Trendiges Dekor und leckere Milkshakes und Hamburger. 8 S. 117

Die besten Espressobars: Bei Tribe Coffee 20, Origin 23, einer Filiale von Vida e Caffe, Truth Coffeecult 24, Giovanni's 25 oder Espresso Lab Microroasters 30 kommen Kaffeeliebhaber auf ihre Kosten. S. 123

Abends & Nachts

Club 31: Kann mit elegantem Innendekor mit den besten Clubs der Welt konkurrieren und hebt sich schon aufgrund seiner Lage im 31. Stock deutlich von anderen Bars ab. 4 S. 134

Shimmy Beach Club: Hier trifft sich Kapstadts Schickeria, direkt am Meer zwischen Waterfront und Hafen, mit Sandstrand, genialem Pool, Tafelbergblick, sehr gutem Restaurant und Dancefloors. 9 S. 134

Die aufregendste Stadt Afrikas

Die älteste Stadt Südafrikas gehört zu den schönsten der Welt. Spötter sagen allerdings, Afrikas südlichste Metropole heiße deshalb Mother City, weil hier alles neun Monate in Anspruch nehmen würde. Eine durchaus treffende Beschreibung. Capetonians sind relaxt oder *laid-back*, wie man auf Englisch sagt. So *laid-back*, also ›zurückgelehnt‹, behaupten Kritiker, die meist aus der Industrieprovinz Gauteng mit den Großstädten Johannesburg und Pretoria (Tshwane) kommen, dass sie fast horizontal seien.

In Gauteng im Norden wird gearbeitet, in Kapstadt wird gelebt. Die Stadt hat etwa 3,5 Mio. Einwohner. Die wenigsten davon scheinen freitags bis 17 Uhr zu arbeiten. Der Rest hat sich nach einem langen, weinseligen Lunch bereits an einen der Strände abgesetzt. Manch ein überraschter Besucher wundert sich auch hin und wieder über Schilder an verschlossenen Läden, die eigentlich geöffnet sein sollten, auf denen steht: »*Gone fishing*«, die Umschreibung für ›keinen Bock mehr‹ auf Kapstädter Art. Südländische Siesta-Stimmung paart sich mit afrikanischem Zeitgefühl – mit dem Vorteil, dass es in Kapstadt trotzdem erstklassige Restaurants und Übernachtungsmöglichkeiten mit gutem Service gibt.

Die pulsierende Metropole ist Afrikas aufregendste und trendigste Stadt. Ein Tor zum gesamten Schwarzen Kontinent. Kapstädter wissen, dass sie in einer der schönsten Städte der Welt leben, was Nicht-Kapstädter oft als Blasiertheit oder Arroganz missverstehen. Hedonismus ist hier Lebensart, kein gefährlich-unsittlicher Zustand. Die Atmosphäre steckt an und wirkt ganz offensichtlich besonders infektiös auf mitteleuropäische Besucher. Diese finden trotz aller Exotik einen ähnlichen Kulturkreis, eine unglaubliche Lebensqualität, grandiose Landschaften und ein angenehmes subtropisches Klima. Kein Wunder, dass in den letzten Jahren Zehntausende von ihnen in der Mother City hängen geblieben sind und mit Engagement und Ideenreichtum zum kulturellen Mix der Stadt beitragen.

Noch etwas zum südafrikanischen Zeitverständnis. *Just now* und *now now,* wörtlich übersetzt jetzt sofort und augenblicklich, kann alles bedeuten: von zwei Stunden bis zu zwei Wochen. *In a minute* kann einen ganzen Tag heißen. Wenn also jemand sagt: »*He's just gone out for a minute*«, wird der Betroffene mit an Sicherheit grenzender Wahrscheinlichkeit erst am nächsten Tag wieder auftauchen. Trotz allem sind Südafrikaner erstaunlich pünktlich. Ausnahme: Dinnerpartys in Kapstadt. Zum eingeladenen Zeitpunkt zu erscheinen ist dort völlig uncool. Die Gastgeber sind meist noch in der Dusche, das Essen im Rohzustand. Die beliebtesten Gesprächsthemen beim Dinner sind Sport (wie schlecht die südafrikanischen Teams abgeschnitten haben und wer daran schuld ist), Fernsehen (was ist in der letzten Folge von »Masterchef South Africa« oder »Survivor« passiert), Kriminalität (wie diese immer schlimmer wird), Sex (wer es mit wem, wie und wie oft tut), Politik (warum eine starke/schwache Opposition vonnöten ist und wie viele Frauen und Kinder Präsident Jacob Zuma nun wirklich hat), Korruption (viele Südafrikaner beschweren sich darüber und diskutieren im nächsten Augenblick, wie man Elektrizitätswerk, Kranken- und Diebstahlversicherung austricksen kann), Auswanderung (wer wohin abgehauen ist).

Südafrika ist außerdem Weltspitzenreiter in der Anzahl von Feiertagen. Und damit auch wirklich keiner ›verloren‹ geht, gilt, wenn ein Feiertag auf einen Samstag oder Sonntag fällt, ist der darauf folgende Montag frei. In Südafrika, aber ganz speziell in Kapstadt, wird der Mittwoch oft als ›kleiner Samstag‹ angesehen, was den Donnerstag zum ›kleinen Sonntag‹ werden lässt, der dann fast immer von heftigen Kopfschmerzen und Katerstimmung begleitet wird.

Seit den Zeiten der ersten Erkundung des südlichen Afrika fieberten Seefahrer dem Anblick des mächtigen Tafelbergs entgegen. Für sie war er so etwas wie ein gigantisches Hinweisschild auf eine gastfreundliche Wirtschaft – und so kam Kapstadt zu einem seiner Namen: Gasthaus der Meere. Auch für den heutigen Besucher stellt der einen Kilometer über die Stadt aufragende Tafelberg eine immer sichtbare Orientierungshilfe dar. Der erste Kap-Gouverneur Jan van Riebeeck landete 1652 nach 104 Tagen auf See mit den drei Schiffen Goede Hoop, Dromedaris und Reiger in der Tafelbucht. Im Tal am Fuß des Tafelbergs pflanzte er Gemüse, tauschte Vieh von den nomadisierenden Khoi ein, ließ ein Krankenhaus (er arbeitete in Holland als Chirurg!), die Fundamente der Fes-

Infobox

Reisekarte: ▶ B 5 und Karte 3

Infos

Cape Town Tourism: City Centre Visitor Centre, The Pinnacle, Ecke Burg/Castle St., Tel. 086 132 22 23, www.capetown.travel, im Sommer (Okt.–März) Mo–Fr 8–18, Sa 8.30–14, So 9–13 Uhr, im Winter (April–Sept.) Mo–Fr 8–17.30, Sa 8.30–13, So 9–13 Uhr. Sehr freundlicher Service, der Unterkünfte und Mietwagen reserviert und Infos über Stadt und Umgebung bereithält, Internetcafé, Souvenirshop, Buchungen für Nationalparks.

Anfahrt und Herumkommen

Um von Kapstadt in andere größere Städte des Landes zu gelangen, empfiehlt sich als Verkehrsmittel das Flugzeug. Günstiger, dafür deutlich langsamer, sind die komfortablen Überlandbusse und Züge (nur erste Klasse empfehlenswert). In Kapstadt kann man auf das neue Busnetz von MyCiti (s. Mein Tipp S. 24) zurückgreifen; Fahrten mit der Bahn sind hingegen nicht zu empfehlen, denn das Un- und Überfallrisiko ist hoch. Bei den sehr günstigen Mietwagentarifen ist es daher sicherer, für den Aufenthalt einen Wagen zu mieten.

Waterfront Informationszentrum

Im Victoria-Wharf-Shopping-Komplex gibt es zwei Infokioske. Dort gibt es u. a. den kostenlosen Besucher-Guide auf Deutsch, mit tollem Waterfront-Plan, außerdem eine Liste mit allen deutschsprachigen Geschäften in der Waterfront.

Township Informationszentrum

Sivuyile Tourism Centre: Ecke NY 1 und NY 4, Tel. 021 637 84 49. Das Tourismuszentrum in Gugulethu bietet viele Informationen und eine Fülle an Township-Kunsthandwerk.

tung und ein Dock zum Reparieren der Schiffe bauen – und er war der erste Weinbauer Südafrikas.

Aus dem kleinen Gemüsegarten entstand eine pulsierende Metropole: die Mutterstadt – Mother City – Südafrikas. Wo früher Kraut und Rüben wuchsen, liegt heute Kapstadts grüne Lunge, The Gardens – das historische Herz und ein guter Startpunkt für einen Rundgang durch die City, für den man sich, bei Besichtigung aller Museen und Ausstellungen, am besten eher zwei als einen Tag Zeit nehmen sollte.

Rundgang durch die historische City

The Gardens 1

Eingang beim Übergang der Adderley St. in die Government Av.

Die Gardens sind etwas für Ruhesuchende. Nur einen Steinwurf von der verkehrsreichen Adderley Street entfernt singen hier Vögel, plätschern Springbrunnen, spenden mächtige Eichen Schatten und laden ausgedehnte Rasenflächen zu einer Rast ein. Die graubraunen, zahmen Eichhörnchen, die Besuchern gerne aus der Hand fressen, sind allerdings keine echten Südafrikaner. Cecil Rhodes, der einstige Kap-Premier, Geschäftsmann, Diamantenkönig und Visionär (er wollte die englischen Kolonien von Kapstadt bis Kairo ausdehnen), brachte in den 1890er-Jahren ein Pärchen der ursprünglich aus Amerika stammenden Nager aus England mit. Mittlerweile gehören die *grey squirrels* in den Wäldern rund um das Kap zu den angestammten Bewohnern. Manchmal schaut das eine oder andere auch mal zu Cecil hoch, dessen 1909 aufgestellte **Bronzestatue** in den Gardens steht, den rechten Arm sehnsüchtig Richtung Norden ausgestreckt. Die Inschrift darunter sagt: »*Your hinterland lies there*«.

Zu van Riebeecks Zeiten hieß der Park Company's Garden. Ein kleiner Teil wird heute noch so genannt. Hier wurden von der Ostindisch-Niederländischen Handelskompanie Gemüse und Obst angebaut für die an Vitaminmangel leidenden Schiffsbesatzungen, die auf dem Weg nach Indien das Kap ansteuerten. Heutzutage gibt es statt Gurken und Karotten säuberlich geharkte Blumenbeete – ein kleiner botanischer Garten mitten in der Stadt. Ein fest angestellter Gärtner zog Setzlinge im Garten, die später an die ersten freien Bürger verteilt wurden, um sie auf ihre Grundstücke zu verpflanzen.

Iziko South African Museum und Planetarium 2

Museum: 25 Queen Victoria St., Tel. 021 481 38 00, www.iziko.org.za/museums/south-african-museum, tgl. 10–17 Uhr, 30 Rand, 6–18 Jahre 15 Rand, an einigen Feiertagen Eintritt frei; Planetarium: Tel. 021 481 39 00, www.iziko.org.za/museums/planetarium, 40/20 Rand, tgl. Shows

Die Government Avenue führt durch die Gardens bis zu Südafrikas ältestem Museum, dem **Iziko South African Museum,** das auch Besichtigungsmuffel nicht auslassen sollten. Es war u. a. bekannt für seine umstrittenen, lebensgroßen Modelle von ›Buschmännern‹. Die Figuren in einem künstlichen Kalahari-Ambiente sahen ungewöhnlich lebensecht aus – was daran liegt, dass die Modelle 1911 nach Gipsabdrücken lebender Menschen angefertigt wurden. Genau das führte in der Vergangenheit oft zu Kontroversen. Momentan ist die San-Ausstellung für die Öffentlichkeit gesperrt. Was endgültig damit passiert, steht noch immer nicht fest. Beeindruckend sind auch die vier

Imposante Walskelette im Iziko South African Museum

Stockwerke hoch hängenden Walskelette und die dazu über große Boxen abgespielten Walgesänge.

In einem Nebengebäude ist das **Planetarium** untergebracht, das u. a. den Sternenhimmel der südlichen Hemisphäre in beeindruckenden Shows erläutert.

Bertram House 3

Hiddingh Campus, Orange St. (Ecke Government Av.), Tel. 021 424 93 81, www.iziko.org.za/museums/bertram-house, Mo–Sa 10–17 Uhr, Eintritt frei

Folgt man der Government Avenue weiter, liegt nach einigen Metern rechts der Eingang zum Bertram House, das heute ebenfalls Museum ist. Im Gegensatz zu anderen Gebäuden aus der georgianischen Zeit ist das Haus nicht verputzt, sondern verklinkert. Das liegt daran, dass die verwendeten Ziegel importiert wurden und nicht wie die qualitativ schlechteren Kap-Bausteine jedes Jahr wieder verputzt werden mussten. Die Geschichte des englischen Stadthauses geht zurück auf das Jahr 1794, als ein gewisser Andreas Momsen das Grundstück von der Niederländisch-Ostindischen Kompanie zugesprochen bekam. Das genaue Baudatum kann heute nicht mehr festgestellt werden, und ob John Barker, der das Haus zwischen 1839 und 1854 besaß, tatsächlich der Erbauer war, ist ebenso unklar. Ganz sicher ist allerdings, dass er es zum Andenken an seine 1838 verstorbene Frau Ann Bertram Findlay Bertram House taufte. Über die Jahre hatte das Haus viele Besitzer, und am Ende war es in einem erbärmlichen Zustand, bis es 1984 fachgerecht restauriert und als Museum wieder eröffnet wurde. Das schönste original erhaltene Element im Haus ist der elegante Treppenaufgang. Die Zimmer wurden mit englischen Möbelstücken aus der zweiten Hälfte des 18. Jh. ausgestattet und sollen veranschaulichen, wie reiche Engländer vor 200 Jahren in Kapstadt lebten.

Durch den herrlich duftenden Kräutergarten geht es wieder auf die Government Avenue, wo links das mächtige Eingangsportal, **The Gateways,**

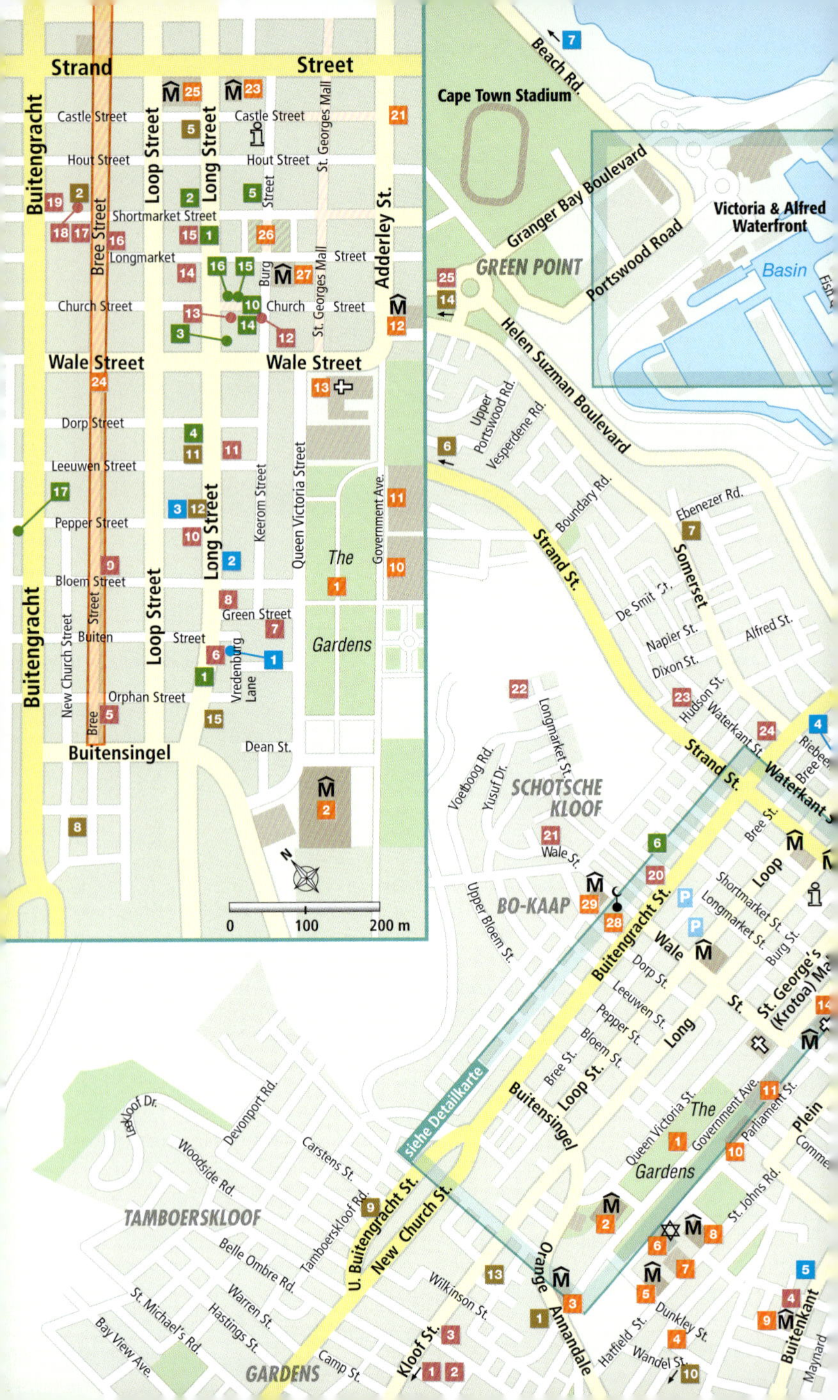

Strand Street
Castle Street
Hout Street
Shortmarket Street
Longmarket Street
Church Street
Wale Street
Dorp Street
Leeuwen Street
Pepper Street
Bloem Street
Green Street
Buiten Street
Orphan Street
Dean St.
Buitensingel
Buitengracht
Bree Street
Loop Street
Long Street
Burg Street
St. Georges Mall
Adderley St.
Keerom Street
Queen Victoria Street
Government Ave.
New Church Street
Vredenburg Lane
The Gardens
0 100 200 m
Cape Town Stadium
Beach Rd.
Granger Bay Boulevard
Portswood Road
Victoria & Alfred Waterfront
Basin
GREEN POINT
Helen Suzman Boulevard
Upper Portswood Rd.
Vesperdene Rd.
Boundary Rd.
Ebenezer Rd.
Strand St.
Somerset
De Smit St.
Napier St.
Alfred St.
Dixon St.
Hudson St.
Waterkant St.
Longmarket St.
Voetboog Rd.
Yusuf Dr.
SCHOTSCHE KLOOF
Wale St.
Upper Bloem St.
BO-KAAP
Buitengracht St.
Shortmarket St.
Burg St.
Dorp St.
Leeuwen St.
Pepper St.
Bloem St.
Bree St.
Loop St.
Long
St. George's (Krotoa) Mall
siehe Detailkarte
Buitensingel
Queen Victoria St.
Government Ave.
Parliament St.
Plein
The Gardens
St. Johns Rd.
Lekkloof Dr.
Devonport Rd.
Woodside Rd.
Carstens St.
TAMBOERSKLOOF
Tamboerskloof Rd.
U. Buitengracht St.
New Church St.
Belle Ombre Rd.
Warren St.
Hastings St.
St. Michael's Rd.
Bay View Ave.
Wilkinson St.
Orange
Annandale
Hatfield St.
Dunkley St.
Wandel St.
Kloof St.
Camp St.
GARDENS
Buitenkant
Maynard

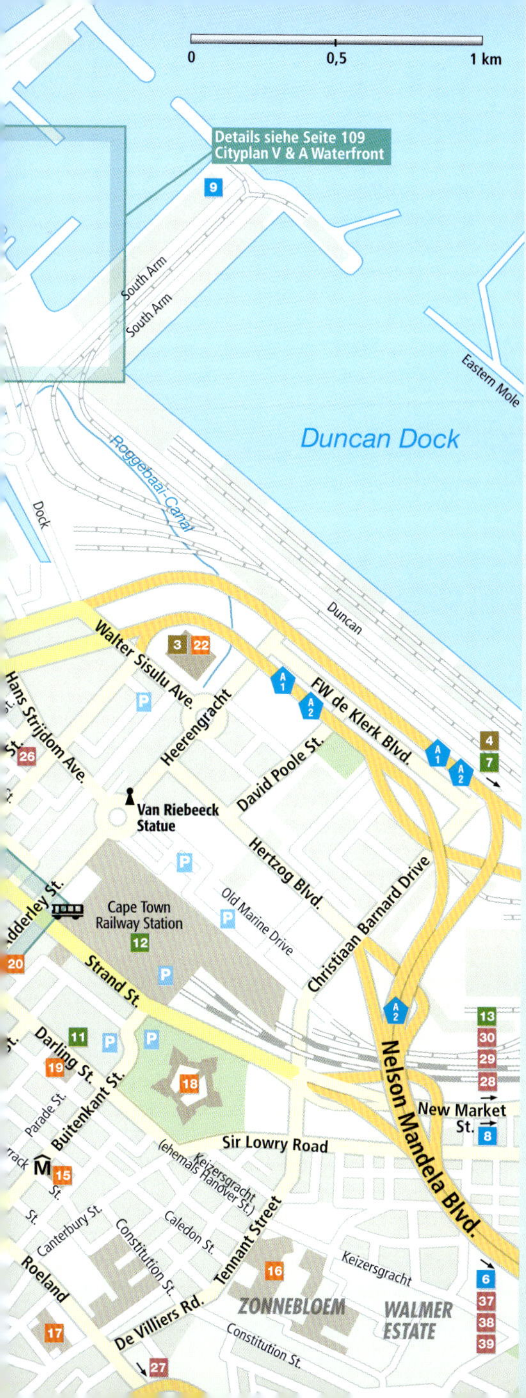

Kapstadt-City

Sehenswert

1 The Gardens
2 Iziko South African Museum und Planetarium
3 Bertram House
4 Dunkley Square
5 S. A. Jewish Museum
6 Great Synagogue
7 Cape Town Holocaust Centre
8 Iziko South African National Gallery
9 Rust en Vreugd Historic House and Garden
10 De Tuynhuys
11 Houses of Parliament
12 Slave Lodge
13 St. George's Cathedral
14 Groote Kerk
15 District Six Museum
16 Cape Technikon (Peninsula University of Technology/CPUT)
17 Cape Archives
18 Castle of Good Hope
19 City Hall
20 Trafalgar Place
21 Ruine eines Trinkwasserreservoirs
22 Cape Town International Convention Centre
23 Koopmans-De Wet House
24 Bree Street
25 S. A. Slave Church Museum
26 Greenmarket Square
27 Old Town House
28 Auwal Mosque
29 Bo-Kaap Museum
30 – 39 s. Cityplan S. 108

Übernachten

1 Belmond Mount Nelson
2 Cape Heritage Hotel
3 The Westin Cape Town

Fortsetzung: S. 94

Kapstadt City

4 Hotel Verde
5 The Grand Daddy & Airstream Trailer Park
6 Dysart Boutique Hotel
7 Victoria Junction
8 Protea Hotel Fire & Ice
9 Parker Cottage
10 Cactusberry Lodge
11 Daddy Long Legs Art Hotel
12 Urban Chic Boutique Hotel & Café
13 Fritz Hotel
14 Cape Victoria Guest House
15 Cat & Moose Backpackers
16 – 19 s. Cityplan S. 108

Essen & Trinken

1 Carne on Kloof
2 The Bombay Bicycle Club
3 Ocean Basket
4 Perseverance Tavern
5 Sababa
6 Royale Eatery & Kitchen
7 95 Keerom
8 Beerhouse on Long
9 Jason's Bakery
10 Mama Africa Restaurant and Bar
11 Yours Truly
12 Bukhara
13 Café Mozart
14 Dear Me
15 Fork
16 La Parada
17 Gourmet Burger
18 Simply Asia
19 The Africa Café
20 Tribe Coffee
21 Biesmiellah
22 Noon Gun Tea Room
23 Origin Coffee Roasting
24 Truth Coffeecult
25 Giovanni's Deliworld
26 Bizerca Bistro
27 Sidewalk Café
28 The Test Kitchen
29 The Pot Luck Club & Gallery
30 Espresso Lab Micro-roasters
31 – 36 s. Cityplan S. 108
37 Mzoli's
38 Igugu Le Africa
39 Eziko

Einkaufen

1 Long Street
2 Pan African Market
3 Imagenius
4 African Music Store
5 African Image
6 Carrol Boyes Functional Art
7 Canal Walk
8 – 9 s. Cityplan S. 108
10 Church Street Market
11 The Grand Parade
12 Cape Town Station
13 Neighbourgoods Market
14 Association for Visual Arts Metropolitan Gallery
15 Worldart
16 The Cape Gallery
17 Brundyn+

Abends & Nachts

1 The Waiting Room
2 The Dubliners
3 Chrome
4 Club 31
5 Straight no Chaser
6 Hanover Street Jazz Club/ Grand West Casino
7 Winchester Mansions
8 Club Fever
9 s. Cityplan S. 108

flankiert von zwei Gipslöwen, auffällt. Dahinter liegt ein großer, grasbewachsener Sportplatz. Das Tor war zu viktorianischer Zeit der Eingang zu einem Vogel- und Antilopenpark sowie einem Raubtiergehege.

Abstecher in den Stadtteil Gardens

Auf der gegenüberliegenden Seite in der Orange Street ist die eindrucksvolle Einfahrt des über 100 Jahre alten **Belmond Mount Nelson Hotel** 1 zu sehen, ein Portier in schneeweißem Anzug und Tropenhelm weist Gästen den Weg ins Innere der Art-déco-Nobelherberge, die ganz in rosa aus dem grünen Buschwerk leuchtet.

Der Rundgang verlässt nun kurz den Park und folgt der Annandale Road und Hatfield Street in den Stadtteil Gardens, wo früher keine Häuser standen, sondern Salatköpfe und Spinat gediehen. Die **Wandel Street** führt in den alten Kern des Viertels mit seinen schönen, bunten viktorianischen Reihenhäuschen. Hier wurde in den letzten Jahren kräftig renoviert. Schicke Pubs, exklusive Restaurants und stilvolle *guest houses* öffneten ihre Pforten. Besonders gut ist die Revitalisierung des **Dunkley Square** 4 gelungen: Einige hübsche Lokale und Hotels warten in dieser Oase der Ruhe mit südeuropäischem Flair auf entspannungswillige Gäste. Hier ist auch die Chance auf einen freien Parkplatz am größten: Wer mit dem Auto unterwegs ist, kann es für den Stadtrundgang z. B. hier stehen lassen.

S. A. Jewish Museum und Great Synagogue

88 Hatfield Rd., Tel. 021 465 15 46, www.sajewishmuseum.co.za, So–Do 10–17, Fr 10–14 Uhr, 40 Rand, Schüler unter 16 Jahre 25 Rand

Über die Dunkley Street gelangt man zurück zum Company's Garden. Beim Überqueren der Straße fällt der Blick auf Südafrikas erste und älteste Synagoge, die 1863 erbaut wurde, wo 1958 das ursprüngliche Jewish Museum untergebracht war. Seit 1996 gehört dieser alte Teil des Museums zum neuen, im Jahr 2000 eröffneten **South African Jewish Museum** 5.

Der 1905 errichteten **Great Synagogue** 6 wäre um ein Haar ein wenig geistliches Schicksal beschieden gewesen. Nachdem es Schwierigkeiten gab, die Hypothek für das reich verzierte Gebäude zu zahlen, wollten die Kreditgeber ein Kino daraus machen. Das Geld wurde schließlich doch noch aufgebracht, und heute dient die Synagoge mit ihrer gewaltigen zentralen Kuppel Kapstadts jüdischer Gemeinde als Gebetsort.

Cape Town Holocaust Centre 7

Albow Centre, 88 Hatfield Rd., Tel. 021 462 55 53, www.ctholocaust.co.za, So–Do 10–17, Fr 10–13 Uhr, Eintritt frei

In unmittelbarer Nachbarschaft zur alten Synagoge und der neueren Great Synagogue liegt das interaktive Hightech-Holocaust-Zentrum. Es gehört zu den besten und eindrucksvollsten Museen im Land. Es zeigt die Geschichte der südafrikanischen Juden, die hauptsächlich aus Litauen kamen. Im Erdgeschoss steht der Nachbau eines jüdischen Stetls, eines litauischen Dorfs.

Iziko South African National Gallery 8

Government Av., Tel. 021 467 46 60, www.iziko.org.za/museums/south-african-national-gallery, tgl. 10–17 Uhr, 30 Rand, 6–18 Jahre 15 Rand

Weiter in Richtung City taucht linker Hand die **Iziko South African National Gallery** auf. In der Galerie haben seit dem Ende der Apartheid auch Werke schwarzer und farbiger Künstler einen Platz gefunden. Schwermütig stimmende Ölgemälde finden sich so neben erfrischender Recycling-Kunst aus den Townships. Die farbenprächtigen Malereien der Ndebele werden ebenso präsentiert wie die Werke von Xhosa, Zulu und anderen südafrikanischen Völkern. Regelmäßig finden auch Fotoausstellungen statt. Im netten **Gallery Café** gibt es Getränke und kleinere Gerichte. Der **Gallery Shop** verkauft Postkarten und Drucke von den Exponaten sowie Township Art und andere interessante Souvenirs.

Rust en Vreugd Historic House and Garden 9

78 Buitenkant St., Tel. 021 481 39 03, www.iziko.org.za/museums/rust-en-vreugd, Mo–Fr 10–17 Uhr, 20 Rand, 6–18 Jahre 10 Rand

Ein kurzer Spaziergang führt zum 1778 erbauten **Rust en Vreugd Historic House and Garden.** Wenn der Kolonialbeamte Willem Boers nicht fast ausschließlich in seine eigene Tasche gewirtschaftet hätte, würde es dieses schönste Beispiel eines Stadthauses aus dem 18. Jh. heute wohl nicht geben. Die Architektur wurde von dem jungen, talentierten Louis Thibault beeinflusst, der voller frischer Ideen von Europa ans Kap kam. Wie Zuckergebäck sehen die barocken Verzierungen der Fenster, Türen und Balkone aus – Werke des Kap-Bildhauers Anton Anreith. Einige Jahre als Schule genutzt, beherbergt Rust-en-Vreugd heute die Aquarellsammlung der William Fehr Collection, deren anderer Teil im Castle of Good Hope untergebracht ist. Interessant sind vor allem die alten Ansichten von Kapstadt.

De Tuynhuys und die Houses of Parliament

90 Plein St., Besuchereingang Parliament St., Tel. 021 403 22 66 oder 021 403 33 41, www.parliament.gov.za, tours@parliament.gov.za, organisierte Touren: Mo–Fr 9–12 Uhr (Beginn zur vollen Std.), Eintritt frei, Buchung eine Woche im Voraus, Reisepass mitbringen

Der südafrikanische Präsident residiert im wunderschön restaurierten **De Tuynhuys** 10, das 1680 als Lodge für Besucher, die das Castle nicht betreten durften, gebaut worden war. Sein jetziges Erscheinungsbild bekam es 1795.

Die benachbarten **Houses of Parliament** 11 stehen auch Besuchern offen. Ausländische Touristen müssen jedoch ihren Pass vorlegen. Die organisierten, kostenlosen Touren durch die Parlamentsgebäude finden das ganze Jahr über statt.

Slave Lodge 12

Ecke Adderley/Wale St., Tel. 021 467 72 29, www.iziko.org.za/museums/slave-lodge, Mo–Sa 10–17 Uhr, 30 Rand, 6–18 Jahre 15 Rand

Wer der Adderley Street Richtung Hafen folgt, stößt auf die **Slave Lodge.** Das nach dem Castle zweitälteste Gebäude Kapstadts, 1679 errichtet, diente der Niederländisch-Ostindischen Kompanie (Vereenigde Oostindische Compagnie = VOC) einst als Sklavenquartier. Zwischen 1679 und 1811 beherbergte das Haus bis zu 1000 Sklaven. Die Lebensverhältnisse waren katastrophal, und etwa 20 % der Menschen starben pro Jahr. Ein Teil der Kap-Geschichte wird heute in dem früher Cultural History Museum genannten Gebäude anhand zahlreicher Exponate illustriert. Besonders interessant sind die frühen Poststeine *(postal stones),* unter denen die ersten Seefahrer in ölgetränktem Tuch ihre Briefe für nachfolgende Schiffe hinterließen. Oben auf den Steinen war meist der Name des Schiffes, die geplante Route, Ankunfts- und Abfahrtsdatum sowie der Name des Kapitäns eingraviert.

Eine weitere Ausstellung zeigt die Geschichte der südafrikanischen Währung und des Postsystems einschließlich einer Briefmarkensammlung. Antike Möbel, Glas, Keramik, Waffen aus aller Welt, Musikinstrumente und Spielzeug aus den vielen Ländern, deren Menschen in der Kap-Provinz vertreten sind, füllen weitere Räume. Eine archäologische Abteilung zeigt ägyptische, griechische und römische Objekte, der Japan-Raum einen voll ausstaffierten Samurai-Kämpfer. Im ersten Stock lassen sich in speziell klimatisierten Räumen historische Gewänder bewundern. Im Hof steht schließlich der rekonstruierte Grabstein Jan van Riebeecks.

St. George's Cathedral 13

5 Wale St., Tel. 021 424 73 60, www.sgcathedral.co.za

Schräg gegenüber der Slave Lodge ragt die **St. George's Cathedral** auf. Im Innern des 1897 von dem bekannten südafrikanischen Architekten Herbert Baker entworfenen anglikanischen Gotteshauses fühlt man sich wie in einer europäischen Metropole. Bi-

Mein Tipp

Besondere Stadtrundfahrten

Die informative, zweistündige Stadtrundfahrt mit dem **City Sightseeing Cape Town** Doppeldecker-Bus (www.citysightseeing.co.za, Ein-Tages-Ticket 160 Rand, Zwei-Tage-Ticket 260 Rand jeweils bei Online-Buchung) bietet einen guten ersten Überblick über das, was es in Kapstadt zu sehen und zu unternehmen gibt. Gefahren wird in doppelstöckigen, oben offenen Bussen. Man kann die Tour am Stück fahren oder an den einzelnen Stationen (Waterfront, Clock Tower, Cape Town Tourism, Iziko S. A. Museum, Castle, Gold Museum, Jewel Africa, Cableway, Camps Bay, Sea Point) aussteigen und später weiterfahren. Die Stadtrundfahrt kann auch telefonisch gebucht werden: Tel. 021 511 60 00. Neben der Roten gibt es auch die Blaue Route (je 17 Stopps), die in die Vororte und die Kap-Halbinsel hinunter bis Hout Bay führt.

Rikkis (www.rikkis.co.za) unterhält eine Flotte von geräumigen Original-London-Taxis, die telefonisch gebucht werden können: Tel. 086 174 55 47.

schofsgräber und kerzengeschmückte Altäre verstärken diesen Eindruck. Lediglich die eigenwillig geschnitzte, schwarze Holzmadonna stellt wieder den Bezug zu Afrika her – und natürlich die Tatsache, dass hier Erzbischof und Friedensnobelpreisträger Desmond Tutu immer wieder massiv gegen die Apartheidpolitik predigte. Seine Volksnähe hat sich der humorvolle Geistliche bis heute bewahrt. Auf einem seiner T-Shirts, mit denen er in der Öffentlichkeit auftrat, war zu lesen *»Just call me Arch«*. Schwer vorstellbar, dass ein deutscher Erzbischof mit einem T-Shirt herumläuft, auf dem ›Nenn mich einfach Erz‹ steht. Kapstadts relaxtes Klima wirkt sich eben auch auf Geistliche aus.

Groote Kerk 14

43 Adderley St., Tel. 021 422 05 69, www.grootekerk.org.za

Eine weitere bedeutende Kirche befindet sich unterhalb des Cultural History Museum. Die 1841 erbaute **Groote Kerk** ist das Mutterhaus der Holländisch-Reformierten Kirche und wurde von den Afrikanern einst die *»moeder van ons almal«* (Mutter von uns allen) genannt. Die Große Kirche ist das älteste Gotteshaus im Land. In ihrem jetzigen Erscheinungsbild wurde sie 1841 eingeweiht. Kirchturm und andere Elemente stammen allerdings noch von der 1704 erbauten Vorgängerkirche. Sehenswert im Innern sind die von dem deutschen Bildhauer Anton Anreith handgeschnitzte Kanzel mit ihren beeindruckenden Löwenskulpturen, die gewölbte Holzdecke und die Grabsteine, die als Bodenbelag dienen.

Auf dem Platz vor der Kirche, dem **Church Square,** wurden bis 1834 die Sklaven der gegenüberliegenden Lodge unter einem Baum versteigert. Ein kleines Denkmal markiert die Position des Baums.

District Six Museum 15, CPUT 16

s. Entdeckungstour S. 98.

▷ S. 102

Auf Entdeckungstour: District Six – zu Besuch in einem ausgelöschten Stadtteil

Im Gegensatz zum historischen Viertel Bo-Kaap wurde Kapstadts sechster Distrikt, östlich der Innenstadt, zu Apartheidzeiten dem Erdboden gleichgemacht. Im Stadtteil Woodstock, der direkt daneben lag, lässt sich heute noch anhand einiger alter Gebäude erahnen, wie es im District Six einst ausgesehen hat.

Cityplan: S. 93
Zeit: Museum ca. 30 Min., geführte Tour durch das Viertel 2,5 Std.
Planung: District Six Museum 15, 25a Buitenkant St., Tel. 021 466 72 00, www.districtsix.co.za, Mo 9–14, Di–Sa 9–16 Uhr, So nach Voranmeldung, 30 Rand, mit Ex-Bewohner als Tourguide 45 Rand/Person. Von ehemaligen Bewohnern des Viertels geführte Touren, meistens So, müssen rechtzeitig gebucht werden. Mindestteilnehmerzahl 10 Personen, 45 Rand/Person.

Kapstadts erstes multikulturelles Viertel

Seit 1867 existierte das Viertel, ursprünglich eine lebendige, multikulturelle Gemeinschaft von befreiten Sklaven, Kaufleuten, Handwerkern, Arbeitern und Immigranten. Doch schon Anfang des 20. Jh. gab es die ersten Zwangsumsiedlungen: 1901 verbannte man die Schwarzen aus dem Distrikt. Als später die wohlhabenderen Bewohner nach und nach in andere Stadtteile umzogen, verarmte der District Six und wirkte zunehmend verwahrlost.

Politik der getrennten Entwicklung

1966 erklärte die Apartheidregierung das kosmopolitische Viertel aufgrund des *Group Area Act* von 1950 zum ›weißen Wohngebiet‹ und ließ die Bulldozer anrücken. Das liberale Leben im Viertel war den konservativen Buren ein Dorn im Auge. Vor fast vier Jahrzehnten wurde in District Six nämlich bereits praktiziert, was heute in Kapstadt selbstverständlich ist: die friedliche Koexistenz verschiedener Bevölkerungsgruppen. 1982 war das gemeinschaftliche Leben endgültig vorüber. District Six war nur eines von vielen Gebieten, in denen Menschen gewaltsam aus ihren Häusern vertrieben wurden, weil der Stadtteil einer anderen Bevölkerungsgruppe zugeteilt worden war. Insgesamt gab es mindestens 42 solcher *areas* in und um Kapstadt.

In ganz Südafrika wurden während der Apartheid 3,5 Mio. Menschen zwangsumgesiedelt. Allein in District Six mussten 70 000 Menschen ihr Heim verlassen, weil sie der Regierung zu nahe am weißen Kapstadt wohnten. Viele von ihnen landeten in Mitchell's Plain, der riesigen, trostlosen Barackensiedlung 30 km außerhalb der Stadt. Nur Kirchen und Moscheen, allesamt bis heute aktiv, blieben als Mahnmale auf offenem Feld stehen. Ihre Zerstörung war selbst den ansonsten rücksichtslosen Machthabern zu riskant, denn sie fürchteten eine Revolution.

Die damalige Regierung rechnete damit, dass die Zerstörung von District Six etwa 1 Mio. Rand kosten und zwei Jahre dauern würde. Anhaltende Proteste machten diese Kalkulation zunichte. Erst nach 16 Jahren und 25 Mio. Rand Aufwand war District Six plattgewalzt und menschenleer. Die Regierung nannte das Gebiet daraufhin Zonnebloem (Sonnenblume), nach der einst hier gelegenen Farm. Mitten im ehemaligen Stadtteil entstand dann das klotzige Cape Technikon (s. S. 101), wo heute die Cape Peninsula University of Technology sitzt. Das Brachland um das Unigebäude herum ist bis heute ein Mahnmal der menschenverachtenden Politik. Ganze Straßenzüge und zu viele Erinnerungen liegen hier begraben.

District Six Museum 15

Diese werden im District Six Museum wieder lebendig, das 1994 ursprünglich nur als vorübergehende Ausstellung gedacht war. Jetzt ist es eines der interessantesten Museen der Stadt. Hier hängen u. a. die 75 alten **Straßenschilder** des zerstörten Stadtteils an den Wänden. Ein Mann, der damit beauftragt war, alle Schilder im Meer zu versenken, hatte sie 20 Jahre lang in seinem Haus versteckt gehalten.

Ein Highlight des Museums bildet das **Erinnerungstuch** – *memory cloth* –, auf dem Ex-Bewohner des District Six Kommentare, Nachrichten und persönliche Erinnerungen niedergeschrieben haben. Es ist über 300 m lang und ›wächst‹ ständig weiter. Auf einem weiteren Tuch können Besucher ihre Meinungen und Eindrücke hinterlassen. Prominente ›Autoren‹ sind Al Gore, die niederländische (Ex-)Königin Beatrix, die Königin von Schweden, Mary Robinson aus Irland, der (frühere) Schweizer Präsident Cotti ...

Die **Sammlung von Originalfotos** (The Photographic Collection) besteht aus rund 8500 Abzügen, 1000

Dias und 4500 Negativen. Die Bilder sind bis zu 100 Jahre alt und dokumentieren den Prozess der Zwangsumsiedlungen und die damit verbundenen menschlichen Tragödien. Familienfotos geben intime Einblicke in das damalige Leben.

Das Museum ist deutlich mehr als eine statische Ausstellung. Es ist ein Ort, an dem die Vergangenheit wieder lebendig wird. Ehemalige Bewohner sollen Erinnerungen an ihre Häuser und deren Umgebung aufschreiben und in einem großen **Stadtplan,** der auf dem Boden ausgebreitet ist, eintragen.

Immer wieder spielen sich in dem alten Kirchengebäude leidenschaftliche Szenen ab, kommen alte Geschichten hoch. Wie die von Dougie Erasmus. 1949, zu Hochzeiten des Jazz, lebte er in der Windsor Street in District Six, wo er auch die erste Band gründete, die sich lateinamerikanischer Musik verschrieb – die in der ganzen Stadt berühmte »Copacabana Band«. 1978 wurde Dougie gezwungen, nach Mitchell's Plain zu gehen und das Haus, in dem er seit seiner Geburt gelebt hatte, zu verlassen. Das Leben war nicht einfach, so weit weg von der Stadt. Dougie wurde Taxifahrer, um zu überleben. Im Juni 1995 mietete Vincent Kolbe, ein Mitbegründer des Museums, das Taxi und brachte Dougie damit zurück zu seinen Ursprüngen. In der Kirche ging er direkt auf das alte Piano zu, setzte sich und spielte: »They can't take that away from me«. Er starb kurz darauf.

Oder der alte Mr. Petersen, dessen Tochter ihn zu seinem 82. Geburtstag ins Museum führte. Zusammen liefen sie über die Landkarte auf dem Boden, und mit dem Gehstock zeigte er auf den Block, in dem er geboren worden war: Queen Anna's Place. Überwältigt von Emotionen küsste er das Kartonmodell eines ehemaligen Gebäudes: »Was für ein schöner Platz das National Cinema war.«

Zu Fuß durch District Six

Vielleicht treffen Sie im Museum den schlanken, fast zierlichen Mann mit dem weißen Fez, der hier arbeitet. Er hat die Zwangsumsiedlungen am eigenen Leib erfahren und darüber ein im Shop erhältliches Buch geschrieben: »Noor's Story«. Noor Ebrahim ist Muslim, er wurde 1944 in der Caledon Street 247 in District Six geboren. Im Gegensatz zu vielen anderen Vertriebenen hatte seine Familie genug Geld, um sich 1975 im citynahen Athlone ein Haus zu kaufen, anstatt in die windgepeitschten, trostlosen Cape Flats ausweichen zu müssen. Noor Ebrahim bietet nun Führungen durch District Six an. Unterwegs erzählt er von seiner Kindheit im multikulturellen Stadtteil. »Es war sicher, wir sind bis zum Tafelberg hochgerannt, waren nachts unterwegs und haben draußen geschlafen. Jeder kannte jeden.« – Das war einmal …

Der *guide* zeigt auf Orte, die sich in nichts aufgelöst haben: das ehemalige **Entbindungsheim,** die an weiße Südafrikaner verkauften Wohnblöcke von **Bloemhof,** und Blöcke, die abgerissen wurden, um Platz für Garagen und einen Swimmingpool zu schaffen. Dann folgt Brachland. Endlose offene Flächen, innenstadtnahes wertvolles Bauland. Doch die von der damaligen Regierung erwarteten weißen Landkäufer blieben aus. Offensichtlich wollte an diesem Ort der Vertreibung und Zerstörung niemand wohnen.

Hier und dort ragen Vortreppen oder Reste von Terrassen aus dem Grün. Eine mächtige **Palme** steht einsam im grasüberwucherten Schutt. 1948 brachten Mekkapilger den Samen mit, aus dem sie vor ihrem Haus die Palme sprießen ließen. Das Haus ist verschwunden, die Palme ist heute ein Mahnmal. Die kopfsteingepflasterte **Richmond Street** zieht sich steil nach oben, Richtung Tafelberg. Ein altes Schwarz-Weiß-Foto im Museum zeigt sie von kleinen Häuschen mit schönen Fassaden gesäumt und mit auf und ab flanierenden Menschen. Heutzutage steht kein Gebäude mehr. Zwischen den Pflastersteinen wuchert Unkraut. Endzeitstimmung.

Dann das Gelände des **Cape Technikon** 16 **,** das heute zur Cape Peninsula University of Technology (CPUT) gehört. Viele Südafrikaner weigerten sich, am Bau des Technikons mitzuarbeiten, da es auf blutgetränkter Erde errichtet wurde und ausschließlich weißen Studenten vorbehalten war. Obwohl es heute jedem offensteht, ist das Gebäude noch immer umstritten, nicht zuletzt liegen komplette Straßenzüge unter ihm begraben. Auch das Haus von Noor. Die Caledon Street existiert zwar heute noch in Kapstadt, die Nummer 247 von Noors Familie nicht mehr.

Kirchen und Moscheen wurden nie geschlossen und die Menschen finden sich damals wie heute zum Gottesdienst ein. Besucher sind willkommen.

Die Zukunft von District Six

Zum Schluss des Rundgangs führt Noor in den unteren Teil von District Six, zwischen **Keizersgracht** – die ehemalige Hanover Street –, dem autobahnähnlichen **Eastern Boulevard** und der **Chapel Street.** Dort stehen die ersten, neuen Häuser und es wird kräftig gebaut. Denn im Jahr 2000 war es endlich so weit. Das Gebiet von District Six wurde von der Regierung offiziell an die ursprünglichen Bewohner bzw. deren Kinder zurückgegeben. Nach jahrelangem Hin und Her und vielen bürokratischen Hürden entstanden 2007 die ersten, stark subventionierten Häuser. Ein paar Dutzend Menschen leben nun wieder in ihrem alten Viertel. Die Warteliste der Rückkehrwilligen ist lang, mehr als 12 000 Menschen stehen darauf. Auch Noor. Die Aussicht, zu den eigenen Wurzeln zurückzukehren, ist für viele die große Hoffnung.

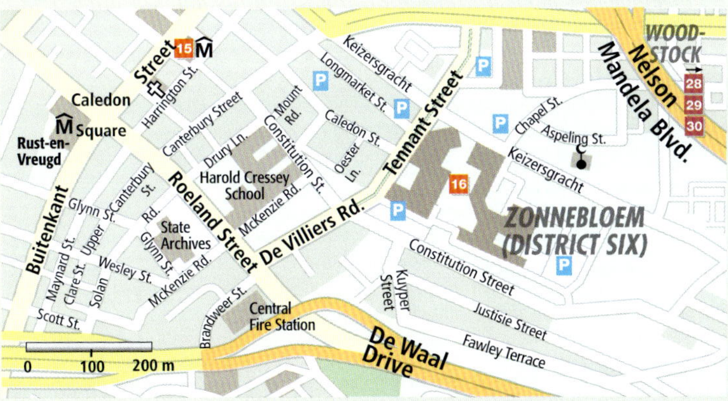

Cape Archives 17

72 Roeland St., Tel. 021 462 40 50, Mo–Mi, Fr 8–16, Do 8–19 Uhr, Besichtigung nach Voranmeldung möglich, Eintritt frei

Wer sich ernsthaft für die Kap-Geschichte interessiert, sollte die **Cape Archives** besuchen. Sie verfügen über umfangreiche Sammlungen von Dokumenten und Bildern, die bis in die frühen Anfänge Kapstadts zurückreichen. Hier gibt es u. a. Originalbriefe von Jan van Riebeeck und Kaufverträge Simon van der Stels zu bewundern.

Castle of Good Hope 18

Ecke Darling/Castle St., Tel. 021 787 12 49, tgl. 9–16, geführte Touren Mo–Sa 11, 12, 14 Uhr, 30 Rand, 5–16 Jahre 15 Rand

Wir bleiben bei den Anfängen Kapstadts. Das **Castle of Good Hope** ist Südafrikas ältestes Gebäude. Jan van Riebeecks erstes Fort stand allerdings etwas weiter westlich von der heutigen Steinkonstruktion, die zwischen 1666 und 1679 errichtet wurde. Die beeindruckende Festung musste niemals in ihrer langen Geschichte einen Angriff abwehren, obwohl sie gut dafür gerüstet gewesen wäre. Die Pentagon-Konstruktion mit Bastionen an jeder der fünf Ecken war typisch für holländische Befestigungsanlagen des 17. Jh. Die Soldaten konnten so jeden Meter der Außenmauer einsehen. Die Wachtürme wurden nach den Besitztümern des Prinzen Wilhelm von Oranien benannt: Nassau, Oranje, Leerdam, Buren und Catzenellbogen. Kurz nach der Fertigstellung ließ Gouverneur Simon van der Stel den Eingang des Castle zum Meer hin schließen, da die Frühlingsspringfluten immer wieder ins Innere plätscherten. Als neuer Zugang entstand das noch heute benutzte Seitenportal.

Im Innern der Festung sind drei Museen untergebracht. Die **Good Hope Gallery,** die zu den größten Galerien Kapstadts gehört, präsentiert zeitgenössische südafrikanische Kunst. Im **Military Museum** kommen Waffen- und Uniformfreunde auf ihre Kosten. Die **William Fehr Collection** ist eine von Südafrikas wichtigsten, öffentlich zugänglichen Kunstsammlungen. Die Kollektion stammt von dem Geschäftsmann William Fehr (1892–1967) und umfasst Möbel, Keramik, Metallwaren, Glas aus der Zeit zwischen dem 17. und 19. Jh. und chinesisches Porzellan aus dem 17. und 18. Jh. Die Gemälde und Grafiken sind berühmt für ihre Darstellung der Anfänge Kapstadts und lassen die Lebensweise der ersten Siedler lebendig werden. Der Besuch dieser Museen und Ausstellungen ist im Eintrittspreis zum Castle enthalten, sie können unabhängig von der Festungsführung besichtigt werden (Tel. 021 469 11 60, 021 462 37 51).

Das Castle ist heute Hauptquartier des Armeekommandos der Western Cape Province. Die sehenswerte **Wachablösung** *(Changing of the Guards)* in Uniformen, die der historischen Zeremonie nachempfunden sind, findet Montag bis Freitag um 12 Uhr statt, die Castle-Schlüsselübergabe *(Key Ceremony)* werktags um 10 und 12 Uhr.

City Hall und Trafalgar Place

Darling St., Tel. 021 400 22 30

Westlich des Castle steht vor der grandiosen Kulisse des Tafelbergs die ebenfalls imposante **City Hall** 19. Das 1905 erbaute Gebäude ist eine beeindruckende Mischung aus italienischer Renaissance und britisch-kolonialem Baustil. Sehr sehenswert ist der gewaltige Marmortreppenaufgang im Innern. In der City Hall ist die zentrale Bücherei untergebracht. Außerdem gibt das Cape Town Symphonic Orchestra donnerstags und sonntags Konzerte (Tel. 021 462 12 50 u. 021 421 41 75).

Der große Parkplatz vor dem Gebäude, die **Grand Parade** 11, war einst der militärische Paradeplatz Kapstadts. Hier wurde Nelson Mandela 1990 direkt nach seiner Freilassung von einer unüberschaubaren, begeisterten Menschenmenge gefeiert. 2007 ließ sich an gleicher Stelle das nationale Springbok-Rugby-Team hochleben, nachdem es die Weltmeisterschaft in Frankreich gewonnen hatte. Mittwochs und samstags findet hier ein Flohmarkt statt.

Seit Generationen haben die Blumenverkäufer ihren Platz am intensiv nach Blüten duftenden **Trafalgar Place** 20, ein enger Durchgang zur Adderley Street. In hässlichen Zementtrögen stehen die wunderschönen, bunten Blumen, die es in Kapstadt nirgendwo preisgünstiger gibt als hier. Laut schnatternd und charmant lächelnd schaffen es die Coloureds, fast jedem ein Sträußchen anzudrehen.

Im **Golden Acre Shopping Centre**, einem großen, eher unattraktiven Einkaufskomplex in der Adderley Street, lässt sich im Erdgeschoss hinter Glas die beim Bau freigelegte **Ruine eines Trinkwasserreservoirs** 21 bestaunen. Der aus Dresden stammende Deutsche Zacharias Wagner, Nachfolger Jan van Riebeecks im Amt des Kap-Gouverneurs, hatte es 1663 erbauen lassen.

Abstecher in die Heerengracht Street

Dort, wo die Adderley in die Heerengracht Street übergeht, stehen **Jan van Riebeeck und seine Frau Maria in Bronze** – angeblich genau da, wo van Riebeeck erstmals Fuß auf südafrikanischen Boden setzte. Das Land hinter seinem Rücken wurde erst in den 1930er- und 1940er-Jahren durch Aufschüttung gewonnen, wobei der alte Hafen mit seiner hübschen Promenade und ein kleiner Strand begraben wurden. In der fußgängerfreundlichen Mitte der palmenbepflanzten Heerengracht Street können Besucher bis zum Kongresszentrum, dem **Cape Town International Convention Centre** 22 (**CTICC,** 1 Lower Long St., Tel. 021 410 50 00, www.cticc.co.za) flanieren. Das sehr erfolgreiche Kongresszentrum ist das größte in der südlichen Hemisphäre. Es verfügt über 20 000 m² Ausstellungsfläche, einen Ballsaal von 2000 m² und Platz für 600–1500 Delegierte. Im Komplex befindet sich auch das Hotel **The Westin Cape Town** 3 mit 483 Zimmern.

St. Georges Mall

Von der Heerengracht geht es in entgegengesetzter Richtung über die stark befahrene Hans Strijdom Street in die Fußgängerzone der backsteingepflasterten **St. Georges (Krotoa) Mall,** die von Straßenmusikern und Händlern mit kleinen Ständen nur so wimmelt und sich über die Strand Street fortsetzt. Die alten Gebäude der großen südafrikanischen Banken sind hier ebenso zu finden wie kleine, gemütliche Cafés und Shopping Malls, in denen es alles gibt, was das Herz begehrt. Immer lohnenswert ist ein Blick in die Schaufenster der Tageszeitung Cape Argus, wo die Bildreporter ihre besten Kapstadt-Fotos ausstellen. Wir aber gehen in die Strand Street hinein.

Koopmans-De Wet House 23

35 Strand St., Tel. 021 481 39 35, www.iziko.org.za/museums/koopmans-de-wet-house, Mo–Fr 10–17 Uhr, 20 Rand, 6–18 Jahre 10 Rand

In der Strand Street, die vor der Landgewinnung tatsächlich am Meer entlangführte, ist, eingequetscht zwischen modernen Gebäuden, ein bauliches Highlight erhalten geblieben: das 1701 errichtete **Koopmans-De Wet House** mit einer der elegantesten Fassaden der Stadt. Das von außen recht klein wirkende Gebäude ist innen erstaunlich geräumig. Die großen Räume mit hohen Decken sind im Stil des späten 18. Jh. eingerichtet. So lebten reiche, modebewusste Städter in den letzten Jahren der holländischen Regierung, damals noch mit unverstelltem Meerblick. Es gibt hier Porträts und Ansichten von Kapstadt, europäische und Kap-Möbel *(stink- und yellowwood)*, deutsches und holländisches Glas sowie seltenes Porzellan. In dem Haus wohnte Maria Koopmans-De Wet (1838–1906), eine führende Angehörige der feinen Gesellschaft, Kunstmäzenin, Afrikaner-Nationalistin und eine herausragende politische Persönlichkeit: Sie wurde unter Hausarrest gestellt, als sie gegen die von den Engländern eingerichteten Konzentrationslager protestierte, in denen während des Burenkriegs Tausende von Afrikanerfrauen und -kinder ums Leben kamen.

Die Bree Street 24

Infos unter: www.first-thursdays.co.za, Facebook: First Thursdays Cape Town

Diese Parallelstraße zur Long Street hat sich zur Ausgehmeile Kapstadts entwickelt. Hier kann man praktisch nicht falsch liegen. Und an jedem ersten Donnerstag im Monat wird Kapstadts City hier so richtig lebendig, wenn Dutzende von Kunstgalerien bis spät in die Nacht geöffnet sind. In der Bree Street kann dann der Kunst- mit einem Gourmet-Genuss verbunden werden. Es empfiehlt sich allerdings, früh zu kommen, da sich am Abend Tausende von Leuten hier einfinden.

S. A. Slave Church Museum 25

40 Long St., Tel. 021 423 67 55, Mo–Fr 9–16 Uhr, Eintritt frei

Das **S. A. Slave Church Museum** ist in einer Missionskirche aus dem Jahr 1802 untergebracht. Sie ist das älteste unverändert erhalten gebliebene Gotteshaus Kapstadts. Das Innere ist prunkvoll ausstaffiert, mit *yellowwood*- und *stinkwood*-Galerien, die auf ionischen Säulen ruhen, einer herrlichen chinesischen Chippendale-Kanzel, einer deutschen Ladegast-Orgel von 1903 (Besucher, die Orgel spielen können, sind willkommen, das auf diesem einzigen in Südafrika erhaltenen Exemplar zu tun), Eichenbänken und Teakbalkonen. Die beiden Säulen im Eingangsbereich sind aus einem Schiffsmast gefertigt. Eine Kopie des alten holländischen Kaufvertrags hängt an der rechten Säule. Der Boden der Kirche ist mit dem letzten Schiefer bedeckt, der im Steinbruch von Robben Island gebrochen wurde. Interessierte Besucher erfahren viel über die Missionsgeschichte der Kap-Provinz.

Die Long Street 1

Die über 300 Jahre alte **Long Street,** Kapstadts älteste Straße, ist in ihrer gesamten Länge eine Sehenswürdigkeit. In den größtenteils restaurierten, viktorianischen Häusern mit den an New Orleans erinnernden, schmiedeeisernen Balkongeländern sind Antiquitäten-, Trödelläden und Antiquariate, Restaurants, Pubs, *guest houses, backpacker*-Unterkünfte und Boutiquehotels untergebracht. Am besten geht man im Zickzack durch die Straße, um so möglichst viele der hübschen Hausfassaden aus verschiedenen Perspektiven bewundern zu können. Vor Jahren galt die Long Street als ›alte Hure‹ Kapstadts, weil vorzugsweise die Damen des ältesten Gewerbes der Welt dort zu Hause waren und ihren Geschäften nachgingen. Das hat sich mittlerweile geändert. Die meisten der wunderbaren, historischen Gebäude strahlen nun wieder in alter, opulenter Pracht.

Am Greenmarket Square

Greenmarket Square 26

Der kopfsteingepflasterte Greenmarket Square ist einer der schönsten Plätze der Stadt und zugleich ihr ältester. 1834 wurde hier die Abschaffung der Sklaverei verkündet. Außer sonntags ist immer Kunsthandwerksmarkt. Neben ›Airport Art‹, also billig gemachten Massensouvenirs, finden sich auch immer wieder sehr schöne Stücke. Alt-Hippies verkaufen in wehenden Gewändern und Sandalen selbst gemachten Schmuck, Schwarze bieten aus Draht gebogene Autos und Motorräder an. Es riecht nach Räucherstäbchen und *dagga,* dem südafrikanischen Marihuana, bevorzugt konsumiert von Kapstadts Rasta-Gemeinde, die auch immer wieder mit Protestveranstaltungen für eine Legalisierung des berauschenden Krauts eintritt.

Die Parkplätze hier sind gebührenpflichtig und zudem nicht ganz einfach zu ergattern. Sobald es dann geklappt hat und der Wagen steht, kommt auch gleich ein uniformierter Parkwächter, der abkassiert, je nachdem wie lange man parken möchte. Das Kennzeichen notiert sie/er in einem Handcomputer.

Auch die *bergies,* Kapstadts Pendants zu den französischen Clochards, lieben den Platz. Sie sind an ihren Einkaufswagen zu erkennen, in denen sie ihre wenigen Habseligkeiten aufbewahren. In ihrer Gemeinschaft gibt es keine Rassengrenzen, am unteren Rand der Gesellschaft leben Weiße, Coloureds und Schwarze in offensichtlicher Harmonie zusammen.

Einen Ruhepol am umtriebigen Greenmarket Square stellt das 1755 erbaute **Old Town House** 27 dar. In der einstigen Polizeistation ist heute die **Michaelis Collection** (Tel. 021 481 39 33, www.iziko.org.za/museums/michaelis-collection-at-the-old-town-house, Mo–Sa 10–17 Uhr, 20 Rand, 6–18 Jahre 10 Rand) holländischer und flämischer Ölgemälde ausgestellt. Idyllisch ist das kleine Gartenrestaurant im Innenhof. Vom Balkon im ersten Stock lässt sich das bunte Treiben auf dem Greenmarket Square gut überschauen. Auch Kapstadts schönste, reich verzierte Art-déco-Gebäude lassen sich so viel besser bewundern als von unten. Besonders prachtvoll ist zur Linken das eindrucksvolle **Shell-Haus** (10 Greenmarket Square) mit seinen klassischen Elementen, das in zwei Phasen (1929–41) fertiggestellt wurde – heute ist hier das Hotel Three Cities Inn on the Square untergebracht. Schräg gegenüber steht das **Namaqua Building** (Ecke Burg/Shortmarket St.), ein schön restauriertes Eckhaus mit zartrosa-beiger Außenfassade.

Durch die ›Antiquitäten‹-Straße Kapstadts, die **Church Street** 10, geht es zurück zur Long Street, die beim alten, restaurierten türkischen Dampfbad endet. Von hier aus ist es nicht mehr weit zu den Gardens, dem Ausgangspunkt des Stadtrundgangs.

Bo-Kaap

Bo-Kaap (Top Cape) erstreckt sich hoch über der City zwischen Signal Hill und der Buitengracht Street. Eines nach dem anderen werden die alten Gebäude an der Straße restauriert oder aufwendig und stilvoll neu gebaut.

Ein paar Schritte weiter hat der Besucher das Gefühl, in die Anfangstage Kapstadts zurückversetzt worden zu sein. Steile, enge und kopfsteingepflasterte Straßen und Gassen führen in das muslimische Viertel. Wie das zerstörte Stadtviertel District Six (s. Entdeckungstour S. 98) war den weißen Machthabern während der Apartheid auch Bo-Kaap ein Dorn im Auge. Glücklicherweise setzte sich das Denkmalschutzamt für seinen Erhalt ein. So blieb eines der ältesten Wohngebiete Kapstadts – 1780 begann die Besiedlung Bo-Kaaps – mit seinen hübschen kleinen Häuschen und den Moscheen original erhalten. Das erste Haus wurde 1794 von einem frei gelassenen Sklaven gekauft. Ein besonders pittoreskes Fotomotiv ist das **Rose Corner Café,** ein alter Laden gegenüber dem Bo-Kaap Museum.

Wenn der Muezzin ruft, Frauen mit Kopftuch und Männer mit Fez herumlaufen, hat man das Gefühl, in einem arabischen Land zu sein. Aus offenen Fenstern dringt der Geruch von Räucherstäbchen und mischt sich mit einem starken Mokka-Aroma, das aus einer anderen Richtung herüberduftet. Ein paar Männer liegen unter ihren aufgebockten Autos und reparieren sie. Die Menschen sind freundlich, die meisten Haustüren stehen offen, Nachbarn unterhalten sich, das Leben spielt sich auf der Straße ab.

Mittlerweile ist es auch für Weiße *en vogue,* im charmanten, traditionsreichen Stadtviertel Bo-Kaap zu leben; die zunehmende ›Yuppifizierung‹ beginnt bereits, alteingesessene Bewohner zu beunruhigen. In Bo-Kaap, wie in den Townships, empfiehlt sich eine geführte Tour, die man in der Touristeninformation in der Burg Street buchen kann.

Die **Auwal Mosque** 28 in der Dorp Street ist die älteste Moschee Südafrikas.

Bo-Kaap Museum 29

71 Wale St., Tel. 021 481 39 39, www.iziko.org.za/museums/bo-kaap-museum, Mo–Sa 10–17 Uhr, 30 Rand, 6–18 Jahre 15 Rand

Ein Rundgang durch das Viertel beginnt mit einem Besuch des **Bo-Kaap Museum.** Das Haus wurde im 18. Jh. erbaut und zeigt das Heim einer wohlhabenden muslimischen Familie des 19. Jh. Einige Quellen behaupten zwar, dass das Haus einst dem türkischen Lehrer Abu Bakr Effendi gehörte, der ans Kap kam, um einen Streit in der muslimischen Gemeinde zu schlichten. Er besaß zwar einige Häuser, dieses gehörte aber nicht dazu. Der runde Tisch im Wohn-

Die Wale Street im ostereierbunten Bo-Kaap-Viertel

zimmer zählte allerdings zu seinen Besitztümern und an ihm sitzend soll er das erste Buch in Afrikaans geschrieben haben. Typisch für das Zimmer ist das Fehlen von Gemälden und Bildern an den Wänden, da der Islam keine Abbildungen von Menschen und Tieren erlaubt. In einem v-förmigen Holzständer, dem *koersie,* liegt ein ledergebundener Koran. Das Schlafzimmer zeigt eine Brautkammer. Die traditionelle Kopfbedeckung einer muslimischen Braut ist die *medora,* die aus einem weißen Stoff besteht, der reich mit Gold und Silber bestickt ist und oft wie ein Turban gefaltet wird. Unter dem Bett steht ein Paar traditioneller Holzsandalen, *kaparrangs* genannt.

Victoria & Alfred Waterfront!

Entgegen der landläufigen Meinung war die Tafelbucht kein idealer Hafen. Sie gab zwar teilweise Schutz vor den sommerlichen Südostwinden, in den winterlichen Nordwestern havarierten aber Hunderte von Schiffen, wobei viele Menschen ums Leben kamen. Es gab keinen Kai, wo Güter entladen werden konnten, sie mussten mit kleineren Booten gelöscht und von Trägern, schultertief im eisigen Wasser, mühsam an Land geschleppt werden. Die Landungsbrücke, die van Riebeeck bauen ließ, wurde bis weit ins 19. Jh. benutzt.

Erst 1860 legte Prinz Alfred, der zweite Sohn Königin Victorias, den Grundstein für die über einen Kilometer lange Wellenbrechermauer. Ein Teil von ihr ist heute rechts und links des prunkvollen Eingangsbereiches zum Luxushotel **The Table Bay at the Waterfront** 17 zu sehen. Das 1870 fertiggestellte, erste geschützte Hafenbecken wurde zu Ehren des Prinzen Alfred Basin genannt. Seine Mutter kam aber auch nicht zu kurz, sie war nur etwas später dran: Das 1905 vollendete zweite Becken bekam den Namen Victoria Basin.

Weiter westlich liegt hinter dem New Basin Südafrikas erstes Sechs-Ster-

V&A Waterfront

Sehenswert
1 – 29 s. Cityplan S. 93
30 Two Oceans Aquarium
31 Maritime Centre
32 Dock Road Complex
33 Nobel Square
34 Port Captain's Building
35 Nelson Mandela Gateway
36 Clock Tower
37 Chavonnes Battery
38 Waterfront Marina
39 Silo District

Übernachten
1 – 15 s. Cityplan S. 93
16 Cape Grace Hotel
17 The Table Bay at the Waterfront
18 The Victoria and Alfred Hotel
19 The Breakwater Lodge

Essen & Trinken
1 – 30 s. Cityplan S. 93
31 Shoreline Café
32 Reuben's at the One & Only
33 Nobu
34 Harbour House
35 Balducci's
36 Ferryman's Tavern
37 – 39 s. Cityplan S. 93

Einkaufen
1 – 7 s. Cityplan S. 93
8 The Victoria Wharf Shopping Centre
9 Vaughan Johnson's Wine & Cigar Shop
10 – 17 s. Cityplan S. 93

Aktiv
1 Tafelbucht-Trip
2 Taxi-Boot Canal Cruise

Abends & Nachts
1 – 8 s. Cityplan S. 93
9 Shimmy Beach Club & Restaurant

ne-Hotel, das One & Only von Sol Kerzner, dessen wunderbares Wellnesszentrum auf einer künstlichen Insel im gefluteten Kanal, der mit dem Victoria Basin verbunden ist, liegt. Hier befinden sich auch die beiden Spitzenrestaurants **Reuben's at the One & Only** 32 und **Nobu** 33.

Auf der anderen Seite, im Osten der historischen Becken, befinden sich die Shops und Geschäfte des **Victoria Wharf Shopping Centre** 8, mit Abstand die meistbesuchte Touristenattraktion Südafrikas. Das Werftviertel ist weltweit eine der erfolgreichsten Revitalisierungen eines alten Hafens. Jedes Wochenende parken hier Tausende von Autos. Auf den Piers und Kais wimmelt es von Menschen. Die Gebäude sind bis ins kleinste Detail restauriert oder im alten Stil neu gebaut worden. Die Waterfront dehnt sich immer weiter Richtung Mouille Point und Sea Point aus, neue Hotel- und Restaurantprojekte kommen hinzu. Sie ist allerdings ganz und gar kein steriles Kunstgebilde, Fischerboote und auch Dampfer laufen nach wie vor im Hafen ein und kreieren so den einzigartigen Charme. In einem gigantischen Trockendeck, direkt neben dem berühmten **Cape Grace Hotel** 16, werden Schiffe neu gestrichen und gewartet.

Seit der WM ist die Waterfront direkt mit dem neuen Fußball-WM-Stadion in Green Point verbunden. Damit besteht seither eine direkte Verbindung zwischen der City Kapstadts und dem Meer.

Two Oceans Aquarium 30

Victoria & Alfred Waterfront, Dock Rd., Tel. 021 418 38 23, www.aquarium.co.za, tgl. 9.30–18 Uhr; bei Online-Buchung/am Ticketschalter 135/150 Rand, 14–17 Jahre 100/110 Rand, 4–13 Jahre 65/70 Rand; Fütterungszeiten: Haie So 15 Uhr, Pinguine tgl. 11.45, 14.30 Uhr

Das Two Oceans Aquarium auf rund 4000 m² Fläche lockt mit rund 3000 Meeresbewohner aus dem Indischen und Atlantischen Ozean – vom Seepferdchen bis zum Pinguin. Im **I&J Predator Exhibit**, mit 2 Mio. l Wasser der größte Tank im Komplex (mit 28 cm hat er auch die dicksten Acrylschei-

ben), leben die Räuber der Meere, u. a. fünf *ragged tooth sharks* und einige Manta-Rochen. Mutige mit Erfahrung können in Begleitung eines Instruktors im *shark tank* tauchen (s. S. 131).

Wenn die scharfzahnigen Räuber gefüttert werden (Zeiten s. Website), müssen die Taucher allerdings zu ihrer eigenen Sicherheit draußen bleiben. Interessant zu beobachten sind auch die wirklich gigantischen *giant spider crabs* aus Japan, ein Elefantenfisch von der südafrikanischen Westküste und das – für Feinschmecker verlockende – Felshummer-(Langusten-)Aquarium.

Maritime Centre 31

Union-Castle House, Dock Rd., Tel. 021 405 28 80, www.iziko.org.za/museums/maritime-centre, tgl. 10–17 Uhr, 20 Rand, 6–18 Jahre 10 Rand

Nebenan im **Maritime Centre** ist, wie der Name schon sagt, allerlei zur maritimen Vergangenheit Kapstadts zu sehen. Dem interessierten Besucher wird von frühen Tafelbucht-Dioramen bis zur größten Modellschiffssammlung Südafrikas so einiges geboten.

Dock Road Complex 32

Im **Dock Road Complex** begann einst die Industrialisierung Kapstadts, denn ein Teil davon war Elektrizitätswerk und Lichtstation. Von hier aus wurden 1882 die ersten elektrischen Lichter Südafrikas angeknipst. Kimberley folgte vier Monate später. Das Elektrizitätswerk sollte ursprünglich nur die Kais und Lagerhäuser erhellen, später erleuchtete es auch das Parlament und das Somerset Hospital. Heute findet sich hier auf zwei Stockwerken der **V&A Market on the Wharf** (Tel. 021 276 02 00, www.waterfrontfoodmarket.com, www.facebook.com/vafoodmarket, Juni–Okt. tgl. 10–17.30, Nov.–28. April tgl. 10–19 Uhr, 29. April–Mai Mo/Di geschl.). Neben vielen verschiedenen Essensständen gibt es schöne Souvenirs *made in South Africa*, keine Massenware. Interessant für Besucher sind die regelmäßig angebotenen, mehrstündigen Kochkurse in der **Demo Kitchen.** Ein aktueller Veranstaltungskalender findet sich ebenso auf der Website wie eine Liste und genaue Beschreibung aller Stände.

Waterfront mit Tafelberg im Hintergrund

Nobel Square 33

Der Platz zwischen dem V&A Market on the Wharf und dem Victoria & Alfred Hotel heißt seit dem 16. Dezember 2005 **Nobel Square.** Hier stehen Südafrikas vier berühmte Friedensnobelpreisträger als etwas comichaft, dicklich wirkende Bronzestatuen. Trotzdem fotografieren sich Besucher gerne mit den Abbildern des verstorbenen Zulu-Führers Albert Luthuli (1960), des coolen Erzbischofs Desmond Tutu (1984) und der beiden Ex-Präsidenten Frederik de Klerk und Nelson Mandela, die den Preis in Oslo 1993 zusammen verliehen bekamen.

Port Captain's Building 34

Das imposante hellblaue **Port Captain's Building,** das auf den meisten Waterfront-Fotos zu sehen ist, beherbergte einst das Büro des Hafenkapitäns. Das hübsche Haus mit den zwei Giebeln wurde 1904 errichtet, als sich der Hafen in rasantem Tempo weiterentwickelte. Heute ist hier die Victoria & Alfred Waterfront Company untergebracht, eine private Gesellschaft, die für sämtliche Entwicklungen in der Waterfront verantwortlich ist.

Die **Penny Ferry** transportiert seit über 100 Jahren Seeleute – heute natürlich hauptsächlich Touristen – in vier Minuten vom Pierhead zum South Quay, wo sich der Ablegeplatz der Tragflächenboote befindet, die Touristen nach Robben Island schippern. Wer nicht mit der Fähre fahren möchte, geht über die 24 Stunden besetzte Schwebebrücke, die den Kanal überspannt. Direkt an der Anlegestelle lebt eine Kolonie Pelzrobben, wo man die Tiere gut aus der Nähe beobachten kann.

Clocktower Precinct

Der Clocktower Precinct ist eine stilvolle Erweiterung der Waterfront mit Restaurants, Bars und Geschäften sowie dem eindrucksvollen **Nelson Mandela Gateway** 35. Von hier aus legen die Touristenboote zur Überfahrt nach Robben Island ab (s. Entdeckungstour S. 196). Es gibt außerdem ein **Museum,** das den Besuchern das

Leben auf der Insel in vergangenen Zeiten anschaulich vermittelt.

Das Zentrum des Precincts bildet seit 2001 der achteckige, im gotischen Stil erbaute **Clock Tower** 36, der zu den ältesten Gebäuden im Hafen gehört. Vor dem Umzug ins Captain's Building war hier das Büro des Hafenkapitäns untergebracht. Das Bauwerk wurde 1882 vollendet und 1997 gerade noch vor dem Verfall gerettet, indem es endlich wunderschön restauriert wurde. Im Rahmen der Wahl Kapstadts zur Welt-Design-Hauptstadt 2014 (www.wdccapetown2014.com) wurde er zeitweise gelb gestrichen – das war ein gewöhnungsbedürftiger Anblick.

Bei den Bauarbeiten am Clocktower Precinct wurden 1999 die Kanonen der **Chavonnes Battery** 37 entdeckt, die einen Teil der Militäreinrichtung der Holländer aus dem Jahr 1715 darstellen. Die geborgenen Kanonen sind nun an Ort und Stelle in einem **Museum** (www.chavonnesbattery.co.za, Tel. 0 21 416 62 30, tgl. 9–16 Uhr, 35 Rand, 10–18 Jahre 20 Rand) zu bewundern.

Waterfront Marina 38

Gegenüber dem auf drei Seiten von Wasser umgebenen Cape Grace Hotel entstand das exklusive, seit 2010 fertiggestellte Wohngebiet der **Waterfront Marina** mit Penthouse-Preisen um die 10 Mio. €. Von den privaten Anlegestellen geht es entweder ins Meer oder mit Taxibooten auf dem **Roggebaai Canal** Richtung Cape Town International Convention Centre.

Roggebaai ist übrigens Holländisch und bedeutet übersetzt Rochenbucht, was den künstlichen Wasserlauf zum Rochenbucht-Kanal macht. So nannten die ersten holländischen Seefahrer die Bucht nach dieser damals sehr häufig dort anzutreffenden Fischart. Der Name Tafelbucht wurde erst später populär.

Silo District 39

Mit 57 Metern Höhe war der Getreidesilo nach drei Jahren Bauzeit bei seiner Eröffnung 1924 das höchste Gebäude südlich der Sahara. Nach fast 80 Jahren im industriellen Herzen Kapstadts wurde er geschlossen. Und jetzt ist er Kern des aufregenden neuen Silo District an der Waterfront (www.siloblog.co.za).

Oberhalb des im September 2017 eröffnenden **Zeitz Museum of Contemporary Art Africa** wird voraussichtlich fast zeitgleich auf sechs Stockwerken das Hotel **The Silo** mit 28 Zimmern und einem spektakulären Penthouse seinen Betrieb aufnehmen. Es wird dann mit Sicherheit Kapstadts ungewöhnlichstes Hotel sein (www.royal portfolio.com/the-silo/overview).

Townships

Eine Tour von Kapstadts Innenstadt in Richtung der Cape Flats, in die Wohngebiete der Coloureds und Schwarzen, ist eine Exkursion von der Ersten in die Dritte Welt. Um die Ambivalenz Südafrikas praktisch und hautnah zu erfahren, ist ein Besuch der ›anderen Seite‹ unabdingbar. Nach wie vor sollte sie jedoch nicht ohne die Begleitung eines professionellen Führers unternommen werden. *Guides* können über die Touristeninformation gebucht werden.

Athlone

Nach Inkrafttreten des Group Areas Act im Jahr 1950 und der Zerstörung von Kapstadts Viertel District Six (s. Entdeckungstour S. 98) avancierte **Athlone** zur ersten *Coloured Area* und zu einem wichtigen Geschäftszentrum. 1985 wurde die Township zum Synonym für bürgerkriegsähnliche Zustände.

Heute sieht man davon nichts mehr. Durch *labour of love,* unentgeltliche

Nachbarschaftshilfe, wurden alte Gebäude restauriert. Die Bewohner haben jetzt Vertrauen in die Zukunft und sind sicher, dass sie bleiben können. Hier, im früher West London genannten Stadtteil, engagieren sich seit der Aufhebung aller Apartheidgesetze weiße Firmen, angelockt von der Kaufkraft der farbigen Mittelschicht.

Rylands

In **Rylands** haben sich hauptsächlich Inder mit ihren kleinen Geschäften niedergelassen. Hier leben Hindus und Muslime friedlich nebeneinander. Ein Tempel steht direkt neben einer Moschee. Eine Gruppe von Muslimen diskutiert im Schatten des Tempels. Osman's Store for Spices, der kleine Gewürzladen, könnte auch irgendwo in Indien oder Malaysia sein.

Gugulethu

In **Gugulethu** leben hauptsächlich Xhosa, die aus den ehemaligen Homelands Transkei und Ciskei nach Kapstadt gekommen sind, um dort Arbeit zu finden. Der Name Gugulethu kommt aus ihrer Sprache und bedeutet Unser Stolz. Ihre Traditionen haben die Bewohner zum größten Teil beibehalten, was manchmal fast unglaubliche Szenen hervorbringt – z. B., wenn junge männliche Xhosa nach ihrer Beschneidungszeremonie, nur mit einem Lendenschurz bekleidet, den ganzen Körper weiß bemalt, die stark befahrene Autobahn N 2 in der Nähe ihrer Townships entlanglaufen. Ein Überbleibsel aus der Apartheidzeit sind die Straßenbezeichnungen NY 1, NY 2, NY 3 usw., wobei NY für *Native Yard* steht, was so viel wie ›Eingeborenenbereich‹ bedeutet.

Hier hat das Haus- und Wohnungsbauprogramm der Regierung bereits Früchte getragen. Massive Steinhäuser für die schwarze Mittelschicht sind entstanden. Die früher illegalen, privaten Bierschwemmen, *shebeens* genannt, sind nun lizenziert und heißen *taverns*.

Crossroads

Das Township **Crossroads** war einst mit 500 000 in Verschlägen ohne Wasser, Strom und Kanalisation untergebrachten Menschen ein gewaltiges Slumgebiet. Immer noch gibt es Tausende von Buden aus Wellblech, alten Straßenschildern, Holzplanken und Kartons, die, eng aneinander gebaut, den heißen Sommern und feuchtkalten Wintern der Cape Flats trotzen. Jedoch sind mittlerweile viele Straßen geteert, es gibt einige Busverbindungen, Müllabfuhr, Wasser und Strom. In Crossroads, wie in anderen Townships auch, engagieren sich zunehmend ausländische Firmen mit Hausbauprogrammen.

Khayelitsha

Diese Township ist das farbige Pendant zum schwarzen Crossroads. Auch hier werden neben den *informal dwellings*, den zugigen Wellblechverschlägen, feste Steinhäuser gebaut. Einst für 30 000 Menschen geplant, wohnen dort heute schätzungsweise 600 000.

Ausflüge

Tafelberg ! ▶ B 5

Seilbahn: Table Mountain Aerial Cableway, Lower Cableway Station (▶ 3, D 8), Tafelberg Rd., www.tablemountain.net, Zeiten variieren je nach Saison, wetterbedingt wird der Betrieb u. U. eingestellt, erste Fahrt bergauf tgl. 8 Uhr, Mai–15. Sept. 8.30 Uhr, letzte Fahrt bergab zwischen 18 und 21.30 Uhr (s. Website), einfache Fahrt 125 Rand, 4–17 Jahre 115 (60) Rand, Hin- und Rückfahrt 240 Rand, 4–17 Jahre 125 Rand

Das Wahrzeichen der Stadt ragt über 1000 m aus ihr heraus. Eines der beiden schönsten Fotos vom Tafelberg macht man vom Bloubergstrand aus. Mit über 300 Routen nach oben ist der Berg ein Wanderparadies (s. Entdeckungstour S. 114). Man erreicht das Tafelberg-Plateau aber auch per Seilbahn und kann oben einem Rundwanderweg folgen.

Lion's Head und Signal Hill ▶ B 5

Gegenüber dem Tafelberg liegen Lion's Head – der Löwenkopf – und Signal Hill. Eine wunderschöne Wanderung führt auf den Gipfel des **Lion's Head,** von dem Sie eine Wahnsinnsaussicht haben (s. Lieblingsort S. 120). Auch der Blick vom **Signal Hill** ist den Weg wert, von der Kloof Nek gelangen Sie über eine Straße auf den 350 m hohen Gipfel, der Ihnen das Panorama über die City, die Waterfront, Robben Island und den Tafelberg eröffnet. Tipp: Dies ist der Ort für einen stimmungsvollen Sundowner!

Auch vom Signal Hill aus lässt sich der Tafelberg bestens fotografieren. Wer von der hölzernen Aussichtsplattform die Straße ein Stückchen zurückläuft, dem bietet sich zudem ein fantastischer Blick auf das neue Wahrzeichen der Stadt, das WM-Fußballstadion in Green Point.

Übernachten

Kapstadt bietet neben den klassischen Luxushotels jeder Großstadt auch sehr viele kleine, gemütliche und günstige Gästehäuser bzw. Bed-&-Breakfast-Unterkünfte in Privatbesitz, oft in historischen Mauern. Die Besitzer sind meist selbst anwesend, können viel zur Stadt und zum Land erzählen und servieren leckeres Frühstück. Ein besonderer Tipp in Kapstadt sind die immer populärer werdenden Boutiquehotels, in denen wegen der ausgefallenen Deko die Übernachtung zum Sightseeing wird.

Mein Tipp

Cab of Good Hope
Ein exklusiver Ausflug: Im einzigen original New Yorker Checker-Taxi Afrikas um die Kap-Halbinsel, mit Weinprobe, Käse- und Schinkenplatte auf dem Weingut Constantia Glen und Autor Dieter Losskarn als Fahrer. Der ungewöhnliche Insider-Taxitrip dauert etwa 5 Std. (395 € für 2 Pers., jede weitere Person zahlt 50 €). Bitte vorher reservieren, da natürlich das Wetter mitspielen muss (dieter@lossis.com, www.facebook.com ›Checker Cab of Good Hope‹).

… in der City/Gardens/Green Point/Tamboerskloof

Die große, alte Dame – **Belmond Mount Nelson** 1: 76 Orange St., Gardens, Tel. 021 483 10 00, www.mountnelson.co.za, DZ mit Frühstück ab 6000 Rand. Kapstadts bekanntestes, über 100 Jahre altes Nobelhotel, im Art-déco-Stil, sehr englisches, sprich schweres Interieur. Website auch auf Deutsch.

Historisch – **Cape Heritage Hotel** 2: 90 Bree St., Heritage Square, City, Tel. 021 424 46 46, www.capeheritage.co.za, DZ mit Frühstück ab 2390 Rand (oft deutlich günstigere Website- und Last-Minute-Angebote). Am südlichen Rand von Bo-Kaap am stilvoll restaurierten Heritage Square, jedes der 17 Zimmer in dem Gebäude von 1771 ist individuell eingerichtet.

Luxus mit Aussicht – **The Westin Cape Town** 3: Convention Square, Lower Long St., City, Tel. 021 412 ▷ S. 117

Auf Entdeckungstour:
Table Mountain – mehr als nur ein Berg

Bei den Khoi, den ursprünglichen Kap-Bewohnern, hieß das riesige flache Sandsteinmonument, das dramatisch über der Tafelbucht aufragt, Hoeri 'Kwaggo – Meeresberg. 1503 nannte ihn der portugiesische Admiral und Seefahrer Antonio de Saldanha dann Taboa do Cabo. Und so heißt das Wahrzeichen Kapstadts bis heute: Table Mountain, Tafelberg. Also nichts wie hinauf!

Reisekarte: ▶ B 5
Planung: Infos zu Wetter, Café/Bistro usw. unter Tel. 021 424 81 81, www.tablemountain.net. Die Tour sollte man gut planen! Warme Sachen, eine gute Taschenlampe, Essen, ausreichend Wasser sowie eine gute Karte mitnehmen (Table Mountain 150 Rand, www.slingsbymaps.com). Ins Handy Nummern der Bergrettung (Tel. 021 948 99 00) und vom Table Mountain National Park (Tel. 021 957 47 00, Anruf bei Feuer, Sicherheitsproblemen, Wildtieren in Not) einspeichern.

De Saldanha musste sich bei der ›Erstbesteigung‹ des Tafelbergs noch mühsam einen Weg nach oben suchen. Heute stehen über 300 Routen auf den 1087 m hohen Gipfel zur Auswahl – von der anstrengenden Wanderung bis zur anspruchsvollen Klettertour.

Es geht auch bequemer: mit der 1929 installierten **Seilbahn** (s. S. 112), die seither über 18 Mio. Passagiere nach oben und wieder zurück transportiert hat. Die beiden runden Kabinen, die sich auf dem Weg nach oben einmal um 360 Grad drehen, nehmen 65 Fahrgäste auf und können so pro Stunde 900 Menschen transportieren. Oben auf dem Berg ist ein Rundwanderweg angelegt, stärken kann man sich im Table Mountain Café. Es öffnet um 8.30 Uhr, die Küche schließt eine Stunde, das Café eine halbe Stunde vor Rückfahrt der letzten Seilbahn.

Des Teufels Tischtuch

Die charakteristische Wolkenkappe auf dem Tafelberg, die an überkochende Milch erinnert, ist ein Zeichen dafür, dass der berüchtigte Southeaster durch die Stadt heult. Vom Atlantik her schieben sich die Wolkenmassen den Berg hoch und lösen sich auf der anderen, wärmeren City-Seite wieder auf. Beide Naturphänomene haben einen Namen. Der manchmal bis zu drei Tagen ununterbrochen wehende Südostwind heißt Cape Doctor, da er den Smog aus der Stadt vertreibt und frische Luft hinterlässt. Die dichte Wolkenmütze wird von Capetonians Devil's Tablecloth genannt – Tischtuch des Teufels. Einer Legende zufolge soll sie in einem Rauchwettbewerb zwischen dem Teufel und einem Holländer an den Hängen des Devil's Peak ihren Ursprung haben.

Gefährlich unterschätzt?

Die Nähe zur Stadt sollte nicht dazu verleiten, die Tafelberg-Wanderung für ein leichtes Spiel zu halten. Immer wieder kommen Leichtsinnige bei plötzlichen Wetterumschwüngen um. Und das trotz einer perfekt funktionierenden Bergrettung, der nur aus Freiwilligen bestehenden Wilderness Search and Rescue (WSAR, www.wsar.co.za). Bei plötzlichem Nebel sollte man daher unbedingt warten, bis er sich verzieht. Der Tafelberg wird häufig unterschätzt und gilt deswegen als einer der gefährlichsten Berge der Welt. Einfach mal eben nach oben spazieren – das kann auch schiefgehen.

Neben natürlichen Gefahren locken die Wanderwege am Tafelberg – ebenso wie am Lion's Head und Signal Hill – auch kriminelle Elemente an. Mittlerweile patrouillieren Ranger und Polizisten in Zivil, trotzdem sollte man nicht alleine wandern und die Augen offen halten. Sehen Sie in der Ferne jemanden, der überfallen wird, gleich die eingespeicherte Sicherheitsnummer des National Park anrufen.

Plattekloof-Gorge-Wanderung

Die direkteste Route auf den Tafelberg ist gleichzeitig auch die beliebteste – und eine der anstrengendsten, obwohl Einheimische sie aufgrund ihrer Popularität gerne als Adderley Street (eine belebte Straße in der City) bezeichnen. Die Strecke ist nur 3 km lang, doch das heißt nichts. Wer fit ist, schafft sie in einer Stunde, ›Sesselhocker‹ in etwa drei Stunden.

Der Pfad selbst ist gut ausgebaut, mit Natursteintreppen und mit Felsbrocken gefüllten Drahtgeflechten, die Erosionsprozesse verhindern sollen. Um den Startpunkt der Wanderung zu erreichen, stellt man das Auto am bewachten **Parkplatz** 1,5 km hinter der unteren Tafelbergstation ab. Sie können von der Touristeninfo in der Burg Street auch mit dem Bus hierherfahren. Der Pfad beginnt moderat, führt an ein paar Bäumen und einem Bach vorbei, der sich nach Regen in einen reißenden Fluss verwandeln kann. Nach 10–20 Min. ist der **Breakfast Rock**

(Frühstücksfelsen) erreicht, an der Kreuzung zum ausgeschilderten **Contour Path.** Im Sommer hat man hier die letzte Chance auf etwas Schatten, bevor es nach oben geht.

Zunächst geht es links den Contour Path entlang, etwa 100 m auf sehr steinigem Untergrund. Dann an der nächsten Kreuzung rechts (klare Markierung vorhanden). Von nun an geht es sehr, sehr steil nach oben. Kurze Verschnaufpausen lohnen sich schon wegen der fantastischen Aussicht auf die City und die Tafelbucht dahinter.

Der Pfad führt im Zickzack bergan. Bitte keine Abkürzungen nehmen, da der Untergrund erosionsgefährdet ist. Sobald die Schlucht enger wird, bekommt man das Gefühl, es bald geschafft zu haben. Kurz darauf sind die mächtigen **Sandsteinfelsen** erreicht, die das Ende des Anstieges markieren. Noch ein paar **Natursteintreppen** und das Plateau ist am **War Memorial** erreicht. Das letzte Stückchen durch die dramatische Schlucht ist das schönste der Tour. Oben angekommen, geht es rechts zur **Bergstation der Seilbahn.**

Schöne Aussichten

Der Gipfel des Lion's Head, des Löwenkopfs, ist vom Tafelberg ebenso gut zu sehen wie der Signal Hill, der oft auch Körper des Löwen, Lion's Rump, genannt wird. Auf ihm steht die Noon Gun, die ahnungslose Touristen und Tauben gleichermaßen erschreckt. Jeden Tag, außer sonntags, Schlag 12 Uhr mittags, geht die mit der Atomuhr im Stadtteil Observatory verkabelte Kanone aus dem 18. Jh. los. Was seit dem 17. Jh. ankommende Schiffe signalisierte (daher der Name Signal Hill), leitet heute lautstark die *lunch break* ein.

Ein Kleinod der Natur

Auf dem 6000 ha großen Tafelberg wachsen knapp 1500 verschiedene Pflanzen – mehr als in Großbritannien. Viele von ihnen sind endemisch, d. h. sie gedeihen nirgendwo sonst auf der Erde. Auch die Fauna ist dem Leben auf dem Berg angepasst. Klippschliefer und Krähen leben in den verwitterten Sandsteinklüften. Bei der Nahrungssuche verlassen sie sich allerdings in der Saison meist auf Touristen, denen sie dann fotogen aus der Hand fressen.

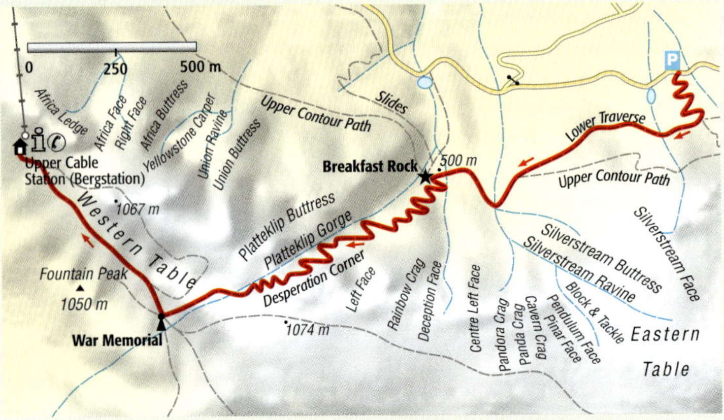

99 99, www.westincapetown.com, DZ mit Frühstück ab 1990 Rand (Website-Angebote). Fünf-Sterne-Luxushotel im Convention Centre an der Foreshore. Atemberaubende Ausblicke von fast allen Zimmern über Kapstadt, die Waterfront, die Berge, den Hafen. Dachetage mit exzellentem Wellnessbereich, gemanagt von Altira Spa.

Afrikas nachhaltigstes Hotel – **Hotel Verde 4**: Cape Town International Airport, 15 Michigan Street, Tel. 021 380 55 00, www.hotelverde.co.za, DZ mit Frühstück ab 1655 Rand (Website Specials beachten). Kein Kapstadtbesucher käme auf die Idee, in der Nähe des Flughafens zu nächtigen. Es sei denn, er hat vom Hotel Verde gehört, dem ökofreundlichsten auf dem Kontinent. Die grünste Übernachtungsmöglichkeit Afrikas hat bereits mehrere internationale Preise gewonnen. Und es sieht nicht nach Bio aus, sondern eher öko-schick. Detailverliebtes Dekor aus wiederverwendeten Materialien. Der herrliche Pool findet sich neben einem natürlichen Schilfdickicht. Unglaublich, dass der Flugplatz nur 8 Minuten zu Fuß entfernt liegt. Das Essen ist genauso exzellent wie der Service. 145 Zimmer, freies WLAN.

Stilecht – **The Grand Daddy & Airstream Trailer Park 5**: 38 Long St., City, Tel. 021 424 72 47, www.granddaddy.co.za, DZ mit Frühstück 1650–2865 Rand, Wohnwagen ab 2315–2995 Rand. Das Boutiquehotel startete vor einigen Jahren einen Trend. Dann haben es die kreativen Besitzer des Daddy Long Legs, ebenfalls in der Long Street, übernommen, auf Grand Daddy umgetauft und umgestylt. Ergebnis: 25 supertrendige Zimmer. Der Gag: Übernachtung in 7 historischen Airstream-Wohnwagen, die per Kran aufs Dach des Hotels gehievt wurden, von wo man einen unglaublichen Blick auf den Tafelberg genießt. Die chromglänzenden, amerikanischen Caravans wurden 2014 komplett renoviert.

Geschmackvoll, elegant – **Dysart Boutique Hotel 6**: 17 Dysart Rd., Green Point, Tel. 021 439 28 32, www.dysart.de, DZ mit Frühstück 1480–2400 Rand. Wunderbares *guest house* in Seh- und Gehweite zum Cape Town Stadium, zur City und Waterfront. Flatscreen und WLAN sind selbstverständlich. Das ganze Haus sowie das rechts angrenzende Gebäude sind mit geschmackvoller Kunst dekoriert. Bettwäsche und Matratzen sind vom Feinsten und dazu 24-Std.-Service. Dysart fühlt sich tatsächlich mehr wie ein Boutiquehotel denn wie ein *guest house* an. Definitiv eine der besten Übernachtungsmöglichkeiten in der City.

Manhattan-Ambiente – **Victoria Junction Hotel 7**: Ecke Somerset/Ebenezer St., Green Point, Tel. 021 418 12 34, DZ mit Frühstück ab 1500 Rand. Designhotel im kühlen Manhattan-Stil. Loft-Apartments mit Selbstversorgerküchen, alle Zimmer mit CD-Spieler.

Für Adrenalinsüchtige – **Protea Hotel Fire & Ice 8**: New Church St., Tamboerskloof, Tel. 021 488 25 55, www.proteahotels.com/fireandice, DZ ab 1420 Rand. Günstige Website- und Last-Minute-Specials. 189 Hightechzimmer im trendigen Design und 12 Suiten. Relaxtes, cooles Hotel mit recht kleinen, für die zentrale Lage aber recht günstigen Zimmern. Im Restaurant gibt es leckere Burger und Milkshakes. Gutes Preis-Leistungs-Verhältnis.

Gemütlich & grün – **Parker Cottage 9**: 1 & 3 Carstens St., Tamboerskloof, Tel. 021 424 64 45, www.parkercottage.co.za, DZ mit Frühstück 1250–2650 Rand. Zwei gemütliche, 1895 erbaute viktorianische Stadthäuser wurden »umweltfreundlich« (s. Website) renoviert und miteinander ›verbunden‹.

Gemütlich, stilvoll & günstig – **Cactusberry Lodge 10**: 30 Breda St., Oranjezicht, Tel./Fax 021 461 97 87, www.cactusberrylodge.com, DZ mit Frühstück ab 1200 Rand. Gemütliches, geschmackvoll ausgestattetes B & B mit günstigen Preisen und nur sechs Zimmern. Ruhig gelegen, was in der Stadt alles andere als eine Selbstverständlichkeit ist. Deutsches Besitzerpärchen. Tipp: zum Frühstück die leckeren Pfannkuchen bestellen. Die fantastischen, großformatigen Schwarz-Weiß-Fotos (www.guidoschwarz.com) an den Wänden sind alle käuflich zu erwerben.

Absolut trendy – **Daddy Long Legs Art Hotel 11**: 134 Long St., City, Tel. 021 422 30 74, www.daddylonglegs.co.za, DZ ohne Frühstück 925–1375 Rand, je nach Saison, 50 Rand Frühstück. Jedes einzelne der 13 Boutiquezimmer ist von einem anderen Kapstädter Künstler, Musiker oder Poeten gestylt worden, daher ist jedes eine kleine Sehenswürdigkeit für sich. Untergebracht in einem schönen, vierstöckigen viktorianischen Haus von 1903.

Zentral & trendig – **Urban Chic Boutique Hotel & Café 12**: 172 Long St., Ecke Long/Pepper St., City, Tel. 021 426 61 19, www.urbanchic.co.za, DZ mit Frühstück ab 980 Rand. Erstaunlich günstiges, cooles und komfortables Boutiquehotel mit 20 hellen, freundlichen Zimmern, mitten in der Long Street, wo nachts der Bär abgeht. Sicheres Parken, freies WLAN. Vier-Sterne-Haus mit Fünf-Sterne-Service.

Citynah – **Fritz Hotel 13**: 1 Faure St., Gardens, Tel. 021 480 90 00, www.fritzhotel.co.za, DZ mit Frühstück 750–1450 Rand. Hübsches, kleines Hotel; gelungene Mischung aus Art déco und Hightech. ISDN und Fax gibt es in allen 13 Zimmern. Satellitenfernsehen mit deutschen Programmen. Von einigen Zimmern Blick auf Tafelberg und Lion's Head, citynah und trotzdem ruhig.

Viktorianisch – **Cape Victoria Guest House 14**: Ecke Wigtown/Torbay Rd., Green Point, Tel./Fax 021 439 77 21, www.capevictoria.co.za, DZ mit Frühstück 650–1600 Rand. Zu Füßen des Signal Hill, stilvoll restauriert, neun luxuriös ausgestattete Zimmer. Keine Kinder unter zwölf Jahren.

Günstig und zentral – **Cat & Moose Backpackers 15**: 305 Long St., City, Tel. 021 423 76 38, www.catandmoose.co.za, DZ ab 490 Rand. Einfache, aber sehr günstige Backpacker-Unterkunft in der quirligen Long Street. Neben Schlafräumen gibt es auch Doppelzimmer. Vom Balkon aus lässt sich das Geschehen in der Straße gut beobachten.

… an der Victoria & Alfred Waterfront

Relaxter Luxus – **Cape Grace Hotel 16**: West Quay Rd., Tel. 021 410 71 00, www.capegrace.com, DZ mit großem Frühstücksbüfett ab 5900 Rand. Sehr stilvoll in das viktorianische Ambiente der Waterfront integriert. Kapstadts angenehmstes Luxushotel, ausgezeichneter Service, die Zimmer verfügen entweder über eine schöne Aussicht auf den Tafelberg oder über die Tafelbucht.

Bombastisch – **The Table Bay at the Waterfront 17**: Quay Six, Tel. 021 406 50 00, www.suninternational.com/tablebay/, DZ mit Frühstück 3280 Rand. Kapstadts luxuriöse Sun-Hotel-Antwort auf das Palace Hotel in Sun City bei Johannesburg. Der sehr schöne Wellnessbereich ist auch für Nicht-Gäste zugänglich.

Hafenblick – **The Victoria and Alfred Hotel 18**: The Pierhead, Dock Rd., Tel. 021 419 66 77, www.vahotel.co.za, DZ mit Frühstück ab 3240 Rand, Frühstück 120 Rand. Im viktorianischen Stil erbautes Hotel im restaurierten Hafenviertel. Frühstück mit Blick auf den Hafen; 68 Zimmer.

Günstiges Knastambiente – **The Breakwater Lodge** 19: Portswood Rd., Tel. 021 406 19 11, www.breakwaterlodge.co.za, DZ mit Frühstück ab 1995 Rand (Website-Specials beachten). Das preiswerteste Hotel in der Victoria & Alfred Waterfront gehört zur Protea-Gruppe; die 191 kleinen, aber sauberen Zimmer sind in einem ehemaligen Gefängnis untergebracht. Service: TV, Radio, Telefon, 24-Std.-Rezeption.

... in den Townships

Die Übernachtungen in den Bed-&-Breakfast-Unterkünften der Townships sind einfach, dafür aber blitzsauber. Die Gastgeber sind extrem nett und wirklich sehr zuvorkommend.

Grundsätzlich sollten alle Township-Besuche organisiert und nicht auf eigene Faust unternommen werden. Die Gefahr sich zu verfahren und das Überfall- bzw. Entführungsrisiko sind zu groß. Transfers erfolgen auch zu den in den Townships gelegenen Restaurants. Infos gibt es bei Cape Town Tourism.

Majoro's B & B: Khayelithsa, 69 Helena Crescent, Graceland, Tel. 021 361 34 12, 600 Rand/Person im DZ.

Kopanong: Khayelitsha, C329 Velani Crescent, Tel. 021 361 20 84 o. 082 476 12 78, www.kopanong-township.co.za, ab 400 Rand/Person im DZ.

Lungi's B & B: Khayelitsha, 42426 Sivivane Street, Tel. 071 005 88 17, www.lungis.co.za, DZ ab 500 Rand.

Essen & Trinken

... in der City/Bo-Kaap/Foreshore/Gardens/Green Point/Vredehoek/Woodstock

Mediterranes Mittagsbüfett – **Oasis Bistro** 1: Belmond Mount Nelson Hotel, 76 Orange St., Gardens, Tel. 021 483 19 48, www.mountnelson.co.za, tgl. 7–15 Uhr; Frühstück, mediterranes Mittagsbüfett (nicht im Winter) und kleine Karte. Leicht-luftiges Dekor, Terrasse im Freien. Büfett 365 Rand, Hauptgericht 190 Rand.

Opulent & sexy – **Planet Bar & Restaurant** 1: Belmond Mount Nelson Hotel, 76 Orange St., Gardens, Tel. 021 483 10 00, www.planetbarandrestaurant.co.za, Dinner tgl. 18.30–22.30 Uhr, Hauptgericht 120–320 Rand. Restaurant im berühmten ›Nellie‹ mit opulentem Samtambiente, gewaltigen Kronleuchtern und endlosen Weinregalen. Fantastische Essenskreationen wie der mit Rooibostee zubereitete Springbock. Es gibt außerdem ein Menü für Veganer, mit Pilzrisotto und frittierten Kichererbsen.

Steakparadies – **Carne on Kloof** 1: 153 Kloof St., Gardens, Tel. 021 426 55 66, www.carne-sa.com, Mo–Sa 12–15, 18.30 Uhr bis spät, Hauptgericht um 170 Rand. Der italienische Promikoch Giorgio Nava verwendet nur Fleisch von seinen eigenen Freiland-Tieren, die er in der Karoo auf seiner Farm züchtet. Tipp: Carpaccio, gefolgt von Steak. An den Wänden hängen traditionelle *yellowwood*-Wassertröge, die Giorgio auf Auktionen erworben hat.

Bollywood-Ambiente – **The Bombay Bicycle Club** 2: 158 Kloof St., Gardens, Tel. 021 423 68 05, www.thebombay.co.za, Hauptgericht 90–180 Rand. Total abgefahrenes Dekor. Hinter so viel Fantasie stecken natürlich die Macher von Madame Zingara (www.madamezingara.com), die bereits so einige, im Lauf der Zeit müde gewordene Lokalitäten in Kapstadt, wie das Café Paradiso oder das Café Mozart, erfolgreich wiederbelebt haben. Erlebnisgastronomie vom Feinsten.

Fischig – **Ocean Basket** 3: 75 Kloof St., City, Tel. 021 422 03 22, www.oceanbasket.com, Hauptgericht ab 55 Rand. Kettenrestaurant mit griechischem Ambiente; gute, frische Fischgerichte, leckere gegrillte Calamari.

Lieblingsort

Lion's Head ▸ Karte 3, B 6
Die ein- bis anderthalbstündige Wanderung auf den 669 m hohen Gipfel mit 360-Grad-Aussicht gehört zu den spektakulärsten der Kap-Halbinsel. Vorsicht ist nur bei Vollmond geboten. Dann findet sich halb Kapstadt mit Sekt auf dem Gipfelplateau ein, wo dann ein Gedränge wie beim Sommerschlussverkauf herrscht. Dunkelheit, Alkohol und steile Abgründe sind eine wenig gesundheitsfördernde Kombination, vor allem entlang der ›schnellen‹ Route, wo man sich an Ketten die Felssteilwände hochziehen muss.

Ältestes Pub – **Perseverance Tavern** **4**: 83 Buitenkant St., Gardens, Tel. 021 461 24 40, www.perseverancetavern.co.za, Kleinigkeiten und Gerichte um 32–84 Rand. Ältestes Pub Kapstadts (1808 eröffnet), 1960er-Jahre-Musik, gute *pub lunches* (Mo–Sa 12–22 Uhr; unter der Woche ist eine Reservierung ratsam, am Wochenende zwingend).

Leckerbissen aus dem mittleren Osten – **Sababa** **5**: 231 Bree St., City, Tel. 021 424 74 80, www.sababa.co.za, Mo–Fr 7–16, Do 18–21 Uhr Falafel, Gericht ab 55 Rand. Ideal für den Lunch: absolut leckere, kleine Gerichte der arabischen Küche. Neben schmackhaften Salaten, spinat- oder käsegefüllten Teigtaschen, sesambedeckten Schnitzel, ein Gedicht – und für den Autor eine Sucht – ist der Kirschkuchen *(cherry and frangipane tart)*. Viele Büroangestellte der Umgebung lieben das kleine Restaurant mit dem freundlichen Service.

Burger satt – **Royale Eatery & Royale Kitchen** **6**: 273 Long St., City, Tel. 021 422 45 36, www.royaleeatery.com, Mo–Sa 12–23.30 Uhr, Hauptgericht 73–130 Rand. Hollywoodstar Salma Hayek kürte während Filmaufnahmen in Kapstadt das Royale Kitchen zum »besten Hamburger-Platz der Welt«. Und das nicht zu Unrecht: Die etwa 50 verschiedenen, in einem ausgefallen dekorierten, historischen Haus servierten Gourmetburger sind wirklich fast nicht zu toppen.

Top-Italiener – **95 Keerom** **7**: Gardens, 95 Keerom St., parallel zur Long St., City, Tel. 021 422 07 65, www.95keerom.com, Mo–Sa 19–22 Uhr, Lunch Do, Fr, reservieren, Hauptgericht um 150 Rand. Klassischer und eindeutig bester Italiener der Stadt, untergebracht in einem renovierten, historischen Gebäude, geniale architektonische Mischung aus 300 Jahre alten Ziegelmauern und extrem modernem Dekor. Exzellente und einfallsreiche Küche, eines der Toprestaurants Kapstadts.

Mehr als 100 Biere – **Beerhouse on Long** **8**: 223 Long St., City, Tel. 021 424 33 70, www.beerhouse.co.za, www.facebook.com/BeerhouseSA, tgl. 12–2 Uhr, im Winter Mo geschl., Lunch ab 60 Rand (mit 350 ml Bier). Definitiv die größte Bierauswahl in der Mother City: 25 vom

Afrikanisches Essen in folkloristischer Umgebung bietet das Africa Café

Mein Tipp

Verwöhnaroma – Kapstadts beste Bohne

Es existieren mehrere Titelanwärter, wobei es den ›echten‹ Italiener **Giovanni's Deliworld** 25 in Green Point (103 Main Rd., Tel. 021 434 68 93, tgl. 7.30–21 Uhr) mit Abstand am längsten gibt. Im New Yorker *deli*-Stil trifft man sich dort zum Lunch. Italophile Selbstversorger finden hier frische Zutaten für ihre Gerichte. **Origin Coffee Roasting** 23 (28 Hudson St., De Waterkant, Tel. 021 421 10 00, www.originroasting.co.za) röstet, wie der Name schon andeutet, die frischen Bohnen direkt im Laden (über 20 Sorten!). Nach Meinung des renommierten Eat-Out-Magazins servieren **Tribe 112 & Tribe Woodstock** 20 (112 Buitengracht St., Tel. 072 736 61 42 und 160 Albert Rd., The Foundry, Woodstock, Tel. 021 448 33 62, www.tribecoffee.co.za, geöffnet: Mo–Fr 7–16, Sa 9–14 Uhr) den besten Cappuccino der Stadt. **Vida e Caffe** (www.caffe.co.za) hat den Vorteil, dass es etliche der rot-weißen Filialen in Kapstadt und Umgebung gibt. **Truth Coffeecult** 24 (1 Somerset Rd., Green Point, Tel. 021 419 29 45, Mo–Fr 7–18, Sa 8 Uhr bis mittags) röstet erlesene Bohnen in kleinen Mengen, um die Qualität gleichmäßig hoch zu halten. Das Ambiente im Steampunk-Stil ist hypercool, genau wie die Outfits der Bedienungen. Dazu gibt es kleine Lunch-Snacks und Tische im Freien. In Woodstocks Old Biscuit Mill findet sich **Espresso Lab Microroasters** 30 (Tel. 021 447 08 45, www.espressolabmicroroasters.com), wo Baristas kunstvoll interessante Bohnenmischungen brühen.

Fass und 99 aus der Flasche, sowohl von lokalen als auch von internationalen Brauereien, ausgefallen und bekannt, günstig und teuer. Dazu werden kleine herzhafte Gerichte gereicht, wie Flammkuchen aus Bierteig. Das knallgelbe Restaurant mit großem Balkon im ersten Stock ist nicht zu übersehen. Absolut cooles Innendekor, mit Kronleuchtern, natürlich aus leeren Bierflaschen hergestellt. Die 99 Flaschenbiere sind mit jeweiliger Bestellnummer beleuchtet hinter der Theke ausgestellt.

Einfach und gut – **Jason's Bakery** 9: Ecke Bree/Bloem St., City, Tel. 021 424 56 44, www.jasonbakery.com, Mo–Fr 7 bis 15.30, Sa 8–14 Uhr, Gericht um 60 Rand. Die nackten Wände sind mit Holz verkleidet, unterbrochen von Durchreichen. Einfache Gerichte wie Pizza, Sandwiches, Suppen, Pies und Kuchen. Ganz lecker sind die Speckcroissants und die weichen Schokoladenkekse. Bier vom Fass.

Grelles Dekor – **Mama Africa Restaurant and Bar** 10: 178 Long St., City, Tel. 021 426 10 17, www.mamaafricarestaurant.co.za, Di–Fr 12–15, 18.30 Uhr bis spät, Mo, Sa nur ab 18.30, Bar Mo–Sa 18 Uhr bis spät, Hauptgericht um 180 Rand. Skurrile Einrichtung, gute südafrikanische Küche, Straußensteak probieren! 15 Rand Eintritt, wenn eine Band spielt, was oft vorkommt.

Lifestyle Künstlertreff – **Yours Truly** 11: 175 Long St., City, Tel. 021 422 37 88, www.yourstrulycafe.co.za, Mo–Fr 6–16, Sa 9–14 Uhr, Gericht 40–80 Rand. Die Wände sind mit erbauenden Sprüchen in großen schwarzen und weißen Buchstaben beschrieben. Es gibt Kaffee, Essen und Kunst in diesem einfach-stilvollen Restaurant. Jeden Monat stellt ein anderer lokaler Künstler seine Werke vor. Es gibt Gebäck und sehr gute Sandwiches. Draußen vor der Türe steht ein antiker Barbierstuhl.

Bester Inder – **Bukhara** 12: 33 Church St., City, Tel. 021 424-00 00, www.bukhara.com, tgl. 12–15, 18–23 Uhr, Hauptgericht 80–320 Rand. Nordindische Küche, einer der besten Inder Südafrikas, alle Gewürze und Zutaten werden aus Indien importiert, die Soßen sind legendär, unbedingt reservieren und Butter Chicken probieren!

Funky-historisch – **Café Mozart** 13: 37 Church St., City, Tel. 021 424 37 74, www.themozart.co.za, Mo–Fr 8–15.30, Sa, Fei 9–15 Uhr, Hauptgericht 42–88 Rand. Vom extrem kreativen Madame Zingara aufgepeppter Klassiker in einem historischen Haus, wo günstige und ausgefallene Gerichte serviert werden. Tische im Freien mit Blick auf den Church-Street-Antikmarkt.

Gesund & stilvoll essen – **Dear Me** 14: 165 Longmarket St., City, Tel. 021 422 49 20, www.dearme.co.za, Mo–Fr 7–11, 12–15, Do Dinner 19 Uhr, Hauptgericht 62–125 Rand. Schicke Location, typisch für Kapstadt, leicht und luftig. Frische Zutaten, auch für Vegetarier, Veganer, einige weizen-, laktose- und stärkefreie Gerichte.

Tapas-Vielfalt – **Fork** 15: 84 Long St., City, Tel. 021 424 63 34, www.fork-restaurants.co.za, Mo–Sa 12–23 Uhr, Tapas 42–65 Rand. Kleine Tapas-Gerichte, mit jeweils vier Bissen auf dem Teller. Ideal zum Teilen, um möglichst viele verschiedene Geschmacksrichtungen zu probieren. Der frittierte Ziegenkäse ist genauso verführerisch wie die marokkanischen Fleischbällchen.

Cooles Interieur – **Thirty Ate** 5: The Grand Daddy, 38 Long St., City, Tel. 021 424 72 47, www.granddaddy.co.za, Mo–Fr 6.30–22, Sa/So 7.30–22 Uhr, Pasta 80–150 Rand, Hauptgericht 80–240 Rand. Die Küche mixt geschickt europäische und afrikanische Einflüsse, mit Schwerpunkt auf den exzellenten Fleischsorten, die Südafrika zu bieten hat. Neben Steaks, die auf der Zunge zergehen, gibt es Meze, Calamaris, Gourmetburger und dekadente Nachspeisen. Außerdem günstige Tagesgerichte.

Köstliche Tapas in coolem Ambiente – **La Parada** 16: 107 Bree St., City, Tel. 021 426 03 30, www.facebook.com (›La Parada, Kalk Bay‹), tgl. 12–22 Uhr, Tapas um die 60 Rand. Im La Parada gibt sich Kapstadt richtig Spanisch. Es gibt fair gepreisten Wein im Glas und in der Flasche sowie ein ausführliches und leckeres Tapas-Menü. Spanische Köche bereiten die Köstlichkeiten zu, von *patatas bravas* (Kartoffeln in atemberaubender Tomatensauce) bis zu mit Schinken oder Garnelen gefüllten Kroketten. Der spanische, direkt von der Keule geschnittene, luftgetrocknete Schinken ist legendär. Im Sommer ist die Front des Lokals zur belebten Bree Street hin offen. Man kann draußen in Sesseln, auf Ledersofas oder Barstühlen snacken.

Burger-Meister – **Gourmet Burger** 17: 98 Shortmarket St., City, Tel. 021 424 60 99, www.gourmetburger.co.za, Mo–Sa 11.30–22.30 Uhr, Hauptgericht 70–120 Rand. Richtig cooles Interieur in kräftigem Rot, Weiß und Schwarz. Das ideale Ambiente für prima Burger, mit vielen verschiedenen Toppings, dazu ein traditioneller Milkshake.

Günstiges Thai-Essen – **Simply Asia** 18: 96 Shortmarket St., City, Tel. 021 426 43 47, www.simplyasia.co.za, tgl. 11–22.30 Uhr, Hauptgericht um 60–100 Rand. Im historischen Heritage Square untergebracht, mit Tischen im Freien. Leckeres und günstiges Thai-Essen mit allen Klassikern wie Ente, Hühnchen, Nudeln und viel Vegetarischem.

Kulinarische Afrikareise – **The Africa Café** 19: 108 Shortmarket St., Heri-

Exzellenten Kaffee bekommt in Giovanni's Deliworld

tage Square, City, Tel. 021 422 02 21, www.africacafe.co.za, Mo–Sa Gesundheitsfrühstück 9–16, Communal Feast (gemeinschaftliches Festmahl) 18–23 Uhr, Menü 280 Rand (plus 10 % Trinkgeld). Ein Muss für Touristen: Das ethnisch-afrikanisch dekorierte Restaurant ist in einem restaurierten Häuserblock, dem Heritage Square, untergebracht und bietet ein reichhaltiges Menü mit 16 verschiedenen afrikanischen Gerichten vom gesamten Kontinent. Man kann zu einem Festpreis von dem, was einem besonders gut geschmeckt hat, so viel nachbestellen, wie man möchte.

Kapstadts beste Bohne 1 – **Tribe Coffee** **20**: s. Mein Tipp S. 123.

Alkoholfrei – **Biesmiellah** **21**: 2 Upper Wale St., Bo-Kaap, Tel. 021 423 08 50, www.biesmiellah.co.za, Hauptgericht um 100 Rand. Kapmalaiisches Lokal mit vielen traditionellen Gerichten wie Breyani mit Huhn und Hammel sowie diversen Currys, kein Alkoholausschank.

Nahe am großen Knall – **Noon Gun Tea Room** **22**: 273 Longmarket St., Bo-Kaap, Tel. 021 424 05 29, 424 59 06, Mo–Sa 10–16, 19-22 Uhr, Hauptgericht 110 Rand. Typische kapmalaiische Gerichte, Reservierung notwendig, kein Alkohol.

Kapstadts beste Bohne 2 – **Origin Coffee Roasting** **23**, **Truth Coffeecult** **24**, **Giovanni's Deliworld** **25**: s. Mein Tipp S. 123.

Bon Appetit – **Bizerca Bistro** **26**: Jetty St., Foreshore, Tel. 021 418 00 01, www.bizerca.com, Mo–Fr 11–15, 18.30 bis 22 Uhr, Hauptgericht um 170 Rand. Erstklassige französische Küche mit erlesenen Zutaten und aufmerksamem Service. Karoo-Lamm und Schweinebauch sind ein kulinarisches Gedicht.

Favorit bei den Einheimischen – **Sidewalk Café** **27**: 33 Derry St., Vredehoek, Tel. 021 461 28 39, www.sidewalk.co.za, Mo–Sa 8–22, So 9–14 Uhr, Hauptgericht 75–175 Rand. Etwas außerhalb der City, am Hang, deshalb mit prima Aussicht auf die Stadt. Ausgefallenes

Dekor und gutes Essen locken sehr viele Einheimische in dieses gemütliche Lokal. Es gibt leckere Gourmetburger, Risotto und fantastische Salate. Ideal auch für ein gutes Frühstück. Wie viele andere Kapstadt-Restaurants auch mit freiem WLAN.

Südafrikas Top-Chefkoch – **The Test Kitchen** 28: Unit 104A, Old Biscuit Mill, 375 Albert Rd., Woodstock, Tel. 021 447 23 37, www.thetestkitchen.co.za, Di–Sa 12.30 bis 14, 19–21.30 Uhr, Gourmetmenü 1200 Rand, mit Weinpaarung 1600 Rand, mit Teepaarung 1500 Rand, Discovery Dinner fünf Gänge 625 Rand, mit Weinpaarung 925 Rand, Hauptgericht 170 Rand. Der einstige Chefkoch des noblen Edelrestaurants La Colombe, Luke Dale-Roberts, hat sich 2010 mit The Test Kitchen selbstständig gemacht. Seither kocht er, was er will – mit Erfolg. Seine Bude ist nicht nur auf Wochen ausgebucht, sie wurde seit 2012 zum vierten Mal in Folge zum Restaurant des Jahres gewählt. In der Rangliste der weltbesten Restaurants liegt Test Kitchen derzeit auf Platz 28. Das Ambiente des Restaurants in der alten Keksfabrik in Woodstock ist alt-industriell und die Atmosphäre trotz Gourmetqualität des Essens und des Lokals relaxt. Man nimmt entweder an der Theke Platz und schaut den Köchen und ihm direkt zu, oder an kleinen Tischen.

Schwein gehabt – **The Pot Luck Club & Gallery** 29: Old Biscuit Mill, 375 Albert Rd., Woodstock, Tel. 021 447 08 04, www.thepotluckclub.co.za, Di–Sa 18–22, Sa 12.30–14 Uhr. Das Restaurant mit der besten nächtlichen Aussicht auf Tafelberg, City und die Tafelbucht. Der Glas-Stahl-Bau wurde direkt auf das Dach eines riesigen, alten Getreidesilos gesetzt, hoch über der Biscuit Mill, wo sich Promikoch Luke Dale-Roberts anderes Gourmetrestaurant befindet. Gäste gelangen mit einem gläsernen Aufzug nach oben. Der knusprige Schweinebauch mit Lukes XO-Dressing ist ein Gedicht. Ebenso wie die Enten-Frühlingsrollen und die Gänseleber mit Champagnerchutney. Aber Vorsicht, nach ein paar kleinen Gerichten und ein bisschen Wein sind zu zweit schnell 800–900 Rand weg, was den Preis aber wert ist.

Kapstadts beste Bohne 3 – **Espresso Lab Microroasters** 30: s. Mein Tipp S. 123.

... an der V&A Waterfront

Relaxt und kinderfreundlich – **Shoreline Café** 31: The Aquarium, Tel. 021 419 90 68, Frühstück 9.30–11.30 Uhr, Lunch 11.30–18 Uhr, Hauptgericht 60–80 Rand. Idealer Stopp nach dem Aquariumbesuch, sehr kinderfreundlich mit großem Spielbereich, Spezialität sind vegetarische Gerichte, schöner Blick auf Victoria Jetty, von der Terrasse auf Tafelberg und Signal Hill.

Local Hero – **Reuben's at the One & Only** 32: Dock Road, Tel. 021 431 45 11, www.reubens.co.za, tgl. 12–15 Uhr Lunch, 18–23 Uhr Dinner, Hauptgericht 205–275 Rand. 2011 verdrängte der in Franschhoek geborene Reuben Riffel mit Erfolg Gordon Ramsays Flop Maze aus dem One & Only Hotel. Seither brummt der Laden, dank kreativer, mit lokalen Zutaten zubereiteter Landküche. Im dreistöckigen Lokal ist es nicht sehr intim. Hierfür empfiehlt sich dann eher Reubens Stammrestaurant im Weinort Franschhoek.

Bester Japaner im Land – **Nobu** 33: One & Only Hotel, Dock Road, Tel. 021 431 51 11, www.noburestaurants.com, tgl. 18–22.30 Uhr, Hauptgericht 95–580 Rand (Wagyu-Beef 950 Rand). Preisgekröntes, japanisches Restaurant, das zu den Eat-out-Top Ten in Südafrika gehört. Die sehr umfangreiche Karte beinhaltet alles, was die japanische Küche international berühmt gemacht hat: Sashimi, Tempura, Teriyaki, Kushiyaki, auch Ceviche und Austern. Von

Mein Tipp

Township-Restaurant Mzoli's
Hier dreht sich alles um Fleisch – in rohen Mengen – und das Grillen desselben auf acht großen Holzfeuern. Das Fleisch wird im Rohzustand in der ›Metzgerei‹ ausgesucht, auf Blechteller gehäuft und dann ›ge-braait‹. Dazu ein Bier im Freiluftlokal, wo meist Livebands spielen. Hier finden sich am Wochenende mehrere Hundert Menschen aller Hautfarben ein. Mzoli's wurde 2003 von Mzoli Ngcawuzele eröffnet. Er bekam damals als schwarzer Unternehmer einen zinslosen Kredit der Entwicklungsbank von Südafrika, in deren Bestrebung, Geschäfte von schwarzen Afrikanern zu unterstützen. Was mit Fleischverkauf in der Garage begann, ist heute eines der beliebtesten Lokale Kapstadts.
Mzoli's 37: Shop 3, NY115, Gugulethu (Abfahrt Modderdam Rd. von der N 2 stadtauswärts, an der Klipfontein Rd. links abbiegen, die Bahngleise überqueren, an der Tankstelle auf der linken Seite vorbei, aber weiter auf der Klipfontein Rd., nach der Kreuzung in die zweite Straße links abbiegen, Mzoli's liegt dann gleich links), Tel. 021 638 13 55, www.facebook.com (›Mzoli's Meat, Gugulethu, Cape Town‹), tgl. Lunch, Dinner, Hauptgericht 50 Rand.

der Zubereitungsart bis hin zu den Zutaten (Gemüse, Meeresfrüchte, Geflügel oder Fleisch) suchen hier alles die Gäste aus. In Holzöfen, wird z. B. leckerer Schweinbauch *(pork belly)* zubereitet. Das Essen bietet phänomenale Geschmackserlebnisse, sehr gute Weinauswahl. Einziger Nachteil: das Ambiente ist, aufgrund der Größe über zwei Stockwerke, alles andere als gemütlich.
Ableger in der Waterfront – **Harbour House** 34: Quay 4, Tel. 021 418 47 44, www.harbourhouse.co.za, tgl. 12–16, 18–22 Uhr, Hauptgericht um 160 Rand. Das berühmte Fischlokal in Kalk Bay (Kap-Halbinsel) hat ein Schwester-Restaurant in der Waterfront eröffnet. Lichtes, luftiges IKEA-Ambiente mit viel hellem Holz und Glas, wo der frische Fisch aus dem Hafenstädtchen auf den Tisch kommt, hier wie dort mit Blick auf das Geschehen im Hafen. Ideal für Sundowner-Cocktails vor dem Essen.
Cool & schick – **Balducci's** 35: Victoria Wharf, Shop 6162, Tel. 021 421 60 02, 021 21 60 03, www.balduccis.co.za, tgl. 9–23 Uhr, Pizza/Pasta ab 80 Rand, Burger ab 89 Rand, Hauptgericht ab 135 Rand. Cool-schickes Restaurant mit Bar, sehr gute und freundliche Bedienungen, seit vielen Jahren ist das Essen von gleichbleibend hoher Qualität.
Ältestes Hafenpub – **Ferryman's Tavern** 36: East Pier Rd., Tel. 021 419 77 48, www.ferrymans.co.za, tgl. 11–2 Uhr, Pubgerichte ab 60 Rand. Gut besuchtes Pub, in dem frisch gebrautes Bier ausgeschenkt wird; gemütliche Atmosphäre mit vielen Holzbalken und Steinwänden über zwei Stockwerke.

... in den Townships

Wer in der Township essen möchte, sollte das mit einer Township-Tour kombinieren, das ist sicherer und außerdem sind dann die meist traditionellen Gerichte im Preis enthalten. Für ein typisches Township-Essen empfehlen sich **Mzoli's** 37 in Gugulethu (s. Mein Tipp oben) und **Igugu Le Africa**

›Die Mutter aller Afrika-Märkte‹: der Pan African Market

in Khayelitsha 38 (Tel. 021 364 33 95, 072 611 57 86). In Langa betreibt die Eziko-Kochschule das Restaurant **Eziko** 39, in denen die Jungköche ihr Talent beweisen (Tel. 021 694 04 34, www.ezikorestaurant. co.za).

Einkaufen

Shoppen in allen Facetten – **Long Street** 1: In der längsten und ältesten Straße Kapstadts findet sich eine vielseitige Fülle alter Läden mit Trödel, antiquarischen Büchern, alten Comics und vielem mehr.

Die ›Mutter aller Afrika-Märkte‹ – **Pan African Market** 2: 76 Long St., City, Tel. 021 426 44 78, Sommer Mo–Fr 8.30–17.30, Sa 8.30–15.30, Winter Mo–Fr 9–17, Sa 9–15 Uhr. Kunsthandwerk aus ganz Afrika auf drei Etagen in einem historischen viktorianischen Haus; außerdem Essensstände und Musik süd- und westafrikanischer Interpreten.

Künstlerisch – **Imagenius** 3: 117 Long St., City, Tel. 021 423 78 70, www.imagenius.co.za, Mo–Fr 9–17, Sa 9–13 Uhr. Aufwendig dekorierter Laden mit ausgefallenen Geschenkideen, die allesamt von südafrikanischen Designern und Künstlern entworfen und hergestellt wurden.

Musik aus Afrika – **African Music Store** 4: 134 Long St., City, Tel. 021 426 08 57, www.africanmusicstore.co.za, Mo–Fr 9–18, Sa 9–14 Uhr. Musik vom gesamten Schwarzen Kontinent, kleiner Laden, kompetente Verkäufer, natürlich ist Probehören möglich.

Kunst aus Afrika – **African Image** 5: 52 Burg St., City, Tel. 021 423 83 85, www.african-image.co.za, Mo–Fr 8.30–17, Sa 8.30–13 Uhr. Gute Auswahl an afrikanischem Kunsthandwerk wie die originellen, handgemalten Friseurschilder aus Ghana und die witzigen Autos und Flugzeuge aus Blechdosen-Abfällen, die in den Townships hergestellt werden; Filiale mit edleren Stücken in der Waterfront: Table Bay Hotel Mall.

Original südafrikanisch – **Carrol Boyes Functional Art** 6: 43 Rose St.,

Bo-Kaap (hier kein Verkauf!), Tel. 021 424 82 63/-4, www.carrolboyes.com. In dem beeindruckenden Gebäude in Bo-Kaap sind alle Kreationen der südafrikanischen Künstlerin ausgestellt. Die funktionale, greifbare Kunst, bestehend aus Bestecken, Vasen, Türgriffen, Seifenhaltern usw., gefertigt aus Zinn, Aluminium und Edelstahl, wird auch weltweit in exklusiven Shops angeboten. Die sinnlichen Kreationen gehören zu den schönsten Made-in-South-Africa-Souvenirs. Carrol Boyes hat im Lower Level des **Victoria Wharf Shopping Centre** an der Waterfront (Tel. 021 418 05 95) einen eigenen Laden, weitere Shops finden sich in Cavendish und im **Canal Walk.**

Das Größte – **Canal Walk 7**: Century Blvd., Century City, Milnerton, Tel. 021 529 96 99, www.canalwalk.co.za, tgl. 9–21 Uhr. Afrikas größtes Einkaufszentrum, an der N 1, neben dem Vergnügungspark Ratanga Junction.

… an der V&A Waterfront

Shopping im Hafen – **The Victoria Wharf Shopping Centre 8**: Tel. 021 408 76 00, www.waterfront.co.za, Mo–Sa 9–21, So 10–21 Uhr. Kapstadts meistbesuchte Attraktion, Einkaufen und Vergnügen im restaurierten Hafenviertel. Tipp: stilvolles Kunsthandwerk bei Out of this World.

Feine Tropfen – **Vaughan Johnson's Wine & Cigar Shop 9**: Dock Rd., Waterfront, Tel. 021 419 21 21, www.vaughanjohnson.co.za, Mo–Sa 8.30–19, So 10–17 Uhr. Eine enorme Auswahl an Weinen, kenntnisreicher Service und

Welche lokalen CDs kaufen?

Freshlyground: »Don't leave me«, »Ma'cheri«, »Radio Africa«, »Nomvula« und »Jika Jika« – die coolste, schwarz-weiße SA-Band mit der genialen Lead-Sängerin Zolani Mahola (www.freshlyground.com).

Mango Groove: »Sing the Beloved Country«, »Moments away«, »Bang the Drum« – die erste schwarz-weiße Band Südafrikas, 1984 gegründet, tritt nach langjähriger Pause wieder gemeinsam auf (www.mangogroove.co.za).

Basil Coetzee: »Monwabisi« – energetischer Jazz vom verstorbenen, größten Cape-Jazz-Saxophonisten.

Dantai: »Operation Lahlela« – Kwaito (Mischung aus US-amerikanischem Rap und Hip-Hop mit Lokalkolorit) von einer Kapstädter Band.

Jimmy Dludlu: »Echoes from the Past« – ansteckender Kapstadt-Jazz.

Brenda Fassie: »Nomakanjani« – fetzige Kwaito-Klänge, der an einer Überdosis gestorbenen Township-Pop-Queen.

Abdullah Ibrahim: »African Marketplace« – das beste Album des berühmten Cape-Jazz-Pianisten und -Komponisten.

Winston Mankunku: »Crossroads« – sinnlicher Township-Jazz des Kapstädter Sax-Veteranen.

Prophets of da City: »The Struggle Continues« – die Kapstädter Hip-Hop-Band kommt aus den Cape Flats.

Springbok Nude Girls: »Surpass the Powers« – tapferer, hymnischer Rock von einer charismatischen, weißen Band.

Bayethe: »Mmalo We« – weicher und fröhlicher afrikanischer Pop.

Juluka: »Universal Men« – ein brillantes Album, in dem Zulu-Folk-Musik und keltischer Rock explosiv aufeinandertreffen.

Ladysmith Black Mambazo: »In Harmony« – Die Mitglieder der Zulu-Band fingen als Background-Sänger von Paul Simon an und sind heute weltberühmt.

zuverlässiger, weltweiter Versand. Vaughan gibt Besuchern auch gerne Tipps für den Weinland-Trip.

Märkte in Kapstadt

Antik – **Church Street Market** 10: zwischen Burg und Long St., City, Mo–Sa 8–16 Uhr. Die Antikläden der Straße offerieren Teile ihres Angebots auch unter freiem Himmel.

Schöner shoppen – **Greenmarket Square** 26: City, Mo–Fr 8–17, Sa 8–14 Uhr. Der Markt auf Kapstadts schönstem Platz ist eine Institution: T-Shirts, Kleidung, Kunsthandwerk, Antikes.

Flohmarkt – **The Grand Parade** 11: Darling St., City, Mi, Sa 8–14 Uhr. Der historische Platz verwandelt sich mittwochs und samstags in einen Flohmarkt. Zu kaufen gibt es praktisch alles: Früchte, Blumen, Stoffe, Pflanzen, Krimskrams, Bücher, Kitsch.

Secondhand – **Cape Town Station** 12: Hauptbahnhof, City, Mo–Fr 8–17, Sa 8–14 Uhr. Vor und auf Kapstadts Hauptbahnhof werden Kleidung, Schuhe, Schmuck, alte Bücher, Kassetten und andere Secondhand-Artikel verhökert.

Wochenendmarkt – **Neighbourgoods Market** 13: Old Biscuit Mill, Woodstock, 373–375 Albert Rd., Tel. 021 448 14 38, Sa 9–14 Uhr. Eine historische, abbruchreife Keksfabrik wurde hier im trendigen Stadtteil Woodstock mit Restaurants und Geschäften stilvoll restauriert. Samstags findet ein Markt statt, der **Organic Neighbour Goods Market,** für Freunde guten Essens und Trinkens. In einer Art Markthalle sind dann Dutzende von Ständen mit allen Arten von kulinarischen, biologisch und natürlich hergestellten Genüssen aufgebaut. Atmosphäre und Publikum sind nicht ganz so entspannt wie beispielsweise im Bay Harbour Market, der jedes Wochenende in Hout Bay stattfindet (s. Lieblingsort S. 157).

Galerien in Kapstadt

Mediale Kunst – **Association for Visual Arts (AVA) Metropolitan Gallery** 14: 35 Church St., City, Tel. 021 424 74 36, www.ava.co.za, Mo–Fr 10–17, Sa 10–13 Uhr. Zeitgenössische südafrikanische Kunst aller Medien, weltweiter Versand der Kunstobjekte, nicht profitorientiert.

Pop Art & funky – **Worldart** 15: 54 Church St., City, Tel. 021 423 30 75, www.worldart.co.za, Mo–Fr 10–17, Sa 10–13 Uhr. Pop Art und andere, coole zeitgenössische Kunst hängt in dieser Galerie in Kapstadts Antikmeile. Das Ambiente ist lebendig und jung.

Naturstudien – **The Cape Gallery** 16: 60 Church St., City, Tel. 021 423 53 09, www.capegallery.co.za, Mo–Fr 9.30–17, Sa 10 bis 14 Uhr. In einem schön restaurierten, historischen Haus untergebracht, spezialisiert auf Studien von Pflanzen, Tieren, vor allem Vögel von südafrikanischen Künstlern.

Zeitgenössisch – **Brundyn+** 17: 170 Buitengracht St., City, Tel. 021 424 51 50, www.brundyn.com, Mo–Fr 9–17, Sa 10–14 Uhr. Aktive, zeitgenössische Galerie mit Werken aufstrebender, junger südafrikanischer Künstler.

Aktiv

Schöne Aussichten – **Tafelbucht-Trip** 1 mit dem Segelschiff Spirit of Victoria (Tel. 021 419 17 80), das an der Waterfront ablegt; auch *sunset* und *champagne cruises* möglich. Hubschrauber-Rundflug über Kapstadt, die Kap-Halbinsel oder ins Weinland, vom Heliport an der Waterfront aus, Infos: Cape Town Tourism (Tel. 021 408 76 00).

Luftige Höhen – **Abseiling vom Tafelberg:** Aus adrenalinfördernder Höhe wird abgeseilt – inklusive eines unvergleichlichen Ausblicks. Abseiling oder Gipfelwanderungen z. B. bei **Abseil Africa:** Long St., Tel. 021 424 47 60, www.abseilafrica.co.za, 795 Rand.

Hai live – **Tauchgang mit Haien 30:** Im Two Oceans Aquarium (s. auch S. 108), Victoria & Alfred Waterfront, Dock Rd., Infos/Buchung Tel. 021 418 38 23, www.aquarium.co.za/ (›Diving‹ anklicken), 15 Min. mit eigener Ausrüstung 600 Rand, mit Leihausrüstung 790 Rand, mit Sauerstoffflaschen.

Wassertaxi – **Canal Cruise 2:** City Sightseeing-Kiosk, Dock Rd., Tel. 021 511 60 00, www.citysightseeing.co.za/canal-cruise, Tickets 40/20 Rand sind online, direkt auf dem Boot oder am Ticketkiosk vor dem Aquarium erhältlich. Lernen Sie die Waterfront vom Roggebaai-Kanal aus im Taxiboot kennen. Es gibt vier Stopps, an denen beliebig ein- und ausgestiegen werden darf: One & Only Hotel, City Lodge, Harbour Bridge und Cape Town International Convention Centre, wo sich auch eine Haltestelle des Cape-Town-Sightseeing-Busses befindet. Bus und Taxiboot lassen sich gut kombinieren.

Ab in den Canyon – Bei **Xtreme Adventures** kann man neben einigen anderen Abenteuersportarten auch einen **Kloofingtrip** durch die Suicide Gorge (s. S. 170) buchen, www.extremescene.co.za.

Ein Stück echtes Afrika – **Organisierte Township-Touren:** Am besten im Kapstädter Tourismusbüro oder über das Hotel/B & B, in dem übernachtet wird, buchen. Auch direkt bei den Anbietern; je nach Veranstalter und Zeitdauer etwa 500–600 Rand/Person (s. Websites):

Cape Rainbow Tours: Tel. 021 551 54 65, www.caperainbow.com.

Bonani Our Pride Tours: Tel. 021 531 42 91, www.bonanitours.co.za, Halbtagestour 3–4 Std. 490 Rand, ganztags mit Robben Island 790 Rand.

Andulela: Hout Bay, Tel. 021 418 30 20, Mobil 082 695 46 95, www.andulela.com. Veranstaltet ungewöhnliche Township-Touren, u. a. Gospel Tours an Sonntagen (1/2 Tag etwa 800 Rand/Person), auch Fußball-Touren, mit einem Match im Township (1/2 Tag etwa 700 Rand/Person).

Mein Tipp

Eislaufen

Attraktion im Olympiaformat für große und kleine Kinder ist die Eisbahn The Ice Station. Schlittschuhe können vor Ort ausgeliehen werden. Es finden auch regelmäßig Eisrevuen mit Kunsteisläufern aus aller Welt statt. Ein aktueller Veranstaltungsplan findet sich auf der ausführlichen Website www.icerink.co.za.

Über den Wolken – **Gleitschirm- und Drachenfliegen:** Bei folgenden Veranstaltern kann man u. a. Tandemflüge buchen: **Airborne Paragliding,** Sea Point, False Bay, Tel. 021 434 20 11; **Birdman Paragliding School,** Tel. 021 557 81 44; Two Oceans Paragliding, Tel. 021 424 89 67; **Paragliding Cape Town,** Tel. 021 554 05 92; **Para-Pax,** Tel. 082 881 47 24, www.parapax.com; **Parapente Cape,** Wynberg, Southern Suburbs, Tel. 021 762 24 41, www.wallendair.com. Der begeisterte Pilot Anthony Allen (www.aerialphoto.co.za) unternimmt auch Tandemflüge mit seinem motorisierten Paraglider im herrlichen Hout Bay, überfliegt dabei Chapman's Peak Drive und die Bucht. Dort können die Passagiere Superfotos machen. Start und Landung am Sandstrand von Hout Bay.

Abends & Nachts

Wartezimmer – **The Waiting Room 1:** 273 Long St., Tel. 021 422 45 36, www.facebook.com/Waiting ▷ S. 134

Auf Entdeckungstour: Cape Town, Jazz Town – eine Jazztour durch Kapstadt

Jazz ist in Südafrika mehr als eine Musikrichtung unter anderen. Er repräsentierte nach dem Ende des Zweiten Weltkriegs ein Stück urbaner Kultiviertheit – und war Ausdruck des Protestes gegen die Apartheid.

Cityplan Kapstadt: S. 93
Infos zu Konzerten: In Top of the Times (Beilage der Cape Times), im Argus sowie im Magazin Cape etc.; im Internet: www.capetowntoday.co.za. Zum Thema Jazz in Kapstadt: www.capetownmagazine.com/jazz.
Straight no Chaser 5 : 79 Buitenkant St., Tel. 076 679 26 97, www.facebook.com/straightnochaserclub, Di–So 19–2 Uhr. Besucher zahlen im Jazzclub Straight no Chaser pro Set: 1 Set kostet 70 Rand, 120 Rand für zwei Personen. Die Livesessions beginnen um 20.30 und 22.30 Uhr und dauern jeweils 75 Min.
Hanover Street Jazz Club 6 : Grand West Casino, 1 Vanguard Drive, Goodwood, Tel. 021 505 77 77, www.grandwest.co.za
Winchester Mansions 7 : 221 Beach Rd., Sea Point, Tel, 021 434 23 51, www.winchester.co.za, Livejazz-Brunch So 11–14 Uhr, 295–345 Rand/Person.

Als schwarze Musikbewegung hat der Jazz seine Ursprünge in Amerika. In Südafrikas Townships fielen die neuen Klänge aus Übersee auf fruchtbaren Boden, sie standen für eine schwarze amerikanische Kultur, die sich nicht nur in der Musik, sondern auch in Mode und Sprache widerspiegelte und als modern und erstrebenswert galt – im krassen Gegensatz zu dem Lifestyle, den die südafrikanische Regierung propagierte. Der Jazz am Kap, auch bekannt als Marabi, hat seine Wurzeln im Township Maraba in Tshwane, dem früheren Pretoria.

Der Cape Jazz entwickelte eine ganz eigene Ausrichtung, indem er amerikanische Traditionen mit lokalen Klängen kombinierte, also mit den Einflüssen zugewanderter Bevölkerungsgruppen, der Kirchenchöre und Township-Bands. Einflüsse, die deutlich bei den international bekannten Interpreten Abdullah Ibrahim (sein ehemaliger Künstlername ist Dollar Brand), Basil Coetsee oder Robbie Jansen zu hören sind. Während der Zeit der Apartheid waren Talente wie Abdullah Ibrahim gezwungen, das Land zu verlassen. Nach ihrem Ende waren es ausländische Musiker, allen voran Paul Simon, die auf Südafrikas Jazztalente aufmerksam machten.

Seither expandiert die Kapstädter Jazzszene ständig. Exilanten kehrten zurück, internationale Stars reisen zu Auftritten an und das öffentliche Interesse an Jazzkonzerten ist groß.

Ende eines Klassikers

2010 schloss der älteste Jazzclub der Stadt, Green Dolphin in der Waterfront, nach über 20 Jahren. Nur ein paar Jahre zuvor erging es dem Jazzklassiker Manenberg Jazz Cafe ähnlich. Aber wie die Musik auch erfinden sich die passenden Lokalitäten immer wieder aufs Neue. Den Jazz zurück in die Mother City gebracht hat 2011 The Mahogany Room in der Buitenkant Street, 2014 wurde er in **Straight no Chaser** 5 umbenannt. Der kleine Jazzclub orientiert sich an den besten der Welt. Aufgrund der geringen Größe ergibt sich ein besonders intensiver Kontakt zwischen dem Publikum und den Künstlern.

Erinnerung an District Six

Im stilvollen **Hanover Street Jazz Club** 6 im Grand-West-Casino-Komplex, etwas außerhalb der Stadt wird etwas wiederbelebt, was eigentlich verschwunden war. Der Name des Clubs erinnert an die einstige Hanover Street (heute Darling Street), die eine der bekanntesten Straßen im multikulturellen District Six war, der in der Zeit der Apartheid dem Erdboden gleichgemacht wurde. Hierher kommen diejenigen, die mehr Wert auf populären Jazz als auf das Ambiente legen.

Jazz-Brunch

Seit Jahren trifft man sich sonntags im Hotel **Winchester Mansions** 7 in Sea Point zum Livejazz-Brunch. Bei schönem Wetter findet er im lauschigen Innenhof statt. Zur Begrüßung gibt es ein Glas Sekt und dazu ein kostenloses Exemplar der Sonntagszeitung. Am Büfett warten verschiedene Eiergerichte, Sushi und Nachspeisen.

Ein Tipp zum Schluss

»Breakfast Included«, »Straight and Narrow«, Dan Shout – wer gern Jazz hört, sollte im aktuellen Livemusik-Programm auf diese Namen achtgeben. Und wenn Jimmy Dludlu spielt – nicht lange überlegen, unbedingt sofort buchen!

RoomCT, Mo–Sa 17–2 Uhr (Sommer), Di–Sa 18–2 Uhr (Winter). Was ursprünglich als ›Wartezimmer‹ für das darunterliegende Royale-Eatery-Restaurant gedacht war, ist nun ein funkiger Club mit Blick auf die Long Street, dienstags ist immer Livemusik und von Mi–Sa sorgen DJs für Stimmung.

Guinness vom Fass – **The Dubliners** **2**: 251 Long St., City, Tel. 021 424 12 12, www.dubliner.co.za. In dem typisch irischen Pub, untergebracht in einem historischen Haus, gibt es neben Guinness vom Fass auch Pubgerichte und abends (Mo–Sa) Livemusik. Laut und ab 22 Uhr immer gute Stimmung.

Hip-Hop und R & B – **Chrome** **3**: Pepper St., City, Tel. 083 700 60 78, www.chromect.com, Mi 21 Uhr bis spät, Do–So 22 Uhr bis spät. Einer der trendigsten Clubs der Stadt. Mi ist Studentennacht, Shots kosten dann nur 1 Rand, Do ist eher für ein reiferes Publikum und Fr ist Ladies' Night, Sa wird R & B und Hip-Hop, So Kwaito, House und Hip-Hop gespielt.

Bar mit Aussicht – **Club 31** **4**: 31. Stock, ABSA Centre, 2 Riebeeck St., City, Tel. 021 421 05 81, www.thirtyone.co.za, Mi 21 Uhr bis spät, Fr 16.30 Uhr bis spät, Sa 22 Uhr bis spät. Kann mit seinem eleganten Innendekor mit den besten Clubs der Welt konkurrieren und hebt sich schon deshalb deutlich von anderen Bars ab, da sie im 31. Stock liegt, mit grandioser 180-Grad-Aussicht über das nächtliche Kapstadt.

Jazz – **Straight no Chaser** **5**, **Hanover Street Jazz Club** **6**, **Winchester Mansions** **7**: s. Entdeckungstour S. 132.

Ausgehtipps

Ständig über Veranstaltungen in der Clubszene informiert die Website **www.capetownlive.com.**

Kapstadt im Kleinen – **Grand West Casino** **6**: 1 Vanguard Drive, Good wood, Tel. 021 505 77 77, www.grandwest.co.za. Die Kasinogebäude sind Kopien berühmter historischer Gebäude Kapstadts wie des Postamts, der Bahnhofsstation, der Tivoli Music Hall und des berühmten Grand Hotel, das einst in der Adderley Street stand und in dem sich Gäste stilvoll aufs Ohr legen können. Die Grand-West-Interpretation sieht allerdings nur von außen aus wie das abgerissene, historische Hotel. Neben Blackjack und Einarmigen Banditen gibt es viel Show- und Musikentertainment im Roxy und Hanover Street Night Club. Der Restaurantkomplex mit ständigem Dämmerhimmel ist im Stil eines alten Kapstädter Viertels, The District genannt.

Bigger is better – **Club Fever** **8**: Ecke Castor/Pollux Rd., Lansdowne, Tel. 082 407 50 81, www.facebook.com (›Club Fever‹), Mi, Fr–Sa 21–4 Uhr, Eintritt 60 Rand. Dieser Club ist der größte der Stadt und fasst bis zu 1500 Leute. Er besitzt drei Bars und vier VIP-Zonen, dazu noch ein Restaurant. Hightech-Lichteffekte und Killer-Sound-System. Hier spielen die besten DJs der Stadt. Die Bühne verfügt über diverse Plasma-Screens und Riesenbildschirme. Da die Gegend ein bisschen abgelegen ist, empfiehlt es sich, hin und zurück ein Taxi zu nehmen.

Angesagt – **Shimmy Beach Club and Restaurant** **9**: 12 South Arm Rd., V&A Waterfront, Tel. 021 200 77 78, www.shimmybeachclub.com, tgl. 11–2, Küche 11–16, 18–3 Uhr, rollstuhlfreundlich. Cooler geht es nicht, allein der transparente Pool ist einen Besuch wert. Hier trifft sich das trendige Kapstadt zum Essen, Cocktailtrinken und zum im Liegestuhlliegen und die Füße in den Sand zu strecken. Tolle Konzerte, s. Website.

Bunte Lebensfreude beim Coon Carnival

Termine

... in der City

Cape Minstrel Carnival (auch Coon Carnival genannt): ca. 3 Wochen ab 2. Januar, *Tweedenuwejaar,* www.capetown-minstrels.co.za. Tausende Coloureds ziehen an Karneval in ihren farbenprächtigen Satinkostümen singend und tanzend durch die Straßen zum Stadion von Green Point, wo ein großer Sängerwettbewerb stattfindet.
LifeCycle Week: Mitte März, V&A Waterfront, www.cycletour.co.za. Eine Woche nach dieser Fahrradmesse folgt das Radrennen – **Cape Argus Pick n Pay Momentum Cycle Tour**.
Two Oceans Marathon: Ostern. Es geht 56 km rund um die Kap-Halbinsel, www.twooceansmarathon.org.za.
Nedbank Summer Concerts: Nov.–Febr., immer So, an der Josephine Mill in Newslands. Die dargebotenen Musikrichtungen sind unterschiedlich: Klassik, Jazz, Folk, Swing und Chormusik.
Cape Town Festival: Mitte/Ende März, www.capetownfestival.co.za. »One City, Many Cultures« – Veranstaltungsorte in City, Vororten und Townships.
Cape Town Book Fair: alle zwei Jahre Mitte Juni, Buchmesse.
Cape Town Fashion Week: Cape Town International Conventional Centre, Tel. 021 422 03 90, www.afi.za.com.
Cape Town Funny Festival: Mai/Juni, www.eddycassar.co.za, Tickets Tel. 021 425 6986. Veranstaltungen finden an verschiedenen Locations statt, u. a. The Baxter Theatre Concert Hall und Amphitheatre V&A Waterfront.
MCQP Mother City Queer Project: www.mcqp.co.za. Großes Schwulenfestival mit spektakulärer Parade.

... an der V&A Waterfront

Encounters – South African International Documentary Film Festival: Juli/Aug., NuMetro Cinema, V&A Waterfront, Tel. 021 465 46 86, www.encounters.co.za. Dokumentarfilme mit afrikanischem Fokus.

Das Beste auf einen Blick

Kap-Halbinsel

Highlight!

Boulders Beach: Hier lebt eine Festlandkolonie von Brillenpinguinen, die von Holzstegen aus nächster Nähe beobachtet und – am besten frühmorgens – fotografiert werden können. Das Reservat gehört zum Table Mountain National Park. S. 144

Auf Entdeckungstour

Light Houses – zu den Leuchttürmen am Kap: Das Kap der Stürme wird flankiert von Leuchttürmen – von den Kapstadter Leuchtfeuern in Milnerton und Green Point, dem ältesten des Landes, über die Leuchttürme bei Kommetjie und Cape Point bis zum Leuchtturm Roman Rock bei Simon's Town. S. 146

Kultur & Sehenswertes

Kirstenbosch Botanical Gardens: Der botanische Garten von Kapstadt gehört mit Recht zu den schönsten der Welt. S. 138

Cape Point und Kap der Guten Hoffnung: Das sagenumwobene Kap gehört einfach zu einem Kapstadt-Besuch dazu. Die wunderbaren, weniger besuchten Nebenstrecken im Park nicht vergessen! S. 145

Aktiv unterwegs

Schwimmen am Kap: Auf dem Weg zum Cape Point bieten sich die relativ angenehm temperierten Gezeitenpools in Bordjiesdrif und Buffels Bay zu einem erfrischenden Bad an. S. 145

Genießen & Atmosphäre

Live Bait: Aussichtsreicher lassen sich Meeresfrüchte wohl nirgendwo auf der Kap-Halbinsel genießen. Die Brandung spritzt direkt gegen die riesigen Glasfenster des Live-Bait-Restaurants in Kalk Bay. S. 140

Kitima: Das stilvolle Restaurant im historischen Kronendal-Gebäude in Hout Bays Main Road serviert asiatische Gerichte vom Feinsten zu angenehm zivilen Preisen. S. 154

Abends & Nachts

The Roundhouse, Camps Bay: Grandiose Aussicht und exzellentes Essen in einem historischen Haus am Fuße des Lion's Head, am Hang über dem trendigen Camps Bay. S. 158

Schöne Aussichten rund ums Kap

Auf dem Weg zum berühmt-berüchtigten Kap der Guten Hoffnung gibt es einiges zu sehen. Zunächst die Kirstenbosch Botanical Gardens, danach die englisch wirkende Marinestadt Simon's Town und natürlich die Pinguin-Festlandkolonie am Boulders Beach. Nach dem Kap folgt auf der Atlantikseite der permanent von Steinschlag gefährdete Chapman's Peak Drive, eine der spektakulärsten Küstenstraßen der Welt. Den Abschluss der Kap-Runde bilden die ›In‹-Strandorte Hout Bay, Camps Bay und Clifton.

Von Kapstadt an die False Bay ▸ Karte 2, A/B 2–4

Kirstenbosch Botanical Gardens

Rhodes Drive, Tel. 021 799 88 99, www.sanbi.org/gardens/kirstenbosch, www.facebook.com (›Kirstenbosch‹), April–Aug. tgl. 8–18, Sept.–März tgl. 8–19 Uhr, 55/15 Rand, unter 6 Jahre Eintritt frei; Sunset Concerts, Dez.–April Sa ab 17.30 Uhr, Tickets: Tel. 021 761 28 66, www.webtickets.co.za, Facebook: Kirstenbosch Summer Sunset Concerts, je nach Konzert 100–160 Rand

Am Anfang der Tour kommen die Botaniker unter den Reisenden voll auf ihre Kosten. Die **Kirstenbosch Botanical Gardens** wurden 1913 an den Südosthängen des Tafelbergs angelegt. Überragt vom mächtigen Castle Rock wachsen hier nahezu 6000 einheimische Pflanzen des südlichen Afrikas, vom riesigen *yellowwood tree* bis zu den kleinen Frühlingsblumen des Namaqualandes. Der 528 ha große Garten wird ausgiebig zur Umwelterziehung genutzt, und vormittags sind meist Gruppen von Schulkindern anzutreffen. Ein Gebiet von 36 ha ist mit Fußpfaden durchzogen, die zwischen Rasenflächen, Erika- und Proteen-Beeten verlaufen. Ein Teil der Bittermandelhecke, die der erste Kap-Gouverneur Jan van Riebeeck 1660 gepflanzt hatte, um die Kap-Kolonie vor angreifenden Buschmännern zu schützen, steht heute noch. Im Souvenirshop können Pflanzen für den heimischen Garten gekauft werden.

Eine Attraktion ist der **Centenary Tree Canopy Walk,** auch The Boomslang (Die Baumschlange) genannt, der 2014 zum 100. Geburtstag des Botanischen Gartens gebaut wurde. Eine 130 m lange Stahl- und Holzbrücke führt vom Waldboden durch die Bäume und deren Wipfel nach oben. Die 360-Grad-Aussichten auf die umliegenden Berge, den Garten und die Cape Flats ist grandios. Der Skyway verschwindet praktisch in den Bäumen, hat also einen kaum spürbaren Effekt auf die Umwelt. Er ist rollstuhlfreundlich und ist kostenfrei.

Infobox

Peninsula Tourism Bureau: Muizenberg, The Pavilion, Beach Rd., Tel. 021 788 61 93, www.tourismcapetown.co.za, Mo–Fr 8.30–17.30, Sa/So, Fei 9–12 Uhr.
Simon's Town Information Bureau: 111 St. George's St., Tel. 021 786 57 98, www.simonstown.com, Mo–Fr 9–16, Sa 10–13 Uhr.
Hout Bay Museum: 4 Andrew Rd., Tel./Fax 021 790 32 70, www.houtbay.org, Mo–Fr 8.30–16.30, Sa 10–14 Uhr. Infos zu Übernachtungen, Restaurants und Bootstouren.

Farbenfrohe Umkleidekabinen am Strand bei St. James

Die Strandorte an der False Bay

Seit der Landung der ersten holländischen Schiffe in der Tafelbucht kam es immer wieder zu Fehlnavigationen. Seefahrer verloren die Orientierung und dachten, sie wären bereits angekommen; die riesige Bucht war allerdings die falsche, daher der Name **False Bay.** Im Vergleich zu den Atlantikstränden auf der Westseite der Kap-Halbinsel ist hier das Meer immer ein paar Grad wärmer. Viele Besucher glauben, das liege daran, dass auf der Ostseite der Indische Ozean auf den Sand brandet, was allerdings nicht stimmt: Atlantischer und Indischer Ozean treffen nicht am Kap der Guten Hoffnung, sondern etwa 300 km südöstlich am Cape Agulhas, Afrikas südlichstem Punkt, aufeinander. Trotzdem wird der Begriff Two Oceans oft auf der Kap-Halbinsel gebraucht. Es klingt einfach so gut.

Muizenberg ist der erste Strandort der False Bay. Das bereits um die Wende zum 20. Jh. populäre Seebad Muizenberg, in dem einst Südafrikas Geldadel, von Rhodes bis Oppenheimer, fürstlich residierte, war ein bisschen heruntergekommen, da und dort bröckelte der Putz. Nachdem der Ort jahrelang im Schatten der Atlantikküste lag, werden die alten Häuser nun, dank des Tourismusbooms am Kap, nach und nach restauriert. Die bunten Umkleidekabinen am Strand aus dem 19. Jh. sind leider immer für die gesamte Saison vermietet, können also nicht tageweise genutzt werden.

Nordöstlich von Muizenberg liegt das **Rondevlei Nature Reserve,** wo die einzigen Flusspferde der Kap-Halbinsel leben. Dort lassen sich von speziellen Hütten aus auch Wasservögel beobachten.

Der Badeort **St. James** ist ebenfalls bekannt für bunte, viktorianische Holz-Umkleidekabinen. Ein Gezeitenpool lädt zum sicheren Baden ein.

Berühmt für seine Antik- und Trödelläden ist der historische Ort **Kalk Bay,** hier kann man stundenlang stöbern. Auch der kleine Hafen ist einen Besuch wert, besonders dann, wenn die Fischer ihren Fang direkt verkaufen.

Mein Tipp

Baden am Kap – die schönsten Strände

Die Strände entlang der 150 km langen Küstenlinie der Kap-Halbinsel sehen keinesfalls alle gleich aus – jeder hat seinen eigenen Charakter. Zunächst gibt es eine klare Zweiteilung: die östliche Seite, zur False Bay hin, und die westliche Atlantikseite. Die Strände dort sind zwar geschützt vor dem Southeaster, die Wassertemperaturen dafür aber aufgrund der kalten Benguela-Strömung eher frostig. Auf der anderen Seite ist es windiger, dafür ist das Wasser etwa 5 °C wärmer. An den populären Stränden gibt es Lebensretter und *beach*-Patrouillen. Generell versprechen die Strände der Kap-Halbinsel ein sicheres Badevergnügen. Im Zweifelsfall sollte man Einheimische fragen, ob das Baden an nicht ausgewiesenen Stränden sicher ist (Infos zu Surfbedingungen, Gezeiten und Wind: Tel. 021 788 59 65). Auf die Strände entlang der Kap-Halbinsel wird in der Rubrik Aktiv hingewiesen (s. S. 141, 150, 159).

Die Alternative zur Küstenstraße M 4 ist der **Boyes Drive** an den Hängen der Muizenberg- und Kalk-Bay-Berge, der fantastische Blicke auf die False Bay bietet. Die Strecke beginnt kurz vor Muizenberg und endet in Kalk Bay. Der nächste Ort an der False Bay ist Fish Hoek.

Übernachten

Historisches Herrenhaus – **Colona Castle Manor House:** am Old Boyes Drive, 1 Verwood St., Lakeside, Tel. 021 788 82 35, www.colonacastle.co.za, DZ mit Frühstück ab 3110 Rand. Historisches Herrenhaus mit Blick über die Seenlandschaft von Muizenberg bis zur False Bay. Luxuriös-elegante Übernachtung mit sehr viel Stil in abwechslungsreich dekorierten Zimmern.

Essen & Trinken

Super Ribs – **Easy Tiger Burger Bar:** 136 Main Rd., Tel. 021 788 39 92, www.easy-tiger.co.za, Burger 47–65 Rand, BBQ Ribs ¼/½/1 kg 65/130/230 Rand, Chicken Wings 430 Rand, 860 Rand, große Pommes 22 Rand. Relaxtes Lokal mit cooler Einrichtung und Blick auf Main Street und Hafen von Kalk Bay. Das Lokal gehört den gleichen Besitzern wie La Parada und Harbour House, was gutes Essen garantiert. Die Ribs sind alleine schon einen Besuch wert. Weitere Easy-Tiger-Filialen in Kapstadt sind geplant.

Seafood mit Aussicht – **Harbour House Restaurant:** Kalk Bay Harbour, hinter Main Rd., Kalk Bay, Tel. 021 788 41 33, www.harbourhouse.co.za, tgl. 12–16, 18–22 Uhr, Hauptgericht um 160 Rand. Fangfrischer Fisch, am Meer serviert, im Restaurant hat man fast das Gefühl, mitten in den Wellen zu speisen.

Lässig – **Live Bait:** Kalk Bay Harbour, Kalk Bay, Tel. 021 788 57 55, www.harbourhousegroup.co.za, tgl. Lunch, Dinner (12–22 Uhr), Hauptgericht um 130 Rand. Alle drei Fischrestaurants im Hafen von Kalk Bay sind prima, aber das hier mag der Autor am liebsten, vor allem im Winter, wenn die Gischt gegen die großen Scheiben spritzt.

Leger – **The Brass Bell:** Kalk Bay Station, Main Rd., Kalk Bay, Tel. 021 788 54 55, www.brassbell.co.za, Hauptgericht 90–135 (*cray fish* 355) Rand. Schmackhaftes *seafood* und tolle Aussicht auf die False Bay in einer eher legeren Umgebung.
Portugiesische Fischgerichte – **Polana:** Kalk Bay Harbour, unterhalb des Harbour House Restaurant, Kalk Bay, Tel. 021 788 71 62, www.harbourhousegroup.co.za, tgl. 18–22.30, Sa/So auch 12–16 Uhr, Hauptgericht um 90 Rand. Hier hat das angebotene *seafood* einen portugiesischen Touch. Die Aussicht ist fantastisch.
Alternativ – **Olympia Café & Deli:** 134 Main Rd., Kalk Bay, Tel. 021 788 63 96, tgl. 7–21 Uhr, Hauptgericht um 90 Rand. Nettes *alternative*-Restaurant mit leckeren, frischen Backwaren, sehr gutem Cappuccino, importierter Pasta; schöner Blick auf den Hafen von Kalk Bay.

Einkaufen

Altes Porzellan – **The Whatnot:** 70 Main Rd., Kalk Bay, Tel. 021 788 18 23, Sommer tgl. 9.30–17.30, Winter tgl. 9.45–17 Uhr. Unglaublich große Auswahl an altem Porzellangeschirr. Vorsicht beim Bücken, im Laden ist es sehr eng, und sie wollen bestimmt nicht zum Elefanten werden …
Für Bibliophile – **Quagga Art & Books:** 84 Main Rd., Kalk Bay, Tel. 021 788 27 52, Mo–Sa 9.30–1, So 10–17 Uhr. Wertvolle, alte Bücher, darunter einige exzellente Afrikana-Bände, einschließlich alter Karten und Fotografien. Ein Paradies für Bücherwürmer.
Trödelladen – **Kalk Bay Trading Post:** 71 Main Rd., Kalk Bay, Tel. 021 788 95 71, tgl. 9.30–17.30 Uhr. Der typische Trödelladen, in dem es von Spielzeugautos bis Schellackplatten alles gibt, befindet sich im ehemaligen Postamt.
Kunsthandwerk – **Cape to Cairo:** 100 Main Rd., Kalk Bay, Tel. 021 788 45 71, Winter tgl. 9.30–17, Sommer tgl. 9.30–17.30 Uhr. Für neuwertiges, aber geschmackvolles Kunsthandwerk sollte man hier vorbeischauen.

Aktiv

Surfspaß – **Gary's Surf School:** 34 Beach Rd., Muizenberg, Tel. 021 788 98 39, www.garysurf.com. Der Strand von Muizenberg ist wegen der warmen Wassertemperaturen und der idealen Wellen ein absolutes Surfermekka. Einer der ältesten Hasen vor Ort ist Gary, bei dem auch Anfänger sehr gut aufgehoben sind. Sein Laden und die Surfschule befindet sich natürlich direkt am Strand.
Die besten Strände der False Bay – **Muizenberg Beach:** etwas heruntergekommenes, einst bei den Reichen und Berühmten sehr beliebtes Strandbad; trotzdem tolle weiße Sandstrände für Schwimmer und Surfer. Keine Sorge, wenn das Wasser mal schmutzig-braun aussieht – das sind lediglich Algen, die ab und zu angeschwemmt werden.
St. James: Felsenpools sorgen für sicheres Badevergnügen.
Kalk Bay: Am Strand gibt es Gezeitenpools, im Meer gute Wellen für erfahrene Surfer.
Fish Hoek: ein guter Surfspot mit badewannenwarmem Wasser.
Seaforth Beach: Der Strand liegt windgeschützt und ist ein sicherer Platz zum Schwimmen.
Boulders Beach: ein Juwel von einem Strand. Riesige runde Granitblöcke schützen vor dem Wind; feiner Sand, türkisfarbenes Wasser und als Bonus die berühmte Brillenpinguin-Kolonie, deshalb kostet er ein kleines Eintrittsgeld.
Buffelsbaai: Der Strand im Cape of Good Hope Nature Reserve hat einen Gezeitenpool zu bieten, wo man gefahrenfrei schwimmen kann.

Achtung: Hai-Society

Die False Bay ist ein beliebter Aufenthaltsort für Weiße Haie. Grund ist die Robbeninsel in der Bucht, wo sich deren Leibspeise in großer Zahl tummelt. Weil paddelnde Surfer von unten aussehen wie verletzt zappelnde Kap-Pelzrobben, kommt es immer wieder zu Angriffen – manche enden tödlich. Deshalb gibt es offizielle Hai-Beobachter entlang der False Bay. Gesponsert vom World Wildlife Fund (WWF) und ausgestattet mit polarisierten Sonnenbrillen, Ferngläsern und Funkgeräten, suchen sie das Wasser nach den Räubern der Meere ab. Ein *spotter* sitzt oben am Boyes Drive, hoch über der Küste, der andere unten am Strand. Sobald sie etwas sehen, wird eine Sirene angeschaltet. Ein Flaggensystem dient als zusätzliche Warnung:
Schwarze Flagge: schlechte Sicht; kein Hai zu sehen.
Grüne Flagge: gute Sicht; kein Hai zu sehen.
Rote Flagge: Ein Hai wurde in der Gegend gesehen, ist aber wieder verschwunden, Vorsicht ist angeraten.
Weiße Flagge mit einer schwarzen Hai-Silhouette: Hai in Sicht; sofort raus aus dem Wasser!
In der Saison werden so Dutzende von Haien gesichtet und rechtzeitig gemeldet – das System funktioniert.

Termine

Kirstenbosch-Konzerte: Rhodes Drive, Newlands, Tel. 021 799 88 99, Information Office: Tel. 021 799 87 83 (werktags), aktuelles Programm unter ›Events‹ auf www.sanbi.org, Tickets am Eingang oder online unter www.webtickets.co.za. Alljährlich finden an Sonntagen im Sommer (Nov./Dez.–April) die *sunset concerts* in Kirstenbosch statt, Picknickkonzerte, bei denen z. B. das Cape Town Symphony Orchestra oder auch mal Bryan Adams spielen. Die Konzerte beginnen um 17.30 Uhr (Einlass 16 Uhr, Tickets je nach Konzert 100–160, 6–18/21 Jahre 80–140 Rand). An den Wochenenden vor Weihnachten erklingen die **Carols by Candlelight:** Am Eingang erhalten die Besucher dann eine Kerze. Wenn es dunkel wird, werden diese angezündet und Hunderte von Menschen singen zusammen Weihnachtslieder (Tickets 75–85, 6–18 Jahre 55–65 Rand).

Simon's Town

▶ Karte 2, B 4–5

Die historische Stadt **Simon's Town** ist seit über zwei Jahrhunderten der wichtigste Marinestützpunkt des Landes. Benannt nach Kap-Gouverneur Simon van der Stel, war die Stadt im Winter Ankerplatz für die Schiffe der Niederländisch-Ostindischen Kompanie (VOC). Der Hafen liegt im Schatten des berüchtigten Nordwestwindes, der im Winter die Schiffe in der Tafelbucht schon mal zum Kentern bringen konnte. Die Engländer bauten Simon's Town 1814 schließlich zur Marinebasis aus.

Die Hauptstraße wird auch **Historical Mile** genannt, da ein historisches Haus neben dem anderen steht – die meisten von ihnen sind mehr als 150 Jahre alt.

Simon's Town Museum

The Residency, Court Rd., Tel. 021 786 30 46, www.simonstown.com/muse

um/stm_main.htm, Mo–Fr 9–16, Sa 10–13 Uhr, So, Fei 11–15 Uhr
Das Museum ist in der **Old Residency** untergebracht, der 1777 erbauten Winterresidenz des Gouverneurs. Seither diente das Gebäude verschiedenen Zwecken: Es war Gericht, Sklavenunterkunft, Gefängnis, Seefahrer-Krankenhaus, Zollhaus und Regierungsbüro.

Heute können Besucher eine Fülle von Ausstellungsgegenständen bewundern: Uniformen, Logbücher und ein nachgebautes Pub, wie es zu Zeiten des Zweiten Weltkriegs aussah, sowie Erinnerungen an Just Nuisance – dies war eine Dänische Dogge, die britischen Soldaten während des Zweiten Weltkriegs als Maskottchen diente. Der riesige Hund wurde 1944 mit militärischen Ehren bestattet. Eine weiße Flagge bedeckte seinen Sarg, und 200 Offiziere und Soldaten standen Spalier, als zu seinen Ehren Salut geschossen wurde. Eine Bronzestatue des beliebten Hundes steht am **Jubilee Square** in der Stadt.

South African Naval Museum

West Dockyard, Court Rd., Tel. 021 787 46 86, www.simonstown.com/navalmuseum/index.htm, tgl. 10–16 Uhr
Nur eine Türe weiter befindet sich das **South African Naval Museum.** Hier wird die Seefahrtsgeschichte des Landes in detaillierter Form interessant präsentiert.

Warrior Toy Museum

St. Georges St., Tel. 021 786 13 95, Mo–Do, Sa 10–15.45 Uhr
In diesem kurzweiligen Museum kommen kleine und große Kinder auf ihre Kosten. Neben Zinnsoldaten sind Spielzeugautos, Puppen, Boote und Modelleisenbahnen ausgestellt. Ein Teil der Exponate kann erworben werden.

Übernachten

Wale gucken – **Whale View Manor:** 402 Main Rd., Tel. 021 786 32 91, www.whaleviewmanor.co.za, DZ mit Früh-

Good old times: Die Historische Meile von Simon's Town

stück ab 1590 Rand. Schönes Gästehaus mit Meer- oder Bergblick und zehn verschieden eingerichteten Themenzimmern, von Shalimar über Massai bis zu Marrakesch. Günstig gelegen, nahe am Pinguinstrand und Kap der Guten Hoffnung. Es gibt sowohl ein Restaurant, als auch ein stilvolles Wellnesszentrum für Gäste.

Für Selbstversorger – **Cottons Cottages:** Paradise Rd., Tel. 021 701 03 77, www.cottonscottages.com. Die attraktiven Häuschen im Seemannsstil mit Küche, Waschmaschine, Geschirrspüler, Trockner, TV und Video verfügen über herrliche Meer- und Bergblicke. Die beiden Cottages kosten ab 1300 Rand (zwei Zimmer mit Bad, vier Personen) und ab 2000 Rand (vier Zimmer, zwei Badezimmer, acht Personen).

Essen & Trinken

Ganz roh – **Just Sushi:** Simon's Town Waterfront, St. George's St., Tel. 021 786 43 40, Mi–Mo 12–15, 18–22 Uhr, Hauptgericht 130 Rand. Relaxtes Sushi-Lokal mit tollem Blick auf den Hafen und die False Bay. Die Kombo-Angebote sind am günstigsten. Japanisches Bier und Sake gibt es auch.

Von Simon's Town zum Cape Point

Boulders Beach!

▶ Karte 2, B 4–6

www.tmnp.co.za, tgl. Febr./März 8– 18.30 , April–Sept. 8–17, Okt./Nov. 8–18.30, Dez.–Jan. 7–19.30 Uhr, Tagesticket 65/35 Rand

Einer der schönsten Strände der Kap-Halbinsel liegt südlich von Simon's Town. Gewaltige Granitfelsen gaben ihm seinen Namen: **Boulders Beach.** Neben üblichen Strandgenüssen wie Sand und Meer bietet er einen weiteren Höhepunkt: *African penguins,* **Brillenpinguine,** die hier seit 1985 geschützt in einer Kolonie leben. Kein bisschen schüchtern watscheln sie herum – beobachtet von Touristen auf Holzstegen. Immer wieder stoßen sie ihre charakteristischen Laute aus, die so weit von Vogelgezwitscher entfernt sind wie der Klang eines VW-Käfers von dem eines Ferraris. Wer nicht hinschaut, könnte schwören, dass Esel für die Geräusche verantwortlich sind und nicht die süßen kleinen Pinguine. Im Gänsemarsch wackeln die schwarz-weiß Befrackten zum Meer, wo sie sich in stromlinienförmige agile Schwimmer verwandeln. Manche von ihnen legen bei ihrer Nahrungssuche bis zu 100 km pro Tag zurück.

Neben Simon's Town gibt es nur noch zwei weitere Pinguin-Festlandkolonien im südlichen Afrika: Stoney Point (s. S. 221), Western Cape, und eine in Namibia. Früher lebten die flugunfähigen Vögel auf kleineren Inseln, wo sie sich ihre Nester metertief in den Guano gruben. Als man herausfand, dass sich der Vogelkot fantastisch als Dünger eignet, wurden die dicken Schichten abgetragen, und die Pinguine hatten keine geschützten Brutplätze mehr. Sie fingen an, im Sand oder unter Felsen zu nisten. Durch ihre Umsiedlung aufs Festland sind die Pinguine und ihre Jungen nun jedoch großen Gefahren ausgesetzt: Leoparden, Hunde und Katzen bedrohen sie. Anfang des 20. Jh. gab es noch schätzungsweise 1 Mio. Brutpaare, heute sind es auf der ganzen Welt nur noch etwa 20 000. Seit 1998 gehört Boulders Beach zum Table Mountain National Park.

Bärenpaviane

Hinter dem Boulders Beach verläuft die Straße immer direkt am Meer entlang, vorbei an **Miller's Point** und **Smitswinkelbay.** Hier besteht eine gute Chance, auf einen der vier Bärenpavian-Clans zu treffen, die am Kap leben. Sie sollten aber auf keinen Fall gefüttert werden. Wer die Tiere einmal beim Gähnen beobachten durfte, weiß warum: Ihre Zähne sind nicht nur lang, sondern auch messerscharf. Eine Besonderheit der etwa 250 auf der Kap-Halbinsel lebenden Paviane ist ihre Ernährung, die neben Grassamen, Wurzeln, Blumen, Insekten und kleineren Säugetieren auch Muscheln und Krustentiere beinhaltet, die von den Primaten bei Ebbe am Strand aufgesammelt werden.

Übernachten

Der bei den Pinguinen schläft – **Boulders Beach Lodge & Restaurant:** 4 Boulders Place, Boulders Beach, Tel. 021 786 17 58, www.bouldersbeach.co.za, ab 650 Rand pro Person im DZ; Selbstversorger-Apartments für bis zu sechs Personen, 2200 Rand pro Nacht. Zwölf geschmackvoll eingerichtete Zimmer und zwei Apartments für Selbstversorger stehen zur Verfügung. Von hier aus geht man nur ein paar Minuten zu Fuß zur Pinguinkolonie. Sehr lockere Atmosphäre; Terrassenrestaurant, leckere hausgemachte Kuchen und sehr guter Cappuccino, Souvenirshop.

Cape of Good Hope Nature Reserve

▶ Karte 2, A/B 5/6

www.tmnp.co.za, Tagesticket 125/65 Rand, Cape Point tgl. April–Sept. 7–17, Okt.–März 6–18 Uhr

Hinter Smitswinkelbay geht es links in das **Cape of Good Hope Nature Reserve**. Seit 1936 steht die Südspitze der Kap-Halbinsel mit einer Fläche von fast 8000 ha und einer Küstenlinie von 40 km unter Naturschutz. 1998 wurde sie in den Table Mountain National Park integriert. Über 1100 Pflanzenarten gibt es hier, 14 von ihnen kommen nur im Park vor. Ein Netz von kleineren Straßen durchzieht das Gebiet. Wer sich an die am Eingang überreichte Karte hält, wird sich jedoch gut zurechtfinden.

Selbst wenn am Kap der Guten Hoffnung oder am Cape Point Hochbetrieb herrscht, finden sich am Ende der anderen Sträßchen oft ruhige Orte. Manche von ihnen, wie **Bordjiesdrif** und **Buffels Bay,** bieten gemauerte **Gezeitenpools,** in denen das angespülte Meerwasser von der Sonne aufgewärmt wird, was den atlantischen Badespaß schmerzfreier macht. Vor allem der Weg zur **Olifantsbos Bay** sei hier empfohlen (s. S. 148).

Obwohl die *fynbos*-Vegetation am Kap nicht sehr nährstoffreich ist, leben im Naturreservat einige Wildtiere, vor allem Kap-Bergzebras, Buntböcke, Elenantilopen, Greis- und Rehböckchen. Nach Regenfällen kommen Dutzende von Schildkröten auf die Straßen gekrochen, um das Wasser aus den Pfützen zu trinken. Die Geschwindigkeitsbeschränkungen im Park sollten schon deshalb unbedingt beachtet werden.

Cape Point und Kap der Guten Hoffnung

Am **Cape Point** geht es zu Fuß über 125 Stufen oder per Zahnradbahn die letzten steilen Meter zum höchsten Punkt hinauf, von wo sich ein guter Blick über die gesamte False Bay bis zu den Hottentots Holland Mountains bietet. Bei gutem Wetter ist sogar der 80 km Luftlinie entfernte Danger Point auszumachen. Als Aussichtspunkt dient das Fundament des 1857 erbauten, heute allerdings nicht mehr existierenden Leuchtturms. Exakt 209,5 m weiter unten brandet die ▷ S. 148

Auf Entdeckungstour: Light Houses – zu den Leuchttürmen am Kap

Leuchttürme, vor allem die älteren, haben eine besondere Aura. Vielleicht auch deshalb, weil sie sich oft in unwirtlicher, sturmgepeitschter und manchmal sagenumwobener Umgebung befinden. Am Kap der Stürme stehen einige besonders interessante ›Lebensretter‹.

Reisekarte: ▶ Karte 2
www.lighthouses.co.za: Die Site listet alle südafrikanischen Leuchttürme mit einer kurzen Beschreibung und Fotos.
Planung: Slangkop, Nov.–März Mo–Fr 10–15, Okt.–April tgl. 10–15 Uhr, geführte Tour 20/10 Rand. Zentrale Reservierung: Tel. 021 783 17 17.

City-Leuchttürme

Einst war es der Tafelberg, der den Schiffen bei Kapstadt den Weg wies, wenn er denn nicht gerade in Nebel gehüllt war. Doch mittlerweile kann die Stadt am Kap gleich zwei Leuchttürme vorweisen. Der jüngere von beiden erhebt sich im Vorort **Milnerton,** nördlich des Stadtzentrums. Die 21 m hohe, zylindrische Betonkonstruktion geht auf das Jahr 1960 zurück. Schon wegen des wunderbaren Panoramas lohnt ein Besuch: Der Blick schweift von hier über die Tafelbucht zur Skyline von Kapstadt und ihrem Wahrzeichen, dem Tafelberg. Der Leuchtturm von Milnerton ähnelt demjenigen von Cape Hangklip.

Seine Reichweite beträgt 25 Seemeilen und er ragt 28 m über die Flutmarke.

Der Küstenstreifen zwischen Milnerton und Green Point war und ist der gefährlichste Südafrikas, ein echter Schiffsfriedhof. Über 150 Schiffe havarierten hier in Sichtweite Kapstadts und gingen unter. Je mehr Kapstadt wuchs, umso mehr Land wurde dem Meer abgerungen, sodass heute viele der Wracks samt ihrer Geschichte unter Tonnen von Erde und Beton verschwunden sind.

Der zweite der City-Leuchttürme steht im Stadtteil **Green Point** (Abb. S. 146). Es handelt sich um Südafrikas ältesten Leuchtturm in fester Bauweise. 1824 wurde er bis zu einer Höhe von 16 m aufgemauert, 1865 stockte man den Turm auf 20 m Höhe auf und stattete ihn mit einem elektrisch betriebenen Leuchtfeuer aus. Unverkennbar ist das diagonal rot-weiß gestreifte ›Kleid‹ des Bauwerks, das in der Zwischenzeit wunderbar restauriert wurde.

Slangkop

Mit 33 m ist **Slangkop** der höchste gusseiserne Leuchtturm an der südafrikanischen Küste. Der runde, weiß gestrichene Turm von 1919 steht in **Kommetjie** auf der Kap-Halbinsel. Er ragt 41 m über die Flutlinie und sein Licht ist 33 Seemeilen weit zu sehen. In Slangkop kann man sich einer geführten Besichtigungstour anschließen.

Cape Point

Der wohl am häufigsten besuchte Leuchtturm des Landes steht am Kap der Guten Hoffnung, genauer gesagt am **Cape Point.** Und es ist auch nicht nur ein Turm, sondern es sind deren zwei. Der ältere, hoch oben auf dem Felsen, wurde am 1. Mai 1860 eingeweiht. Aufgrund der häufigen Nebel am Kap war er allzu oft komplett ›eingehüllt‹ und blieb für die Schiffe unsichtbar. Deshalb errichtete man 1914 knapp 100 m tiefer einen weiteren Leuchtturm. Dessen Licht ist nun 87 m über der Flutmarke und 34 Seemeilen weit zu sehen.

Roman Rock

Roman Rock, am Hafeneingang von **Simon's Town** in der False Bay, ist einer der interessantesten Leuchttürme des Landes. Der runde, gusseiserne Turm wurde 1861 in ungewöhnlicher Lage errichtet. Er erhebt sich auf einem Felsen im Wasser, der nur bei Ebbe sichtbar wird. Bei Flut scheint der Turm aus dem Meer zu wachsen. Es dauerte vier Jahre, bis das in England vorgefertigte Werk auf dem Felsen endlich seinen endgültigen Platz gefunden hatte. Das Licht reicht 16 Seemeilen weit, der Turm steht 17 m über dem Meeresspiegel.

Auf dem Turm trauen

Heiraten auf einem südafrikanischen Leuchtturm? Wer das möchte, informiert sich auf der Website www.kapstadt-hochzeit.de/leuchtturm.html.

Sagenhafte Landschaft: am Kap der Guten Hoffnung

See ungestüm gegen die schroffen Felsen. Cape Point und das Kap der Guten Hoffnung sind durch einen Pfad aus Holzstegen miteinander verbunden; die beiden Punkte liegen rund 30 Gehminuten voneinander entfernt.

Hier steht man mitten in einer Landschaft, die Legenden erzeugt – wie die vom Fliegenden Holländer. Sein Schiff verschwand 1680 spurlos, als er versuchte, das Kap der Guten Hoffnung bei stürmischem Wetter zu umrunden. Kapitän Hendrick van der Decken soll geschworen haben, dass, wenn ihm Gott schon nicht helfe, es eben der Teufel tun werde. Diese Blasphemie blieb nicht ohne Folgen. Als Strafe wurde der Kapitän mit seinem Schiff und der Besatzung dazu verdammt, mit zerrissenen Segeln und geborstenen Masten am Kap zu spuken.

Wanderung im Cape of Good Hope Nature Reserve

Ein sehr schöner Wanderweg (etwa 2 Std. hin und zurück) im Cape of Good Hope Nature Reserve führt von der **Olifantsbos Bay** zu den rostigen Resten der Thomas T. Tucker, eines amerikanischen Schiffs, das 1942 mit Kriegsmaterial an Bord auf Grund lief. Ganz in der Nähe liegt das Wrack der 1954 gesunkenen Nolloth.

Vom Kap nach Hout Bay ▸ Karte 2, A/B 3–6

Gegenüber vom Eingang zum Cape of Good Hope Nature Reserve liegt die **Cape Point Ostrich Farm,** eine Straußenfarm, die Besuchern auf einer geführten Tour die Besonderheiten des flugunfähigen Großgeflügels näherbringt (an der M 65, Tel. 021 780 92 94, www.capepointostrichfarm.com, tgl. geführte Touren 9.30–17.30 Uhr).

Von der Straußenfarm führt die M 65 in das ruhige **Scarborough.** So haben noch vor ein paar Jahren viele Siedlungen auf der Kap-Halbinsel ausgesehen. Bekannt geworden ist der Ort durch einen verwitterten Felsen an der Hauptstraße, der aufgrund seiner Form **Camel Rock** genannt wird.

Essen & Trinken

Essen auf dem Bauernhof – **Cape Farmhouse:** Kreuzung M66/M65, Redhill, hinter dem Red-Rock-Tribal-Souvenirshop, Tel. 021 780 12 46, www.capefarmhouse.com, Sommer tgl. 9–17, Winter Mi–So 9–17 Uhr, Hauptgericht 50–180 Rand. Ein rustikales Farmhaus im Familienbesitz, das afrikanisch angehauchte Gerichte serviert, wie scharfes Mosambik-Hühnchen oder nordafrikanisch zubereitete Tigergarnelen. Zum Frühstück gibt es Eier aus Freilandhaltung, Grünes aus dem Biogarten und dazu selbst gebackenes Brot.

Einkaufen

Top-Kunsthandwerk – **Red Rock Tribal:** Cape Farmhouse, Kreuzung M65/M66, Redhill, Tel. 021 780 91 27, www.redrocktribal.co.za, Sommer tgl. 9.30–17.30, Winter Mi–So 10–17 Uhr (allerdings meist Juli bis Mitte Sept. geschl.). Originelles von den Besitzern Juliette und Steven im südlichen Afrika zusammengesuchtes Kunsthandwerk machen Red Rock Tribal zu einem der interessantesten ›Souvenir‹-Shops am Kap. Red Rock Tribal hat einige der besten Werke des autistischen Künstlers Sibusiso Mbhele im Angebot, der fantastische Flugzeuge, U-Boote und Autos aus Blechabfällen fertigt.

Weiterfahrt nach Noordhoek

Auf einer engen, aber aussichtsreichen Küstenstraße geht es weiter. Schon bald ragt der Leuchtturm von **Kommetjie** (sprich: Komicki) ins Bild. In einem großen Bogen landeinwärts umrundet die Straße die Lagunen an der Chapman's Bay. Mit 5 km Länge besitzt **Noordhoek** den längsten Strand der Kap-Halbinsel. Da es hier oft windet und das Meer sehr kalt ist, wird er eher von Wanderern, Reitern und neoprengeschützten Surfern besucht.

Übernachten

Mitten im Farm Village – **De Noordhoek Hotel:** Noordhoek Farm Village, Ecke Chapman's Peak Drive/Village Lane, Tel. 021 789 27 60, www.denoordhoek.co.za, DZ mit Frühstück ab 1750 Rand, auf günstige Website-Deals achten. Das ökofreundliche Hotel im alten Stil mitten im Noordhoek Farm Village nutzt ausschließlich Solarenergie. Es gibt 20 leicht konservativ eingerichtete Nichtraucherzimmer, vier davon behindertenfreundlich. Schöner Garten. Zwei tolle Restaurants und ein Pub liegen direkt vor der Tür! Die Zimmer sind mit Internetzugang ausgestattet.

Stilvolle Themenzimmer – **Wild Rose Country Lodge:** 4 Bodrum Close, Noordhoek, Tel. 021 785 41 40, www.wildrose.co.za, DZ mit Frühstück p. P. 500–750 Rand. Reetgedecktes Anwesen, stilvoll eingerichtete Zimmer mit Berg- oder Seeblick und verschiedenen Themen wie African Room, Kalahari Room und Moroccan Room usw.

Essen & Trinken

Gourmet-Farmladen – **The Foodbarn:** Noordhoek Farm Village, Ecke Village Lane/Noordhoek Main Rd., Noordhoek, Tel. 021 789 13 90, www.thefoodbarn.co.za, tgl. 12–14.30, Mi–Sa 19–21.30 Uhr, Hauptgericht 79–205 Rand. Der prominente französische Koch Franck Dangereux hat mit dem reetgedeckten Farmladen einen Gang zurückgeschaltet vom Gourmettempel La Colombe (Constantia, s. S. 165), wo er früher für die Küche verantwortlich war. Die intimen Candle-Light-Dinner (oft ausgebucht) an weiß gedeckten Tischen sind ein Traum. Delikate Backwaren.

Ideal für Frühstück und Lunch – **Café Roux:** Noordhoek Farm Village, Tel. 021 789 25 38, www.caferoux.co.za, tgl. 8.30–17 Uhr, Hauptgericht um 80 Rand. Leckere Gerichte in sehr relaxter Umgebung, drinnen und draußen, kleines Menü mit saisonal frischen Zutaten. Wie das gesamte Farm Village auch sehr familien- und kinderfreundlich.

Einkaufen

Ländlich – **Noordhoek Farm Village:** Ecke Main Rd./Village Lane, Noordhoek, Tel. 021 789 28 12, www.thefarmvillage.co.za. Mehrere Restaurants und Geschäfte im Country-Stil laden zu einem längeren Aufenthalt ein.

Aktiv

Strandleben – **White Sands, Scarborough, Misty Cliffs und Kommetjie:** An all diesen Stränden finden Surfer sehr gute Bedingungen vor.

Noordhoek: Der 8 km lange, weiße Sandstrand ist vor allem bei Wanderern und Reitern beliebt; zum Schwimmen ist es zu kalt, und die Strömungen sind zu stark.

Der Chapman's Peak Drive ▸ Karte 2, A 2–4

Nördlich von Noordhoek beginnt eine der wohl spektakulärsten Küstenstraßen der Welt. Die Strecke des **Chapman's Peak Drive** (s. Abb. nächste Doppelseite) wurde von Sträflingen zwischen 1915 und 1922 hoch über dem Meer in die Klippen gesprengt. Benannt ist die Straße nach John Chapman, einem englischen Seemann, der 1607 hier an Land ging, um die Hout Bay zu erkunden. Vom 160 m hohen Aussichtspunkt Chapman's Peak, dem Scheitelpunkt der Strecke, bietet sich ein fantastischer Blick über die Hout Bay mit dem gleichnamigen Ort bis zum über 300 m hohen Gipfel des Sentinel, der aussieht wie ein schlafender, alter Mann.

Aufgrund massiver Steinschläge und einiger tödlicher Unfälle war die berühmte Straße ab Januar 2000 knapp vier Jahre lang gesperrt. Sie wurde teuer renoviert und Anfang 2004 als Mautstraße (40 Rand pro Auto, eine Strecke) wieder eröffnet. Die Befahrung erfolgt allerdings weiterhin auf eigene Gefahr. Und Steinschläge gibt es trotz der Schweizer Stahl-Fangnetze und Betoneinspritzungen immer noch.

Hout Bay ▸ Karte 2, A 3

Kurz vor Hout Bay taucht rechts der Straße die **Ruine** des alten, von den Engländern 1796 zum Schutz der Bucht erbauten Forts auf. Das einst verschlafene Fischernest gehört mittlerweile zu den beliebtesten Wohngebieten rund um Kapstadt, die Grundstückspreise sind entsprechend hoch. Nirgendwo sonst auf der Kap-Halbinsel ist der Fisch frischer. Die **Mariner's Wharf** im Hafen, mit gutem Fischrestaurant und Shops, ist eine kleinere Ausgabe von Kapstadts Victoria & Alfred Waterfront.

Im Hafen bieten mehrere Unternehmen Schiffstouren um den **Sentinel** herum an. Die Tour geht zum gewaltigen Wrack eines Pipelinelegers mit Hubschrauber-Landeplattform, der in einem heftigen Wintersturm 1994 auf die Klippen geworfen wurde und dabei zerbrach. Auf dem Rückweg passiert das Schiff **Duiker Island.** Im Sommer, wenn über 4000 Kap-Pelzrobben das 1500 m² große Felseiland bevölkern, ist es nicht nur laut wie auf einem Heavy-Metal-Konzert – je nach Windrichtung wird die Bootsfahrt (ca. 80 Rand/Person) zu einem atemberaubenden Erlebnis.

Hout Bay Museum

4 Andrews Rd., Tel. 021 790 32 70, Di–Sa 10–12.30, 14–16.30 Uhr, Eintritt frei

Wer sich für die Geschichte des einst kleinen Fischerorts interessiert, sollte das **Hout Bay Museum** besuchen. Jeden Samstag wird außerdem jeweils zur vollen Stunde ein Video vorgeführt, das den Bau der spektakulären Küstenstraße über den Chapman's Peak zeigt.

World of Birds

Valley Rd., Tel. 021 790 27 30, www.worldofbirds.org.za, tgl. 9–17 Uhr, Erw./Kinder 95/45 Rand

In Afrikas größtem Vogelpark wandelt der Besucher durch diverse, teilweise relativ geräumige Volieren, in denen über 4000 Vögel umherflattern und dabei ein Vogelstimmenkonzert veranstalten.

Übernachten

Romantik pur – **Tintswalo Atlantic:** Chapman's Peak Drive, von Hout Bay auf der Main Rd. Richtung Chapman's Peak Drive, kurz hinter der Mautstation rechts, Tel. 087 754 93 00, 543 15 10, www.tintswalo.co.zam DZ ab 9370 Rand. Eine der romantischsten Lodges mit der wohl besten Lage Südafrikas, unterhalb vom Chapman's Peak Drive, direkt am Atlantik. Alle zehn Suiten und die Präsidentensuite sind nach berühmten Inseln benannt und entsprechend dekoriert (es gibt sogar eine Robben Island Suite). Aber nicht nur das Bett für die Nacht ist ein Hit, das Essen ist ebenfalls exzellent. Luxus dieser Klasse ist natürlich sehr teuer, aber in diesem Fall den Preis wert.

Einfach, aber geniale Aussicht – **Flora Bay Resort:** Chapman's Peak Drive, Tel. 021 790 16 50, www.florabayresort.co.za. Diverse Apartments für Selbstversorger, was in Hout Bay kein Problem darstellt, da es prima Einkaufsmöglichkeiten gibt. Die voll eingerichteten Zimmer sind recht einfach, aber mit fantastischer Aussicht auf Bucht, Meer und Sentinel. Die verschieden großen Apartments bzw. frei stehenden Bungalows für 4 Personen kosten, je nach Saison 700–2400 Rand.

Harley-Paradies – **Amakhaya Lodge:** 11 Nooitgedacht Drive, Tel. 082 341 35 84, 021 790 64 74, www.cuincapetown.co.za, DZ mit Frühstück 800–1300 Rand. Der deutsche Besitzer Pierre bietet vier luxuriöse Suiten und zwei Häuschen mit Aussicht. Er veranstaltet außerdem diverse organisierte Harley-Touren und vermietet die amerikanischen Bikes auch (ab 1400 Rand pro Tag).

Hafenblick – **Poseidon:** 15 Marlin Crescent, Tel. 021 791 08 68, www.poseidonhouse.com, DZ 750–1300 Rand. Sechs Zimmer in einem geschmackvoll eingerichteten Gästehaus mit herrlichem Blick über den Hafen von Hout Bay. In Gehweite zum Bay Harbour Market. Jannie und Danie führen ihre Herberge sehr persönlich.

Essen & Trinken

Scheune mit Ambiente – **Quentin at Oakhurst:** Oakhurst Farm, Main Rd., Tel. 021 790 48 88, www.oakhurstbarn.com, Di–Sa 18–23 (Küche bis

Der Chapman's Peak Drive ▷

Mein Tipp

Fish and Chips on the Rocks
Hinter der Fischfabrik am Meer befindet sich das Lokal **Fish on the Rocks** (Tel. 021 790 00 01, 790 11 53, www.fishontherocks.co.za), wo es gute *fish and chips* gibt. Deren Genuss auf den Holzbänken vor dem grell gelb gestrichenen ›Wahrzeichen‹ des Hafens von Hout Bay ist ein Muss. Es schmeckt zwar ähnlich wie in England, aber die Umgebung ist hier deutlich reizvoller. Und wem die Warteschlange am Sonntagmittag zu lang ist, der kann es schräg gegenüber, im Hafen (5 Rand Eintritt) selbst, bei **Laughing Lobster,** versuchen. Das Ambiente ist dort zwar nicht ganz so urig, der Fisch aber ebenfalls gut.

21.30), So Frühstück 9–12, So Lunch 13–16 Uhr, Hauptgericht ab 157 Rand. Wunderbar restaurierte und schön dekorierte Scheune. Kronleuchter hängen von den Decken, die Wände zieren alte Wagenräder, Farmgegenstände und alte Emailleschilder. Traditionelle, herzhafte, südafrikanische Gerichte, von Besitzer Quentin selbst zubereitet.

Lokalgrieche – **Spiro's:** 30 Main Rd., Tel. 021 791 38 97, www.facebook.com (›Spiro's Hout Bay – The Greek is Local‹), Mo 17–21, Di–Sa 12–22, So 12–21 Uhr, Hauptgericht 80–100 Rand. Exzellenter Grieche, sehr nette Atmosphäre im mediterranen Hellblau-weiß, Extraraum für Kinder zum Spielen, ruhigere Räume für Pärchen, Spiro ist selbst fast immer da und empfängt seine Gäste sehr herzlich. Tipp: die Bifteki und das Kleftiko.

Mediterranes Feeling – **Deli Delish:** 8 Beach Crescent, Tel. 021 790 53 24, www.delidelish.co.za, tgl. 8–16.30, Fr/Sa auch 18–21.30 Uhr, Hauptgericht 70–140 Rand. Leichte mediterrane Gerichte, gute Qualität. Eine Gelegenheit vor Ort für Frühstück und Lunch.

Beste Pizza der Stadt – **Massimo's:** Oakhurst Farm Park (neben Spar), Main Rd., Tel 021 790 56 48, www.massimos.co.za, Mi–Fr 17 Uhr bis spät, Sa/So 12 Uhr bis spät, Hauptgericht ab 90 Rand. Massimo steht oft selbst am Pizzaofen und sorgt dafür, dass die legendären Rundgerichte perfekt an die Tische kommen. Gemütlich und sehr freundlicher Service.

Asiatische Küche vom Feinsten – **Kitima:** Kronendal Estate, 140 Main Rd., Tel. 021 790 80 04, www.kitima.co.za, Di–Sa 18–22.30, So 12–15 Uhr, Hauptgericht ab 85 Rand. Extrem populäres, asiatisches Spitzenrestaurant im historischen, kapholländischen Kronendal-Herrenhaus. Die Inneneinrichtung wird sowohl der Geschichte des Hause als auch dem thailändischen Thema gerecht. Exzellente Qualität und erstklassiger Service bei relativ günstigen Preisen.

Direkt am Beach – **Dunes:** 1 Hout Bay Beach, Tel. 021 790 18 76, www.dunesrestaurant.co.za, Winter Mo–Fr 12–22, Sa, Fei 9–22, So 9–18, Sommer tgl. 9–23 Uhr, Hauptgericht ab 80 Rand. Beliebtes Restaurant mit Cocktailbar am Strand; hier gibt es Windhoek-Lager vom Fass, prima Fish & Chips, die Aussicht ist super, das Publikum ›in‹.

Thai Fast Food – **Thai Café:** 15 Main Rd., Tel. 021 790 70 00, www.thaicafe.biz, tgl. 11.30 bis spät, Hauptgericht ab 70 Rand. Exzellentes thailändisches Essen zu günstigen Preisen. Die Budget-Alternative zu Kitima, allerdings nur in der Qualität, nicht im Ambiente. Thai Café ist etwas für Lunch oder Take-away.

Aktiv

Bootsausflug nach Duiker Island – Mehrere Charterunternehmen bieten im Hafen von Hout Bay empfehlenswerte Touren (70/35 Rand) zur Robbeninsel Duiker Island und zum hinter dem Sentinel liegenden Schiffswrack an:
Nauticat: Tel. 082 829 80 18, 790 72 78, www.nauticatcharters.co.za.
Drumbeat Charters: Hout Bay Harbour, Tel. 021 791 44 41, www.drum beatcharters.co.za.
Circe Launches: Hout Bay Harbour, Tel. 021 790 10 40, www.circelaunches. co.za.
Schöner Spaziergang – **Hout Bay:** Der Sandstrand wird flankiert von den Bergen Sentinel und Chapman's Peak.

Von Hout Bay nach Kapstadt ▸ Karte 2, A 2/3

Auf einer steilen Straße geht es von Hout Bay aus weiter. Am **Hout Bay Nek,** zwischen dem 758 m hohen Judas Peak (rechts) und dem Little Lion's Head (links), bietet sich ein gewaltiger Ausblick auf das Meer und den Villenvorort **Llandudno,** wo es zwar einen erstklassigen Strand, aber weder Kneipen noch Geschäfte gibt. Die Bewohner des Nobelortes haben sich so entschieden, um auf diese Weise weniger Touristen anzulocken. So ganz geht die Rechnung nicht auf: Es ist trotzdem jedes Wochenende die Hölle los, denn die Leute bringen einfach ihre Picknickkörbe mit.

Camps Bay kann es mit seinem von Palmen gesäumten Strand und der Flaniermeile mittlerweile mit den schönsten kalifornischen Stränden aufnehmen. Bistros und Cafés laden zum Sehen und Gesehenwerden ein. Hummers und Harleys cruisen auf und ab. Ferraris lassen ihre Zwölfzylindermotoren kreischen. Die kühlen Atlantiktemperaturen treiben Wasserratten allerdings in die Swimmingpools, die fast alle Hotels zu bieten haben.

Der Küstenstreifen zwischen Camps Bay und Clifton gilt als die ›Copacabana‹ von Kapstadt, wobei **Clifton** selbst, außer seinem wirklich sehr schönen Strand, nicht viel zu bieten hat. Es sei denn, man schaut sich gerne die Häuser der Reichen an, die dort wie Schwalbennester an der steilen Felswand kleben.

Egal ob im ruhigen Noordhoek, im aufblühenden Hout Bay, im trendigen Camps Bay oder im yuppiehaften Clifton übernachtet wird, die Sonnenuntergänge sind fast immer spektakuläre Inszenierungen der Natur. Typisch südafrikanisch werden sie mit einem *sundowner,* einem Sonnenuntergangsdrink, zelebriert – *cheers!*

Übernachten

Aussichtsreich – **The Twelve Apostles Hotel & Spa:** Victoria Rd., Oudekraal, Tel. 021 437 90 00, www.12apostlesho tel.com, DZ mit Frühstück ab 5500 Rand (Website-Angebote checken). An der wunderbaren Küstenstraße am Fuße der 12 Apostel, zwischen Camps Bay und Llandudno gelegen, die wohl beste Atlantik- und Berg-*fynbos*-Aussicht der ganzen Stadt.
Busch-Feeling – **Camps Bay Retreat:** 7 Chilworth Rd., The Glen, Camps Bay, Tel. 021 437 83 00, www.campsbayre treat.com, DZ mit Frühstück ab 3500 Rand. Oase der Ruhe im hektischen Camps Bay, paradiesischer Garten, drei Pools, Wellnesszentrum, Tennisplatz, DVD-Sammlung, Weinkeller. Das elegante Herrenhaus Earl's Dyke Manor kontrastiert prächtig mit dem mitten im ›Busch‹ liegenden, über

BON
ZOOP!
Fresh Homemade Soup
#LCHF
Salads
Sandwiches
Gemsbok
THE FARM
FARMER
ANGUS'
CHEESE PLATTERS
FRESH
SALADS
SANDWICHES

Lieblingsort

Wochenendvergnügen – Markt im Hafen von Hout Bay ▶ Karte 2, A 3

Mit der Biscuit Mill in Woodstock fing es an, aber der **Bay Harbour Market** hat das Konzept des Wochenendmarkts eindeutig perfektioniert. Ohne Zweifel der beste Weekend Market in und um Kapstadt. Am Wochenende finden sich viele Besucher im vorher vernachlässigten und heruntergekommenen Hafen von Hout Bay ein. In ehemaligen Lagerhallen gibt es Essensstände, Dutzende Biere vom Fass, Wein, sehr guten Kaffee, Klamotten, Souvenirs – alles einzigartig und individuell, hier ist kein Platz für Massenware. Die Atmosphäre ist authentisch und spiegelt das relaxte Lebensgefühl von Hout Bay prima wider. Bei Livemusik am Nachmittag kann man hier gut und gerne ein paar Stündchen verbringen.

Bay Harbour Market: 31 Harbour Rd., Hout Bay, Tel. 083 275 55 86, www.bayharbour.co.za, Fr 17–21, Sa/So 9.30–16 Uhr.

eine Hängebrücke erreichbaren Deck House.
California Dreaming – **The Bay Hotel:** 69 Victoria Rd., Camps Bay, Tel. 021 437 97 01, 430 44 44, www.thebay.co.za, DZ mit Frühstück ab 2500 Rand. Kalifornisch anmutendes Luxushotel mit einer fantastischen Aussicht aufs Meer. 78 Zimmer.
Schöne Suiten – **Ambiente Guest House:** 58 Hely Hutchinson Av., Camps Bay, Tel. 021 438 40 60, www.ambiente-guesthouse.com, DZ mit Frühstück 1720–2300 Rand, Winter-Specials. Die beiden Deutschen Marion und Peter besitzen das kleine *guest house* mit den drei Afrikasuiten schon länger, und da sie selbst häufig im südlichen Afrika unterwegs sind, können sie ihren Gästen wertvolle Tipps geben.
Klein und edel – **Ocean View Guest House:** 33 Victoria Rd., Bakoven, Tel. 021 438 19 82, www.oceanview-house.com (Website auch auf Deutsch), DZ mit Frühstück ab 975 Rand. Im Grünen, unterhalb des Tafelbergs gelegenes, edles *guest house,* eigener Fluss, Meerblick, alle Zimmer mit exklusiver Ausstattung, deutscher Besitzer.

Essen & Trinken

Fantastische Aussicht – **The Roundhouse:** Kloof Rd., The Glen, Camps Bay, Tel. 021 438 43 47, www.theroundhouserestaurant.com, Di 18 bis spät, Mi–Sa 12–14.30, 18 bis spät, So 12–15, Fr–So auch 9–11.30 Uhr (Frühstück). 8-Gänge-Menü 775 Rand, 5-Gänge-Menü 665 Rand. Das Roundhouse verbindet ausgezeichnetes Essen und exzellenten Service mit historischem Ambiente und grandioser Aussicht. Kein Wunder, dass es zu den Top-Ten-Restaurants des Landes zählt. Serviert wird französisch-provenzalisch beeinflusste Küche mit lokalen, frischen Zutaten, fast ausschließlich aus Bio-Anbau. Tipp: Frühstück im Freien, bei schönem Wetter an rustikalen, aussichtsreichen Holzbänken.

An den Stränden ist Badespaß garantiert

Teuer, aber mit eigenem Strand – **The Grand Café and Beach:** Hull Rd., Granger Bay, Tel. 072 586 20 52, www.grandafrica.com, tgl. 12 bis spät, Hauptgericht 110–900 Rand. Eine alte Bootshalle wurde hier in einen megatrendigen, ausgefallen dekorierten Esstempel verwandelt. Wer sich das Essen nicht leisten möchte, nimmt vielleicht nur einen Cocktail am kleinen Privatstrand im Liegestuhl zu sich. Schon die Location ist an sich eine Sehenswürdigkeit.

Lichtblick – **Sotano:** 121 Beach Rd., Mouille Point, Tel. 021 433 17 57, www.sotano.co.za, tgl. 7–22.30 Uhr, Hauptgericht 90–460 Rand. Mediterranes Ambiente und Blick auf Südafrikas ältesten Leuchtturm und den Atlantik. Bei Einheimischen wegen des herrlichen Sonntagsfrühstücks beliebt. Im unteren Bereich des La Splendida Boutiquehotels untergebracht.

Sehr trendig – **Café Caprice:** 37 Victoria Rd., Camps Bay, Tel. 021 438 83 15, www.cafecaprice.co.za, tgl. 9 Uhr bis spät, Hauptgericht ca. 68–115 Rand. Auf der Karte locken leckere Gerichte wie der Apostle Hamburger; in schöner Lage an der Strandpromenade. Treffpunkt für prominente Kapstädter, Hollywoodstars und fast unwirklich schöne Models.

Aktiv

Badefreuden im Atlantik – **Sandy Bay (bei Llandudno):** Seit vielen Jahren ist dies Kapstadts inoffizieller Nacktbadestrand, den man von Llandudno aus erreicht. Er ist bei als Wanderern getarnten Voyeuren sehr beliebt.

Llandudno: Der kleine Sandstrand mit Granitblöcken (Abb. S. 9) ist berühmt für seine spektakulären Sonnenuntergänge.

Oudekraal: Bei Familien und Tauchern wegen der tiefen Felsenpools, kleinen Sandstrände und dem Schiffswrack ein Favorit.

Bakoven: Der kleine Strand mit fantastischer Aussicht auf die Bergkette der Twelve Apostles bietet spektakuläre Sonnenuntergänge und ist somit ein Topkandidat für einen *sundowner.*

Camps Bay: Bei diesem palmengesäumten Sandstrand kommen kalifornische Beach-Gefühle auf, denn am Strandboulevard herrscht eine sehr hohe Harley- und Cabrio-Dichte.

Clifton: An Südafrikas berühmtestem Strand finden sich Kapstadts schönste Bronzekörper ein, allesamt nur rudimentär textil verhüllt; alle Topmodels der Stadt zieht es zu diesem Fleck, und viele Männer sind ob der visuellen Reizüberflutung froh, dass das Wasser eiskalt ist.

Sea Point: Die Strände sind stark besucht, die Geschäfte zahlreich vertreten, dafür ist die Natur eher spärlich. Die Strandpromenade mit ihren Rollerblade-Piloten erinnert an Venice Beach in Kalifornien.

Tauchen rund ums Kap

Kapstadt bietet zwar nicht die besten Tauchgründe des Landes, lohnt sich aber trotzdem sehr. Aufgrund der kühlen Atlantiktemperaturen fallen die Neoprenanzüge hier etwas dicker aus. Tolle Tauchgründe sind die **Coral Gardens** in der Nähe von **Oudekraal, Schiffswracks** vor **Hout Bay** und **Smitwinkels Marine Reserve.** Im Atlantik taucht es sich besser im Sommer nach einem Southeaster, im Winter bietet sich eher die erstaunlich warme **False Bay** an. Tauchgänge kosten etwa vom Boot aus 600 Rand, von der Küste ca. 450 Rand und nochmals ca. 550 Rand für das Leihen der Ausrüstung. Internationale Tauchscheine sind günstiger zu erwerben als anderswo.

Das Beste auf einen Blick

Weinland

Highlights!

Die Weingüter rund um Constantia: Hier begann Südafrikas Weinbau vor knapp 400 Jahren. Auf den wunderschönen, kapholländischen Weingütern Steenberg, Groot Constantia, Klein Constantia, Buitenverwachting und Constantia Glen, lassen sich die edlen Tropfen stilvoll genießen. S. 162

Franschhoek: Ein kleines Stück Frankreich in Südafrika. Das Erbe der französischen Einwanderer sorgt für reichlich Charme, der gute Wein tut sein Übriges. Dies ist der Ort im Weinland für einen romantischen Ausflug. S. 171

Auf Entdeckungstour

Auf historischen Pässen – im Weinland: Der Bain's Kloof Pass ist nach seinem berühmten Erbauer benannt und ein veritabler Ausflug in die Vergangenheit, als Pferdekutschen den Bergübergang zwischen Wellington und Ceres benutzten. Heute ist er zwar geteert, aber immer noch eng und holprig. S. 186

Kultur & Sehenswertes

Stellenbosch: Entlang der Dorfstraße – Dorp Street – stehen etliche wunderbar restaurierte, kapholländische Häuser aus der Pionierzeit der europäischen Besiedlung. S. 177

Tulbagh: Die Church Street wird von 32 weißen kapholländischen Häuschen flankiert und ist die einzige Straße Südafrikas, in der jedes Gebäude unter Denkmalschutz steht. S. 190

Aktiv unterwegs

Boland Hiking Trail: Kapstadtnahe Wanderung zwischen Bergen und Wein. S. 170

Butterfly World: Kinderfreundlich ist die Schmetterlingswelt, wo Dutzende der schönsten Falter der Welt herumflattern. S. 184

Genießen & Atmosphäre

Essen in Franschhoek: In der Gourmet-›Metropole‹ Südafrikas fällt es schwer, einen speziellen Restauranttipp abzugeben. Hier kann man fast nirgendwo danebenliegen. S. 174

Goatshed: Ein Ort zum gemütlichen Mittagessen wie aus dem Bilderbuch ist das Weingut Fairview. Auf den Gaumen warten neben exzellenten Tropfen auch 25 verschiedene, vor Ort gereifte leckere Käsesorten. S. 189

Abends & Nachts

La Colombe: Ein Candle-Light-Dinner in diesem preisgekrönten Sterne-Restaurant in der Constantia-Weinregion ist ein kulinarisches Highlight. S. 165

Historisches Herz des Weinbaus

Von Constantia, wo vor über 300 Jahren der erste Kap-Wein gekeltert wurde, geht es entlang der Küste der False Bay nach Somerset West. Über spektakuläre Bergpässe erreicht man die historischen Weinstädte Franschhoek, Stellenbosch, Paarl und Tulbagh. Hier pflegt man eine jahrhundertealte Weinbautradition. In schönen Landhotels und Restaurants können die edlen Tropfen in Ruhe genossen werden.

Am Ende des 18. Jh. waren die Nachkommen der Weinpioniere bereits unvorstellbar reich. Die Kriege in Europa, vor allem die Französische Revolution, ließen dort so manche Weinquelle versiegen, und die Kap-Winzer konnten erstmals große Mengen nach Übersee absetzen. Vor allem die Engländer liebten die Sherrys, Port- und Dessertweine, die ihnen halfen, die feuchtkalten Winter besser zu ertragen. Die roten Constantia-Süßweine waren so beliebt, dass der französische König Louis Philippe den gesamten Jahrgang von 1833 aufkaufte.

Es gibt keine Aufzeichnungen darüber, wie der berühmte Wein damals hergestellt wurde. In Labortests einiger in englischen Kellern entdeckten Flaschen wurde ein Alkoholgehalt von 13,42 % in den roten und 15,01 % in den weißen Constantia-Dessertweinen analysiert, der Zuckergehalt in beiden lag bei stolzen 128 g pro Liter! Der Geschmack entsprach einem delikaten Sultaninenlikör. Zu den historischen Fans gehörten Friedrich der Große, Bismarck wie auch die holländischen und britischen Könige. Napoleon trank auf St. Helena eine Flasche am Tag, und kurz vor seinem Tod bat er noch um ein letztes Glas.

In den 1980er-Jahren wurden Abkömmlinge alter Van-der-Stel-Reben entdeckt und auf dem Gut Klein Constantia gepflanzt. Seither gibt es den *Vin de Constance* wieder. Unbedingt probieren, so viele gekrönte Häupter können sich nicht irren.

Mit den Erlösen aus den Weinverkäufen in der Vergangenheit entstanden die wunderschönen Anwesen, die das Weinland so attraktiv machen. Die alten kapholländischen Bauten wurden erweitert, ausgebaut, die heute nahezu unbezahlbaren Inneneinrichtungen aus *yellow-* und *stinkwood* kamen dazu.

Südafrikanische Winzer haben oft mit landestypischen Problemen zu kämpfen, über die ihre Kollegen aus Baden, Württemberg, Franken oder der Pfalz nur schmunzeln können. So reduzieren Paviane häufig die Erträge, wenn die Trauben in den Mägen der gefräßigen Primaten verschwinden.

Weingüter rund um Constantia ! ▸ B 5

Auf der M 63 geht es in südöstlicher Richtung aus Kapstadt hinaus. Rund um Constantia, eines der nobelsten Wohnviertel Kapstadts, liegt Südafrikas älteste Weinregion. Im 17. Jh. wurden hier erstmals Trauben zu Wein gekeltert.

Steenberg Estate

Das älteste Weingut ist das von Steenberg, wo sich heute ein berühmter Golfplatz und ein elegantes Hotel befinden. Nach wie vor wird hier auch Wein gekeltert, Steenberg ist berühmt für seine Chardonnays und Sauvignon Blancs. Die Farm Steenberg, früher Swaaneweide, gehörte einst dem Kap-Gouverneur Simon van der Stel, bis er sie seiner ›Freundin‹, der aus

Deutschland eingewanderten Katharina Ustings, vermachte. Die junge Lübeckerin überlebte nicht nur die strapaziöse Schiffspassage von der Hansestadt ans Kap, sondern auch ihre ersten drei Ehemänner, was ihr einen legendären Ruf einbrachte.

Swaaneweide ist Afrikaans und bedeutet Schwanenwiese. Die ersten Weißen an diesem Ort hatten die hier wild vorkommenden ägyptischen Gänse für (in Afrika nicht natürlich beheimatete) Schwäne gehalten. Katharina und ihr vierter Ehemann bauten ihr erstes Haus auf der Farm im Jahr 1682.

Groot Constantia

Tel. 021 794 51 28, www.grootconstantia.co.za, Weinproben und Weintouren tgl. 10–17 Uhr

Simon van der Stel zog sich zeitgleich auf seinen Ruhesitz, das benachbarte Weingut Groot Constantia, zurück. Dort begann er mit der Produktion der heute weltberühmten Constantia-Weine. Von den klimatischen Verhältnissen her bietet Constantia eine Traumlage: viel Sonne, kombiniert mit den kühlenden Seewinden vom Atlantik, die den Reifeprozess der Trauben etwas verzögern – ideale Voraussetzungen für Winzer, die sehr edle Tropfen keltern und Qualitätsweine produzieren wollen.

Das **Herrenhaus** von Groot Constantia (hört zu den schönsten der gesamten Kap-Provinz. Eine mächtige Eichenallee führt vom Eingangsportal auf das *manor house* (Herrenhaus) zu. Besucher müssen jedoch vorher auf einen der Parkplätze des Gutes ausweichen.

Infobox

Die schönsten Weinrouten

Auf fast jedem Weingut werden Weinproben angeboten. Die Website **www.wine.co.za/tour** stellt alle Weinrouten vor, mit dazugehörigen Karten zum Anklicken. Besonders sehenswert sind die Weingüter um Constantia (citynah und historisch; hier begann der Weinbau!), Franschhoek (Wine & dine; Gourmet-›Metropole‹), Stellenbosch und Paarl (die beiden Klassiker in toller Berglandschaft, www.paarlwine.co.za).

Infos

Helderberg Tourism Bureau: 186 Main St., South Vines, Somerset West, Tel. 021 851 40 22

Franschhoek Wine Valley & Tourist Association: 70 Huguenot Rd., Tel. 021 876 36 03, www.franschhoek.org.za. Infos zu Übernachtungen und Weinproben.

Vignerons de Franschhoek: 62 Huguenot Rd., Tel. 021 876 28 61, www.franschhoekwines.co.za, Mo–Fr 8–17, Sa 9–17, So 9–16 Uhr. Informationen zu Weinproben und Verkaufsstellen.

Stellenbosch Tourism Bureau: 36 Market St., Tel. 021 883 35 84, www.stellenboschtourism.co.za, Mo–Fr 8.30–17, Sa 9–15, So 11–14 Uhr.

Stellenbosch Wine Route Office: 36 Market St., Tel. 021 886 43 10, www.wineroute.co.za (Website auch auf Deutsch), Mo–Fr 8.30–13, 14–17 Uhr. Infos zur Weinstraße und zu Weinproben.

Paarl Tourism Bureau: 216 Main St., Tel. 021 872 48 42, www.paarlonline.com, Mo–Fr 9–17, Sa 9–13, So 10–13 Uhr. Sehr hilfsbereites Personal.

Tulbagh Information: 14 Church St., Tel./Fax 023 230 13 48, www.tulbagh.net. Informationen zu Weingütern, Restaurants und Unterkünften.

Heilige Hallen: Weinkeller im Weinland

Zu Fuß gelangt man geradewegs zu dem prächtigen Gebäude im schönsten kapholländischen Stil. Vor dem künstlichen Teich soll ab und zu der Geist von Simon van der Stel lustwandeln. Wahrscheinlich passiert das immer dann, wenn die Weinproben besonders ausgiebig geraten. Der Bauherr und ehemalige Kap-Gouverneur hat bis zu seinem Tod 1712 hier gelebt. Nach seinem Ableben wurde die ursprüngliche Constantia-Farm aufgeteilt in Groot Constantia, Klein Constantia und Buitenverwachting.

Groot Constantia erlebte seine Blütezeit zwischen 1778 und 1885, als es im Besitz der Familie Cloete war. Das einstöckige, reetgedeckte Anwesen in der klassischen kapholländischen U-Form wurde 1925 durch einen Brand fast völlig zerstört. Nach einer gelungenen Restaurierung erstrahlt das mit Möbeln aus dem 18. Jh. ausgestattete Haus heute wieder im alten Glanz.

Wer sich für die Geschichte des Weinbaus am Kap interessiert, sollte das kleine **Weinmuseum** (tgl. 10–17 Uhr) besuchen. Es führt den Besucher bis in die vorchristliche Zeit zurück und bestätigt wieder einmal, dass bereits die alten Griechen und Römer gerne dem Wein zusprachen.

Klein Constantia

Tel. 021 794 51 88, www.kleinconstantia.com, Mo–Fr 10–17, Sommer Sa 10–17, So 10–16, Winter Sa 10–16.30 Uhr, So geschl., Kellerführung n. V.

Das benachbarte Gut Klein Constantia steht etwas im Schatten von Groot Constantia. Die historischen Gebäude sind zwar bescheidener, aber trotzdem sehr hübsch und den Besuch wert.

Buitenverwachting

Klein Constantia Rd., Tel. 021 794 51 90, www.buitenverwachting.co.za, tgl. 9–17 Uhr, Führungen durch die Keller 11, 15 Uhr

Das Weingut Buitenverwachting (Afrikaans für: jenseits aller Erwartungen) produziert fruchtig-frische Chardonnays und Sauvignon Blancs, die an weiße Burgunder erinnern.

Constantia Glen
Constantia Main Rd., Tel. 021 795 56 39, www.constantiaglen.com, tgl. 10–17 Uhr
Eines der neueren Weingüter der Region und eine gute Alternative zu den Constantia-Klassikern. Unbedingt eine der leckeren Käse- und Schinken-/Wurstplatten zur Weinprobe dazu bestellen.

Übernachten

Kapholländischer Luxus – **Cellars-Hohenort Country House Hotel:** Constantia, 93 Brommersvlei Rd., Tel. 021 794 21 37, www.cellars-hohenort.com, DZ mit Frühstück ab 4100 Rand. Absolut ruhig, mitten in Constantia gelegen; luxuriöses Hotel, dessen Weinkeller aus dem 17. Jh. stammt. Mitglied in der Hotelvereinigung Relais & Châteaux.
Ruhige Lage – **Villa Coloniale:** 11 Willow Rd., Tel. 021 794 20 52, www.villacoloniale.com, Luxussuiten für 2 mit Frühstück ab 3200 Rand. Ruhig, mitten im Constantia-Weingebiet gelegenes, stilvolles historisches Gästehaus. Cornelia und Raymond, das golfbegeisterte Deutsch-Schweizer Besitzerpaar kümmert sich engagiert um die Gäste.

Essen & Trinken

Provenzalisch – **La Colombe:** Silvermist Wine Estate, Constantia Nek, Tel. 021 794 23 90, www.lacolombe.co.za, tgl. Lunch 12.30–14, Dinner 19–20.45 Uhr, Menüs ab 870 Rand. Ausgezeichnetes Essen in einem Restaurant im provenzalischen Stil auf dem Gelände des Silvermist-Weinguts. Die Speisen sind auf riesigen Schiefertafeln aufgelistet, sehr nette Bedienungen. 2014 eröffnete das populäre Restaurant direkt hinter dem Constantia Nek, also nicht mehr ganz in Constantia. Daher eine kulinarische Bereicherung für das hinter dem Berg liegende Hout Bay, 2015 wurde es schon zu den Top Ten des Landes gewählt.
Deutsche Küche – **Raith Gourmet:** High Constantia Farm Stall, Main Rd., Tel. 021 794 17 06, www.raithgourmet.com, Mo 9–16, Di–So 8–16 Uhr, Hauptgericht um 60 Rand. ›Zweigstelle‹ von Raith Gourmet im Garden Center in Kapstadts City. Für Kap-Deutsche ist die Metzgerei mit Imbiss im alten Farmladen von Constantia ein lukullischer Wallfahrtsort. Wer Leberkäsbrötchen, Debrecziner, Brezeln, Laugenstangen und Käsekuchen vermisst, kommt hierher.

Einkaufen

Gut versorgt – Die oben beschriebenen **Weingüter** verkaufen ihre eigenen Anbauprodukte vor Ort, die Weine gibt es dort auch flaschenweise.
Alles unter einem Dach – **Constantia Village Shopping Centre:** Constantia Rd., Tel. 021 794 50 65, www.constantiavillage.co.za, Mo–Fr 9–18, Sa 9–17, So 9–14 Uhr. Die Mall wurde komplett modernisiert und bietet viele tolle Geschäfte und Restaurants.

Somerset West ▸ C 5

Südlich von Constantia trifft die Straße bei Muizenberg auf die False Bay und führt an ihr entlang nach Osten, auf die steil aufragende, gezackte Bergkette der Hottentots Holland Mountains zu. In den ersten drei Monaten jeden Jahres verwandelt sich das Städtchen Somerset West überragende Helderberg in ein rotes Blütenmeer. Viele Blumen liebende Touristen tummeln sich dann auf dem Rundwanderweg des 245 ha großen **Helderberg Nature Reserve,** um die Disa-Orchideen zu bewundern.

Vergelegen Wine Estate
Lourensford Rd., Tel. 021 847 13 34, www.vergelegen.co.za, Weinverkostung Tel. 021 847 13 37, tgl. 9.30–16.30 (Verkauf bis 17) Uhr, Führung tgl. 11.30, 15 Uhr (keine Kinder)
Etwas außerhalb von Somerset West liegt das **Vergelegen Wine Estate.** Vergelegen bedeutet ›weit weg‹, denn zu Ochsenwagenzeiten war es ein weiter Weg vom Weingut bis nach Kapstadt. Auch Vergelegen ist im kapholländischen Stil erbaut worden. Zum Bau des prunkvollen Anwesens beschäftigte Willem Adriaan, der Sohn Simon van der Stels und sein Nachfolger im Amt des Kap-Gouverneurs, illegal 600 Sklaven der Niederländisch-Ostindischen Kompanie. Trotz ihrer Verdienste um den südafrikanischen Weinbau blieben und bleiben die beiden Gouverneure wegen ihres Einsatzes von Sklaven der VOC umstritten. Die Kap-Bürger rebellierten schließlich gegen ihre korrupten Oberen und wurden sie auch tatsächlich los. Willem Adriaan ging im April 1708 ins Exil, sein Vater starb im Juni 1712. Von da an nahmen die freien Kap-Bürger ihre Geschicke mehr oder weniger selbst in die Hand.

Vom Dach des achteckigen, in einen Hügel integrierten Weinkellers hat man eine gute Aussicht. Der Blick reicht weit über die False Bay bis hin zur Kap-Halbinsel und über die Weinberge zu den Hottentots Holland Mountains, die es auf dem weiteren Weg ins Herz des Weinlandes zu überwinden gilt.

Übernachten

Historisches Landgut – **Erinvale Estate Hotel:** Somerset West, Lourensford Rd., Tel. 021 847 11 60, www.erinvale.co.za, DZ mit Frühstück ab 1600 Rand. Fantastische Lage, historisches Cape-Dutch-Gebäude, stilvolle Zimmer, zwei Restaurants.

Günstig, aber stilvoll für Selbstversorger – **Smart Stay Apartments:** 17 & 18 Pintail Way, Tel. 083 285 98 69, www.smart-stay.co.za, Apartments je nach Größe und Saison ab 750 Rand. Ein deutsches Pärchen hat hier ein Haus mit netten, voll ausgestatteten Apartments für Selbstversorger.

Essen & Trinken

Architektonisches Meisterwerk aus Glas und Stahl – **Waterkloof:** Waterkloof Wine Estate, Sir Lowry's Pass Rd., Tel. 021 858 14 91, www.waterkloofwines.co.za, Winter Mi–Sa (Frühling/Sommer auch Mo/Di) Küche 12–14, 19–21, So 12–14, Zwei- bzw. Drei-Gänge-Menü 370/480 Rand, Degustationsmenü 900/1100 Rand mit oder ohne Weinpaarung. Und der ganze Tisch muss es buchen. Exzellentes Essen gepaart mit grandioser Aussicht über die Weinberge von Somerset West und die False Bay in einer wunderbaren Symphonie aus Glas, Stahl und Beton – errichtet oben auf der Kante eines Hügels.

Olivenparadies – **95 at Morgenster:** Morgenster Estate, Vergelegen Av., Tel. 021 204 70 48, www.95atmorgenster.com, www.morgenster.co.za, Di–So 12–15.30, Do–Sa 19–21.30 Uhr, Hauptgerichte um 180 Rand. In Kooperation mit dem italienischen Promi-Koch Giorgo Nava, der in Kapstadt die kulinarischen Highlights »95 on Keerom« und »Carne« besitzt, eröffnete dieses Gourmet-Restaurant auf dem Weingut Morgenster, das neben exzellenten Tropfen auch preisgekrönte Oliven und Olivenöle produziert, die zu den besten des Landes gehören. Diese können hier auch probiert werden. Drinnen oder auf der Terrasse werden die delikaten Gerichte mit eigenem Wein serviert.

Im Namen des Pferdes – **Equus Restaurant:** Cavalli Stud and Wine Farm,

Strand Rd., R 44, Tel. 021 855 32 18, www.cavallistud.com, Mi–Sa 12–15, 18.30–21.30, So 12–15 Uhr, Hauptgericht mittags 110–150 Rand, abends ab 145–190 Rand. Pferde sind das dominante Thema in diesem Edelrestaurant, das einem Architekturmagazin entsprungen zu sein scheint. Die Küche ist exzellent. Rechtzeitig vorbuchen.

Termine

Helderberg Festival of Lights: Dez.–Jan., Somerset West. In den Straßen von Somerset West blinkt und funkelt die aufwendigste Weihnachtsbeleuchtung der ganzen Kap-Provinz.

Über die Berge nach Franschhoek ▸ C 5

Kurz hinter Somerset West schlängelt sich die gut ausgebaute Verbindungsstraße N 2 den **Sir Lowry's Pass** hoch, den ersten Bergübergang dieser Tour. Wie viele Bergstraßen der Kap-Provinz begann auch diese ihre Existenz zunächst als Wildwechsel, später wurde der Weg dann von den Buschmännern genutzt. 1828 ließ Gouverneur Sir Lowry Cole schließlich eine Passstraße bauen, allerdings ohne vorher die Genehmigung des Londoner Kolonialbüros einzuholen. Als die englischen Bürokraten deswegen drohten, sein Gehalt zu konfiszieren, kamen ihm die Kapstädter Bürger zu Hilfe und boten ihm an, für seine finanziellen Verluste aufzukommen. Daraufhin machte die Londoner ›Zentrale‹ einen Rückzieher.

Durch den Bau der Straße war das kaum besiedelte Hinterland mit dem ›Marktplatz‹ Kapstadt und seinem Hafen verbunden, und Südafrika hatte seine erste ordentliche Passstraße. Bei klarer Sicht bietet sich vom **Aussichtspunkt** (402 m) ein toller Blick über die gesamte Kap-Halbinsel und die Cape Flats bis zu Kapstadts Wahrzeichen, dem Tafelberg.

Bei **Grabouw,** im fruchtbaren Groenland Valley, zweigt die R 321 zum **Viljoens Pass** ab. Grabouw ist das Zentrum des Elgin District, eines berühmten Apfelanbaugebietes. An der Kreuzung empfiehlt sich ein kurzer Stopp am **Orchard Elgin Country Market.** Frisch gestärkt mit allerlei Leckereien geht es anschließend auf der mittlerweile recht eng gewordenen Straße über den Viljoens Pass. Der Verkehr nimmt immer mehr ab. Links und rechts gedeihen Apfelbäume, deren Früchte – Granny Smith und Golden Delicious – auch für europäische Gaumen keine Unbekannten sind. Vorbei am gewaltigen Wasserreservoir des **Theewaterskloof Dam** führt der Weg auf die Berge zu. Schließlich schlängelt sich die Straße in spektakulären Kurven hinauf auf den 701 m hohen **Franschhoek Pass** – ein straßenbaulicher Höhepunkt der Kap-Provinz. Oben heult zwischen schroffen Felsen der Wind, unten liegt Franschhoek mit seinen sattgrünen Weinfeldern. Von hier aus fliegen oft Kapstadts Paraglider zu Tal. Weniger gefährlich, doch nicht minder beeindruckend, windet sich die Straße in vielen Kurven nach unten.

Übernachten

Coole Wohnwagen – **Old Mac Daddy Airstream Trailer Park:** Elgin Valley, Tel. 021 844 02 41, www.oldmacdaddy.co.za, Wohnwagen für 2 Personen So–Do 975 Rand, Fr/Sa, Fei und Schulferien mindestens 2 Nächte, 1575 Rand/Nacht. Die ländliche Version des Airstream-Trailer-Parks in Kapstadts Long Street. Auch hier wird in indi-

Lieblingsort

Über den Franschhoek Pass im Weinland ► C 5

Über den gut ausgebauten Franschhoek Pass im Weinland zu cruisen gehört zu den Höhepunkten eines Kap-Trips. Zum besonderen Erlebnis wird die Tour mit einem legendären, polternden, hubraumstarken Zweizylinder unterm Hintern, einer Harley. Die amerikanischen Maschinen kann man, einschließlich Ausrüstung, in Kapstadt für einen oder mehrere Tage mieten (s. S. 26).

viduell von verschiedenen Künstlern designten klassischen, amerikanischen Airstream-Wohnwagen genächtigt. An jeden von ihnen wurde ein Häuschen mit Wohnraum und Badezimmer angebaut. Die Aussicht ins Tal ist fantastisch. Achtung: Die obersten Wohnwagen Yellow Submarine, Secret life of plants und Dirkie Sanchez sind nur über eine lange steile Treppe zu erreichen. Am einfachsten gelangt man zu Birdy und Love Cake direkt am Stausee.

Boland Hiking Trail – Wanderung ▸ C5

Start/Ziel: Hottentots Holland Nature Reserve, Parkplatz Nuweberg ca. 14 km von Grabouw und der N2, Länge 43,6 km, Dauer 3 Tage, anstrengender Rundwanderweg, Kontakt: Cape Nature Conservation, Tel. 021 659 35 00, www.capenature.co.za, 40 Rand Eintritt/Person, 310 Rand/Person für die beiden Hüttenübernachtungen. Wer nur einen Teil gehen möchte, hat die Wahl zwischen zwei verschiedenen Routen: Boegoekloof Trail (24 km; 8 Std.) und Palmiet Trail (6 km; 2 Std.), s. Variante als Tagestrip S. 171

Tag 1: Die erste Tagesetappe führt **von Nuweberg zur Landdroskop-Hütte** (12 km, 3–4 Std.). Vom Parkplatz folgt man zunächst etwa 4 km einem Jeep Track, dann wird es ernster. Es geht steil nach oben zu einer Felsformation, die aufgrund ihres Aussehens **Sphinx** getauft wurde. Hier ist Halbzeit, ein guter Platz für eine Pause mit Aussicht. Mit viel Fantasie kommt das hin. Der Pfad ist gut mit aufgemalten Fußabdrücken gekennzeichnet. Der Weg, der hier **Palmietpad** genannt wird, trifft unterhalb der Gipfel des Nuweberg und Landdroskop auf den **Palmiet River,** der vor allem im heißen Sommer eine willkommene Erfrischung bietet. Die Hütten tauchen dann rechts auf, aber nicht zu früh freuen. Die Entfernung täuscht etwas, es ist noch ein ganzes Stück zu laufen. Vor allem, weil es noch einmal runter und wieder rauf geht. Die **Hütten Landdroskop** und **Shamrock** sind Wandergruppen-Unterkünfte mit vier Zimmern, Stockwerkbetten und zentralem Gemeinschaftsraum mit Feuerplatz. Grillplätze befinden sich vor den Hütten.

Tag 2: Am nächsten Tag geht es **von Landdroskop nach Boesmanskloof** (17,6 km, 7 Std.). **Wer abkürzen möchte,** kann auch von hier zurück auf den Jeep Track nach **Nuweberg** (8 km, 2 Std.) absteigen. Die **Drei-Tages-Wanderung** geht runter zum **Riviersonderend River** und quert diesen über eine **Hängebrücke bei Red Hat Crossing.** Unbedingt hier in den **natürlichen Pools** schwimmen. Denn danach geht es wieder schweißtreibend steil nach oben. Der Blick in die Schlucht ist atemberaubend. Als Nächstes steigt man dann zu einem anderen Fluss hinunter, in die **Suicide Gorge,** einen beliebten *kloofing*-Ort (s. auch Xtreme Adventures s. S. 131). Hier findet sich mit **Pootjiespool** das schönste Felsenbad des Trails. Wer genug Mut hat, rutscht den bemoosten Wasserfall hinunter. Bevor es wieder steil bergauf geht, noch die Wasserflaschen füllen, da es bis zu den Hütten kein Wasser mehr gibt. Die Ausblicke zurück von **Noordekloof** und die **Gipfel von Nuweberg, Landdroskop** und **Somerset-Sneeukop** sind beeindruckend und Lohn der Mühe – vor allem im letzten Nachmittagslicht, wenn die Felsen fast blau schimmern. Die Proteen sind hier wunderschön. Steil geht es hinunter ins Tal. Die recht heruntergekommene **Boesmanskloof-Hütte** wurde neben einer Hängebrücke errichtet.

Tag 3: Am nächsten Tag wird es einfach, die **Orchard Route** genannte Stre-

cke von Boesmanskloof zurück nach Nuwekloof ist nur 14 km lang, für die man 2–3 Std. einplanen sollte. Unterwegs gibt es wieder Felsenpools, oder, für jene, die im Winter laufen, heiße Duschen am **Parkplatz Nuweberg.**
Variante als Tagestrip: Wie alle Wanderwege im Reservat beginnen die beiden gut ausgeschilderten Tagestouren hinter dem Parkbüro, bei Nuweberg. Sie sind Teil des Boland Trails. Der erste Teil des **Boegoekloof Trails** folgt sowohl dem Palmiet Trail als auch der ersten Etappe des Boland Trails. Die anspruchsvolle Tageswanderung führt durch einen Canyon (Kloof), den der Palmiet River geschaffen hat. An der Brücke nicht den Fluss queren, sondern weiter an seinem Ufer entlang und weiter den Canyon hinaufgehen. Zwischendurch muss man durch Felsenpools schwimmen. Eine tolle Erfrischung im Sommer.

Der **Palmiet Trail** ist deutlich einfacher. Nach 4 km am Palmiet River entlang ist ein wunderbarer Sandstrand erreicht.

Beide Tageswanderungen führen zum Jeep Track, auf dem man dann zum Ausgangspunkt zurückgelangt.

Franschhoek ! ▸ C5

Nicht nur der Name erinnert an Frankreich, das kleine Städtchen mit seinen Bistros und Cafés sieht auch so aus und könnte ebenso gut irgendwo in der Provence liegen. Dass der Wein oft besser und wesentlich günstiger ist als im ›echten‹ Frankreich, ist ein weiterer Pluspunkt, der nicht nur frankophilen Reisenden gut bekommt. Etliche Weingüter bieten in Führungen und Proben Einblicke in den Weinbau der Region.

Eine dramatische Entwicklung in Europa ist für die Gründung des Ortes und für den Qualitätsschub des Kap-Weins verantwortlich zu machen. Der französische König Ludwig XIV. erklärte 1688 das Edikt von Nantes, das allen Einwohnern die Glaubensfreiheit versprach, für ungültig. Überall in Frankreich begann daraufhin die gnadenlose Jagd auf die

Wanderung auf dem Boland Hiking Trail im Hottentots Holland Nature Reserve

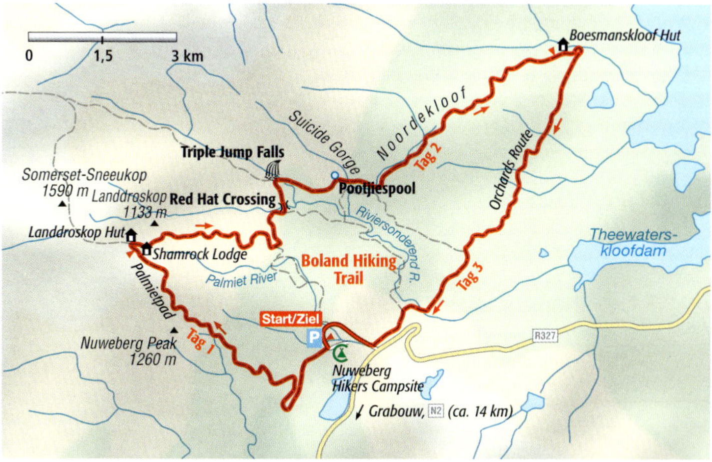

Hugenotten – es ging um Leben und Tod. 164 von ihnen gelang auf Schiffen der Niederländisch-Ostindischen Kompanie die Flucht nach Kapstadt. Sie ließen sich in der heute *french corner* genannten Gegend um Franschhoek nieder. Frankreichs Verlust war ein kultureller Gewinn für das Kap, wo bis dahin nur 600 holländische und deutsche *free burgher* lebten.

Manche der Hugenotten, die aus dem Süden Frankreichs stammten, waren mit dem Weinbau vertraut und betrieben dieses Handwerk in ihrer neuen Heimat weiter. Alle neun damals von ihnen gegründeten Farmen haben auch heute noch mit Weinbau zu tun: La Dauphine, Burgundy, La Bir, Champagne, Cabrière, La Terre de Luc, La Cotte, La Provence und La Motte. Viele traditionelle Afrikaner-Familien tragen die Namen der damaligen hugenottischen Einwanderer: Malan, de Villiers, Malherbe, Roux, Barre, Thibault und Marais. Französisch sind heute allerdings nur noch die Speisekarten einiger Restaurants in Franschhoek abgefasst, die einstige Muttersprache spricht hier sonst niemand mehr.

Mindestens eine Übernachtung sollte in Franschhoek eingeplant werden, schon wegen der frischen Croissants, die in den kleinen Hotels und Bed-&-Breakfast-Unterkünften jeden Morgen gereicht werden.

Sehenswertes

Hugenotten-Denkmal

Linker Hand der Ecke Huguenot/Lambrecht St., gegenüber dem Huguenot Museum, Straße in Richtung Franschhoek Pass

An die Hugenotten und ihr Vermächtnis erinnert das Hugenotten-Denkmal, das 1988 zum 250. Jahrestag der Landung der französischen Flüchtlinge eingeweiht wurde. Das stattliche, trotzdem filigran wirkende Granitmonument birgt viel Symbolik. Dominant sind die drei eleganten Bögen, die die Heilige Dreifaltigkeit darstellen sollen, überragt von einer goldenen Sonne (Rechtschaffenheit) und einem einfachen Kreuz (Treue). Vor den Bögen steht eine weibliche Figur, die eine Bibel in der rechten und eine zerbrochene Kette (Religionsfreiheit) in der linken Hand hält. Sie trägt ein Blumen geschmücktes Kleid (Adel), steht mit gespreizten Beinen auf der Erde (geistige Freiheit) und wirft ihren Umhang ab (Unterdrückung). Weitere Symbole sind die Harfe (schöne Künste), ein Bündel Getreide, ein Rebzweig (Landwirtschaft) sowie ein Spinnrad (Industrie).

Huguenot Memorial Museum

Lambrecht St., Tel. 021 876 25 32, www.museum.co.za, Mo–Sa 9–17, So 14–17 Uhr, 10/2, Studenten 5 Rand

Im 1976 eröffneten **Huguenot Memorial Museum** sind viele Möbelstücke der frühen französischen Siedler ausgestellt. Das Gebäude selbst ist eine Rekonstruktion des 1791 nach Entwürfen des Franzosen Louis Thibault erbauten, eleganten Cape-Dutch-Anwesen Saasveld, das einst in Kapstadts Kloof Street stand. Nach dessen Abbruch wurden Holz, Fenster, Türen und Steine des Hauses von der Tafelbucht nach Franschhoek transportiert, um dort das heutige Museumsgebäude zu errichten.

Weingüter

Haute Cabrière

Cabrière Estate, Tel. 021 876 36 88, 876 85 00, www.cabriere.co.za, Proben & Kellertouren Mo–Fr 9–17, Sa, Fei 10–16, So 11–16 Uhr (vorherige Anmeldung für die Tour mit Sabrage am Sa: Tel. 021 876 85 00)

Das Hugenotten-Denkmal in Franschhoek

Achim von Arnims **Haute Cabrière** ist weit über die Stadtgrenzen hinaus für seine edlen Schaumweine bekannt, der Hausherr außerdem für seine eher unkonventionelle, aber publikumswirksame Art, die Flaschen zu öffnen. Statt einfach den Draht, der den Korken festhält, zu entfernen, schlägt er den Hals der Flasche mit dem Säbel ab. Auf Französisch wird das *sabrage* genannt. Neben den Schaumweinen, die nach dem Gründer des Weinguts, dem Hugenotten Pierre Jourdan, benannt sind, ist Haute Cabrière vor allem für seine Pinot-Noir-Rotweine berühmt, die man unbedingt probieren sollte.

Plaisir de Merle

Simondium, Tel. 021 874 10 71, www.plaisirdemerle.co.za, Proben: Mo–Fr 8.30–17, Sa 10–16 Uhr

Das Gut wurde 1693 von Charles Marais gegründet, das Herrenhaus – ein wunderschönes Beispiel kapholländischer Architektur – stammt aus dem Jahr 1764. Unbedingt probieren: Cabernet und Merlot.

Übernachten

Provenzalischer Luxus – **Le Quartier Français:** 16 Huguenot St., Tel. 021 876 21 51, www.lqf.co.za, DZ mit Frühstück ab 4200 Rand. Neben komfortablen Zimmern mit handbemalten Bettdecken im Provencestil gibt es eine Gourmetküche. Tipp für Frischverheiratete ist die Honeymoon Suite mit eigenem Swimmingpool.

Idyllischer Garten – **Akademie Street Boutique Hotel and Guesthouse:** 5 Akademie St., Tel. 082 517 04 05, www.aka.co.za, DZ mit Frühstück ab 3200 Rand. Ein verwunschener Garten mit überwucherten Pfaden macht dieses kleine Etablissement mit seinen fünf luxuriösen Gästehäuschen so beliebt. Gelatenheid ist ein doppelstöckiges Refugium mit Badewanne unter Bäumen.

Schöner wohnen – **Allée Bleue:** Groot Drakenstein, an der Kreuzung R 310/R 45, zwischen Boschendal und Franschhoek, Tel. 021 874 1021, www.alleebleue.co.za, DZ mit Lounge und Frühstück ab 2070 Rand. Exklusive Übernachtungsmöglichkeiten in histori-

Mein Tipp

Mein Tipp – Babylonstoren Wine Farm
Diese Weinfarm, benannt nach einem charakteristischen Felsen, der sich auf ihrem Gelände befindet und dem Turm von Babel ähneln soll, hat den wohl schönsten Garten der Region und ist eine der ältesten im Land. Neben Hunderten von Blumen gibt es auch unzählige Gemüse- und Gewürzpflanzen. Gundula, die nette Gärtnerin, ist ebenso bunt gekleidet, wie der Garten blüht, und führt durch das grüne Reich. Dessen Produkte kommen direkt auf den Tisch des Babel-Restaurants. Bestehend aus coolem Glas und Stahl ist es im ehemaligen Kuhstall untergebracht, eine geniale Symbiose aus historisch und trendy. Die Speisekarte steht auf einer großen, weiß gekachelten Wand, dominert von einem riesigen Angusrind-Porträt. Die Tische sind mit Blumenkohl dekoriert und das Essen sowie die Getränke werden zum größten Teil nach den Farben Rot, Grün und Gelb bestellt, in die die Speisekarte aufgeteilt ist. Die Weinkarte ist klein, aber prima, die meisten Tropfen gibt es auch glasweise. Der Service ist aufmerksam und freundlich, aber nie aufdringlich. Bei schönem Wetter kann man im Freien sitzen. Die Gerichte sind ausgefallen mit teilweise interessanten Geschmackskombinationen. Auf Babylonstoren kann auch übernachtet werden, in zwölf modern eingerichteten, historischen kapholländischen Häuschen, die architektonisch ebenso gelungen sind wie das Restaurant. Solch ein Luxus ist leider nicht günstig.
Babylonstoren Wine Farm: R 44, Simondium Rd., Tel. 021 863 38 52 (8.30–17 Uhr), www.babylonstoren.com. **Garten** tgl. 9–17 Uhr, 10 Rand, geführte Gartentour tgl. 10 Uhr; Farm House Hotel: Suite mit Frühstück für 2 Personen 4300–7100 Rand; **Babel Restaurant:** Mi–So Lunch, Fr/Sa auch Dinner, Hauptgericht 155–215 Rand.
Anfahrt: Von Kapstadt über die N 1 bis zur Abfahrt (Exit) 47 Klapmuts. Am Stoppschild rechts Richtung Stellenbosch, über eine Kreuzung und Brücke, dann links auf die R 45 Richtung Franschhoek, nach 6 km liegt der Eingang zu Babylonstoren auf der rechten Seite.

schen Cottages auf der Weinfarm. Wunderbar dekorierte Zimmer, die das Alte geschickt mit Modernem kombinieren.
Tolle Aussicht – **La Petite Ferme:** Franschhoek Pass Rd., zwischen Pass und Ort links der Straße gelegen, Tel. 021 876 30 16/18, www.lapetiteferme.co.za, DZ mit Frühstück ab 1650 Rand. Die kleinen, schön eingerichteten Häuschen, für sich im Weinberg gelegen, verfügen jedes über eine eigene Terrasse und einen Pool; dank der Lage kommt hier noch Nachmittagssonne hin; reichhaltiges Frühstück im Cottage oder im angeschlossenen Restaurant.

Essen & Trinken

Spitzenklasse – **The Tasting Room at Le Quartier Français:** 16 Huguenot Rd., Tel. 021 876 21 51, www.lqf.co.za, tgl. Dinner ab 19 Uhr, Acht-Gänge-Menü ohne/mit Weinpaarung 850/1335 Rand. Die mehrfach preisgekrönte

Edelköchin Margot Janse präsentiert hier ihre afrikanisch angehauchten kulinarischen Kunstwerke in Acht-Gänge-Menüs. Gehört seit Jahren zu den San Pellegrinos 50 besten Restaurants der Welt, prämierte Weinauswahl.

Im Keller – **Haute Cabrière Cellar Restaurant:** Cabrière Estate, Lambrechts Rd., R 45, Tel. 021 876 36 88, 876 85 00, www.cabriere.co.za, Mai–Sept. Di–So 12–15 (Lunch), Fr/Sa auch 15–19 (Kleinigkeiten), 19–21 Uhr (Dinner), Okt.–April Di–Sa 12–15 (Lunch), 15–19 (Kleinigkeiten), 19–21 (Dinner), So nur Lunch, Hauptgericht um 160 Rand. Das in einem Keller untergebrachte Restaurant gehört zu den besten im gesamten Weinland. Alle Gerichte auf der Karte sind auch als halbe Portionen erhältlich und die ausgezeichneten Cabrière-Weine lassen sich glasweise bestellen. Tipp: Franschhoek Lachsforelle mit Pistazien- und Senfkörnerkruste, serviert mit Sahnespinat und Rotweinbutter. Die von Chefkoch Ryan Shell offerierten Sechs-Gänge-Menüs sind legendär.

Local Hero – **Reuben's:** Oude Stallen Centre, 19 Huguenot Rd., Tel. 021 876 37 72, www.reubens.co.za, tgl. 12–15, 19–21 Uhr, Hauptgericht um 130–200 Rand. Reuben hat eine echte ›Tellerwäscherkarriere‹ hinter sich – vom Kellner zum gepriesenen Gourmetkoch. Das Essen schmeckt prima, vor allem im Sommer im lauschigen Innenhof serviert.

Nur für Schwindelfreie – **Fyndraai:** Solms-Delta Wine Estate, Groot Drakenstein (von der R 45 ab), Tel. 021 874 39 37, www.solms-delta.co.za, tgl. 9–17 Uhr, Hauptgericht 115–180 Rand. Wer nicht ganz schwindelfrei ist, sollte beim Betreten des Restaurants nicht nach unten blicken. Der durchsichtige Boden gibt den Blick auf die ausgegrabenen Reste des alten Weinkellers von 1740 frei. Die Küche ist stark südafrikanisch beeinflusst, mit drei kulinarischen Stilrichtungen: Kapmalaiisch, Holländisch und Khoi.

Auf einem herrlichen Weingut – **Pierneef à la Motte:** La Motte Wine Estate, R 45, Tel. 021 876 88 00, www.la-motte.com, Di/Mi Lunch, Do/Fr Lunch, Dinner, Sa Frühstück, Lunch, Dinner, So Frühstück, Lunch, Juli/Aug. Do abends geschl., Hauptgericht 95–195 Rand. Traditionelle Kapküche mit einem modernen Twist machten das Pierneff mit Chefkoch Chris Erasmus zu einem der besten Restaurants im Land. La Motte selbst gehört zu den schönsten Gütern im Weinland.

Fischparadies – **Salmon Bar at the Yard:** The Yard, 38 Huguenot St., Tel. 021 876 45 91, www.salmonbar.com, Sommer Mo–Sa 8–21, So 8–17, Winter So–Do 8–17, Fr/Sa 8–21 Uhr, Hauptgericht 85 Rand. Die umbaute Veranda dieses modern gestylten Restaurants ist meistens sehr gut besucht. Ein Großteil der Menüzutaten kommt vom Three-Streams Smokehouse, ein Stück weiter die Straße hinunter. Die lokale Räucherforelle in Limonen-Thymian-Butter ist ebenso gut wie die Limonen-Chili-Nudeln mit heiß geräuchertem Lachs.

Delikate Kleinigkeiten – **The Living Room:** 16 Huguenot Rd., Tel. 021 876 21 51, www.lqf.co.za, tgl. 12–23 Uhr. Wem The Tasting Room zu kostspielig ist, der sollte den deutlich günstigeren und relaxteren Ableger The Living Room ausprobieren. Hier werden exzellente kleine Gerichte drinnen oder draußen serviert. Dabei ist der idyllische Garten hinter dem Restaurant deutlich ruhiger als die Tische zur Straße. 50–100 Rand je Snack.

Termine

Bastille Festival: Juli, www.franschhoek.co.za. Im Zentrum steht der Wein der umliegenden Weingüter, die auch einen Wettbewerb im Fassrollen *(barrel rolling)* austragen, s. auch S. 35.

Von Franschhoek nach Stellenbosch

▶ C 5

Auf dem Weg von Franschhoek nach Stellenbosch liegt ein weiteres sehenswertes Weingut, das bereits seit 1685 bewirtschaftet wird und dessen Tropfen bei Kennern sehr beliebt und geschätzt sind: **Boschendal Estate** (Pniel Rd., Groot Drakenstein, Tel. 021 870 42 11, www.boschendal.com, Weinproben tgl. 9–16.30, Sa 8.30–12.30 Uhr). Idyllisch sind die sonntäglichen Picknicks (Nov.–April) im Garten unter mächtigen, Schatten spendenden Eichen. Das ehemalige kapholländische Herrenhaus ist heute ein **Museum** (tgl. 9.30–17 Uhr, 20 Rand) mit wunderschönen Möbeln aus der Zeit der Niederländisch-Ostindischen Kompanie VOC.

Nach so viel Kultur darf es nun wieder etwas Natur sein: der nächste Pass. Sein zunächst vielleicht abschreckender Name – **Helshoogte** – täuscht. Die Straße ist zweispurig ausgebaut. Zu Zeiten der Ochsenwagen dürfte der gut 300 m hohe Bergübergang vom Drakenstein-Tal nach Stellenbosch allerdings noch ›höllisch hoch‹ gewesen sein.

Am Helshoogte Pass liegen auch die Weingüter **Delaire Graff Estate** mit dem Restaurant **Indochine** und **Tokara Wine Estate** mit dem Restaurant **Tokara**.

Essen & Trinken

Grandiose Aussicht – **Indochine:** Delaire Graff Estate, R 310, Helshoogte Pass, zwischen Franschhoek und Stellenbosch, Tel. 021 885 81 60, www.delaire.co.za, tgl. 12.30–14, 18.30–21 Uhr, Hauptgericht 285–300 Rand. Unglaubliche Architektur, die nur von der Aussicht geschlagen werden kann. Tolle Kunstgegenstände. Das asiatisch angehauchte Indochine in Blau und dunklem Holz gehalten, steht im Kontrast zum mit knallig orangefarbenen Sitzmöbeln gestaltetem Delaire Graff Restaurant des *estate*. Aromatische asiatische Gerichte, gepaart mit lokalen Weinen.

Berühmt – **Boschendal:** Boschendal Wine Estate, Pniel Rd., R 310, Groot Drakenstein, Tel. 021 870 42 74, www.boschendal.com. Verarbeitet werden Zutaten direkt von der Farm oder von kleinen Anbauern ganz in der Nähe.

Das **Werf Restaurant** (Tel. 021 870 42 06, Lunch Mi–So 12–14.30 Uhr, Dinner Fr/Sa 18–21 Uhr, Hauptgericht ab 190 Rand) befindet sich im alten Herrenhaus und serviert wird innovative, ländliche Küche, zubereitet mit den bestmöglichen Zutaten aus der Region: frisch gebackenes Brot, langsam gegrillte Rippchen und Fleisch von den Angusrindern der Farm. Oder wie wäre es mit hausgeräuchertem Fisch oder Fleisch?

Das **Rhone Homestead Restaurant** (Tel. 021 870 42 74, Sonntags-Lunch 12–14.30 Uhr, 280 Rand p. P., ohne Getränke) ist im 1795 erbauten ältesten Gebäude von Boschendal untergebracht. Hier gibt es ganzjährig das traditionelle sonntägliche Kap-Buffet.

The Farmshop & Deli (Tel. 021 870 42 76, Mo–Do 8–17, Fr–So 8–18 Uhr), das im alten Wagenhaus untergebracht ist, ist ein familienfreundliches Bistro. Es serviert leckere Frühstücke, Lunch und Nachmittagstee. Man sitzt im gemütlichen Restaurant oder draußen unter den alten Eichenbäumen. Im Laden gibt es das auf der Farm gezüchtete Angus-Rindfleisch, frisches Farmbrot, Mameladen und lokales Olivenöl.

Seit Jahren ist Boschendal berühmt für seine reichhaltigen Picknick-Körbe. **Le Pique Nique** (Picknickkörbe müssen 24 Std. vorher bestellt und zwischen 12.15 und 13.30 Uhr abgeholt werden, Tel. 021 870 42 72, 220 Rand p. P., 75 Rand für Kinder, ohne Getränke) serviert diese in den Sommermonaten auf den ausgedehnten Rasenflächen der Anlage. Es gibt Forellenfilets, Gemüse-Terrinen, Patés, Farmbrot, gegrilltes Huhn, Salate und hausgemachte Nachtische. Von Juni–August geschlossen.

Geschmackserlebnisse mit Weitblick – **Tokara:** Tokara Wine Estate, Helshoogte Pass, R 44, Tel. 021 885 25 50, www.tokararestaurant.co.za, Di–So 12–15, Di– Sa 18.30–21 Uhr, Hauptgericht 188–185 Rand. Richard Carstens ist bekannt für seine teils wahnwitzigen Geschmackskombinationen wie Kokosnuss-Pannacotta mit Koriandereis und Gurkensorbet oder Schokoladenmousse mit Basilikumeis, schwarzem Sesam und grünem Tee. Die Aussicht von der Restaurantterrasse ist fantastisch.

Blaue Stunde – **Bistro Allée Bleue:** Groot Drakenstein, Kreuzung R 310/R 45, zwischen Boschendal und Franschhoek, Tel. 021 874 10 21, www.alleebleue.com, So–Fr 8–17 Uhr, Lunch um 70 Rand, Hauptgericht 90–160 Rand. Schönes Bistro mit leckeren Gerichten, zubereitet mit auf der Farm angebauten Zutaten.

Empfehlenswerte Tropfen

Thelema Mountain Estate: Helshoogte Pass, Tel. 021 885 19 24, www.thelema.co.za, Weinproben Mo–Fr 9–17, Sa 10–15 Uhr. Cabernet Sauvignon und Chardonnay.

Kanonkop Estate: Elsenburg, Tel. 021 884 46 56, www.kanonkop.co.za, Weinproben Mo–Fr 8.30–17, Sa 8.30–12.30 Uhr. Cabernet Sauvignon und Pinotage.

Neil Ellis Wines: Jonkershoek Valley, Tel. 021 887 06 49, www.neilellis.com, Weinproben Mo–Fr 10–16.30, Sa, Fei 10–17 Uhr. Sauvignon Blanc.

Meerlust: Faure, Tel. 021 843 35 87, www.meerlust.co.za, Weinproben n. V., 50 Rand/Person, Weinverkauf: Mo–Fr 9–17, Sa 10–14 Uhr. Berühmt für den Rubicon, ein Cabernet/Merlot-Verschnitt.

Mulderbosch Vineyards: Koelenhof, Tel. 021 882 24 88, www.mulderbosch.co.za; Weinproben nach Vereinbarung (Tel. 021 881 81 40), Verkauf Di–So, Fei 10–18 Uhr. Chardonnay und Sauvignon Blanc.

Paul Cluver Estate: Elgin, Tel. 021 844 06 05, www.cluver.com, Weinproben Mo–Fr 9–12.30, 13.30–17, Sa 9–13 Uhr. Sauvignon Blanc und Pinot Noir.

Waterford Estate: Blaauwklippen Rd., Helderberg, Stellenbosch., Tel. 021 880 04 96, www.waterfordwines.com, Weinproben Mo–Fr 9–17, Sa 10–15 Uhr. Sauvignon Blanc, Chardonnay, Cabernet Sauvignon.

Zevenwacht: Langverwacht Rd., Kuilsrivier, Tel. 021 900 57 00, www.zevenwacht.co.za, Weinproben tgl. 8–17 Uhr. Shiraz, dazu hauseigener Käse.

Stellenbosch ▸ C 5

Als der Kap-Gouverneur Simon van der Stel in Südafrika ankam, lag unterhalb des Tafelbergs die einzige Siedlung der VOC. Anfang November 1679 machte er sich auf den Weg ins Landesinnere, wo er etwa 50 km von Kapstadt entfernt das Tal des Eersterivier (Erster Fluss) erblickte und als idealen Ort für eine weitere feste Ortschaft auserkor. Er gab der Siedlung seinen Namen: Stel-en-bosch – Stellenbosch. 1685 entstanden Kirche und Gerichtsgebäude sowie ein kleines Dorf mit eigener Verwaltung.

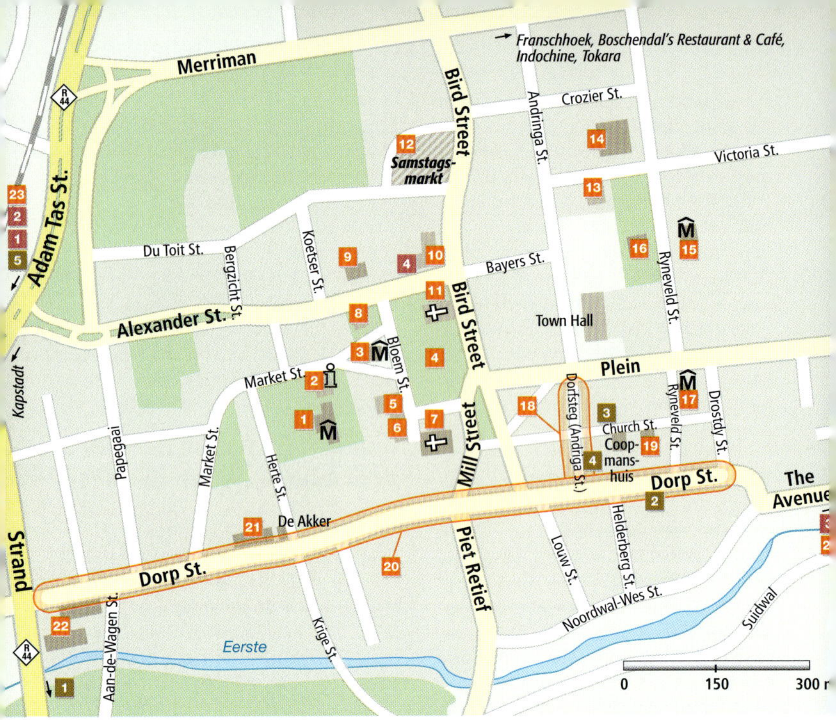

Stellenbosch ist damit die zweitälteste Stadt Südafrikas und wahrscheinlich die, deren Kern noch am besten erhalten ist – obwohl ab 1710 drei große Feuer das ganze Dorf in Schutt und Asche legten. Es wurde jeweils schnell wieder alles aufgebaut und mit der Zeit kamen etliche bauliche Veränderungen dazu. Die schönsten Häuser des Ortes stammen aus den Jahren 1775 bis 1820. Zu Beginn der Besiedlung pflanzten die freien Bürger reihenweise Eichen, die heute – groß und mächtig – das Stadtbild bestimmen und Stellenbosch den Beinamen Eikestad – Eichenstadt – eingebracht haben.

Stadtrundgang

Für den folgenden Stadtrundgang sollte man etwa einen Tag veranschlagen. Ohne den Schatten, den die alten Bäume spenden, würde ein Stadtrundgang im Sommer, wenn zwischen den Bergen kein Lüftchen weht, ein schweißtreibendes Unternehmen. Der **Rhenish Complex** (Toy and Miniature Museum, Leipoldt House) im Zentrum zählt zu den gelungensten Restaurierungsprojekten in Südafrika. An der Gebäudegruppe lässt sich ein gutes Stück der architektonischen Geschichte von Stellenbosch ablesen.

Toy and Miniature Museum 1

Ecke Herte/Market St., Tel. 021 887 29 48, Mo–Sa 9.30–17, So 14–17 Uhr, Mai–Aug. So geschl.

Als Erstes geht es zum alten, im schönsten kapholländischen Stil erbauten Pastorenhaus der Rheinischen Mission, das seit 1995 das Spielzeug- und Miniaturenmuseum beherbergt.

Stellenbosch

Sehenswert

1 Toy and Miniature Museum
2 Leipoldt House
3 Kruithuis
4 Die Braak
5 Rhenisch School
6 Rhenish Institute
7 Rhenish Church
8 Burgerhuis
9 Coachman's Cottage
10 Drostdy-Herberge
11 St. Mary's Anglican Church
12 Ehem. Bergzicht-Farm
13 Crozier House, Bergville House
14 Stellenbosch College
15 Sasol Art Museum
16 Erfurt House
17 Village Museum
18 Dorfsteg
19 Coopmanshuijs und Hofmeyrsaal
20 Dorp Street
21 Oom Samie Se Winkel
22 Libertas Parva
23 Spier Wine Estate
24 Lanzerac Wine Estate

Übernachten

1 Majeka House
2 Eendracht Boutique Hotel
3 D'Ouwe Werf
4 Stellenbosch Hotel
5 Zevenwacht Country Inn

Essen & Trinken

1 Rust en Vrede
2 Jordan
3 Postcard Café
4 The Terrace

Es hat sich auf Puppenhäuser und Automodelle spezialisiert und ist nicht nur für Kinder äußerst sehenswert.

Market Street

Auf dem Weg zur Braak ist das **Leipoldt House** 2 in der Market Street einen genaueren Blick wert – eine interessante Mischung aus kapholländischen und englischen Architekturelementen. Das zweistöckige Haus direkt daneben ist dagegen typisch englisch. Die beiden letzteren Gebäude lassen sich leider nur von außen besichtigen. Den Komplex ergänzen die einfacheren Kap-Häuser in der Market Street; in einem von ihnen befindet sich das **Stellenbosch Tourist Information Bureau.**

Hält man sich auf der Market Street rechts, kommt man zum **Kruithuis** 3 (Market St., Tel. 021 887 29 37, Mo–Fr 9.30–13, 13.30–17 Uhr, 5 Rand), dem 1777 erbauten früheren Pulvermagazin der VOC. Heute ist im denkmalgeschützten zweistöckigen Gebäude mit attraktivem Glockenturm und weiß verputzter Mauer ein **Museum** mit antiken Pistolen und Gewehren, Hieb- und Stichwaffen sowie Erinnerungsstücken an die VOC untergebracht.

Die Braak 4

Nun rückt bereits **Die Braak** ins Blickfeld, der 1703 angelegte Parade- und Marktplatz des Städtchens, der heute ein hübscher grasbewachsener Park im Zentrum ist. Um ihn gruppieren sich einige interessante Häuser, die ebenfalls zum Rhenish Complex gehören.

Bloem Street

In Blickrichtung zum Marktplatz liegen auf der rechten Seite der Bloem Street die **Rhenish School** 5 (Rheinische Volksschule, 1905), das **Rhenish Institute** 6 (Rheinisches Institut, 1862) und die 1832 errichtete **Rhenish Church** 7. Von den drei Gebäuden darf nur Letzteres besichtigt werden. Das Datum auf dem vorderen Giebel (1840) bezieht sich auf das Jahr des Erweiterungsbaus. Im Innern ist vor allem die filigran geschnitzte Kanzel sehenswert.

Am anderen Ende der Straße steht das **Burgerhuis** 8 von 1797, das erst Privat-, dann Pfarrhaus war und heute, von der Stadtverwaltung sachkundig restauriert, das Hauptquartier der Gesellschaft für den Erhalt historischer Häuser Südafrikas beherbergt.

Alexander und Bird Street

Auf dem weiteren Rundgang kommt der Besucher an vielen sehr hübschen historischen Gebäuden aus verschiedenen Epochen vorbei. Leider können nur die wenigsten dieser Häuser auch von innen besichtigt werden, da sie sich in Privatbesitz befinden.

In der Alexander Street steht das Ende des 18. Jh. erbaute **Coachman's Cottage** 9 (Kutscherhaus, Hausnr. 40), in dem allerdings nie ein Kutscher lebte. Auch die alte **Drostdy-Herberge** 10 (Ecke Alexander/Bird St.) ist nicht mehr das, was sie einmal war. Hier ist heute ein Einkaufskomplex untergebracht, der allerdings geschmackvoll in die alte Bausubstanz integriert wurde. Gegenüber steht die hübsche reetgedeckte **St. Mary's Anglican Church** 11, die im Jahr 1852 erbaut wurde. Der Glockenturm folgte erst 32 Jahre später, 1884.

In der Bird Street auf dem Gelände der **ehemaligen Bergzicht-Farm** 12 findet heute jeden Samstag ein bunter **Markt** statt.

Victoria Street

In der Victoria Street stehen nebeneinander zwei sehr schöne Häuser: das **Crozier** und das **Bergville House** 13, die sich beide in Privatbesitz befinden. Die doppelstöckigen, 1900 erbauten Gebäude weisen symmetrische Fassaden auf, auch die Verzierungen über der Kranzleiste sind typisch für die Zeit.

Als die Stadt 1879 ihr 200-jähriges Bestehen feierte, beschloss man, zu diesem Anlass das **Stellenbosch College** 14 zu bauen. 1886 wurde das beeindruckende neoklassische Gebäude fertiggestellt.

Sasol Art Museum und Erfurt House

Besichtigt werden darf das **Sasol Art Museum** 15 (Ryneveld St., Tel. 021 808 36 95, Mo–Fr 9–16, Sa 9–17, So 14–17 Uhr, Eintritt frei). 1907 wurde das Haus im holländischen Neo-Renaissance-Stil als Bloemhof-Mädchenschule erbaut. Heute ist dort eine Kunstgalerie untergebracht. Die weiß gerahmten roten Klinkersteine erinnern an das Rijksmuseum in Amsterdam.

Direkt gegenüber steht das **Erfurt House** 16, das mit seinem schmiedeeisernen Balkon als eines der elegantesten Häuser in Stellenbosch gilt.

Village Museum 17

18 Ryneveld St., Tel. 021 887 29 02, Mo–Sa 9.30–17, So 14–17 Uhr

Das **Village Museum** gibt dann endlich die Möglichkeit, typische Stellenbosch-Häuser auch einmal ausgiebig von innen zu besichtigen. Auf 5000 m^2 stehen hier im ältesten Bereich der Stadt vier schön restaurierte Originalhäuser aus verschiedenen Epochen.

Das 1709, 30 Jahre nach der Gründung Stellenboschs, erbaute **Schreuder House** ist das früheste Stadthaus Südafrikas. Es ist bereits auf der ältesten, 1710 entstandenen Zeichnung von Stellenbosch zu sehen und gehörte einst Sebastian Schreuder, einem in den Diensten der VOC stehenden sächsischen Soldaten. Der Charme dieses Hauses kommt von den dicken, weiß verputzten Wänden, dem offenen Feuerplatz in der Küche, den von den Dachsparren hängenden Zwiebeln, Kräutern und gesalzenen Trockenfischen sowie den primitiven Kap-Möbeln. Die Einrichtung steht im Kontrast zu den eher opulent ausgestatteten Heimen späterer Zeit.

Das um 1789 erbaute **Bletterman House** besitzt sechs Giebel und einen H-förmigen Grundriss. Die Möbel zeigen, wie ein wohlhabendes Stellenbosch-Heim zwischen 1750 und 1780 eingerichtet war. Kein Wunder, denn hier wohnte einst der letzte von der VOC in Stellenbosch eingesetzte Friedensrichter, Hendrik Bletterman, der

Seit 1904 gibt es den Krämerladen Oom Samie Se Winkel

kurz nach der britischen Besetzung des Kaps einzog und die neuen Machthaber verabscheute. Als er 1824 starb, richtete die Regierung ihre Büros hier ein. Die angegliederte **Scheune** diente nacheinander als Schule für Sklaven, als Theater, Pocken-Krankenhaus und bis 1979 als Polizeistation.

1803 erhielt das zweistöckige **Grosvenor House** sein jetziges Aussehen, die Grundsteinlegung geht jedoch auf das Jahr 1782 zurück. Zusammen mit dem Koopmans-De Wet House in Kapstadt ist es das am schönsten erhaltene Beispiel eines Patrizierhauses, von denen es in Stellenbosch einige gab. Das Innere ist mit elegantem, zwischen 1800 und 1830 üblichem Mobiliar bestückt.

Das **O. M. Bergh House** schließlich hatte ursprünglich ein reetgedecktes Dach und mehrere Giebel, ähnlich wie das Bletterman House. Im 19. Jh. erhielt es sein heutiges Aussehen. Damals wohnte die Familie Bergh hier, Nachkommen eines schwedischen Abenteurers namens Olof Bergh und seiner Frau Angela, einer befreiten Sklavin. Die eher schattigen Räume mit dunklen Tapeten und schweren Möbeln spiegeln den Zeitgeschmack zwischen 1840 und 1870 wider.

Vom Dorfsteg zur Dorp Street

Vom **Rathaus** an der Plein Street, 1941 in einem Pseudo-Kap-Stil erbaut, geht es hinüber zum **Dorfsteg** 18**,** der heute diagonal durch einen Häuserblock verläuft. Früher war hier der Mühlengraben, der sich durch ein malerisches Wohnviertel zur Nieuwe Molen (Neue Mühle) zog, an deren Stelle heute ein Supermarkt steht. Entlang dem Dorfsteg bringen nun nur noch die Blumenverkäufer etwas Farbe ins Bild.

In der **Church Street** (Kerkstraat) steht mit **D'Ouwe Werf** 3 nicht nur Südafrikas ältestes Hotel, sondern mit dem **Coopmanshuijs** (heute ein Fünf-Sterne-Boutiquehotel, www.coopmanhuijs.co.za) und dem **Hofmeyrsaal** 19 (39 Church St., heute ein Missionszentrum) bietet sie noch zwei andere feine Häuser.

Die von Eichen gesäumte **Dorp Street** 20 ist der Höhepunkt eines Stellenbosch-Rundgangs. Nirgendwo sonst in Südafrika gibt es eine größere Konzentration von historischen Häusern in einer Straße.

Oom Samie Se Winkel 21 (82/84 Dorp St., tgl. 9–17.30 Uhr) – Onkel Sammys Geschäft –, ein 1904 eröffneter viktorianischer Krämerladen, konnte sich trotz zahlreicher Supermärkte bis in die heutige Zeit halten. Allerdings hat er in letzter Zeit viel von seinem ursprünglichen Charakter verloren. Nichts ist mehr wild durcheinander gewürfelt, alles ist nun geordnet, es gibt einen bestimmten Weg, den Besucher durch den Laden gehen müssen. Das **Gartenrestaurant** serviert nach wie vor traditionell-südafrikanische Küche (Tel. 021 883 83 79, Hauptgericht 70 Rand) und ist immer noch gemütlich.

Auf der Ecke, rechts neben dem Laden, befindet sich **De Akker** (90 Dorp St., Mo–Sa ab 11 Uhr) ein Pub, in dem vor allem Studenten, von denen es während des Semesters etwa 12 000 in der Universitätsstadt gibt, gerne einkehren.

Libertas Parva 22

31 Dorp St., Tel. 021 887 34 80, Mo–Fr 9–12.45, 14–17, Sa 10–13, 14–17, So 14.30–17.30 Uhr, Eintritt frei

In dem eleganten kapholländischen Herrenhaus Libertas Parva aus dem Jahr 1783 ist sowohl die **Rembrandt van Rijn Art Gallery** (mit Werken bekannter südafrikanischer Maler) als auch – im ehemaligen Weinkeller – das **Stellenryk Wine Museum** untergebracht. Dort sind neben allem, was zum Weinbau gehört, noch einige VOC-Weinflaschen mit Originaletikett ausgestellt.

Weingüter

Spier Wine Estate 23

Lynedoch Rd., an der R 310, Tel. 021 809 11 00, www.spier.co.za, Weinproben tgl. 10–16 Uhr, Tel. 021 809 11 43/7, Eight to Go Deli tgl. 10–16.30 Uhr, Eight Restaurant Di–So 10–12 (Brunch), 12–15 (Lunch), 15–16.30 (Tee) Uhr, Tel. für beide 021 809 11 88

Das 1692 gegründete **Spier Wine Estate** am Ortsrand von Stellenbosch empfängt seine Gäste mit offenen Armen. Musikbands spielen vor den verschiedenen kleinen Restaurants. Im **Amphitheater** finden regelmäßig Open-Air-Konzerte, von Rock über Jazz bis Klassik, statt. Auf dem *estate* gibt es eine **Eulen- und Adlerwarte,** wo man zahme Vögel halten darf (Tel. 021 858 18 26, www.eagle-encounters.co.za, tgl. 10–17 Uhr, 75/65 Rand).

Fürs leibliche Wohl ist gut gesorgt. Im **Eight to Go Deli** können Gäste Picknickkörbe (ab zwei Personen) erstehen und deren Inhalt auf dem Rasen unter Schatten spendenden, mächtigen Eichen genießen. Man sucht vor Ort aus oder hat via Website vorbestellt (z. B. Gourmet, Relaxed, Vegetarian alle 395 Rand, Kinderpicknick 120 Rand). Außerdem werden regelmäßig Weinproben veranstaltet. Im **Eight Restaurant** gibt es in edlem Ambiente ein Gourmetbüfett zum Festpreis.

Lanzerac Wine Estate 24

Tel. 021 887 11 32, www.lanzerac.co.za, Kellertouren Mo–Fr 11–15 Uhr

Wer gerne in historischen Mauern nächtigt, sollte es einmal mit dem 300 Jahre alten **Lanzerac Wine Estate** probieren. Es ist heute eines der ältesten Landhotels Südafrikas. Die Weinberge rund um das Anwesen erbringen einen sehr guten Chardonnay.

Übernachten

Seit 1692 – **Lanzerac Manor** 24: Lanzerac Rd., Tel. 021 887 11 32, www.lanzerac.co.za, DZ mit Frühstück ab 3270 Rand. Kapholländisches Anwesen aus dem Jahr 1692, 48 Zimmer mit großzügigen, stilvoll eingerichteten Räumen. Die neu gebauten Zimmer sind ebenfalls eine gute Wahl. Das Restaurant ist weniger empfehlenswert, das hauseigene Pub mit Bier vom Fass dafür umso mehr.

Relaxter Luxus – **Majeka House 1**: 26–32 Houtkapper St., Paradyskloof, Tel. 021 880 15 49, www.majekahouse.co.za, DZ mit Frühstück ab 2420 Rand. Ein wunderbares Hotel in ruhiger Lage mit herrlich dekorierten Zimmern, einem sehr schönen Garten, einem Wellnesszentrum (Sanctuary Spa) und dem exzellenten Restaurant Makaron. Aufmerksamer, aber nie aufdringlicher Service. Sehr viel Understatement. Ein Highlight im Weinland.

Dörfliches Ambiente – **The Village at Spier 23**: R 310, Lynedoch Rd., Tel. 021 809 11 00, www.spier.co.za, DZ mit Frühstück ab 1900 Rand. Das Boutiquehotel im Spier-Weingut bietet 155 Zimmer in sehr geschmackvollem Dorf-Setting mit 32 verschiedenen Häuschen im kapholländischen Stil, Gärten, Innenhöfen, Wasserläufen und Sträßchen.

Neu, im alten Stil – **Eendracht Boutique Hotel 2**: 161 Dorp St., Tel. 021 883 88 43, www.eendracht-hotel.com, DZ mit Frühstück ab 1660 Rand. Im alten Stil erbautes, modern ausgestattetes *guest house* in der historischen Dorp Street.

Oldie but Goldie – **D'Ouwe Werf 3**: 30 Church St., Tel. 021 887 46 08, 887 46 26, www.ouwewerf.co.za, DZ mit Frühstück ab 1250 Rand. Ältestes Gasthaus im Land, Restaurant.

Historische Mauern – **Stellenbosch Hotel 4**: Ecke Dorp/Andringa St., Tel. 021 887 36 44, www.stellenboschhotel.co.za, DZ mit Frühstück ab 940 Rand (Website-Angebot). Das zwischen 1692 und 1701 erbaute Hotel grenzt an die historische Dorp Street; 27 hübsch restaurierte Zimmer, alle mit Bad.

In Sichtweite von Kapstadt – **Zevenwacht Country Inn 5**: Langverwacht Rd., Kuils River, Tel. 021 903 51 23, www.zevenwacht.co.za, DZ mit Frühstück ab 750 Rand. Grandiose Aussicht auf die Skyline von Kapstadt von diesem attraktiven Weingut aus; Country-Restaurant.

Essen & Trinken

s. auch Boschendal's Restaurant & Café, Indochine, Tokara S. 176.

Ruhe und Frieden – **Rust en Vrede 1**: Annandale Rd., Tel. 021 881 37 57, www.rustenvrede.com, Di–Sa ab 18.30 Uhr, Vier-Gänge-Menü 620 Rand, Sechs-Gänge-Menü 750 Rand. Gehört zu den besten Restaurants des Landes. Die Atmosphäre ist ruhig und elegant, ideal für eine romantische Verabredung. Tadelloser Service. Perfekter Sommelier. Das Essen basiert auf lokalen Produkten höchster Qualität.

Wunderbar gelegen – **Jordan Restaurant 2**: Jordan Wine Estate, Stellenbosch Kloof Rd., Tel. 021 881 36 12, www.jordanrestaurant.co.za, tgl. 12–15, Do/Fr auch 18.30–22 Uhr, Lunch Zwei-/Drei-Gänge-Menü 300/350 Rand. Gourmetküche auf einem kleinen, schönen Weingut. Offene Küche und Glastüren schaffen ein transparentes, lichterfülltes Ambiente. Saisonale Gerichte wie Entenbrust und Karoo-Impala. Es gibt außerdem einen begehbaren (!) Käseraum mit vielen lokalen Produkten. Schöne Aussicht auf die Berge und das Wasserreservoir.

Gourmet organisch – **Makaron 1**: 26–32 Houtkapper St., Paradyskloof, Tel. 021 880 15 49, www.makaronrestaurant.co.za, tgl. 7–10.30, 12–15.30, 19–21.30 Uhr, Hauptgericht 150–210 Rand. Lieblingsrestaurant des Autors in Stellenbosch. Alleine das Brotangebot mit Lavasalz vor dem Dinner ist schon den Besuch wert. Erstklassiger Service.

Mein Tipp

Die Schmetterlinge von Butterfly World

In Klapmuts, zwischen Stellenbosch und Paarl gelegen, befindet sich Butterfly World, das größte Freiflug-Schmetterlings-Refugium im Südlichen Afrika. Besucher sehen die Falter aus der ganzen Welt in einer tropischen Umgebung herumflattern. Und sie können sogar beobachten, wie sie aus ihren Kokons schlüpfen. Neben den Schmetterlingen gibt es noch Affen, Papageien, Schlangen und Spinnen zu sehen.

Butterfly World Tropical Garden: 36 Market St., R 44, direkt an der Klapmuts-Ausfahrt von der N 1, Tel. 021 875 56 28, www.butterflyworld.co.za, tgl. 9–17 Uhr, 72/41 Rand.

Praktisch alle Zutaten aus Bio-Anbau und Freilandhaltung. Der Kräuter- und Gemüsegarten liegt auf dem Grundstück. Fantastische Innenarchitektur.

Bistro mit Aussicht – **Postcard Café** 3 **:** Stark-Condè Wine Estate, Jonkershoek Valley, Tel. 021 861 77 03, www.postcardcafe.co.za, Mi–So 9.30–16 Uhr, Gerichte ca. 70–142 Rand. Kaffee, leckere Kuchen und leichte Gerichte in stilvoller, zeitgemäß-cooler Bistro-Atmosphäre. Tolle Lage und Aussicht im Jonkershoek Valley auf dem Stark-Condè-Weingut.

Urige Bierkneipe – **The Terrace** 4 **:** Alexander St., Tel. 021 887 19 42, tgl. 12–24 Uhr. Eine von Stellenboschs ›In‹-Kneipen, Terrasse mit Holzbänken im Freien, überschaubare Speisekarte, Pubgerichte um 60 Rand. Das ist eher ein Ort, um ein Bier zu trinken; ab 20 Uhr kostenlos Livemusik.

Aktiv

Gemächlich mit der Bahn – **Historische Eisenbahn:** Fahrt von Kapstadt zum Spier Wine Estate; Mi, Sa, Abfahrt ab Kapstadt 9.45, Rückkehr 19.15 Uhr; Infos bei Cape Town Tourism, Tel. 021 426 42 60.

Gut zu Fuß – **Stellenbosch Historical Walks:** Tel. 021 883 96 33. Stadtrundgänge durch Stellenbosch.

Termine

Oude Libertas Arts Programme: Jan.–März. Theatervorstellungen in einem Amphitheater in den Weinbergen.

Stellenbosch Food & Wine Festival: Tel. 021 886 48 67, www.wineroute.co.za/calendar, Ende Okt. Jedes Jahr werden in der Stadthalle von Stellenbosch Küche und Weinkeller der Kap-Region präsentiert, Wein zum Probieren und Kaufen.

Spier Summer Festival: Dez.–März, www.spier.co.za. Sommerfestival auf dem Spier-Weingut bei Stellenbosch mit Weinproben, Konzerten und Theatervorstellungen.

Paarl ▸ C 4/5

Als die ersten weißen Siedler vom Kap nach Norden zogen, um das Land zu erforschen, empfing sie eine Wildnis mit vielen Löwen, Nashörnern und Elefanten. In den folgenden Jahrzehnten verwandelte sich das Naturparadies unterhalb der glänzenden Felsen in eine Farmgemeinde, die 1720 nach dem *peerlberg* **Paarl** genannt wurde. Die ersten 23 Farmen wurden im Oktober 1687 am Berg River vermessen, und innerhalb eines Jahrhunderts entstand das neben Stellenbosch wichtigste Weinbauzentrum des Landes. Paarl ist heute mit gut

110 000 Einwohnern die zweitgrößte Stadt der Kap-Provinz.

Taal Monument

Paarl Mountain, Tel. 021 863 48 09, www.taalmonument.co.za, April–Nov. tgl. 8–17, Dez.–März tgl. 8–20 Uhr, 25/5 Rand

Am Ortseingang ragt am Berg das weiße **Taal Monument** in den blauen Himmel. Taal ist Afrikaans und bedeutet Sprache. Das Denkmal, drei miteinander verbundene Säulen und ein spitzer, 57 m hoher Turm, soll das Afrikaans, die einzige germanische Sprache, die in Afrika entstanden ist, symbolisieren. Jedes der vier Elemente der Skulptur erinnert an eine andere Gruppe, die zur Entstehung der Sprache beigetragen hat: Khoisan und Xhosa für den afrikanischen Part, die Sklaven aus der malaiisch-indonesischen Inselwelt und – dargestellt durch die höchste Säule – die ersten europäischen Siedler.

Afrikaans Language Museum

11 Pastorie Av., Tel. 021 872 34 41, www.taalmonument.co.za, Mo–Fr 8.30– 16.30 Uhr, 25/5 Rand

Als Straßendorf angelegt, eignet sich Paarl mit seiner 15 km langen Main Street nicht so gut für einen Stadtrundgang. Einige sehenswerte Häuser konzentrieren sich auf relativ kleinem Raum. Dazu gehört das Gebäude mit dem **Afrikaans Language Museum.** Hier wurde am 14. August 1875 verkündet, dass es eine neue Sprache am Kap namens Afrikaans gebe. Schon in den zwei Jahrhunderten zuvor war die Mischung aus Holländisch, Englisch, Französisch, Deutsch und Sprachen afrikanischer Völker gesprochen worden. Amtssprache war zu dieser Zeit immer noch Holländisch. Ab 1828, als die Briten die Macht am Kap übernahmen, sollte nur noch Englisch gesprochen werden. Der endgültige Durchbruch für Afrikaans kam erst am 8. Mai 1925, als es zweite Amtssprache wurde.

Oude Pastorie Museum

303 Main St., Tel. 021 872 26 51, Mo–Fr 9–17, Sa 9–13 Uhr, Eintritt frei

Gegenüber dem Museum erwartet das **Oude Pastorie Museum** die Besucher. Das Heimatmuseum von Paarl ist in der ehemaligen Pfarrei, einem 1714 erbauten Giebelhaus, untergebracht. Hübsche *stinkwood*-Möbel, Silber- und Kupfergegenstände.

Weingüter

In Paarl befindet sich mit der **Ko-operatieve Wijnbouwers Vereniging van Zuid Afrika** (**KWV Wine Emporium**, Kohler St., Tel. 021 863 38 03, www.kwv.co.za, Mo–Fr 8–16.30, Sa 8–13 Uhr, interessante Kellerführungen mit Weinprobe Mo–Sa 10.15 Uhr auf Deutsch, 10, 10.30, 14.15 Uhr auf Englisch) die größte Winzergenossenschaft der Welt.

Rund um Paarl liegen weitere Weingüter, die einen Besuch lohnen. Im wohl bekanntesten, **Nederburg,** einem wunderschönen, kapholländischen Anwesen findet alljährlich im April Südafrikas wichtigste Weinauktion statt (Sonstraal Rd., Tel. 021 862 31 04, www.nederburg.com, Besucherzentr./Museum Mo–Fr 9–17 (Okt.–April bis 18), Sa/So 10–16 Uhr, Führung Mo–Fr 10.30, 15, Mai–Sept. Sa 11, Okt.–April Sa/So 11 Uhr).

Der Kapstädter Anwalt Alan Nelson hat sich mit dem Weingut **Nelson's Creek Wine Estate** einen Traum erfüllt (Tel. 021 869 84 53, www.nelsonscreek.co.za, Weinproben Mo–Sa 9–16 Uhr, So nach Vereinb.; probieren: Chardonnay, Cabernet Sauvignon und Merlot). Nachdem seine Arbeiter den Nelson-Weinen durch ihren Einsatz zu mehreren Auszeichnungen verholfen ▷ S. 188

Auf Entdeckungstour: Auf historischen Pässen – im Weinland

Man findet sie überall im Bereich des Übergangs von der Ebene zu den abrupt ansteigenden Bergen der Großen Randstufe: Südafrikas historische Pässe wurden während des 19. Jh. von Andrew Geddes Bain und seinem Sohn Thomas Bain errichtet. Die Kutschenwege von einst stehen inzwischen unter Denkmalschutz.

Reisekarte: ▶ C 4/5
Planung: Ausgangspunkt für die Touren ist Paarl im Weinland (s. S. 184).
Zeit: Alle Touren sind mit dem Auto oder dem Motorrad an einem Tag zu schaffen.

Südafrikas ungeteerte Schotterpässe bieten abenteuerliche Ausflüge in die Vergangenheit. Während die meisten Kutschenwege über die Berge zwischenzeitlich modernisiert, verbreitert und asphaltiert wurden, blieben in der westlichen Kap-Provinz und auch im Weinland einige original erhalten, da sie unter Denkmalschutz stehen. Die Bergstraßen entstanden einst mit der unfreiwilligen Hilfe von Sträflingen. Die Arbeit war hart: Mangels Sprengstoff wurden große Felsen mit Feuer erhitzt und dann mit kaltem Wasser übergossen, um sie auf diese Weise zum Bersten zu bringen.

Straßen-Künstler

Die spektakulärsten Passstraßen der Kap-Provinz stammen von Andrew Geddes Bain und seinem Sohn Thomas. Letzterer baute insgesamt 24 Pässe, dreimal so viele wie sein Vater. Der Schotte A. G. Bain kam 1816 ohne Ausbildung ans Kap, wo er zunächst als Sattler arbeitete. Später versuchte er Handelsverbindungen mit den Tswana (Batswana) an der Grenze zu Botswana aufzubauen und kämpfte in einem der Grenzkriege 1834/35 gegen die Xhosa. Sein Interesse am Straßenbau, für den er offenbar ein Talent besaß, brachte ihm 1836 eine Verdienstmedaille für die Projektleitung beim Bau des Van Ryneveld's Pass ein. Danach arbeitete er ein paar Jahre lang auf seiner Farm, zwischendurch baute er die eine oder andere Straße für das Militär und andere Auftraggeber. Im Weinland liegen einige von Vater und Sohn Bain errichtete Pässe, die besonders reizvoll sind.

Bain's Kloof Pass

Ein guter Ausgangspunkt zur Erkundung der historischen Pässe der Weinregion ist Paarl. Auf der R 45 nach Norden ist der Nachbarort Wellington schnell erreicht. Hier wählt man die **R 303** Richtung Ceres, die über den in den 1850er-Jahren erbauten, nach ihrem Konstrukteur A. G. Bain benannten **Bain's Kloof Pass** auf 595 m Höhe hinaufführt. Die mittlerweile geteerte Straße zählt dennoch nach wie vor zu den eindrucksvollsten Pässen in Südafrika: Es handelt sich mit 30 km um die längste Bergstraße im Land, sie ist immer noch so eng und holprig wie eh und je, und sie bietet spektakuläre Ausblicke auf ein Wunderland an Felsformationen, Gipfeln und Bächen.

Du Toitskloof Pass

Von Paarl nach Worcester, Richtung Osten, führt eine gut ausgebaute Strecke. Liebhaber alter Passstraßen wählen jedoch den **Du Toitskloof Pass** als kurvenreiche Alternative zum N 1-Autobahntunnel. Der alte Pass (offiziell R 101) ist 11 km länger als die neue N-1-Route – und viel lohnenswerter. Dramatische Berglandschaften und Ausblicke ins Tal von Paarl lohnen den Umweg. Die ersten Arbeiter am Pass waren italienische Kriegsgefangene, die erst 1945 von ihrer Zwangsarbeit befreit wurden. Drei Jahre später war der Pass dann fertiggestellt (mit bezahlten Arbeitern aus der Gegend). Der Pass ist nach dem französischen Hugenotten François du Toit benannt, der hier eine Farm hatte.

Franschhoek Pass

Ein dritter, geradezu alpin anmutender Pass, ebenfalls von Bain geschaffen, steigt im gleichnamigen, lieblichen Weinort im Südosten von Paarl an: der **Franschhoek Pass** (Abb. S. 186). Perfekt geteert, erfreuen sich an ihm jedes Wochenende Motorrad- und Sportwagenfahrer. Oben heult zwischen schroffen Felsen der Wind, unten liegt Franschhoek mit seinen sattgrünen Weinhängen (s. S. 171).

Mein Tipp

Alles an einem Ort

Direkt neben dem bekannten Fairview Wine Estate findet sich **Spice Route.** Auf diesem **Weingut** bekommt man allerdings viel mehr als guten Wein. Auf der Spice-Route-Website findet sich eine interaktive Karte zu allen Highlights dieses ganz besonderen Landguts. Ob Brauerei, Schnapsbrennerei, Schokoladenmanufaktur, Bar, Biergarten oder Restaurant – alles gibt es hier.

Wer sich gefragt hat, wo der bayrische Braumeister Wolfgang Ködel, der jahrelang im Paulaner Biergarten an der Kapstadter Waterfront exzellente Biere braute, nach dessen Schließung geblieben ist, wird hier fündig. Für die **Cape Brewing Company CBC** (Tel. 021 863 22 70, www.capebrewing.co.za, tgl. 10-17 Uhr) braut er im großen Stil Superbiere, die es fast überall in Südafrika, aber vor allem am Kap, aus dem Zapfhahn gibt. Hier können alle Biere probiert werden, und der komplette Brauprozess bis zur Flaschenabfüllung ist hinter Glas sichtbar.

Ein Stückchen weiter gibt es Hochprozentigeres. Feinste Grappas gibt es hier bei **Wilderer Distillery** (www.wilderer.co.za) und in **La Grapperia** gibt es Flammkuchen und Pizza aus dem Holzofen (beide Tel. 021 863 43 67, tgl. 11.30–21.30/ Küche bis 20.30 Uhr).

Auch Schokolade und Kaffee kommen nicht zu kurz. In **De Villiers Artisan Chocolate Roastery & Espresso Bar** (Tel. 021 863 08 54, www.dvchocolate.com, tgl. 9–17 Uhr) wird die Schokolade direkt aus Kakaobohnen kreiert, der Kaffee täglich frisch geröstet. Die Aromen sind unbeschreiblich. Es gibt Schokoladenproben und Workshops (90 Min.).

Wem das noch nicht genug ist, der kann ins **Barley & Biltong Emporium** (Mo–Fr 11–17, Sa 10–18, So 10 Uhr, Küche bis 1 Std. vor Schließung), einen Biergarten, gehen oder ins **Bertus Basson Restaurant.**

Spice Route: Paarl, Suid Agter Paarl Rd., Tel. 021 863 52 00, www.spiceroute.co.za, www.spiceroutewines.co.za, Weinprobe tgl. 9–17 Uhr.

hatten, löste er 1997 ein Versprechen ein. Die Arbeiter erhielten Land, um eigenen Wein anzubauen – eine Premiere im von konservativen Buren beherrschten, südafrikanischen Weinbau. Die farbigen Arbeiter sind nun Landbesitzer und Winzer. Und die Weine sind ein Erfolg – auf der ganzen Welt.

Übernachten

Traumhotel in ebensolcher Lage – **Grande Roche:** Plantasie St., Tel. 021 863 27 27, Fax 021 863 22 20, www.granderoche.com. DZ mit Frühstück je nach Saison und Größe ab 3300 Rand. Eines der bekanntesten Luxushotels des Landes, unterhalb der Paarlfelsen und mitten in den Reben gelegen; zwei Swimmingpools, Fitnesscenter, Tennisplätze und kleine Kapelle.

Kapholländische Perle – **Palmiet Valley:** Klein Drakenstein, nördlich von Paarl, Tel. 021 862 77 41, www.palmietvalleyestate.co.za, DZ mit Frühstück ab 2500 Rand. Historisches, mit Antiquitäten eingerichtetes Herrenhaus auf ei-

nem Weingut, stilvoll restauriert, großer Swimmingpool, sehr ruhige Lage. Dinner (drei Gänge, 400–500 Rand/Person) auf Wunsch unter alten Eichenbäumen, acht Zimmer, eine Suite.
Historisches Gästehaus – **Lemoenkloof Guest House:** 396 Main St. (Ecke Malan Rd., Tel./Fax 021 872 37 82, www.lemoenkloof.co.za, DZ mit Frühstück ab 1680 Rand. Angenehme Atmosphäre in einem georgianischen Haus von 1820, 20 Zimmer, auf Wunsch Dinner. Die Stadt ist fußläufig zu erreichen.
Historisches Landgut – **Mountain Shadows:** von der Keerweder Rd. ausgeschildert, Tel. 021 862 31 92, www.mountainshadows.co.za, DZ mit Frühstück ab 1100 Rand. Das beeindruckende, kapholländische Anwesen wurde bereits 1693 urkundlich erwähnt, aber die Zimmer kombinieren durchaus moderne Elemente mit antiken Möbeln. Auf der Oliven- und Weinfarm werden viele Aktivitäten angeboten, es gibt sogar einen kleinen 6-Loch-Golfplatz.

Essen & Trinken

Der mit den Ziegen speist – **The Goatshed:** Fairview Wine Estate, Suid Agter Paarl Rd., Tel. 021 863 36 09, www.goatshed.co.za, tgl. 9–17 (Frühstück bis 11.15, Küche bis 16.30) Uhr, Hauptgericht ca. 80–170 Rand. Benannt nach den 400 Schweizer Bergschafen, die auf dem Weingut leben und u. a. zur Produktion der insgeamt 25 Käsesorten beitragen, die zusammen mit herrlichem, frisch gebackenem Brot auf den Tisch kommen. Nach Meinung des Autors einer der besten Orte für den Lunch im Weinland.
Schnörkeliges Dekor – **Juno Wine Bistro & Bakery:** 191 Main Rd., Tel. 872 06 97, www.junowines.com, Mo–Fr 6.30–18.30, Sa 7.30–15 Uhr, Hauptgericht um 75 Rand. Verspieltes Innendekor mit märchenhaften Wandmalereien. Antike Möbel und Kristallkronleuchter umgeben Gäste, die sich am den ganzen Tag über servierten Frühstück erfreuen. Die Sauerteig-Sandwiches sind genauso lecker wie die pochierten Eier mit frischem Lachs. Viele frische Zutaten von der Weinfarm Fairview. Bei schönem Wetter sitzt man unter Sonnenschirmen an der Straße, oder drinnen neben dem offenen Feuerplatz, wenn es kühler wird.
Aromatherapie – **Pappa Grappa:** Wilderer Distillery, Simondium, Tel. 021 863 35 55, www.wilderer.co.za, Di–Sa 11–21, So 11.30–17 Uhr. Gemütliches Restaurant mit schönem Garten, neben der bekannten Destillerie von Helmut Wilderer, wo ausgezeichnete und preisgekrönte Schnäpse gebrannt werden. Diese können in einer Probierstube verkostet werden. Sohn Christian führt das Restaurant, das berühmt ist für seine leckeren Flammkuchen (55–60 Rand). Ausgeschenkt werden Minibrauerei-Biere vom Fass und viele Weine aus der Region.

Termine

Alle Feste in Paarl im Netz: **www.paarlonline.com**, auf »Events« klicken.
Paarl Show: Ende Jan. Lokales Fest mit vielen Buden; neben leckerem Essen und Getränken wird hier auch Kunsthandwerk verkauft.
Weinfest in Paarl: Tel. 021 872 36 05. In der Kap-Provinz beginnt die Weinlese im April, deren Ende Paarl immer mit einem großen Fest feiert. Es gibt neuen Wein, Musik und viel gute Laune. Großer Parkplatz am Ortsanfang von Paarl; von hier kostenloser Shuttlebus zum Fest auf dem Paarl Mountain.
Bergriver Kanu-Marathon in Paarl: Juli. Dann führt der Berg River am meisten Wasser; anstrengender, viertägiger Kanu-Marathon.

Food and Wine Festival: 1. Aug.-Wochenende, in Malmesbury. Lokale Farmer offerieren ihre Produkte.

Von Paarl nach Tulbagh ▸ C 4/5

Eine dramatische Landschaft mit Felsen, Gipfeln und rauschenden Bächen breitet sich vor dem Besucher aus, wenn er über den historischen **Bain's Kloof Pass** fährt, der Wellington mit dem Breede River Valley verbindet (s. Entdeckungstour S. 186).

In **Tulbagh** sieht es so aus, als sei die Zeit stehen geblieben. Die Church Street wird von 32 makellosen kapholländischen Häuschen flankiert, eines schöner als das andere – allerdings noch nicht lange. Bis in die 1960er-Jahre wurden die Häuschen sehr vernachlässigt, Giebel waren entfernt worden, um die Dächer zu vergrößern, manche Leute hatten Balkone angebaut. Dann kam der 29. September 1969 und ein Erdbeben der Stärke 6,5 auf der Richterskala. Erst die Restaurierungsarbeiten offenbarten die ehemalige Schönheit der Gebäude. Ein Team aus Historikern und Architekten entwickelte ein Wiederaufbauprogramm, dessen Ergebnis heute bewundert werden kann. Die **Church Street** ist die einzige Straße Südafrikas, in der jedes Gebäude unter Denkmalschutz steht.

In der 1743 erbauten Kirche, dem ältesten Gebäude Tulbaghs, ist das **De Oude Kerk Volksmuseum** (4 Church St., ganzjährig Mo–Fr 8.30–17, Mai–Sept. erster/letzter Sa/So im Monat Sa 10–15, So 11–15, Okt.–April Sa 9–15, So 11–15 Uhr) untergebracht. Im Innern der Kirche finden sich viele viktorianische Ausstellungsstücke. Interessant sind die Fotos, die zeigen, wie Tulbagh nach dem verheerenden Erdbeben aussah.

Übernachten

Landhotel – **Tulbagh Hotel:** 23 Van der Stel Street, Tel. 023 230 00 71, www.tulbaghhotel.co.za, DZ mit Frühstück ab 1300 Rand. Schöne Zimmer und ein Speisesaal mit gemütlichem Feuerplatz gestalten den Aufenthalt hier auch im Winter angenehm. Sechs Zimmer mit Bad im eigentlichen Hotel, ein paar weitere im angrenzenden Witzenberg Manor sowie ein Häuschen für Selbstversorger auf der anderen Straßenseite.

Idyllische Wein- und Olivenfarm – **Wild Olive Farm:** an der R 46 zwischen Tulbagh und Ceres, Tel. 023 230 11 60, www.wildolivefarm.com, Häuschen für 2–6 Personen 750–950 Rand (keine Kreditkarten). Rustikale, komfortable Häuschen auf einer idyllischen Wein- und Olivenfarm. Man kann im Stausee schwimmen – eine Wohltat bei Sommerhitze. Außerdem lassen sich Forellen angeln oder Mountainbike-Touren in die Umgebung unternehmen.

Sehr ruhig gelegen – **Fynbos Guest Farm:** von der R 46 weg, zwischen Tulbagh und Ceres, Tel. 072 223 46 74, www.fynbosguestfarm.co.za, Cottages ab 750 Rand, Camping 110 Rand/Person. Die Farm ›produziert‹ die weltweit beliebten *fynbos*-Pflanzen, vor allem Proteen. Es gibt drei voll ausgestattete Häuschen *(cottages)* für Selbstversorger, dazu noch ein paar Caravans und Campingplätze.

Ferien auf dem Bauernhof – **Schalkenbosch:** Tel. 023 230 06 54, www.schalkenbosch.co.za, DZ mit Frühstück ab 650 Rand. Eine Farm aus dem Jahre 1792, 8 km von Tulbagh entfernt, mit reetgedeckten Häuschen, auch für Selbstversorger.

Essen & Trinken

Gemütlich – **The Belgian Kitchen:** 23 Church St., Tel. 082 905 53 90, Di–So

11–15, Di–Sa 18–22 Uhr, Hauptgericht 85–175 Rand. Ein alter gußeiserner Dover-Ofen verleiht dem Restaurant im ehemaligen Paddagang-Haus die richtige Atmosphäre. Die Küche hier ist Belgisch, mit dem daher obligatorischen Muscheltopf (ab 130 Rand). Es kommen aber auch andere Meeresfrüchte und Steaks auf den Tisch. Im Sommer leichte Gerichte im Freien.

Relaxtes Ambiente – **The Olive Terrace Restaurant:** 22 Van der Stel Street, Tel. 023 230 00 71, Mi–Mo 9–17 Uhr, Hauptgericht 75–135 Rand. Das Restaurant gehört zum Tulbagh Hotel. Gutes Preis-Leistungs-Verhältnis und man kann sehr schön draußen sitzen.

Verspielt – **Things I Love:** 61 Van der Stel St., Tel. 023 230 17 42, www.thingsilove.co.za, tgl. 8–17 Uhr, Fr, Sa bis spät, Gericht 40–75 Rand. Viel Hausgemachtes mit frischen, lokalen Zutaten wie Pies und griechisches Moussaka. Das gegrillte Freilandhuhn ist sehr lecker. Kleine Weinkarte. Angenehm-lockere Atmosphäre.

Mein Tipp

Ein kühles Bad

Auf dem Weg ins Breede River Valley (s. u.) liegt links das Tor zum Campingplatz **Tweede Tol,** wo es sich nach Zahlung eines kleinen Eintrittsgeldes herrlich in natürlichen Felsenpools im Fluss baden lässt. Bei der im Sommer herrschenden Hitze ein absoluter Genuss. Am Wochenende herrscht hier allerdings ziemlich viel Betrieb.

Termine

Tulbagh Arts Festival: meist letztes Okt.-Wochenende (www.tulbaghartsfestival.co.za). Zelebriert werden hier hauptsächlich die Weine der Region, aber auch lokale Spezialitäten wie Oliven; auch regionales Kunsthandwerk.

Erfrischend: Badestopp bei Tweede Tol am Fuß des Bain's Kloof Pass

Das Beste auf einen Blick

Westküste

Highlight!

Vogelinsel: Bei Lambert's Bay lassen sich Tausende von Kaptölpeln (dies ist einer von nur sechs Brutplätzen weltweit), Kormoranen und anderen Vögeln von einem Unterstand aus beobachten und fotografieren. Die Insel ist durch einen Steg mit dem Festland verbunden. S. 206

Auf Entdeckungstour

Robben Island: Südafrikas Alcatraz erlangte dadurch Berühmtheit, dass der einstige Staatsfeind Nummer eins und spätere Präsident Nelson Mandela dort 19 Jahre in Gefangenschaft verbringen musste. S. 196

Kultur & Sehenswertes

Evita se Perron: Evita Bezuidenhout ist ein Mann. Pieter-Dirk Uys, der schon während der Apartheid Politiker auf die Schippe nahm, tritt regelmäßig in seinem Domizil in Darling auf. S. 195

West Coast National Park: Zur Blumenblüte im Frühling strahlt der Park in überwältigender Farbenpracht. S. 195

Aktiv unterwegs

Postberg Wildflower Trail: Die Wanderung wartet im August/September mit einem Farbenrausch auf. S. 199

Kite- und Windsurfing: Zwischen Milnerton und Lambert's Bay testen viele Kitehersteller ihre Produkte. Das absolute Mekka für Wind- und Kitesurfer ist Langebaan. S. 201, 207

Dunes 4x4 Trail: In der ›Mini-Kalahari‹, einer privaten Geländewagenstrecke, kann man östlich von Lambert's Bay erste Sanderfahrungen sammeln. S. 207

Genießen & Atmosphäre

Luxuriöses Landleben in den Kersefontein Guest Cottages: Das kleine Glöckchen, mit dem der Hausherr die Angestellten ›ruft‹, erinnert an vergangene, viktorianische Zeiten. S. 201

Open-Air-Meeresfrüchte-Gelage: Im Strandloper in Langebaan werden mehrgängige Fischmenüs unter freiem Himmel am Strand serviert. Am besten einen guten Weißen in der Kühltasche mitbringen. S. 202, 205

Abends & Nachts

Bester Blick bei Nacht auf Kapstadt: In der coolen Table-View-Filiale von Primi Piatti kann man von einem Fensterplatz im ersten Stock die Lichter der Stadt und den beleuchteten Tafelberg bewundern. S. 194

Ruhige Idylle im Nordwesten

Die Westküste Richtung Norden ist touristisch deutlich weniger erschlossen als die Garden Route und die Küste am Indischen Ozean. Am Bloubergstrand bietet sich der schönste Blick auf die City von Kapstadt und den Tafelberg. Der West Coast National Park ist eines der wichtigsten Feuchtbiotope im Land. In Langebaan wird *seafood* über offenen Grills am Strand zubereitet. Und die besten Felshummer *(crayfish)* gibt's in Lambert's Bay.

Bloubergstrand ▸ B 5

Um von Kapstadt zum Bloubergstrand zu gelangen, folgt man am besten der N 1 Richtung Paarl und fährt dann bei der Abfahrt Milnerton auf die R 27. Vom **Bloubergstrand** aus gesehen – seinen Namen verdankt der Strand übrigens den blau schimmernden Bergen im Hintergrund – zeigt sich Kapstadts berühmter Hausberg, der Tafelberg, von seiner meistfotografierten Seite. Der Ort ist tatsächlich ideal: Der Parkplatz endet an den Klippen, an denen sich tosend die Wellen brechen, der Horizont wird vom Tafelberg beherrscht, **Robben Island** (s. Entdeckungstour S. 196) ist sehr gut rechts im Vordergrund zu erkennen.

Infobox

Langebaan Tourism Bureau: Bree St., Tel. 022 722 15 15, www.langebaan-info.co.za.
Lambert's Bay Tourism Bureau: Church St., Tel. 027 432 10 00, www.lambertsbay.co.za.

Essen & Trinken

Essen mit Aussicht – **Primi Piatti:** Table View, 14 Beach Blvd., Shop 7, Tel. 021 557 97 70, www.primi-piatti.com, Pizza/Pasta 55–135 Rand, Hauptgericht 99–178 Rand. Im ersten Stock ist die aussichtsreiche Table-View-Filiale der trendigen Primi-Piatti-Kette untergebracht – ein idealer Platz, um entspannt den Sonnenuntergang zu genießen. Fensterplatz vorher reservieren *(window table).* Coole Bedienungen.
In der Brandung – **On The Rocks:** Blouberg Strand, 45 Stadler Rd., Tel. 021 554 43 52, 554 19 88, www.seascapecollection.co.za, in der Saison Mo 16–22, Di–So 9–22 Uhr, Hauptgericht 55–295 Rand. Auf die Felsen am Strand gebaut; neben *seafood* auch Exotisches wie Krokodilschnitzel; die Crêpes sind sehr gut; Dinner-Reservierung notwendig, Fensterplatz mit fantastischem Tafelberg-Blick buchen!

Mamre ▸ B 4

Über **Melkbosstrand** geht es zurück auf die R 27 Richtung Norden, bis zur Kreuzung mit der R 307 Richtung Atlantis. Verträumt und kurvenreich schlängelt sich die Straße durch eine hügelige Landschaft, die ein bisschen an die Toskana im Herbst erinnert, nach **Mamre,** einer kleinen, 1808 von Deutschen gegründeten Missionsstadt. Der damalige Gouverneur Earl of Caledon war so begeistert von der Missionsgründung Genadendal, dass er die Herrnhuter bat, in Mamre, das vorher Groene Kloof (Grüne Schlucht) hieß, ebenfalls eine Station zu errichten.

Die schöne Kirche und die weiß verputzten, reetgedeckten Häuser sehen aus wie gemalt. Die Geistlichen halfen den völlig verarmten Khoi, ihren Lebensunterhalt selbst zu verdienen und sich selbst zu versorgen. Sie lehrten sie verschiedene Handwerke und vermittelten ihnen nebenbei christliche Lebensanschauungen. Die Männer arbeiteten in der Landwirtschaft, als Maurer, Schreiner, Gerber und Schmiede, die Frauen fertigten Hüte. Neben einem regelmäßigen Einkommen erlangten die Khoi dabei noch etwas zurück, was sie verloren hatten: Selbstvertrauen und Selbstachtung. Die von Pferden angetriebene Mühle wurde durch die heute noch existierende **Wassermühle** (Mo–Fr 9–12, 13–17 Uhr) ersetzt.

Darling ▸ B 4

In **Darling,** dem nächsten Ort auf dem Weg nach Norden, hat sich Pieter-Dirk Uys, Südafrikas bekanntester Kabarettist, häuslich niedergelassen und gleich sein eigenes Theater dazugekauft (s. Mein Tipp, rechts).

Im Frühling kommen Botaniker in und um Darling auf ihre Kosten. Obwohl der Ort streng genommen nicht mehr zum Namaqualand gehört, erstreckt sich dessen Blumengürtel bis hierhin. Im Norden dehnt sich der Blumengürtel bis zum Orange River aus.

Termine

Wildflower Festival: gegen Ende Sept., in Caledon. Eine der schönsten Blumenschauen der Kap-Provinz, dicht gefolgt von der **Wildflower Show** in Darling (ebenfalls Ende Sept.).

Mein Tipp

Don't cry for me South Africa

In dem winzigen, ehemaligen Bahnwärterhäuschen von Darling treten Pieter-Dirk Uys und andere südafrikanische Künstler regelmäßig vor etwa 40 Besuchern auf. Nach den Vorstellungen wird in **Evitas Kombuis** burische Hausmannskost serviert und im Duty Free Shop **Bapetikosweti** gibt es skurrile Evita-Souvenirs.

Evita se Perron: Old Darling Railway Station, Arcadia St., Darling, Tel. 022 492 28-31, -51, www.evita.co.za, Di–So 10–16 Uhr, Show-Termine s. Website, Tickets 90–120 Rand.

Yzerfontein ▸ A 4

Die R 315 verbindet Darling wieder mit der Hauptroute R 27, die über **Yzerfontein** zum West Coast National Park führt. Während der *snoek*-Saison erwacht der verschlafene Ort zum Leben. Dutzende von Schiffen laufen ständig voll beladen im kleinen Hafen ein und aus. Großhändler, aber auch Restaurant- und Ladenbesitzer aus Kapstadt kaufen die delikaten Fische direkt vom Boot. Unter lautstarkem Palaver fliegen sie in die mit Plastikfolie ausgelegten Pick-ups, die in ganz Südafrika übrigens *bakkie* genannt werden und überhaupt nichts mit dem – genauso ausgesprochenen – *beach buggy* zu tun haben. Von Yzerfontein sind es nur noch wenige Kilometer bis zum West Coast National Park.

West Coast National Park ▸ A 3/4

www.sanparks.org/parks/west_coast/, Aug./Sept. 150/75 , Nov.–Okt. 75/37 Rand

▷ S. 199

Auf Entdeckungstour:
Robben Island – Südafrikas Alcatraz

Berühmt oder besser berüchtigt ist Robben Island durch den wohl prominentesten Gefangenen der Welt geworden, Nelson Mandela, der dort 19 Jahre seines Lebens verbringen musste. Seit Anfang 2000 zählt die Insel zum Welterbe der UNESCO. Jenseits der allgegenwärtigen Erinnerungen an die Kolonial- und die Apartheidgeschichte ist Robben Island heute ein Naturparadies.

Reisekarte: ▶ Karte 2, A 1
Infos: Ticketreservierung unter Tel. 021 413 42-00, -01, empfehlenswert: Online-Buchung vor Reiseantritt unter www.robben-island.org.za (bei schlechtem Wetter Ticket umtauschen); 300 Rand, unter 18 Jahren 160 Rand. Die Fähren legen tgl. (wetterabhängig) um 9, 11, 13, 15 Uhr (Winter 14 Uhr) in der V&A Waterfront vor dem Clock Tower am Nelson Mandela Gateway ab (s. Cityplan S. 108. 35, und s. S. 110. Ratsam ist es, 30 Min. vor Tourstart vor Ort zu sein, 10 Min. vor Start letztes An-Bord-Gehen. Die Tour dauert ca. 4 Std.

Jahrhundertelang war Südafrikas Alcatraz eine Gefängnisinsel. Doch 1996 verließen die letzten 300 Gefangenen, 90 Wärter, Handwerker, deren Familien und 18 Killerhunde das Eiland, das mittlerweile zum National Monument erklärt worden ist. Einige der Insulaner hatten über 30 Jahre dort gelebt. Seitdem bildet die 7 km westlich von Bloubergstrand und 9 km nördlich von Kapstadts Hafen liegende, 574 ha (4,5 x 1,5 km) große Insel einen natürlichen Lebensraum für Vögel, Säugetiere und Pflanzen.

Überfahrt zur Insel

Die Robben-Island-Tour beginnt in Kapstadts Waterfront, gegenüber dem Clock Tower. Dort passiert man das Nelson Mandela Gateway, in dem eine Ausstellung frühe Fotos von Nelson Mandela und Originalbriefe und -dokumente zeigt. Auf dem Robben-Island-Schiff Sikhululekile (Xhosa für: Wir sind frei) finden 300 Personen Platz. Seit 2008 ersetzt es die früheren Tragflächenboote. Die Seepassage (30 Min.) kann bei Wind recht heftig werden. In der Vergangenheit liefen viele Schiffe, schon in Sichtweite der rettenden Tafelbucht, an der Inselküste auf Grund. Zwei der jüngeren Wracks sind heute noch bei der Inselrundfahrt zu sehen.

Die Sikhululekile legt im alten Hafen der Insel an, **Murray's Bay Harbour,** wo einst auch die Häftlinge an Land gingen. Wer Nelson Mandelas spannende Autobiografie »Der lange Weg zur Freiheit« gelesen hat, wird die Ankunft auf der Insel nicht ohne Gänsehaut erleben. 1806 wurde der hübsche, kleine Hafen zu einer Walfangstation umgebaut. 1820 stellte man den Walfang wieder ein, weil die unbewachten Schiffe eine zu große Versuchung für die Häftlinge darstellten.

Inselrundfahrt mit Gefangenen ...

Vom **Landungspier** im Hafen, der ersten Station der Tour über die Insel, starten Minibusse zu etwa 45-minütigen **Rundfahrten,** die nicht nur die Mahnmale vergangener Schrecken beherbergt, sondern sich dem Besucher mit beeindruckender Fauna und Flora darbietet. Neben den namengebenden Kap-Pelzrobben **(Seal Colony)** leben hier Pinguine **(Main Penguin Nesting Area)** und viele Seevögel, Antilopen und Klippschliefer, außerdem Hirsche, Elen-Antilopen, Spring-, Stein- und Buntböcke. Immer mehr Seehunde kehren zurück, und die Möwen-Brutkolonie ist die größte der gesamten südlichen Hemisphäre.

Im Jahr 1654 brachte übrigens Jan van Riebeeck, der erste Kap-Gouverneur, neben Sträflingen auch Kaninchen auf die Insel, um die Nahrungsversorgung der Kap-Kolonie zu ergänzen. Da es keine natürlichen Feinde für die fruchtbaren Nager gab, vermehrten sich diese stetig. Und als James Cook gut 100 Jahre später auf der Insel landete, war er von den Tierchen so entzückt, dass er ein paar von ihnen mitnahm. So gelangten die Robben-Island-Nager nach Australien, wo katastrophale Kaninchenplagen bis heute große Teile des australischen Farmlandes zerstören.

Die Bustouren werden von Ex-Häftlingen begleitet, die heute als *guides* arbeiten. Einer von ihnen ist Lionel Davis, der im April 1964 zu sechs Jahren Haft verurteilt wurde. Sabotageplanung, so lautete das Urteil. Heute lebt Lionel mit seiner Familie auf der Insel und ist Vorsitzender der Robben Island Village Association. Während der Tour spricht er offen über seine ehemaligen Wärter und die Zustände, die er in den frühen 1960er- und 1970er-Jahren im Robben Island Maximum Security Prison zu ertragen hatte. *Guides* wie er legen von Südafrikas jüngster Geschichte ein lebendiges Zeugnis ab.

Vor dem eigentlichen Gefängnisbesuch stoppt der Bus am **Limestone Quarry** (Kalksteinbruch), in dem Nelson Mandela und seine Mitgefangenen arbeiten mussten. Im Februar 1996 trafen sich hier die ehemaligen politischen Häftlinge; jeder von ihnen hob einen Stein auf und legte diesen vor dem Kalksteinbruch ab. So schufen sie ein immerwährendes Mahnmal der Geschichte.

Dann steuert man den Hochsicherheitstrakt, das **Maximum Security Prison,** an, in dem sich die wohl berühmteste Gefängniszelle der Welt befindet: die des Gefangenen mit der Nummer 46664, Nelson Mandelas winzige Zelle, in der er 18 seiner insgesamt 27 Jahre Haft verbrachte.

Ein Blick in die Gefängnisgeschichte

Schon im 16. Jh. wurde Robben Island von den Holländern als Gefängnis genutzt. Sträflinge mussten in den Schiefer- und Kalkbrüchen (engl. *quarry)* arbeiten oder Muscheln sammeln, aus denen der Verputz für den Bau des Castle und anderer Steingebäude gewonnen wurde. Bei der Restaurierung des Castle 1985 wurde wieder Robben-Island-Schiefer verwendet.

1658 verbannte Kap-Gouverneur Jan van Riebeeck seinen einheimischen Dolmetscher Autshumato während des Krieges zwischen den Holländern und den Khoi nach Robben Island. Ihm soll trotz der tückischen Strömungen in einem Ruderboot die Flucht aufs Festland gelungen sein. Makanna, der Anführer der Xhosa-Truppen, der im Vierten Grenzkrieg gegen die Engländer 10 000 Mann gegen Grahamstown führte, wurde 1819 auf Robben Island verbannt und ertrank bei einem Fluchtversuch.

1843 wurden die Sträflinge abgezogen, anschließend isolierte man hier bis 1931 Leprakranke *(Leper Colony)* und geistig Behinderte. Ein makabres Andenken aus dieser Zeit sind die Ketten im Keller des Insel-Clubhauses *(Guesthouse),* die dazu dienten, die ›Wahnsinnigen‹ ruhig zu stellen.

Kurz vor dem Zweiten Weltkrieg unterhielt die südafrikanische Armee eine Militärbasis auf der Insel, die in den 1950er-Jahren von der Marine übernommen wurde. 1961 ging es dann zurück zu den Anfängen: Robben Island wurde wieder zum Gefängnis, diesmal für politische Gefangene, die sich gegen das Apartheidregime gestellt hatten. Nach dem Ende der Apartheid übernahm 1997 das Department of Arts and Culture, Science and Technology die Verwaltung von Robben Island. Seither besteht die Möglichkeit zu diesem Inselbesuch, der tiefe Einblicke in die Geschichte des Landes gewährt.

Der **West Coast National Park** gehört zu Südafrikas schönsten Feuchtgebieten. Jedes Jahr im August kommen etwa 60 000 Wasservögel aus Sibirien und anderen subarktischen Brutgebieten, um ihre Sommerresidenz im flachen Wasser der Langebaan-Lagune zu beziehen. 20 000 km lang ist ihr jährlicher Flug von den sibirischen Tundren über Zentralasien und den Mittleren Osten und schließlich entlang des Ostafrikanischen Grabens. Sie sind darauf programmiert, die warme, geschützte Lagune mit ihrem immensen Angebot an Algen, winzigen Schnecken und anderen Meeresorganismen zu erreichen. Der Schlamm der Lagune ist unglaublich nährstoffreich. Wissenschaftler haben herausgefunden, dass jeder Kubikzentimeter Boden 60 Mio. Bakterien enthält. Wenn die Vögel im Herbst ihre lange Rückreise antreten, sind sie teilweise doppelt so schwer wie bei ihrer Ankunft. Der natürliche Kreislauf schließt sich mit dem, was sie in den Salzmarschen zurücklassen: 50 t Mist, von dem sich die Bakterien bis zum nächsten Besuch der Vögel ernähren können.

Postberg Wildflower Trail – Wanderung ▸ A 3

Start: Parkplatz Tsaarsbank, auf Anfrage Gepäcktransport durch das Parkpersonal zum Ziel, Länge: 27,3 km, Dauer: 2 Tage, Schwierigkeitsgrad: leicht; nur Aug./Sept. und nur mit Vorausbuchung (ab Juni möglich): Westcoast National Park, Tel. 022 707 99 02, www.sanparks.co.za, Parkeintritt Aug./Sept. 150/75 Rand, ansonsten 75/37 Rand, Wanderpermit 150 Rand/Person, Ausrüstung selbst mitbringen (Zelt, Schlafsack, Kocher, Essen, Getränke), Toiletten, Grillplätze und Feuerholz am Übernachtungspunkt vorhanden. Wer nicht übernachten möchte, kann eine Tageswanderung auf dem Steenbok Day Trail (13,9 km; 5 Std.) unternehmen, s. Variante als Tagestrip S. 201

Dieser Wanderweg zählt zu den Geheimtipps am Kap. Er ist nur zur Blumensaison offen und bei schönem Wetter ein absoluter Traum. Highlights sind die riesigen bunten Teppiche von Wildblumen, welche die Flächen überziehen. Ein Farbenrausch in Rosa, Orange und Weiß – und ein Paradies für Fotografen. Im Naturreservat kann man viele Tiere sehen – Leopard-Schildkröten, Strauße, Elen-Antilopen, Spring- und Buntböcke, Gnus

Auf dem Postberg Wildflower Trail

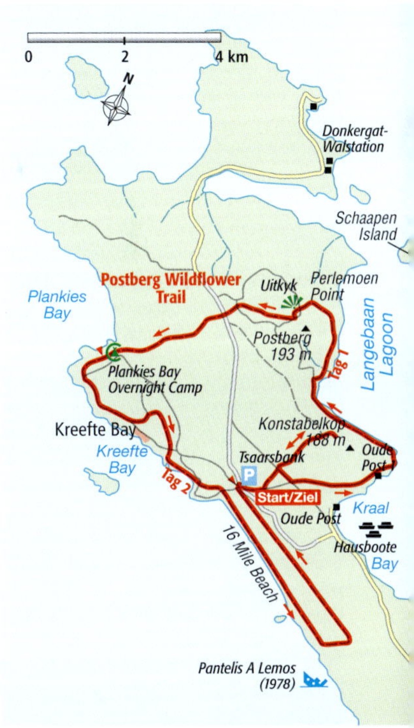

und Löffelhunde. Auch die Vogelwelt ist einzigartig. Da nur zwölf Wanderer gleichzeitig auf dem Trail erlaubt sind, stellt sich nur eine Stunde von Kapstadt entfernt ein wunderbares Wildnisgefühl ein.

Tag 1: Am ersten Tag geht es von **Tsaarsbank** nach **Plankies Bay** (15,5 km, 6 Std.). Man folgt den weißen Pfählen und den Blumensymbol-Wegweisern durch den Busch, Richtung **Konstabelkop.** Hier fliegen oft Raubvögel. Am Boden sind Pillendreher und Löffelhunde unterwegs. Dann steigt der Pfad etwas, auf 188 m, an, die nach 2 km erreicht sind. Von ›oben‹ hat man einen prima Blick auf das türkisfarbene Wasser der **Langebaan-Lagune** und die *hamlets* von **Oude Post** und **Kraal Bay** mit ihren Jachten und Hausbooten. An der Kral Bay findet sich die ausgeschilderte, historische Stätte **Oude Post 1** mit den Resten eines holländischen Forts. Hier wurden auch ›Evas‹ fossile Fußspuren entdeckt. **Eva's Footprints** sind 117 000 Jahre alt. Es geht vorbei an den mächtigen, verwitterten und mit Flechten bewachsenen **Granitfelsen,** die man etwas betrachten sollte.

Dann führt der Pfad wieder hinab, überquert eine **Schotterpiste** hinter den Häusern, bis man zu einem **Jeep Track** gelangt, der die **Langebaan-Lagune** unterhalb der Hänge des **Postberg Mountain** (193 m) entlangführt. Die Strecke an der Lagune ist herrlich. Bewundern Sie die Blumen und die sich immer wieder ändernden Ausblicke. Nach einer Stunde ist **Perlemoen Point** erreicht.

Kurz darauf steigt der Pfad sanft Richtung **Uitkyk** an. Auf der rechten Seite sieht man die alte **Donkergat-Walstation und -Militärbasis,** und wenn man zurückschaut, reicht der Blick über das flache **Schaapen Island** und über die gesamte Langebaan-Lagune.

Der Wanderpfad verlässt den Jeep Track kurz vor dem höchsten Punkt des Hügels und führt nach rechts durch ein Meer an gelben und orangefarbenen Blumen. Ein magischer Abschnitt der Wanderung, wo sich oft Wild und Strauße aufhalten. Schließlich ist der **Strand von Plankies Bay** erreicht. Man läuft weiter, das Meer auf der rechten Seite. Über einen niedrigen Felsausläufer gelangt man zu einem kleineren **Sandstrand,** dem **Schlafplatz**. So nahe am Atlantik ein wahrhaft wilder Ort. Am **Parkplatz** neben dem Sanitärblock kann man sein Gepäck holen und, wenn es nicht zu windig ist, am Strand unterhalb der Granitfelsen das Zelt aufbauen. Der offizielle **Campingplatz** ist geschützter, eine ebene, grasbewachsene Fläche neben dem Sanitärblock.

Tag 2: Von **Plankies Bay nach Tsaarsbank** (11,8 km; 3,5 Std.) geht es am Strand entlang bis zu der kleinen Siedlung **Kreefte Bay.** Hier verlässt der Pfad den breiteren Jeep Track und macht einen Umweg hinter den hübschen Strandhäuschen vorbei. Etwa eine Stunde nach dem Verlassen von Plankies Bay erreicht man dann einen **Steg,** der über den Grenzzaun des Nationalparks führt, dort ist dann auch der **16 Mile Beach** erreicht, wo viele Wasservögel zu Hause sind. In der Ferne ist ein **Schiffswrack** auszumachen. Hier gibt es **Grillplätze** und schöne **Rastplätze** auf den Felsen. Weiter geht es eine halbe Stunde am Strand entlang, bis der Grenzzaun erreicht ist (mit Flagge und Schild).

Anstatt hier direkt landeinwärts abzubiegen, sollte man einen kurzen Abstecher machen und etwa 20 bis 30 Minuten am Strand weiter zum Wrack der **Pantelis A Lemos** laufen, eines Eisenerzdampfers, der auf dem Weg nach Saldanha Bay hier 1978 auf Grund gelaufen ist. Danach geht man retour und hinein in die Dünen durch den Küsten-*fynbos* zurück zum Auto.

Variante als Tagestrip: Der **Steenbok Day Trail** folgt der Route des Postberg Wild Flower Trail hinauf auf den Konstabelkop. Dort folgt man den Steenbok-Wegweisern nach links zur Vingerklippe, einer Gruppe von fingerförmigen Granitfelsen. Dann geht es hinunter nach Plankies Bay, wo man wieder auf den Postberg Trail trifft, bevor es links zurück nach Tsaarsbank geht. Auch dieser Trail ist nur in der Blumensaison offen (max. 20 Wanderer pro Tag).

Langebaan ▸ A 3

Vom Eingang des Parks sind es nur noch ein paar Kilometer bis nach **Langebaan.** Der hübsche kleine Ort gehört zu den schönsten an der Westküste. Er ist berühmt für sein Beach-Restaurant **Die Strandloper** (s. Lieblingsort S. 202, s. Mein Tipp S. 205) und ein Mekka für Wind- und Kitesurfer.

Übernachten

Historische Mauern – **The Farm House Hotel:** 5 Egret St., Langebaan, Tel. 022 772 20 62, www.thefarmhouselangebaan.co.za, DZ mit Frühstück ab 2100 Rand – die Traveller's Rooms sind neu und preiswert. Bei Online-Buchung 25 % Rabatt. Gemütliches Landhaus, 1860 im kapholländischen Stil erbaut; Restaurant im Haus, 18 Zimmer.

Wie früher – **Kersefontein Guest Cottages:** An der R 45, zwischen Velddrif und Hopefield, Tel. 022 783 08 50, www.kersefontein.co.za, DZ/Suite mit Frühstück 1220–1810 Rand. Ruhige Übernachtungsmöglichkeit auf einer historischen Farm. Wildschweinjagden können organisiert werden.

Nichts für Seekranke – **Houseboats on Langebaan Lagoon:** die Hausboote ankern in Kraalbaai im West Coast National Park, Tel. 021 526 04 32, www.kraalbaaihouseboats.co.za, Übernachtungspreis abhängig von der Saison und der Anzahl der Personen. Voll ausgestattete Hausboote, ideal für Ausflüge in die Lagune. Die luxuriöse Nirvana gilt als das größte Hausboot der Südhalbkugel. Diese doppelstöckige schwimmende Villa ist 400 m² groß und kann bis zu 22 Personen beherbergen. Sie ist mit allem ausgestattet, was das Herz begehrt. Das komplette Schiff kostet 11 150 Rand pro Nacht (mind. 2 Nächte). Auf der Larus können bis zu 6 Personen schlafen, 2300 Rand pro Nacht (mind. 2 Nächte).

Saldanha ▸ A 3

Saldanha ist weniger für Touristen geeignet. Zahlreiche Fabriken verarbeiten den vor der Küste gefangenen Fisch. Sie produzieren Konserven, Fischmehl, Hummerpastete und verpacken Seetang für den Export nach Japan. Wen der Geruch nicht stört, der kann am **Hoedjiesbaai Beach** an einem bewachten Strand baden.

Termine

Harvest Festival of the Sea: Sept., Infos unter Tel. 022 714 20 88. Meeresfrüchte-Festival. Es gibt gegrillten frischen Fisch und eine Vielzahl an Wassersportvorführungen.

Paternoster ▸ A 2

Paternoster ist ein attraktiver und idyllischer Ort an der Westküste. Nach und nach werden die historischen, teilweise verfallenen Fischerhäuschen restauriert. Ein Platz für Leute, die Ruhe suchen.

Wer sich für Vögel und Wildblumen interessiert, sollte 12 km nördlich des

Lieblingsort

Die Strandloper in Langebaan
▶ A 3

Am Strand stehen ein paar Bänke, Holzhütten mit Strohdächern spenden Schatten. Auf Grills brutzelt frisch gefangener Fisch, in schwarz verkohlten Töpfen garen Muscheln, und in selbst gebauten Natursteinbacköfen wird Brot gebacken. Drei bis vier Stunden dauert ein mehrgängiges *seafood*-Mahl im Strandloper bei Langebaan. Für einen Fixpreis darf in rustikalem Robinson-Ambiente so viel gegessen werden, wie reinpasst. Alkoholische Getränke, samt Kühlbox, bringt jeder Gast selbst mit.

Die Strandloper Restaurant & Beach Bar: am Strand, neben der Club-Mykonos-Abzweigung, Tel. 022 772 24 90, 083 227 71 95, www.strandloper.com, in der Saison tgl. Lunch, Dinner, sonst nach tel. Vereinbarung, Menü 275 Rand; Kinder unter zwölf Jahren zahlen nach Körpergröße. Unbedingt vorher reservieren (auch online möglich). Keine Kreditkarten.

Weiß und Blau sind die dominierenden Farben am Strand bei Paternoster

winzigen Fischerdorfes Dwarskersbos nach links zum 900 ha großen **Rocher Pan Nature Reserve** abbiegen, wo von zwei Beobachtungsplattformen aus 165 verschiedene Seevogelarten beobachtet werden können. Die blühende *strandveld*-Flora verwandelt die Region im Frühjahr (Aug./Sept.) in ein Farbenmeer (tgl. 7–18 Uhr, 40 Rand).

Etwa 5 km außerhalb von Paternoster liegt das **Cape Columbine** im Tieties Bay Nature Reserve. Bevor der Leuchtturm errichtet wurde, strandete hier 1829 das britische Schiff Columbine.Es war nicht das Einzige. Einer modernen Legende zufolge hatte der Dampfer Lisboa, der hier unterging, Rotwein geladen, der das Meer verfärbte. Angeblich gelangten einige Fässer heil an den Strand, wo sie schnell von Einheimischen vergraben wurden. Erst nachdem die herumschnüffelnden Zöllner sich aus der Gegend verzogen hatten, wurden die Fässer wieder ausgegraben. Vom weiteren Verbleib des Weins ist nichts bekannt ...

Übernachten

Strandnah – **Paternoster Seaside Cottages:** St. Augustine Rd., Tel. 021 782 51 28, www.seasidecottages.co.za, Häuschen ab 600 Rand. Ein Online-Übernachtungsservice, der unterschiedlich große Häuschen für Selbstversorger in Strandnähe vermittelt – von idyllisch-gemütlich bis familiengeeignet. Günstige Last-Minute-Angebote in der Nebensaison und unter der Woche.

Essen & Trinken

Bio – **Gaaitjie Salt Water Restaurant:** Sampson St., am Strand, Tel. 022 752 22 42, www.saltcoast.co.za, Do–Mo 12.30–14, 18.30–20.30 Uhr, Zwei-/Drei-Gänge-Menü 195/295 Rand. Die Köchin Suzi Holtzhausen nimmt ›bio‹ sehr ernst, sie gewinnt ihr eigenes Salz in den Salzpfannen bei Veldrif, pflanzt Kräuter und Gemüse an. Sie bereitet ihre Gerichte mit viel Liebe und Zeit direkt am Strand zu.

Mein Tipp

Seafood im Freien

Das **Muisbosskerm,** kurz vor Lambert's Bay, existiert seit 1986 und ist Südafrikas erstes Open-Air-Seafood-Restaurant. **Die Strandloper** (s. Lieblingsort S. 202), näher an Kapstadt, eröffnete fünf Jahre später. Jedes Jahr kommen neue, ähnliche Restaurants hinzu, keines hat jedoch bisher so lange durchgehalten wie diese beiden. Baden zwischen den Gängen gehört ebenso dazu wie das fehlende Besteck, das durch Muschelschalen ersetzt wird.

Muisbosskerm: Tel./Fax 027 432 10 17, www.muisbosskerm.co.za, Büfett 195 Rand, 11–16-Jährige 130 Rand, 6–10-Jährige 110 Rand, unter 6 Jahren frei, *crayfish* gegen Aufpreis. In der Saison tgl. Lunch ab 12.30 Uhr, Dinner ab 18.30 Uhr, vorher anrufen und nachfragen, ob genug Leute gebucht haben, damit aufgemacht wird. Wein und Bier mitbringen. Ausführliches Menü auf der Website.

Austern schlürfen – **Noisy Oyster:** 62 St. Augustine Rd., am Stoppschild der Kreuzung links abbiegen, Tel. 022 752 21 96, Mi–Sa 12–15, 18–21, So 12–15 Uhr, Hauptgericht 120 Rand. Wie der Name schon andeutet, gibt es hier frische Austern (die hier Westküsten-Viagra genannt werden), serviert in relaxter Atmosphäre an schäbig-schicken Tischen und Stühlen im Freien oder drinnen. Außerdem gibt es eine Vielfalt an Fisch und Meeresfrüchten.

St. Helena Bay ▸ A 2

Der Ort ist je nach Windrichtung nicht zu ›überriechen‹ – schuld daran sind die 13 Fischfabriken im Ort. Hier ankerte der portugiesische Seefahrer Vasco da Gama am 7. November 1497 ein letztes Mal vor der Umsegelung des Kaps der Guten Hoffnung. Jenseits des **Denkmals,** das den Landeplatz in der Nähe von Stompneusbaai markiert, liegen moderne Schiffe, deren Netze das planktonreiche, kalte Wasser des Benguela-Stromes durchfischen.

Eland's Bay ▸ B 1

Der verschlafene Ort **Elands Bay** ist vor allem bei Fischern beliebt, die mit ihren *bakkies* auf den Strand fahren und, im Wasser stehend, ihre langen Angelruten weit ins Meer auswerfen. Außer Fischern und Muschelsuchern finden sich in Elands Bay regelmäßig Surfer ein, die behaupten, dass es hier die besten Wellen der Westküste gebe.

Lambert's Bay und Vogelinsel ▸ B 1

Lambert's Bay

Hunderte von Besuchern fallen jedes Frühjahr in **Lambert's Bay** ein, und es gibt fast keinen Tag im Jahr, an dem sich nicht Windsurfer in der Bucht vor Lambert's Bay tummeln. Ideale Windverhältnisse locken die Wassersportler aus aller Welt an, zum Training, aber auch zu den regelmäßig stattfindenden Wettbewerben. Natürlich gibt es

Auf der Vogelinsel bei Lambert's Bay leben Kaptölpel

auch Schulen für Kite- und Windsurfing vor Ort. Lambert's Bay gilt zudem als der beste Ort, um an der Westküste Wildblumen zu fotografieren. Auch Vogelliebhaber kommen hier voll auf ihre Kosten. Vom **Hafen,** in den man nach Zahlung eines kleinen Eintrittsgeldes einfahren darf, führt ein Steg auf die 100 m vor der Küste liegende, 3 ha große Vogelinsel.

Vogelinsel !

Infos zum Vogelbestand auf der Website von Cape Nature Conservation: www.capenature.co.za, Tel. 027 432 16 72, 021 483 0190, Bürozeiten Okt.–März tgl. 7–19, April–Sept. tgl. 7.30–18 Uhr, bei rauer See ist der 1959 gebaute Steg geschlossen

Bis Ende 2005 tummelten sich auf der **Vogelinsel** *(voeleiland)* Tausende von **Kaptölpeln** *(cape gannet)* und Kormoranen *(cape cormorant),* die von einem geschickt in die Landschaft integrierten Unterstand aus künstlichen Felsen aus nächster Nähe beobachtet und fotografiert werden konnten – vor allem vom ersten Stock aus, wo kein Glas das Objektiv behinderte. Zwischendurch war die Insel fast leer gefegt. Vogelgrippe? Nein, räuberische Robben waren für die Vogelflucht verantwortlich. Wenn Robben erkennen, dass brütende Vögel leichte Beute sind, kommen sie an Land und fressen nichts anderes mehr. Zwischenzeitlich schoss die Naturschutzbehörde Robben, um die Vögel wieder zurückzulocken, denn die Vogelinsel ist eine von nur sechs Plätzen auf der Welt, wo Kaptölpel brüten, und die einzige, die so einfach zugänglich ist. Dadurch hat sich der Bestand mittlerweile wieder etwas erholt. In den Jahren 1888–1990 wurde auf der Insel Guano abgebaut und als Dünger verkauft.

Im Wasser tummeln sich Meeresbewohner, die gerne als Delikatesse auf den Tisch kommen. Lambert's Bay ist berühmt für seine ausgezeichneten und preiswerten Langusten oder Felshummer *(crayfish* bzw. *rock lobster),* die hier unter ihrem Afrikaans-Namen *kreef* bekannt sind. Für Kapstädter ist es am Wochenende durchaus nichts Ungewöhnliches, zum *crayfish*-Essen nach Lambert's Bay zu fahren. Jetzt gilt es nur noch, all diese Reize zu kombinieren: einen sternklaren, lauen Abend, Grillenkonzert, frischen Hummer, gekühlten Sauvignon Blanc und ein Sträußchen Wildblumen auf dem Tisch. Wenn dann noch ein Südafrikaner anwesend ist, wird er in dieser Situation, nach einem Schluck Weißwein und einem tiefen Seufzer, eine derb klingende, aber freundlich gemeinte landesübliche Lobpreisung ausstoßen, die nicht mehr steigerungsfähig ist: »Another shit day in Africa.«

Übernachten

Einziges Hotel vor Ort – **Lambert's Bay Hotel:** Lambert's Bay, 72 Voortrekker St., Tel. 027 432 11 26, www.lambertsbayhotel.co.za, DZ mit Frühstück ab 950 Rand. Einziges Hotel vor Ort; wer Schwarz-Weiß-Fotos des historischen Hauses mit den ›Modernisierungen‹ vergleicht, die dem Hotel angetan wurden, dürfte entsetzt sein. Zurückversetzt in den Originalzustand wäre das Marine, wie das Hotel früher hieß, ein toller Geheimtipp. Lichtblick: Das hoteleigene Restaurant serviert verschiedene Hummergerichte zu zivilen Preisen. Gäste können die delikaten Meeresbewohner während der vom Hotel organisierten *fishing trips* selbst fangen.

Essen & Trinken

Alter Stall – **Tin Kitchen:** Vensterklip, 1 Bonteheuwel Farm, R 366, 4 km östlich von Elandsbaai, 30 km südlich von Lambert's Bay, Tel. 022 972 13 40, www.vensterklip.co.za, Fr–Sa 9–15, 18–22, So 9–15 Uhr, Hauptgericht 95 Rand. Das charaktervolle, kleine Restaurant in Elandsbaai ist in einem rustikalen Stall aus dem 17. Jh. untergebracht. Bio-Fleisch und Fisch, alle Lämmer, Rinder und Schweine stammen aus Freilandhaltung. Es gibt auch leckere Felshummer *(crayfish)* und Calamari. Die Pommes sind handgemacht, der Salat aus dem Garten. Freitagabend gibt es Pizza aus dem alten Steinofen.

Aktiv

Windiges Paradies – **Infos für Kite- und Windsurfen:** www.capesports.co.za und www.windchaserssa.com.

Mini-Kalahari – **Dunes 4x4 Trail:** 10 km hinter Lambert's Bay auf der R 364 in Richtung Clanwilliam, Tel. 027 432 12 44, www.dunes.co.za, 300 Rand/Auto. Wer sich in Kapstadt einen Geländewagen gemietet hat und plant ins Richtersveld oder nach Namibia zu fahren, kann hier den ›Ernstfall‹ proben. Auf der privaten Farm der Engelbrecht-Familie können sich Geländewagenfreunde so richtig im Sand austoben. Bis 1995 betrachteten die Besitzer das herrliche und einzigartige Inlandsdünengebiet auf ihrem Land mit den zerklüfteten Cederbergen im Hintergrund als nutzlos, da sie dort nichts anbauen konnten. Doch sie haben das touristische Potenzial erkannt und führen adrenalinsüchtige Offroad-Fans in ihre 250 ha große Mini-Kalahari. Am kleinen Farmladen, der Frisches und biologisch Angebautes verkauft, zahlen Besucher die Eintrittsgebühr. Die motorisierten Führer fahren selbstgebaute Sandvehikel im Mad-Max-Stil, die ursprünglich einmal als VW-Käfer vom Band liefen.

Das Beste auf einen Blick

Cederberge

Highlights!

Felsmalereien der San am Sevilla Trail: In den verwitterten, roten Felsen der Cederberge befindet sich die größte Buschmann-Galerie der Welt. Der Sevilla Trail zwischen Clanwilliam und Wupperthal erschließt einige der schönsten Werke der San, die ursprünglichen Bewohner Südafrikas. S. 215

Wupperthal: Allein um das für deutsche Urlauber in Südafrika skurril wirkende Ortsschild zu fotografieren, lohnt sich der staubige Trip in die Einsamkeit – nicht nur für gebürtige Wuppertaler. S. 216

Auf Entdeckungstour

Bizarre Felsen – Wanderung in den Cederbergen: Die Wanderungen durch die herrlichen Felslandschaften, sowohl die zum Wolfbergbogen als auch die zum Malteserkreuz, empfehlen sich für den südafrikanischen Frühling, also zwischen August und Oktober, dann ist es kühler und die Wildblumen blühen. S. 212

Kultur & Sehenswertes

Obstkultur: In der Goede-Hoop-Citrus-Genossenschaft in Citrusdal kann man bei einer Besichtigung des Betriebs live erleben, wie ein Teil der 90 000 t Zitrusfrüchte, die hier jährlich geerntet werden, auf seine Reise zum Verbraucher geht. S. 211

Rooibos-Safari: Besichtigung des innovativen Groenkol Rooibos Tea Estate der Engelbrechts, wo der beliebte und gesunde Tee, der nur in den Cederbergen gedeiht, angebaut wird. S. 217

Aktiv unterwegs

Auf allen Vieren: Von Wupperthal aus bieten sich für jene Besucher, die sich in Kapstadt einen Geländewagen gemietet haben, mehrere 4x4-Strecken auf privaten Farmen an, lang oder kurz, schwierig oder etwas einfacher. Selbst die 35 km lange Verbindungsstrecke von Wupperthal über Eselbank nach Matjiesrivier verspricht ein kleines Offroad-Abenteuer. S. 217

Genießen & Atmosphäre

Bushmans Kloof Private Game Reserve: Luxuriöse Lodge mitten in den Cederbergen, zwischen Clanwilliam und Wupperthal, inklusive Pirschfahrten im offenen Land Rover. S. 216

Abends & Nachts

Sternenhimmel genießen: Aufgrund der fehlenden Luftverschmutzung herrschen ideale Bedingungen für die Beobachtung der Sternbilder der südlichen Halbkugel, wobei das Kreuz des Südens zu den bekanntesten zählt. Einige der Übernachtungsmöglichkeiten halten Teleskope bereit. Bei Bushmanskloof geben die Ranger eine Einführung nach dem *sundowner* im Freien. S. 216

Land der Früchte und Berge

Vorbei an den Obstplantagen von Ceres geht es nach Clanwilliam, dem Herkunftsort des berühmten, sehr gesunden Rooibostees und weiter durch die kaum besiedelte Cederberg Wilderness Area mit ihren bizarren Verwitterungsgebilden. Höhepunkte des Trips sind die Galerien von Buschmann-Zeichnungen und das völlig abgelegene deutsche Missionsstädtchen Wupperthal.

Ceres ▶ D 4

Nicht zu Unrecht trägt **Ceres** den Namen der römischen Fruchtbarkeitsgöttin. Das hübsche, von Bergen flankierte Städtchen und sein Umland gehören zu Südafrikas reichsten und schönsten Obstanbaugebieten. Aus dem Ceres-Tal kommen 12 % der Äpfel und 40 % aller Pfirsiche Südafrikas, 60 % der Export-Birnen, dazu nicht unbeträchtliche Mengen an Kirschen, Nektarinen, Trauben, Pflaumen, Zwiebeln und Kartoffeln. Hier befinden sich auch die größten Kühlräume des Landes und fast jeder südafrikanische Laden verkauft Fruchtsäfte mit dem Namen der Stadt auf dem Etikett. Zwischen April und Dezember finden organisierte Touren durch die Plantagen statt. An die Zeit, als Ceres der letzte Außenposten der ›Zivilisation‹ war, erinnert das **Togryersmuseum** mit Kutschen und Ochsenwagen (Transportreiter-Museum, 8 Orange St., Tel. 023 312 20 45, Di–Fr 9–13, 14–17, Sa 9–12 Uhr).

Kurz vor dem Gydo Pass liegt der winzige Ort **Prince Alfred Hamlet.** Die 1874 gegründete und nach Königin Victorias zweitem Sohn benannte Siedlung hat durch ihre vielen Lagerhäuser und die Bahnverladestation große Bedeutung erlangt. Vom Scheitelpunkt des **Gydo Pass** lässt sich beim Blick zurück nach Süden das gesamte fruchtbare Warm-Bokkeveld-Gebiet überblicken. Der Pass, wie viele ein Werk des ›Straßenmeisters‹ Andrew Geddes Bain (s. Entdeckungstour S. 186), überquert Skurweberg und Gydoberg und stellt eine wichtige Verbindung zwischen Cold und Warm Bokkeveld dar.

Infobox

Clanwilliam Tourism Office: Main Rd., Tel. 027 482 20 24, www.clanwilliam.info, Mo–Fr 8.30–16.30, Sa/So, Fei 8.30–12.30 Uhr. Im historischen Gefängnis untergebrachtes Informationsbüro, Wissenswertes zu Übernachtungsmöglichkeiten, 4 x 4-Strecken, Wanderungen.
Citrusdal Tourism Office: Tel. 022 921 32 10, www.citrusdal.info.
Ceres Tourism Bureau: Owen St., Tel. 023 316 12 87, www.ceres.org.za. Viele Infos auch zu Sportangeboten.
Wupperthal Tourism Bureau: Church Square, Post Office, Tel. 027 492 34 10, www.capewestcoast.org, Mo–Fr 9–16.30, Sa 9–12 Uhr.

Übernachten

Urige Natursteinhäuschen – **Klein Cedarberg Lodge:** an der R 303, nördlich von Ceres, Tel. 023 317 07 83, www.kleincedarberg.co.za, DZ mit Frühstück/Dinner ab 1100 Rand. Von der Abzweigung an der Hauptstrecke geht es 5 km auf einer guten, leicht mit einem Pkw zu schaffenden Piste bis zur Übernachtung. Fünf aus Stein und Stroh erbaute Häuschen liegen mitten in der Wildnis der zerklüfteten Cederberge. Das Essen wird im Pionierhaus aus dem 18. Jh. serviert. Hier gibt es eine Kunstausstellung zu sehen, Touren zu Buschmann-Felszeichnungen und einen Swimmingpool. Die Besitzer sprechen Deutsch.

Termine

Ceres Festival: Mai. Zahlreiche sportliche Aktivitäten.

Citrusdal ▸ C 2

Folgt man der R 303 weiter über Buffelshoek Pass und Middelberg Pass, erreicht man bald das 1916 von der Holländisch-Reformierten Kirche gegründete **Citrusdal.** Wie der Name schon sagt, reiht sich in dem fruchtbaren Tal am Ufer des Olifants River ein Zitrusfruchthain an den nächsten. Der holländische Forscher Jan Dankaert hatte an diesem Ort im Jahr 1660 eine Herde Elefanten beobachtet und den Fluss daraufhin nach ihnen benannt.

Navel- und Valencia-Orangen, Zitronen, Grapefruits und die süßen Satsumas sowie Klementinen werden zwischen März und September von etwa 6000 Arbeitern geerntet, sortiert und verpackt. Ein schwerer, süßlicher Duft liegt dann in der Luft. Die Citrusdal-Früchte sind erstaunlich groß und schmecken besonders gut. Verantwortlich dafür sind die langen, heißen Sommer mit bis zu zehn Sonnenstunden pro Tag, die Winterregen und der sandige Boden. Die ersten Obstbäume wurden mit Setzlingen aus Jan van Riebeecks Boskloof Estate (dem heutigen Kapstädter Stadtteil Claremont) gezogen. Der älteste Baum wächst auf der Groot Hexrivier Farm, er ist über 250 Jahre alt und seine Früchte werden immer noch alljährlich gepflückt.

Die 200 Mitglieder der lokalen **Goede-Hoop-Citrus-Genossenschaft** (Tel. 022 921 36 09, www.ghcitrus.com) ernten etwa 90 000 t Früchte pro Jahr, von denen rund drei Viertel exportiert werden.

Übernachten

In der Umgebung von Citrusdal gibt es B-&-B-Unterkünfte auf Farmen; im Tourismusbüro erhält man dazu Auskunft. Empfehlenswerte Unterkünfte finden sich auch im nahen Tulbagh (s. S. 190).

Aktiv

Beliebte Früchtchen – **Touren zum Packhaus der Goede-Hoop-Citrus-Genossenschaft** in Citrusdal organisiert das Citrusdal Tourism Bureau (s. Infobox S. 210).

Clanwilliam ▸ C 1

Für die Weiterfahrt nach Clanwilliam stehen zwei Möglichkeiten zur Auswahl: die staubig-abenteuerliche Variante rechts des Olifants River oder die jenseits des Flusses und der Bergkette parallel verlaufende, hervorragend ausgebaute N 7.

Bekannt wurde der hübsche Ort **Clanwilliam** durch eine Pflanze, die nur im moderaten Klima der Cederberge gedeiht. Aus den Zweigenden des Rotbusches (Afrikaans: *rooibos)* wird ein aromatischer, gesunder Tee gewonnen. Diverse Versuche, das Gewächs in anderen Teilen der Welt zu kultivieren, misslangen.

Die San entdeckten zuerst das Geheimnis der feinen, ▷ S. 214

Auf Entdeckungstour: Bizarre Felsen – Wanderung in den Cederbergen

Die wild zerklüftete Landschaft der Cederberge ist berühmt für ihre zahlreichen, gut erhaltenen ›Buschmann‹-Felsmalereien und ihre Wanderwege.

Reisekarte: ▶ C/D 2
Planung: Permits gibt es bei Cape Nature Conservation, Clanwilliam, Tel. 027 482 28 12. Permits und Unterkünfte für die Cederberge können auch über Cape Nature Conservation, Cape Town Head Office, Tel. 021 483 00 00, www.capenature.co.za, gebucht werden. Eintritt 60/35 Rand, Übernachtung für Selbstversorger ab 640 Rand, Camping ab 220 Rand p. P.
Karten: Cederberg Conservancy Map (in den Tourism Bureaus in Clanwilliam, Tel. 027 482 20 24, Citrusdal, Tel. 022 921 32 10) oder Cederberg-Karte (2016 Edition) von The Map (www.slingsbymaps.com, sehr detailliert, in Buchläden für 270 Rand, das Set besteht aus zwei wasserfesten Karten).
Verhaltenshinweise: Wanderer und Mountainbiker dürfen sich in den Cederbergen unbegrenzt aufhalten, müssen aber Regeln beachten: gültiges Permit erforderlich, kein Feuer machen (Gaskocher mitnehmen), Wasser nicht mit Seife verunreinigen, Abfall mit zurücknehmen. Langstreckenwanderer können in primitiven Berghütten oder in Höhlen übernachten, Tagesbesucher auf dem **Algeria-Forest-Campingplatz.**

Ein Naturparadies

Die **Cederberg Wilderness Area** zwischen dem Middelberg Pass bei Citrusdal und dem Pakhuis Pass bei Clanwilliam ist etwa 710 km^2 groß. Seit 1973 steht sie unter Naturschutz. Die Cederberge – das sind spektakuläre Landschaften und Felsformationen, mit dem berühmten **Maltese Cross** und dem **Wolfberg Arch** (Abb. S. 212). Seinen Namen verdankt das Gebiet der endemischen Clanwilliam-Zeder, die zur Familie der Zypressen gehört. Buschfeuer und Abholzung reduzierten die Bestände stark. Allein 1879 endeten über 7000 Bäume als Telegrafenmasten zwischen Piketberg und Calvinia. Um den Bestand für die Zukunft zu sichern, pflanzt man nun jedes Jahr etwa 8000 neue Bäume an. *Clanwilliam cedars* wachsen in 1000–1400 m Höhe auf felsigem Untergrund.

Noch seltener ist die über der winterlichen Schneegrenze gedeihende Schneeprotea, die man vor allem um den Sneeuberg (2027 m), der höchsten Erhebung der Cederberge, antrifft. Eine Rarität sind auch die rote Disa-Orchidee und die Nadelkissenprotea.

In den Cederbergen leben Steinantilopen, Klippspringer, Greisböckchen, Ducker, Graue Rehböcke, Paviane, Afrikanische Wildkatzen und sogar wieder Leoparden.

Wanderung zum Wolfberg Arch

Im Weingut **Cederberg Cellar** in **Dwarsrivier** gibt es das Permit und eine Kartenskizze für die wohl schönste Wanderung in der Region – zum **Wolfberg Arch** (16 km, ca. 8 Std.). Die **Sanddrif Campsite** (ca. 2 km vom Weingut) ist eine gute Basis für den Trip.

Zunächst folgt man der Piste links am Campingplatz vorbei. Dann teilt sich der Weg: rechts geht es nach Maalgat, geradeaus zum Wolfberg Arch. Das abgesperrte Tor lässt sich mit dem Code, den man mit dem Permit erhält, öffnen. Danach geht es auf einer Jeepstrecke etwa 1 km aufwärts, bis ein kleiner Parkplatz erreicht ist.

Und dann geht es steil nach oben, sehr steil. Wenn man den Berg so aufragen sieht, hält man es kaum für möglich, ihn ohne Seil erklimmen zu können. Es geht! Aber es ist natürlich anstrengend. Über Felsplatten, die als Steinstufen fungieren, geht es Schritt für schweißtreibenden Schritt bergan. Steinmännchen markieren den Weg über teilweise recht loses Geröll. Der Blick nach unten ist atemberaubend.

Etwa 2 Std. später ist ein **Plateau** erreicht. Rechts und links ragen rote Felswände in den blauen Himmel und lassen Canyon-Gefühle aufkommen. Nach dem Queren einer weiten Sandfläche steht man vor einem grünen **Schild** mit der Aufschrift Wolfberg. Von hier aus gibt es insgesamt **drei Auf-/Abstiege** mit jeweils unterschiedlichem Schwierigkeitsgrad. Sand und Felsen bilden abwechselnd den Untergrund. Kurz darauf zeigt sich der **Wolfberg Arch** erstmals in der Ferne. Binnen gut 1 Std. ist er endlich erreicht.

nadelähnlichen Blätter. Sie ernteten die wild wachsenden Büsche, zerkleinerten sie mit Steinbrocken und zerstampften sie mit Holzpflöcken. Den Brei ließen sie aufgeschichtet gären und dann von der Sonne trocknen. Seit den 1930er-Jahren wird Rooibostee kommerziell angebaut. Vor allem die Japaner sind ganz wild auf das Gebräu, das bei ihnen als horrend teures Wunderelixier verkauft wird. In südafrikanischen Supermärkten ist der Tee nach wie vor zu zivilen Preisen erhältlich. Dem Getränk mit der typischen rotbraunen Farbe und dem feinen Aroma fehlen sowohl Koffein als auch Bitterstoffe, die gesundheitsfördernde Wirkung seiner zahlreichen Spurenelemente wurde bereits mehrfach wissenschaftlich nachgewiesen. Ob Magenbeschwerden oder Schlafstörungen – der Tee aus den Bergen hilft garantiert.

Übernachten

Ruhig und rustikal – **Boskloofswemgat:** Abfahrt Clanwilliam von der N 7, rechts Richtung Boskloof, 10 km weiter, Tel. 027 482 25 22, www.boskloofswemgat.co.za, 350–400 Rand/Person für die ersten beiden Gäste, jeder weitere Gast 250 Rand bzw. 150 Rand (Schlafsofa). Ruhig und versteckt am Ende einer Piste gelegen. Es gibt einige Häuschen (für 4–8 Personen) für Selbstversorger, eines sogar mit Whirlpool, direkt am Fluss. Highlights sind hier die Felsenpools mit klarem Wasser zum Schwimmen. Wandern und Reiten sind aktive Alternativen.

Luxuszelte – **Karukareb Wilderness Reserve:** Abfahrt Clanwilliam von der N 7, rechts Richtung Karukareb, Tel. 027 482 16 75, 079 078 95 69. In einem abgelegenen Tal stehen diese komfortablen Holz-Leinwand-Konstruktionen mit Holzdeck, Federbetten und viktorianischen Badewannen. Baden in Felsenpools, Wandern, Reiten oder einfach nur Relaxen stehen hier auf dem Programm. Ab 1350 Rand pro Behausung.

Essen & Trinken

Für Fleischfreunde – **Reinhold's:** gegenüber dem Clanwilliam Hotel, Main St., Tel. 083 389 30 40, Di–Sa 19–21 Uhr, in der Saison Aug.–Sept. tgl. geöffnet, Hauptgericht um 110 Rand. Eine Institution in Clanwilliam, serviert in ländlicher Atmosphäre neben traditioneller südafrikanischer Küche, gute Steaks und Hühnerschnitzel. Gute Weinkarte.

Einkaufen

Schuhe in Handarbeit – **Strassbergers Shoe Factory:** 12 Old Cape Rd. (Ou Kaapse Weg), Tel. 027 482 14 61, www.strassbergers.co.za, www.facebook.com (›Strassbergers Leather Shoes‹), tgl. 12–21 Uhr. Hier in Clanwilliam werden Schuhe, darunter die berühmten *veldskoene* (s. S. 217), südafrikanische Wanderschuhe, zu 80 % in Handarbeit gefertigt, man kann sie vor Ort im Factory Shop erwerben.

Nach Wupperthal

▶ C 1

Am Ortsausgang von Clanwilliam beginnt die etwa 70 km lange Strecke zum Missionsstädtchen **Wupperthal,** ein lohnenswerter Ausflug, jenseits vom Bushmanskloof Private Nature Reserve und dem Biedouw Valley über ungeteerte Pisten, die mit einem normalen Pkw aber leicht zu schaffen ist. Man sollte sich am besten einen ganzen Tag Zeit nehmen.

Gleich zu Anfang geht es über den von Thomas Bain im Jahr 1887 gebauten, 905 m hohen **Pakhuis Pass,** von wo aus sich immer wieder grandiose Blicke zurück ins Tal des Olifants River bieten. In der Nähe der Passhöhe weist ein Schild zum Grab von Louis Leipoldt, dem berühmten, in Clanwilliam geborenen, südafrikanischen Dichter und Arzt. Die Asche des 1917 Verstorbenen wurde auf seinen eigenen Wunsch hin in einer ehemaligen ›Buschmann‹-Höhle verstreut. Die ausgeblichenen Malereien sind heute noch zu erkennen: menschliche Figuren und ein Elefant.

Der weitere Weg führt vorbei an faszinierend erodierten Felsformationen ins **Biedouw-Tal,** das sich im Frühling (Aug./Sept.) in ein farbenprächtiges Blumenmeer verwandelt. Umso unglaublicher, wenn man bedenkt, dass die Gegend das übrige Jahr über wie ausgebrannt erscheint.

Felsmalereien der San am Sevilla Trail ! ▸ C 1

In den Seitentälern findet sich die größte Freilichtgalerie der Welt: Hunderte von gut bis sehr gut erhaltenen ›Buschmann‹-Felsmalereien. Zu sehen sind Bilder von Büffeln, Elefanten und einem Nashorn mit Jungtier. Andere Gemälde zeigen eine Herde flüchtender Antilopen, von denen eine Pfeil und Bogen trägt. Hier stellte der Künstler einen Schamanen in Trance dar. Die meisten Kunstwerke sind so gut erhalten, weil sie schwer zu finden sind und teilweise auf privatem Farmland liegen. Viele der leicht erreichbaren Malereien wurden hingegen durch Vandalismus zerstört.

Das Archäologie-Tourismus-Büro der Kapstädter Universität unter Leitung des Spezialisten für *rock paintings,* Prof. John Parkington, ermöglicht Touristen, diese Kunstwerke zu besichtigen. Es geht aber auch auf eigene Faust, entweder ganz luxuriös auf dem Gelände des **Bushmans Kloof Private Game Reserve** oder einige Kilometer vorher auf der Farm **Traveller's Rest,** wo es voll ausgestattete Unterkünfte für Selbstversorger gibt.

Auf der Farm hat der **Sevilla Trail** seinen Ausgangspunkt, ein etwa 4 km langer Pfad, der zu einer Reihe von außergewöhnlich gut erhaltenen San-Zeichnungen an insgesamt neun gekennzeichneten Stellen führt.

Etwa 1 km nach Beginn des Trails, der über verwitterte Felsen, auf denen es von Klippschliefern wimmelt, verläuft, trifft man auf die **erste Malerei:** ein seltsames schwarzes Bild einer großen Gruppe von Menschen, das sich über alten, bereits verblichenen Zeichnungen befindet. Ein paar Meter weiter finden sich drei ›Monster‹, die Sauriern ähneln, sowie ein Zebra oder das ausgestorbene zebraähnliche Quagga. Nach mehreren 100 m gelangt man zu einem mächtigen **Felsen,** der auf dem Untergrund zu balancieren scheint. Um seine Malereien zu sehen, muss man sich unter ihn legen. Keine Angst, er bewegt sich nicht.

Die nächsten Felszeichnungen befinden sich unter einem Schatten spendenden, jahrhundertealten **Olivenbaum.** An dieser Stelle erkennt man die wohl schönsten Malereien des gesamten Trails. Am beeindruckendsten sind ein Bogenschütze und ein Zebrafohlen. Wer länger in dem diffusen Licht verbleibt, wird Hunderte von Bildern entdecken.

Übernachten

Wo früher ›Buschmänner‹ lebten – **Traveller's Rest:** Sevilla Trail, zwischen Pakhuis Pass und Bushmans Kloof Private Game Reserve, Tel./Fax 027 482

18 24, www.travellersrest.co.za, ab 440 Rand/Person, Kinder 220 Rand. Infos zum Sevilla-Trail (wer ihn laufen möchte, muss bei der Farm ein kleines Eintrittsgeld zahlen), zu den Selbstversorger-Cottages (teilweise sind das die alten restaurierten Farmhäuser) und der Khoisan Kitchen, wo für größere Gruppen gekocht wird.

Bushmans Kloof Private Game Reserve ▸ C 1

Einfahrt in das Reservat ist nur Gästen der Lodge gestattet (s. u.)

Auf dem Gelände des **Bushmans Kloof Private Game Reserves** gibt es 125 bekannte Felskunst-Stellen, die Gäste mit einem kundigen Ranger besichtigen können. Alle San-Malereien stehen unter Denkmalschutz. Die berühmtesten Darstellungen sind die von Wild, das durch ein Netz getrieben wird, und von einem Schamanen, der aus der Nase blutet und dem Kraftlinien aus dem Rückgrat strömen.

Etwa 140 verschiedene Vogelarten gibt es auf dem Areal des Naturschutzgebietes. Der extrem seltene *cape mountain leopard* (dt.: Leopard) lebt frei auf dem Gelände, bisher haben die Ranger allerdings nicht mehr als seine Spuren entdecken können. Er ist scheu und hat gerade deshalb in der Wildnis überlebt. Der **Sternenhimmel** ist hier aufgrund fehlender künstlicher Lichtquellen fantastisch zu sehen. Ranger erklären während einer Fahrt im Pirschwagen zum Sonnenuntergang die Südhemisphäre im Detail.

Übernachten

Luxus in der Wildnis – **Bushmans Kloof Private Game Reserve & Retreat:** Tel. Reservierung 021 481 18 60, Lodge 027 482 82 00, www.bushmanskloof.co.za, DZ mit Frühstück/Lunch, Afternoon Tea, Dinner und diverse Aktivitäten Nebensaison ab 6500 Rand, Hochsaison ab 9500 Rand. Schöne, sehr luxuriöse Lodge in traumhafter Lage, mitten in den Cederbergen, geschmackvoll dekorierte Zimmer, gutes Essen.

Wupperthal ! ▸ C 1

Weiter geht es durch bergige, ausgedörrte Landschaft, ein letzter Passanstieg und der Blick schweift hinab ins fruchtbare Tra-Tra-Tal (Afrikaans: *Tra-Travallei*) und auf den Weiler **Wupperthal** mit seinen 150 reetgedeckten, weiß verputzten Häuschen samt Kirche – ein idyllischer Ort, mitten im Nichts, der im krassen Gegensatz zur schroffen Felslandschaft der Umgebung steht. Wie der Name schon vermuten lässt, ist dies eine deutsche Gründung. 1830 entstand die erste Missionsstation der Rheinischen Kirchengemeinde auf südafrikanischem Boden. Die beiden Missionare kamen aus Elberfeld im Tal der Wupper, was auch der Grund der Namensgebung war. Das andere, etwas größere Wuppertal in deutschen Landen, entstand erst ganze 99 Jahre später! Als die Missionare 1829 in den Cederbergen ankamen, fanden sie bereits eine christliche Gemeinde der Khoisan vor. Die Mission florierte, vor allem als 1830 die Sklaverei abgeschafft wurde und viele befreite Familien nach Wupperthal zogen, um ein Handwerk zu erlernen und Arbeit zu finden. Von Wupperthal aus wurden dann weitere Missionsstädte in der Kap-Provinz gegründet. 1965 wurde die Wupperthaler Mission von der Herrnhuter Brüdergemeinde übernommen.

Heute wie damals leben die etwa 4000 farbigen Familien, Nachkommen von befreiten Sklaven, ›Buschmännern‹ und weißen Seeleuten, in und um Wupperthal auf kleinen Grundstücken, wo sie Mais und Kartoffeln für den Eigenbedarf sowie Bohnen, Trockenfrüchte und *rooibos* für den Verkauf anbauen – mit einem Unterschied: Im Gegensatz zu früher, als ihnen Landbesitz gesetzlich verboten war, gehört ihnen seit 1996 der Grund und Boden.

Wenn auch die Eselskarren langsam von japanischen Kleinlieferwagen abgelöst werden, strahlt der Ort noch immer die Ruhe vergangener Zeiten aus. Die von den Deutschen gegründete Schuhmanufaktur, die **Wupperthal Shoe Factory,** gibt es inzwischen nicht mehr, nur die alten Produktionsanlagen können noch besichtigt werden (Tel. 027 492 30 17, oder über Wupperthal Tourism, Church Square, Tel. 027 492 34 10, www.facebook.com, ›Wupperthal Tourism‹). Über 150 Jahre lang wurden hier die berühmten, widerstandsfähigen, ohne Leim oder Nägel aus Leder hergestellten *veldskoene,* südafrikanische Wanderschuhe, in Handarbeit hergestellt. Zu den besten Zeiten wurden 700 Paar pro Tag gefertigt. Altersschwache Maschinen sorgten jedoch für einen Rückgang der Produktion, die schließlich – wie auch der Verkauf – in die Strassberger Shoe Factory in Clanwilliam (S. 214) verlegt wurde.

Wer mit einem **Geländewagen** unterwegs ist, kann, anstatt von Wupperthal zurück nach Clanwilliam zu fahren, die Tour über einen anfangs sehr steilen, 35 km langen Jeep Track nach Süden fortsetzen. Nachdem der Ort Eselbank nach 20 km (kurz vor dem Ort bildet der Fluss einen erfrischenden Felsenpool!) erreicht ist, geht es weiter bis **Matjiesrivier,** wo diese Strecke wieder auf den Hauptverbindungsweg nach **Ceres** trifft. Vor allem während der Blumenblüte ist dies ein wunderbarer und einsamer Trip.

Mein Tipp

Rooibos-Tee-Safari

Etwas ganz Besonderes für die auch in Mitteleuropa immer größer werdende Fangemeinde des gesunden Rooibostees. Mitten in den Cederbergen liegt das innovative **Groenkol Rooibos Tea Estate** der Familie Engelbrecht – absolute Spezialisten in Sachen Rooibostee. Sie sind der einzige private Rooibos-Vermarkter im Land. Alle anderen Farmen liefern an die Genossenschaft in Clanwilliam. Der Betrieb wird seit drei Generationen bewirtschaftet. Der Gründer, Willie Engelbrecht, war einer der Ersten, der Rooibostee kultivierte. Die Qualität der Marke African Dawn ist legendär. Besucher haben die Möglichkeit, die wunderschöne Landschaft der Cederberge und alles Wissenswerte zu Rooibostee bei einer Safari mit einem Landrover durch die Felder dieser Farm zu erleben. Dort gibt es neben den Rooibosbüschen auch Felsmalereien, Sandsteinformationen und eine wunderschöne Flora und Fauna zu bewundern. Außerdem können die Besucher in einem kleinen Bed & Breakfast von Elandsberg Eco Tourism (Tel. 021 982 85 55, www.elandsberg.co.za, DZ mit Frühstück ab 700 Rand) übernachten – und natürlich Rooibostee trinken. 22 km von Clanwilliam, 45 km von Lambert's Bay (Anfahrtsplan s. Website). Die hier angebauten Rooibostee-Sorten werden über folgende Websites vermarktet: www.africandawn.com, www.africandawn.de.

Entlang der Walküste

Highlight!

Hermanus: Der Ort ist die inoffizielle Hauptstadt der Walbeobachtungen, sogar ein ganzes Volksfest widmet sich den Ozeanriesen. Auf lizenzierten Bootstouren kann man sich den gewaltigen Meeressäugern annähern. Die beste Zeit liegt zwischen Juni und November. S. 223

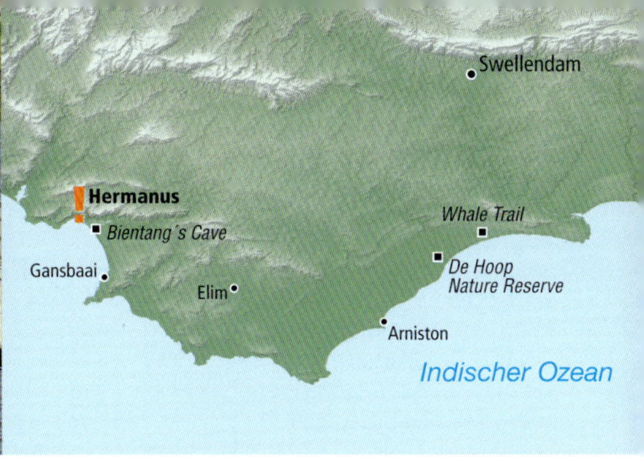

Kultur & Sehenswertes

Elim: Deutsche Missionare gründeten das Straßendorf mit den weißen, reetgedeckten Häuschen. S. 229

Swellendam: Die nach Kapstadt und Stellenbosch drittälteste Siedlung im Land weist eine Fülle an historischen Gebäuden auf. Besonders schön ist Old Gaol, das ehemalige Gefängnis. S. 236

Aktiv unterwegs

Haitauchen an der Küste vor Gansbaai: Vom Räuber der Meere, dem Weißen Hai, nur durch einen Gitterkäfig getrennt. Ein atemberaubendes und adrenalinförderndes Erlebnis. S. 227

De Hoop Nature Reserve: Eines der schönsten Naturreservate im Land mit schönen Übernachtungs- und tollen Wandermöglichkeiten. S. 230

Whale Trail: Der beste Wanderweg, um die Meeressäuger live zu erleben. S. 231

Genießen & Atmosphäre

Seafood at the Marine: Exzellente Meeresfrüchte in coolem Ambiente im altehrwürdigen Marine Hotel in Hermanus. S. 224

Bientang's Cave: Nichts für Gourmets, bei Bientang's treten die Fischgerichte ob der Aussicht in den Hintergrund. Der Blick geht von der natürlichen Klippenhöhle aus direkt in die Brandung. S. 224

Abends & Nachts

Candle-Light-Dinner bei Fischern: Gäste des Arniston Spa Hotel in Arniston können an einem Kassiesbaai Traditional Dinner bei Kerzenlicht teilnehmen. Die Frauen der Fischer bereiten das Essen in den historischen weiß verputzten Häuschen zu, wo es dann auch serviert wird. S. 230

Südlichster Punkt Afrikas

Eine herrlich aussichtsreiche Küstenstraße führt an der False Bay entlang, wo sich von August bis in den Dezember Wale in Küstennähe tummeln. In der von Deutschen gegründeten Missionsstadt Elim reihen sich reetgedeckte Häuschen aneinander, und über das pittoreske Arniston erreicht man schließlich das südlichste Ende Afrikas: Cape Agulhas. Swellendam und Genadendal bestechen durch ihr historisches Ortsbild und interessante Museen.

Infobox

Hangklip-Kleinmond Tourism Bureau: Kleinmond, 14 Harbour Rd., Tel. 028 271 56 57, www.ecoscape.org.za.
Hermanus Tourism Bureau: Mitchell St., Tel. 028 312 26 29, www.hermanus.co.za, Mo–Fr 8–13,14–16.30, Sa 10–14 Uhr. Nette Angestellte, u.a. detaillierte Walbeobachtungskarten.
Stanford Tourism Bureau: 17 Queen Victoria St., Tel. 028 341 03 40, www.stanfordinfo.co.za. Infobüro mit Internetanschluss.
Suidpunt Tourism Bureau: Bredasdorp, Tel. 028 424 25 84, www.overberg.co.za.
Swellendam Tourism Bureau: Voortrekker St., Tel./Fax 028 514 27 70, www.swellendamtourism.co.za. Alle historischen Gebäude im Ort listet das kostenlose Faltblatt »Swellendam Treasures« mit genauen Beschreibungen auf.
Genadendal Tourism Bureau: Museum, Tel. 028 251 82 79, Fax 028 251 81 96.
Greyton Tourism Bureau: 29 Main Rd., Tel./Fax 028 254 95 64, www.greytontourism.com.

Von der False Bay zur Walker Bay

▸B/C 5/6–C/D 6/7

In dem hübschen Hafenstädtchen **Gordon's Bay** fühlt sich der Besucher ans Mittelmeer versetzt. Der *fynbos* ähnelt der mediterranen Macchia, dazu kommen die Berge, das türkisfarbene Meer und der Jachthafen – die Illusion ist perfekt. Ein Fußpfad verbindet den gut geschützten Bikini Beach mit dem Main Beach.

Direkt am Ortsausgang von Gordon's Bay führt eine nicht ausgeschilderte, kleine Privatstraße den Berg hinauf zum Tor des Steenbras-Damm-Bereichs. Bis dorthin, wo sich ein wunderbarer Aussichtspunkt über die False Bay befindet, ist die Straße für jedermann offen. Das pittoreske Asphaltband in perfektem Zustand ist bei Einheimischen sehr beliebt. Wer Werbespots, vor allem jene für sportliche Autos, genauer unter die Lupe nimmt, wird die herrliche, kurvenreiche Bergstraße wiedererkennen. Unzählige Reklamefilme wurden hier gedreht. Kein Wunder, die Strecke mit einzigartigem Berg- und Meer-Panorama könnte auch in Südfrankreich, Spanien oder Kalifornien sein.

Von der kurvenreichen Küstenstraße, die aus Gordon's Bay hinausführt, fällt der Blick immer wieder nach rechts auf das tiefblaue Wasser der False Bay und auf die gegenüberliegende Kap-Halbinsel. Links ragt die gewaltige Kette der Hottentots Holland Mountains auf. Während der Wal-Hochzeit zwischen Juli und November lassen sich die beeindruckenden Säugetiere zwischen dieser Stelle und Hermanus in Küstennähe beobachten. Bei **Rooiels** kann man an einem sicheren Strand wunderbar sonnenbaden. Die Teerstraße biegt nun ins Landesinnere ab, umgeht dabei Pringle Bay und Cape Hangklip. Der Hängende Felsen hieß einst Cabo Falso (Falsches Kap), eine von vielen Referenzen an die falsche Bucht (False Bay), weil Seefahrer, die von Osten kamen, diesen Fels für Cape Point hielten und zu früh nach Norden abdrehten.

In dieser Gegend finden sich häufig Spuren von **Leoparden,** die noch vereinzelt in der ursprünglichen Berglandschaft leben. Deshalb haben Naturschützer auch einen Zaun um die kleine **Küstenkolonie der Brillenpinguine bei Stoney Point** gezogen. Die gefleckten Katzen hatten sich vorher immer wieder mal einen der Vögel schmecken lassen.

In den 1930er-Jahren entstanden die netten kleinen Ferienhäuschen von **Betty's Bay.** Davor war der Ort eine Walfangstation. Die Rampe, über die tote Wale an Land gezogen wurden, ist noch bei Stoney Point zu erkennen.

Das von Cape Nature Conservation verwaltete 30 000 ha große **Kogelberg Biosphere Reserve** (www.kogelberg biospherereserve.co.za) mit seinen zerklüfteten hohen Bergen und unberührten Tälern ist UNESCO-Weltnaturerbe und genießt damit höchste Schutzpriorität. In dem von einigen Wanderwegen durchzogenen Gebiet wachsen 1600 verschiedene *fynbos*-Arten, es gibt etwa 70 Säugetierarten, einschließlich der bereits erwähnten Leoparden. Im Palmiet River Valley laden Felsenpools im Fluss zu einem erfrischenden Bad ein.

Zur Blumenblüte, zwischen Oktober und Februar, lohnen die **Harold Porter National Botanical Gardens** (Tel. 028 272 93 11, www.sanbi.org/gardens/harold-porter, tgl. Sonnenauf- bis -untergang) einen Besuch.

Blick in die Kogel Bay von der Küstenstraße 44 aus

TWO OCEANS
SOUTH AFRICA

Außerhalb von Kleinmond bietet das **Kleinmond Coastal and Mountain Reserve**, das seit Kurzem Teil des **Kogelberg Biosphere Reserve** ist, ebenfalls Wanderwege durchs *fynbos*-Gebiet. Kleinmond gilt generell als einer der windgeschütztesten Küstenorte, die Lagune bietet sichere Bademöglichkeiten.

Und der kleine Hafen von Kleinmond, erreichbar über die Harbour Road, am Ortsanfang rechts abbiegen, hat sich in letzter Zeit zum attraktiven Besuchsziel entwickelt. Es gibt einige gute Restaurants zur Auswahl und ein paar schöne Geschäfte. Prima Stop für eine Mittagspause.

Essen & Trinken

Holzdeck mit Meerblick – **The Boathouse Restaurant:** 18 Harbour Rd., Kleinmond, Tel. 028 271 30 48, Facebook: The Boathouse Restaurant, tgl. 8–22 Uhr, im Winter Mo–Do 10–20, Fr 9–21, Sa 8–21, So 8–19 Uhr, Hauptgericht um 140 Rand. Entspannte Atmosphäre mit Holzdeck, -bänken und -tischen im Freien. Neben fangfrischem Seafood gibt es prima Steaks, Ribs und hausgemachte Gourmetburger vom Grill. Dazu Craft Beer aus der lokalen Mikro-Brauerei.

Einheimischentreff – **Sandown Blues:** 4 Strand Street, Kleinmond, Tel. 082 566 43 68, Facebook: Sandown Blues Restaurant, Mo–Sa 8.30 bis spät, So 8.30–16 Uhr, Gericht 100 Rand. Hier treffen sich die Einheimischen direkt am Strand auf ein kaltes Bier und Fish 'n' Chips oder Burger.

Aussichtsreicher Italiener – **Al Forno:** 35 Beach Rd., Gordon's Bay, Tel. 074 171 26 58, tgl. 10–23 Uhr, Hauptgericht 95 Rand. Richtig gute Pizza aus dem Holzofen mit dünnem Teig.

Schöne Aussicht vom Bientang Cave Restaurant in der Hermanus Walker Bay

Tolle Aussicht aufs Meer von der erhöhten Terrasse aus und idealer Platz für einen Sundowner.

Aktiv

Schöne Aussichten beim Golfen – **Arabella Golf Estate:** R 44 zwischen Kleinmond und Hermanus, http://arabellacountryestate.co.za, Golf-Info unter Tel. 028 284 01 05, tgl. 8–14 Uhr. Halfway-Haus und Restaurant, wunderbarer 18-Loch-Platz an der Botriver-Lagune, mit Meer- und Bergblick.

Hermanus ! ▶D 6

Kurz vor Hermanus zweigt links eine kleine Straße (Rotary Way Uitsig Pad) zu einem Aussichtspunkt hoch über der Stadt ab. Der Weg führt direkt durch das malerische **Fernkloof Nature Reserve** (Tel. 028 313 08 19, www.fernkloof.com), in dem ausschließlich einheimischer *fynbos* gedeiht. Im 1446 km^2 großen Schutzgebiet gibt es insgesamt 25 km Wanderwege.

Ein Stückchen weiter liegt der **Startplatz für Gleitschirmflieger,** die bei entsprechend gutem Wetter zu Dutzenden im Aufwind an dem Felsabbruch entlangsegeln. Von hier oben lässt sich die gesamte Walker Bay überblicken, mit scharfen Augen oder Fernglas können sogar Wale beobachtet werden.

Besser funktioniert das natürlich in der attraktiven, 1830 gegründeten Stadt **Hermanus**, wo sich die Tiere während der Saison bequem vom Ufer aus betrachten lassen. Ein **Klippenpfad,** der sich 12 km lang an die Küste schmiegt, bietet interessierten Besuchern gute Aussichten. An besonders schönen Stellen stehen Bänke. Während der Saison sorgt ein eigens für diesen Zweck angestellter Walschreier dafür, dass Touristen wie Einheimische keinen der Riesen der Meere verpassen (s. S. 58). Gute *whale watching spots* sind der Sievers Point, das Castle und der Kraal Rock. Am alten Hafen ist sogar ein Teleskop installiert worden, sodass die sanften Riesen formatfüllend in Augenschein genommen werden können.

Das **Old Harbour Museum** zeichnet die maritime Geschichte des Ortes anhand alter Schwarz-Weiß-Aufnahmen und restaurierter alter Fischerboote nach (Marine Drive, direkt im alten Hafen, Tel. 028 312 14 75, www.old-harbour-museum.co.za, Mo–Sa 9–13, 14–17 Uhr, 20/5 Rand). Hermanus wurde ursprünglich jedoch nicht als Fischerort gegründet, das Gebiet war vielmehr zunächst von Farmern aus Caledon bewohnt, die die guten Sommerweiden für ihr Vieh schätzten.

Übernachten

Grande Dame – **The Marine Hermanus:** Marine Drive, Tel. 028 313 10 00, www.marine-hermanus.co.za, DZ mit Frühstück ab 3100 Rand. Von den Balkonen der Zimmer lassen sich im September und Oktober sogar Wale sichten, 40 Zimmer, zwei Restaurants. Kinder ab zwölf Jahren sind willkommen.

Meerblick – **Schulphoek Seafront Guest House:** 44 Marine Drive, Tel. 028 316 26 26, www.schulphoek.co.za, DZ mit Frühstück, Dinner ab 2600 Rand; Vier-Gänge-Menü am Abend 350 Rand/Person. Toller Meerblick; afrikanisch beeinflusstes Innendesign; gut ausgestatteter Weinkeller mit über 2000 Flaschen!

Historisches Hotel mit guter Aussicht – **Windsor:** 49 Marine Drive, Tel. 028 312 37 27, www.windsorhotel.co.za, DZ mit Frühstück und Meerblick ab 1100 Rand. 60 einfache Zimmer. Vom Biergarten aus können Sie Wale beobachten.

Essen & Trinken

Top-Meeresfrüchte-Restaurant – **Seafood at the Marine:** The Marine Hermanus, Marine Drive, Tel. 028 313 10 00, tgl. 12–14.30, 19–21.30 Uhr, Zwei-Gänge-Menü 215 Rand, Drei-Gänge-Menü 285–325 Rand, à la carte Hauptgericht 110 (vegetarisch) bzw. ca. 130–450 Rand. Ausgezeichnetes Meeresfrüchtelokal mit exzellentem Service. Die Einrichtung ist im Gegensatz zum Hotel modern und wirkt fast schon Zen-minimalistisch. Die Küche ist durch eine Glasscheibe vom Speiseraum getrennt. Die Gerichte reichen von *rich man's fish and chips* zu *local Gansbaai crayfish*.

Sushi im Hafen – **Harbour Rock & Gecko Bar:** Site 24A, New Harbour, Tel. 028 312 29 20, www.harbourrock.co.za, tgl. 9–22 Uhr, Hauptgericht um 120–250 Rand. Das Restaurant überblickt den neuen Hafen von Hermanus und serviert Sushi sowie andere Meeresfrüchte und Thai-Gerichte. Abends wird es mit weißen Tischdecken und Kerzen romantisch.

Klein, aber urig – **Fisherman's Cottage:** Lemm's Corner, Ecke Harbour/Main St., Tel. 028 312 36 42, www.fishermanscottage.co.za, tgl. 10–15, 17–19 Uhr, Hauptgericht um 100 Rand. Nichts für Menschen, die unter Klaustrophobie leiden, ist diese winzige Kneipe, die leckeres *seafood* anbietet, das auf einer Schiefertafel gelistet ist. Tipp: die exzellente Bouillabaisse.

Mediterrane Küche – **La Pentola:** 87 Marine Drive, Tel. 028 313 16 85, www.hermanus.lapentola.co.za, Di–So 11–15, 17.30–22 Uhr, Hauptgericht 90–200 Rand. Mediterrane Gerichte, stets frisch zubereitet und in relaxter Atmosphäre serviert.

Höhlenessen – **Bientang's Cave:** unterhalb vom Marine Drive, Tel. 028

Mein Tipp

Walbeobachtung per Schiff

Wer keine Lust mehr hat, auf den Felsen sitzend Wale zu beobachten, kann einen der in Hermanus und Gansbaai angebotenen Bootstrips buchen. Lizenzierte Tourboote dürfen bis auf 50 m an die Wale heranfahren.

Hermanus Whale Cruises: New Harbour, Tel. 028 313 27 22, www.hermanus-whale-cruises.co.za, tgl. 7 (nur im Sommer), 9, 12, 14, 16 Uhr ab dem New Harbour in Hermanus, Jan.–Mai, wetterabhängig, ca. 2 Std., 700 Rand, 5–13 Jahre 300 Rand, darunter frei. Die Ausflügler werden mit einem authentischen Fischerboot zur Walbeobachtung in die Walker Bay geschippert.

Southern Right Charters: The Whale Shack, New Harbour, Tel. 082 353 05 50, www.southernrightcharters.co.za, ab New Harbour in Hermanus, Juni–Dez. tgl. 9, 12, 15, Sept.–Dez. auch 7 Uhr, wetterabhängig, durchschnittlich 2 Std., 700 Rand, 5–13 Jahre 350 Rand, darunter frei. Die Veranstalter bieten nicht nur Walbeobachtungen, sondern auch ein modernes Speedboot.

Ivanhoe Sea Safaris: Gansbaai, Rudy Hughes, Tel. 028 384 05 56, www.whalewatchingsa.co.za, www.facebook.com (›Ivanhoe Sea Safaris‹), Juni–Sept., Abfahrt n. V. (2-Std.-Trips), 1100 Rand. Von Aug. bis Sept. gibt Rudy Walsichtungsgarantie.

Dyer Island Cruises: Kleinbaai, Wilfred Chivell, Tel. 082 380 34 05, www.thegreatwhitehouse.co.za, Abfahrt n. V., 900 Rand, 5–11 Jahre 600 Rand, darunter frei. Hier wird die Walbeobachtung mit einer Fahrt zu Dyer Island und der dort lebenden Robbenkolonie kombiniert, Letztere ist außerdem ein beliebter Jagd- und Tummelplatz von Weißen Haien.

312 34 54, www.bientangscave.com, tgl. 9.30–16 Uhr, Hauptgericht 85–150 Rand. In einer Grotte untergebrachtes, rustikales *seafood*-Restaurant. Hierher kommt man wegen der Aussicht.

Delikate, simple Hausmannskost – **Salt of the Earth:** Hemel-en-Aarde Valley Farm Stall, Southern Right Estate, R 310, Tel. 082 922 38 15, tgl. 9–17 Uhr, Hauptgericht ab 65 Rand. Einheimische würden diesen Geheimtipp am liebsten für sich behalten. So gut ist die hausgemachte, ländliche Küche mit herrlich Selbstgebackenem. Dazu einen Wein aus der Region. Bei schönem Wetter im Freien unter den Schatten spendenden Eichen. Kinderfreundlich.

Leckere Pizza – **Rossi's:** 10 High St., Tel. 028 312 28 48, www.rossis.co.za, So–Mo 11–22, Fr/Sa bis 23 Uhr, Hauptgericht 80–130 Rand. Rossi's gibt es schon seit vielen Jahren. Kein Wunder, die im Holzofen gebackenen Pizzas (ab 44 Rand) mit dünnem Boden sind einfach *molto bene*. Es gibt etwa 30 verschiedene Beläge, außerdem Pasta (ab 60 Rand) und über dem Feuer gegrilltes Steak. Kinderfreundlich.

Einkaufen

Secondhand – **Flohmarkt:** Jeden Freitag und Samstag findet in Hermanus ein kleiner Flohmarkt statt, auf dem

Kunstgegenstände, Kleidung und aller möglicher Krimskrams angeboten und unter die Leute gebracht werden.

Termine

Hermanus Whale Festival: 3. Sept.-Woche, Tel. 028 313 09 28, www.whalefestival.co.za. Die Wale werden jedes Jahr mit einem Volksfest inklusive Theatervorstellungen, Konzerten und Kunsthandwerksmarkt ausgiebig gefeiert, außerdem gibt es das Oldtimertreffen Whales and Wheels.

Walker Bay ▶ C/D 6/7

www.capenature.co.za/reserves/walker-bay-nature-reserve
Hermanus scheint gar nicht mehr enden zu wollen. Etwa 6 km geht es stadtauswärts an teilweise schönen Einfamilienhäusern vorbei. Die **Plaat** ist ein 12 km langer Strand zwischen Lagoon Mouth und De Kelders, der zum **Walker Bay Nature Reserve** gehört. Angeln, Reiten und Wandern sind oberhalb der Flutmarke möglich.

Stanford ▶ D 6

In **Stanford** findet sich neben interessanten Trödelläden auch Südafrikas erstes Beer Estate, eine Mikro-Brauerei namens **Birkenhead Brewery** (www.walkerbayestate.com), die aufgemacht ist wie ein Weingut (auf dessen Gelände sie sich auch befindet), also mit Garten, Herrenhaus und Restaurant. Statt Traubenpressen stehen hier allerdings Kupferbraukessel. Sechs Sorten, die von Besuchern natürlich auch probiert werden können, sind im Angebot.

Übernachten

Aussichtsreich – **Bellavista Country Place:** Zwischen Stanford und Gansbaai auf der linken Seite der R 43, Tel. 082 901 76 50, www.bella.co.za, DZ mit Frühstück 1600–2500 Rand. Freundlich-familiäres, ruhiges und komfortables *guest house* mit toller Aussicht auf Berge und Bucht, Schweizer Besitzer, sehr kinderfreundlich, großer Pool. Zwei Suiten, eine Junior Suite und ein Cottage; Panoramarestaurant, steht auch Nicht-Gästen offen. Hauptgericht 150 Rand; vorher reservieren.

Essen & Trinken

Soul Food – **Mariana's Home Deli & Bistro:** 12 Du Toit St., Tel. 028 341 02 72, Do–So 12–16 Uhr, Mitte Juni–Mitte Sept. geschl., Reservierung notwendig, Hauptgericht um 120 Rand. Gutes ›hausgemachtes‹ Essen mit frischen, saisonalen Zutaten. Sehr angenehme Atmosphäre. Viele der Zutaten kommen aus Marianas eigenem Garten. Nachteil: sehr beliebt, daher oft ausgebucht.
Biergut – **Birkenhead Brewery:** An der R 326 nach Bredasdorp, Tel. 028 341 01 13, www.walkerbayestate.com, Lunch 11 bis 15 Uhr, außerhalb der Saison Mo, Do geschl. Mini-Brauerei mit Verkaufsshop, großem Restaurant (Mo/Di geschl.) und Pub. Brauereitour mit Bierverkostung Mi, Fr 11, 15 Uhr, 40 Rand, Wein- und Bierproben in Pub/Bar und Restaurant tgl. 10–17 Uhr möglich, Hauptgericht um 80 Rand.

Einkaufen

Fundgrube – **The New Junk Shop**: 11 Queen Victoria St., Tel. 028 341 07 97. Einst einer der besten Läden in der Kapstädter Long Street, hat sich der berühmte, viktorianische Trödelladen aufs Land nach Stanford zurückgezogen. Die Auswahl an antikem Gerümpel ist aber nach wie vor mehr als opulent und reicht von alten Möbeln bis zu Miniflaschen und Spielzeugautos.

Grootbos Nature Reserve ▸ D 6/7

Naturliebhaber finden kurz vor Gansbaai ihr Paradies. Auf einer ehemaligen Farm ist dort das **Grootbos Nature Reserve** entstanden. Die Gäste der Öko-Lodge übernachten in kleinen Steinhäuschen. Auf dem Gelände wurde sämtliche Fremdvegetation entfernt, um den einheimischen *fynbos* zu schützen. In den dichten *milkwood*-Wäldchen können Besucher unter Anleitung erfahrener *guides* verschiedene Vögel beobachten. Die Aussicht vom Restaurant, das ausschließlich Lodgegästen offen steht, schweift über die Walker Bay bis nach Hermanus und bei schönem Wetter bis zum 80 km Luftlinie entfernten Cape Point am Kap der Guten Hoffnung.

Übernachten

Fynbos-Paradies – **Grootbos Nature Reserve Garden & Forest Lodge**: 13 km hinter Stanford in Richtung Gansbaai auf der R 43, Tel. 028 384 80 00, www.grootbos.com, DZ mit Vollpension und diversen Aktivitäten 7260–10 340 Rand. Zwei Lodges auf einer dicht mit *fynbos* bewachsenen Farm mit toller Aussicht auf die Walker Bay. Hier findet sich minimalistischer Afroschick inklusive Reetdach, Glas und Stahl inmitten eines 1000 Jahre alten *milkwood*-Waldes. Jedes Häuschen hat ein eigenes Holzdeck und ein riesiges Badezimmer. Ausflüge in den *fynbos* zu Fuß, per Pferd oder im Geländewagen; in der Saison werden Waltrips angeboten. Kinder sind willkommen. Grootbos unterstützt die lokale Gemeinde mit einer Schule und Ausbildungsplätzen, u. a. für Gärtner.

De Kelders und Gansbaai ▸ D 7

Haie live bei Gansbaai

Neben Walen lassen sich an der Küste vor Gansbaai noch andere – erheblich gefährlichere – Meeresbewohner hautnah erleben: Weiße Haie. Was bisher nur Wissenschaftlern und Tierfotografen vorbehalten war, ist jetzt auch für Touristen möglich: In PS-starken Booten geht es auf das offene Meer hinaus. Etwa 20 Minuten später ist der Kanal zwischen **Dyer** und **Geyser Island** erreicht, der ideale Platz, um diese faszinierenden Tiere zu erleben. Die beiden unter Schutz stehenden Inseln gehören der Cape Nature Conservation, der Naturschutzbehörde der Kap-Provinz. Auf Geyser Island lebt eine Pelzrobbenkolonie, deren Jungtiere immer wieder Opfer der Meeresräuber werden. Die Boote ankern im Kanal, und die Skipper kippen eimerweise blutiges Wasser ins Meer *(chumming)*, um Haie anzulocken. Im Hintergrund brüllen Hunderte von Robben. Zwei Taschen mit Fischködern schwimmen an Nylonschnüren im Meer. Sobald ein Hai auftaucht, werden die Köder Richtung Boot gezogen, die Raubfische folgen ihnen und attackieren sie direkt vor den Augen der atemlosen Zuschauer. Mutige steigen mit Schnorchel und Neoprenanzug ausgestattet in einen speziellen Käfig, der im Meer versenkt wird. Unter Wasser lässt sich das Schauspiel noch intensiver genießen: »Der Weiße Hai« live.

Momentan wird untersucht, ob diese Hai-Touren das Verhalten der Tiere, über die noch sehr wenig bekannt ist, beeinflussen. Erste Meldungen von Haien, die Fischerbooten folgen, weil sie auf Beute hoffen, lassen erwarten, dass den Anbietern von Hai-Touren eventuell bald ein Verbot droht. Die Öffentlichkeitsarbeit der Naturschutzbehörde ist außerdem darauf ausgerichtet, den Menschen die Urängste vor Haien zu nehmen und die faszinierenden Tiere zu schützen. Weltweit werden jährlich mehrere Millionen Haie getötet. Wenn man aber beispielsweise weiß, dass Weiße Haie erst mit 25 Jahren geschlechtsreif werden, wird einem schnell bewusst, dass sie ohne Schutzmaßnahmen keine Chance haben zu überleben.

Neben der adrenalinfördernden *white shark tour* weist **De Kelders** noch eine andere Sehenswürdigkeit auf. Unterhalb der Klippen befinden sich mehrere Pools, in denen sich leicht salziges Wasser sammelt, das gut gegen Rheuma helfen soll. Alten Aufzeichnungen zufolge haben Farmer bereits 1712 von den Pools gewusst. De Kelders geht direkt in das hübsche Fischerdorf Gansbaai mit seinem pittoresken Hafen über.

Übernachten

Geschmackvoll – **Whalesong Lodge:** 83 Cliff St., De Kelders, Tel. 028 384 18 65, www.whalesonglodge.co.za, DZ mit Frühstück ab 1700 Rand, gute Online-Specials. Das Hotel ist sehr geschmackvoll eingerichtet, fünf Zimmer mit Meerblick (teils nur ›um die Ecke‹). Dinner (mit gemeinschaftlichem Kochen) gibt es jeden zweiten Abend, also vorher klären, es lohnt sich.

Aktiv

»Der Weiße Hai« live – **Shark Cave Diving:** Das berühmt-berüchtigte Tauchen im Käfig mit dem Weißen Hai kostet 1350–1750 Rand und ist in der Hai-›Metropole‹ Gansbaai auch für Tauchunkundige möglich. Das Tauchabenteuer beginnt im kleinen Hafen von Kleinbaai. Jeder Trip dauert etwa 3–5 Std. Es werden Infos zur Gegend und zum Artverhalten der Haie sowie ihrer Rolle im Ökosystem des Meeres geliefert. Die mutigen Kunden bekommen Neoprenanzüge, Masken und Schnorchel und können dann in einen Metallkäfig klettern, der an der Seite des Bootes befestigt ist und ins Wasser hinabgelassen wird, s. S. 227.

White Shark Ecoventures: Tel. 021 532 04 70, www.white-shark-diving.com.

Shark Diving Unlimited: Tel. 082 441 45 55, www.sharkdivingunlimited.com.

White Shark Diving Co.: Tel. 021 671 47 77, www.sharkcagediving.co.za.

Shark Lady: Tel. 028 313 23 06, www.sharklady.co.za.

Marine Dynamics: Tel. 079 930 96 94, www.sharkwatchsa.com.

White Shark Adventures: Tel. 082 928 20 00, www.whitesharksafaris.com. Die einzige Firma, die konstante Luftversorgung in den Haikäfig pumpt, bei allen anderen haben Taucher Sauerstoffflaschen auf dem Rücken.

White Shark Projects: Tel. 021 405 45 37, 028 384 17 74, www.whitesharkprojects.co.za.

Danger Point ▸ D 7

Am östlichen Ende der Walker Bay, spülen die Wellen über die Klippen des **Danger Point,** der seinen Namen nicht ohne Grund trägt. Viele Schiffe sind hier schon auf Grund gelaufen. Das britische Truppentransportschiff Birkenhead war nur eines davon. 1852 wurden ihm die Felsen des Danger Point zum Schicksal, wobei 445 Soldaten ums Leben kamen. Sie warteten in

Habachtstellung auf Deck, während das Schiff unterging, bis Frauen und Kinder in Sicherheit waren. Damals wurde der berühmte Satz »Frauen und Kinder zuerst« geprägt. Einige Überlebende ließen sich an der Küste nieder und wurden in die lokale Bauerngemeinschaft aufgenommen.

Ihre Nachkommen tragen zwar typisch englische Nachnamen, gesprochen wird allerdings ausschließlich Afrikaans.

Elim ▶ E 7

Von **Pearly Beach** aus führt eine geteerte Straße nach **Elim** in eines der schönsten von Deutschen gegründeten Missionsstädtchen im Western Cape. Seit 1824 hat sich der Ort kaum verändert. Rechts und links der Hauptstraße reiht sich ein reetgedecktes, weiß verputztes Häuschen an das nächste. Auch die Giebelkirche ist ein wahres Schmuckstück. Ihre Uhr – *made in Germany* – zeigt die Zeit heute noch so akkurat an wie 1764, als sie angefertigt wurde. Die 1828 gebaute Mühle ist die älteste im Land. Im Frühling blüht das gesamte Gebiet um Elim herum. Einst verkauften die Dorfbewohner jedes Jahr etwa 70 000 kg Trockenblumen. In den letzten Jahren hat die Nachfrage jedoch deutlich nachgelassen.

Bredasdorp ▶ E 6

Auf holpriger Piste geht es weiter nach **Bredasdorp** mit dem **Shipwreck Museum** (6 Independent St., Tel. 028 314 12 40, Mo–Fr 9–16.45, Sa 10–11.45, So 11–15.45 Uhr, 20/10 Rand). Fast alle der etwa 250 Schiffskatastrophen, die sich seit Beginn der Aufzeichnungen an der Südküste der Kap-Provinz ereignet haben, sind in dem Schiffswrackmuseum dokumentiert. Es ist auf drei der ältesten Gebäude des Ortes verteilt. Die alte kapholländisch-neogotische Kirche ist das Kernstück der Ausstellung. Modelle, Bilder und Fundstücke schildern anschaulich die Katastrophen, die Schiffen wie der Birkenhead oder der Arniston zustießen.

Cape Agulhas ▶ E 7

Von Arniston ist es nur noch ein Katzensprung bis zum südlichsten Ende Afrikas. Hier, am **Cape Agulhas,** nicht am Kap der Guten Hoffnung, treffen Indischer und Atlantischer Ozean aufeinander. Trotz des geografischen Superlativs ist der Ort wenig spektakulär: ein Hügel und davor eine unscheinbare, felsige Küstenebene, die im Meer verschwindet.

Ein Prunkstück ist der 1848 erbaute Leuchtturm, nach dem in Kapstadts Stadtviertel Green Point ist er der älteste Südafrikas. Er ist dem Leuchtturm von Pharos nachempfunden, der außerhalb von Alexandria im alten Ägypten lag und zu den Sieben Weltwundern gehörte, 71 steile Holzstufen führen nach oben. Im **Cape Agulhas Lighthouse** (214 Main Rd., Tel. 028 435 60 78, 15/7,50 Rand) gibt es eine umfassende Ausstellung über Leuchttürme in der ganzen Welt. Der Agulhas-Leuchtturm hatte einst die Leuchtkraft von 4500 Kerzen und wurde mit dem Öl aus den Schwänzen der lokalen Schafe befeuert. Mit den Jahren leuchtete er immer strahlender, heute mit der Intensität von 12 Mio. Kerzen, weshalb es kaum noch Schiffsunglücke gibt.

Von dem 1982 auf den Klippen gestrandeten japanischen Frachter Meisho Maru ist mittlerweile nur noch der vordere Teil zu sehen. Hunderte von Vögeln haben den rostigen Bug, auf dem noch die chinesisch-japanischen Schriftzeichen zu erkennen sind, zu ihrem Lieblingsspähplatz auserkoren.

Agulhas National Park
www.sanparks.org/parks/agulhas, 148/74 Rand
Im Nationalpark gibt es Übernachtungsmöglichkeiten in verschiedenen Cottages und Häuschen. Die Übernachtungen in den verschiedenen Chalets, in denen bis zu 6 Personen unterkommen, kosten 1060–3550 Rand (Online-Buchung via Website).

Übernachten

Reetgedeckt am Kiesstrand – **Pebble Beach:** 137 Vlei Ave., Suiderstrand, Tel. 082 435 72 70, www.pebble-beach.co.za, DZ ab 1150 Rand. Das schöne, reetgedeckte Haus, umgeben von *fynbos* und Vögeln, bietet zwei helle Zimmer und eine Honeymoon-Suite im ersten Stock mit Lounge, Balkon, Himmelbett und frei stehender, viktorianischer Badewanne mit Blick aufs Meer.

Waenhuiskrans ▸ F 7

Arniston ist der inoffizielle Name des nächsten Ortes, benannt nach einem Schiff, das vor dem Ort auf Grund lief. Wie die Birkenhead war die Arniston ein englischer Truppentransporter. Nur sechs Menschen überlebten 1815 die Katastrophe, 372 kamen ums Leben. Offiziell heißt der attraktive Fischerort mit seinen alten, weißen *fishermen's cottages* **Waenhuiskrans**. Das Afrikaans-Wort bedeutet Wagenhaushöhle und bezeichnet eine große Grotte in den Klippen, die in der Lage ist, mehrere Ochsenwagen aufzunehmen.

Übernachten

Attraktives Beachhotel – **Arniston Spa Hotel:** Arniston Bay, Bredasdorp. Tel. 028 445 90 00, www.arnistonhotel.com, DZ mit Frühstück 780–4300 Rand (je nach Saison und Zimmerkategorie). Mediterran anmutendes, schönes Hotel mit 60 Zimmern. Empfehlung: Nehmen Sie eines der luxuriöseren Zimmer (Luxury Seafacing) mit Blick aufs Meer und den kleinen Hafen. Gäste des Arniston Hotels können nach Vorbuchung am Kassiesbaai Traditional Dinner teilnehmen. Das einfache Essen reißt einen dabei nicht vom Hocker, interessanter ist die Location: eines der historischen, original erhaltenen Fischerhäuser. Infos im Hotel, in dem auch Kinder gerne gesehen sind.
Naturnah – **Die Herberg Hotel:** Tel. 028 445 25 00, DZ mit Frühstück ab 850 Rand. Neu erbautes, nicht sehr aufregendes Hotel mit Dünen- oder *fynbos*-Blick und 30 Zimmern. Restaurant im Haus.

De Hoop Nature Reserve ▸ F/G 6

www.capenature.co.za/reserves/de-hoop-nature-reserve, www.dehoopcollection.co.za, Tel. 028 542 12 53, tgl. 7–18, Fr 7–19 Uhr, 40/20 Rand
Das Reservat ist geöffnet, die Ranger sind äußerst nett und zuvorkommend. Eine ungeteerte Straße zweigt ein paar Kilometer nördlich von Bredasdorp Richtung Ouplas ab. Auf ihr erreicht man das 360 km² große, 50 km östlich von Bredasdorp gelegene **De Hoop Nature Reserve** (s. auch Lieblingsort S. 232) an der südwestlichen Küste der Kap-Provinz. Die landschaftliche Vielfalt in diesem Gebiet ist enorm: Neben einem 14 km langen

Süßwasserdelta – dem südlichsten in ganz Afrika – gibt es riesige, weiße Sanddünen, Kalksteinhügel und die Bergkette der Potberg Mountains. Von den 1500 Pflanzenarten des Tiefland-*fynbos* existieren 50 nur in diesem Naturschutzgebiet. 259 verschiedene Vogelarten wurden bisher gezählt, einschließlich des sehr seltenen Kap-Geiers, des Schwarzen Austernfischers und der Damaraseeschwalbe.

Wer größere Tiere lieber mag, ist hier ebenfalls richtig. Im warmen Nachmittagslicht grasen Dutzende von Elenantilopen, Springböcken, Buntböcken, Zebras, Duckern und Steinböcken. An kleineren Säugern leben hier Paviane, Mangusten, Karakale und Kap-Füchse. Insgesamt hat man bisher 86 verschiedene Säugetierarten im Reservat gezählt.

Neben einigen **Mountainbike-Trails** gibt es auch **Wanderwege,** wobei der Pfad am Strand entlang zu den schönsten gehört. Grund dafür sind vor allem die zahlreichen natürlichen Gezeitenpools, in denen es sich bei Ebbe hervorragend baden lässt. Vorsicht: die hier vorkommenden *blue-bottle*-Quallen haben lange schmerzhafte Tentakel. An der Wasseroberfläche sehen sie aus wie kleine, durchsichtige Plastiktüten. Südafrikaner haben für alle Fälle immer ein Fläschchen Essig dabei, denn er ist ideal zum Auftragen auf die Haut, um diese nach einem Quallenkontakt zu beruhigen. Aufs offene Meer selbst sollte man wegen der tückischen Strömungen nicht hinausschwimmen.

Auch zur Walbeobachtung (Aug.–Nov.) ist De Hoop ideal. Bis zu 50 Wale pro Tag sind hier keine Seltenheit.

Übernachten

Für Selbstversorger – Mehrere **Selbstversorger-Cottages** (für vier Personen, ab 910 Rand), die luxuriöseren Cottages kosten ab 2085 Rand, Campingplatz mit 12 *campsites* je 325 Rand. Alle Übernachtungen müssen vorher reserviert werden: De Hoop Nature Reserve, Tel. 021 422 45 22, www.dehoopcollection.com, Tel. 028 542 12 53. Unterkünfte können telefonisch nur zu Bürozeiten Mo–Fr 8–17 Uhr gebucht werden.

Wanderung auf dem Whale Trail

Start: Potberg, Ziel: Koppie Alleen (von dort per Shuttlebus retour nach Podberg); Länge: 55 km; Dauer: 5 Tage/5 Nächte; Schwierigkeitsgrad: mittel; Jahreszeit: ganzjährig, aber Wale gibt es nur Juni–Dez.; 40 Rand Eintritt, zzgl. Jan.–Juni 1695 Rand, Juli–Dez. 2195 Rand für die Hüttenübernachtungen; Kontakt: Cape Nature Conservation, Tel. 021 659 35 00, www.capenature.co.za

Der **Whale Trail** (Walwanderpfad) durch das **De Hoop Nature Reserve** ist ein Aktiv-Highlight im Land. Nur Wanderer haben Zugang zu diesem Teil des Naturschutzgebiets. Und nur zwölf pro Tag, was eine nahezu ungestörte Wildniserfahrung ermöglicht. Die Übernachtungshütten sind sehr komfortabel, gut ausgestattete Häuschen mit Spültoiletten, heißen Duschen, Solarlicht und geräumigen Küchen und Wohnräumen. Sehr angenehm ist der angebotene Service, das Gepäck (und die Kühlbox mit Bier) von Hütte zu Hütte bringen zu lassen. De Hoop ist das Vorzeigereservat von Cape Nature Conservation und Teil des Kap-Florenreichs, das Weltkulturerbe ist. Wer zwischen Mai und Dezember wandert, hat exzellente Chancen, die namensgebenden Meeressäuger live zu erleben. Der

Lieblingsort

De Hoop Nature Reserve

▶ F/G 6

Eines der schönsten Wildreservate der westlichen Kap-Provinz ist das De Hoop Nature Reserve. Hier gibt es wunderschöne weiße Sanddünen direkt am Meer, Gezeitenpools mit von der Sonne aufgeheiztem, glasklarem Wasser, wo es sich herrlich baden lässt. Außerdem leben im Schutzgebiet erstaunlich viele Tiere, u. a. Elenantilopen, Bunt- und Springböcke, Zebras und Paviane. Ohne Rummel lassen sich hier mitten in der Natur oft bis zu 50 Wale gleichzeitig beobachten. Wanderwege und Mountainbike-Trails bieten sich für sportliche Besucher an.

Pfad mäandert durch eine vielfältige, herrliche Szenerie, von den Sandsteinhügeln des Potberg Mountain über wild gezackte Kalksteinformationen und dann durch Dickicht, attraktiven *fynbos* und Wildblumen bis zur zerklüfteten Küstenlinie. Die Tagesstrecken sind moderat und nicht sehr schwierig. Es bleibt also genug Zeit zum Relaxen, zum Schwimmen an den wunderbaren Sandstränden oder in den natürlichen Felsenpools, zum Picknicken im betörend duftenden *fynbos* oder einfach zum Dasitzen und Aufs-Meer-Gucken.

Tag 1: Die erste Tagesetappe führt **von Potberg nach Cupidoskraal** (14,7 km, 7–8 Std.). Die meisten Wanderer kommen am Abend zuvor an und übernachten in der **Potberg-Hütte,** einem hübschen alten Farmhaus im Ostteil des Naturschutzgebiets. Wer fürs Gepäcktragen bezahlt hat, packt seine Habseligkeiten in die bereitgestellten schwarzen Boxen. Die werden dann zur nächsten Hütte befördert. Das erste Teilstück hinauf auf den 611 m hohen **Potberg Mountain** gehört zu den anstrengendsten Abschnitten der gesamten Wanderung, also nicht verzweifeln, wenn man ordentlich schwitzt. Es bleibt nicht immer so. Der *fynbos* ist hier prachtvoll, und es macht Sinn, ein Erkennungsbuch mitzunehmen, um die verschiedenen Blumen zu identifizieren. Oben angekommen, wird man durch die Aussicht für die Mühe belohnt. In der Ferne lässt sich sogar **Cape Agulhas,** Afrikas südlichster Punkt, ausmachen. Auch der **Breede River,** der durch die Weizenfelder außerhalb des Reservats mäandert, ist zu sehen. Von hier aus geht es fast nur noch bergab bis zur Hütte. Davor lässt es sich herrlich im **Melkhout River** baden, bevor es nochmals ein kleines Stückchen aufwärts zur geräumigen **Cupidoskraal-Hütte** mit Außendusche geht.

Tag 2: Der Pfad führt nun **von Cupidoskraal nach Noetsie** (15 km, 7–8 Std.). Nach einem erfrischenden Bad im **Stausee** führt die Route durch mit dichtem *fynbos* bewachsene Berge. Die Ausblicke sind grandios. Im Frühling treibt es die Natur hier besonders bunt. In **Noetsie** gibt es dann zwei attraktive reetgedeckte Häuschen am Rand der Bucht.

Tag 3: Der Weg verbindet **Noetsie mit Hamerkop** (7,8 km, 3 Std.) und

Wanderung auf dem Whale Trail

folgt zunächst der Küstenlinie durch herrlichen Küsten-*fynbos*. Es geht unter interessanten verwitterten Felsüberhängen hindurch und an Höhlen in den Klippen vorbei. Da die Tagesetappe recht kurz ist, bleibt viel Zeit, diese und die farbenfrohen Gezeitenpools zu erkunden. Besonders der **Pool** in der Nähe der **Stilgat-Höhle,** erreichbar über eine Kettenleiter, lohnt einen Abstecher. Nach einigem Auf und Ab ist dann die am Strand gelegene, sehr schöne **Hamerkop-Hütte** erreicht. Von der Terrasse aus lassen sich in der Saison die Wale beobachten. De Hoop ist einer der wichtigsten Geburtsplätze für Glattwale.

Tag 4: Am vierten Tag geht es **von Hamerkop nach Vaalkrans** (10,5 km, 5–6 Std.) und zunächst längere Zeit am Strand entlang. Dort sind die seltenen Oystercatcher-Vögel, Kormorane und unzählige Möwen zu beobachten. Auf etwa halber Strecke sieht man die **Lekkerwater Lodge** auf den Klippen, ein wunderbares Strandhaus, das auch gemietet werden kann. Das hier ist die wohl einzige Stelle, wo man eventuell andere Leute im Reservat trifft. Wie es schon in der Trail-Broschüre steht, bitte diese Besucher nicht stören. Hier verlässt der Wanderpfad den Strand und führt durch die herrlich bewachsenen **Dünen.** Die **Übernachtungshütte** ist wieder ausgesprochen schön. Sie steht oben auf einer spektakulären Kalksteinklippe mit grandiosem Meeresblick.

Tag 5: Die letzte Etappe führt **von Vaalkrans nach Koppie Alleen** (7 km, 3 Std.). Das kurze, leicht zu laufende Finale führt am Strand und Klippenrand entlang. Es geht an alten Muschelhaufen vorbei. Knochen und Schalen, die von den ersten hier lebenden Menschen, den *strandlopern,* hinterlassen wurden. Die tiefen, türkisfarbenen Felsenpools laden ebenso zum Schwimmen ein wie die hübschen Strände. Die **Hippo Pools** am Ende des Trails sind ein echtes Highlight und ermöglichen ein erfrischendes Bad. Je mehr man sich **Koppie Alleen** nähert, desto mehr ›normale‹ Besucher finden sich am Strand – ein Kulturschock nach Tagen der Einsamkeit. Vom **Endpunkt des Trails,** der über einen hölzernen *boardwalk* zu erreichen ist, bringt ein Shuttlebus die Wanderer zurück nach Potberg.

Malgas ▶ F 6

In **Malgas** befindet sich eine von Südafrikas zwei Flussfähren (die andere überquert bei Sendelingsdrift in der Northern Cape Province den Orange River, Grenzfluss zwischen Südafrika und Namibia). Im Gegensatz zu der in Sendelingsdrift ist die Malgas-Fähre nicht motorgetrieben, sondern handgezogen. Zwei, manchmal auch drei Männer ziehen sie mit Muskelkraft über den breiten Breede River. Malgas, das 50 km vom Meer entfernt liegt, war einst der wichtigste Inlandhafen des Landes. Während Swellendams Blütezeit lief der Warenaustausch mit Kapstadt über den Seeweg. Endlos weite Felder erstrecken sich auf dem Weg nach Norden bis zum Horizont. Ab und zu sind ein paar weiß verputzte Farmhäuser in die gelbbraune, von der Sonne verbrannte Landschaft eingestreut.

Übernachten

Direkt am Fluss – **Malagas Hotel & Conference Centre:** Tel. 028 542 10 49, www.malagashotel.co.za, DZ ab 1100 Rand. 45 freundlich gestaltete Zimmer in dem am Ufer des Breede River gelegenen Haus.

Handarbeit: Die Malgas Ferry funktioniert noch mit Muskelkraft

Swellendam ▸ F 5

Wer über Malgas anreist, stößt östlich von Swellendam auf die N 2. Das 1743 gegründete **Swellendam** ist nicht nur Südafrikas drittälteste Stadt, sondern mit seinen vielen hübschen, kapholländischen Häusern eine der schönsten. Auch die Lage ist pittoresk: im Norden die mächtige, 1600 m hohe Bergkette der Langeberg Mountains, im Süden wogende, goldene Weizenfelder. Was bei einem Stadtrundgang durch Swellendam als Erstes auffällt, ist die **Voortrek Street,** die ungewöhnlich breite Hauptstraße. Sie stammt, ebenso wie die sie flankierenden historischen Gebäude, aus der guten, alten Zeit, als 16-spännige Ochsenwagen in der Lage sein mussten, ohne Schwierigkeiten auf der Dorfstraße zu wenden.

Drostdy-Museumskomplex

18 Swellengrebel St., Tel. 028 514 11 38, www.drostdymuseum.com, Mo–Sa 8–13, 14–17 Uhr, 20/10 Rand

Das architektonische Schmuckstück Swellendams ist einer der schönsten Museumskomplexe Südafrikas: Das **Drostdy Museum** war einst Wohnhaus und Gerichtsgebäude des Bezirksgouverneurs, des *landdrost.* Die Gebäude entstanden ab 1747 vor der grandiosen Kulisse der Langeberg Mountains. Das weiß verputzte **Drostdy** mit Reetdach diente als Modell für viele Häuser in der Stadt. Im Innern sind Beispiele edler Kap-Möbelstücke aus dem 18. und 19. Jh. ausgestellt.

Zum Museumskomplex gehören zwei weitere Gebäude. **Zanddrift** ist ein altes kapholländisches Farmhaus, das einst in der Nähe von Bonnievale stand, abgetragen und auf dem Museumsgelände rekonstruiert wurde. Im alten Gefängnis, dem **Old Gaol Complex** (Tel. 028 514 38 47), sind zwei Shops untergebracht: die **Bloukop Gallery** und der **Swellendam Alive! Craft Shop,** die lokales und anderes afrikanisches Kunsthandwerk verkaufen.

Übernachten

Historischer Landhausstil – **Schoone Oordt Country House:** 1 Swellengrebel St., Tel. 028 514 12 48, www.schoondeoordt.co.za, DZ mit Frühstück ab 1750 Rand. Attraktives historisches Gebäude von 1853. Gäste übernachten in kleinen Häuschen in einem großen Garten. Erste Wahl des Autors in Swellendam. Prima Frühstück.

Bed-&-Breakfast-Unterkünfte:
Viele der historischen Häuser in Swellendam beherbergen stilvolle und gemütliche **B-&-B-Unterkünfte.**
Gemütlich – **Roosje van de Kaap:** 5 Drostdy St., Tel. 028 514 30 01, www.roosjevandekaap.com, DZ mit Frühstück 895–1050 Rand. Kleines Bed & Breakfast mit sehr gutem Restaurant in einem viktorianischen Haus.
Alte Mühle – **Old Mill Guest Cottage:** 241–243 Voortrek St., Tel. 028 514 27 90, www.oldmill.co.za, DZ mit Frühstück 650–1100 Rand. In der 1813 erbauten Wassermühle untergebrachtes Bed & Breakfast mit vier renovierten Zimmern.

Essen & Trinken

Candle-Light-Dinner – **Herberg Roosje van de Kaap:** 5 Drostdy St., Tel. 028 514 30 01, www.roosjevandekaap.com, Di–So 8–9.30 (Frühstück), ab 19 Uhr, Hauptgericht ab 110 Rand. Wunderbare Atmosphäre, vielleicht für einen besonderen Abend: niedrige Reetdecken und viele brennende Kerzen; seit vielen Jahren von hervorragender Qualität. Große Auswahl à la carte, ausführliche Weinkarte.
Leckere Pfannkuchen – **Old Mill Restaurant and Tea Garden:** 241 Voortrek Rd., Tel. 028 514 27 90, www.oldmill.co.za, Frühstück, Lunch und Dinner, tgl. 7 Uhr–spät, Hauptgericht 85–142 Rand. Auch für Nicht-Gäste des *guest house*, vor allem die Pfannkuchen sind empfehlenswert.
Stilvoll restauriert – **Old Gaol Restaurant on Church Square:** Church Square, 8 A Voortrek St., Tel. 028 514 38 47, www.oldgaolrestaurant.co.za, Mo–So Frühstück, Lunch, Hauptgericht 30–100 Rand. Leichte Gerichte, traditionelle Kuchen *(leckerer melktert)* und hausgemachte Limonade in einem stilvoll restaurierten Haus gegenüber der Kirche (Moederkerk). Bei schönem Wetter sitzt man im Freien.

Bontebok National Park

Park-Tel. 028 514 27 35, www.sanparks.org/parks/bontebok, 80/40 Rand
Außer für seine hübschen Häuser ist Swellendam für den 7 km außerhalb liegenden **Bontebok National Park** bekannt. In dem 3000 ha großen Park wurde 1961 der bis auf 22 Exemplare ausgerottete Buntbock, der nur in Südafrika vorkommt, unter Schutz gestellt. Heute leben über 200 der rotbraunen Antilopen mit der charakteristischen weißen Markierung im Schutzgebiet. Neben weiteren Antilopen wie Springböcken und Kudus gibt es im Nationalpark Kap-Bergzebras und über 200 Vogelarten. Die blutroten Aloen blühen im Juni und Juli, im Frühling bedecken die

Wildblumen des *fynbos* das Land. Ein Straßennetz von 25 km Länge sowie zwei Wanderwege führen durch das Gebiet.

Übernachten

Die Übernachtungsbuchung läuft telefonisch über den Park, die zentrale Buchung via SA National Parks in Pretoria (Tel. 012 428 91 11, Mo–Fr 7–17, Sa 8–14 Uhr) oder online (www.sanparks.org) sowie über Cape Town Tourism (Tel. 021 426 42 60).

Beim Parkbesuch ist es unbedingt erforderlich, die Buchungsbestätigung mitzubringen. Zu Ferienzeiten buchen hier auch viele Südafrikaner. Die Website enthält neben einer genauen Beschreibung der jeweiligen Unterkünfte auch eine detaillierte Anfahrtsskizze.

Greyton und Genadendal ▸ D 5

Auf dem Rückweg von Swellendam nach Kapstadt bietet sich ein Abstecher an. Kurz hinter Caledon zweigt von der N 2 rechts die R 406 ab. Sie führt in das hübsche, von Eichen gesäumte Städtchen **Greyton.** Viele Künstler und Schriftsteller leben in dieser ländlichen Abgeschiedenheit. Ein idealer Ort, um mal so richtig abzuschalten.

Etwa 5 km davor liegt die Missionsgründung **Genadendal**, die älteste deutsche Missionsstation in Afrika (s. S. 77). Sie wurde 1738 von Georg Schmidt gegründet, der von den Herrnhutern (Moravian Church) geschickt worden war, um den Khoi das Evangelium näherzubringen. Der ursprüngliche Name des Ortes war Baviaanskloof. Bis zum Ende des 18. Jh. hatte sich Genadendal zur nach Kapstadt zweitgrößten Siedlung des Landes entwickelt. Kern des heute 3500 Einwohner zählenden Örtchens ist der original erhaltene Kirchplatz mit seinen denkmalgeschützten Gebäuden.

Mission Museum

Church Square, Tel. 028 251 85 82, -251 82 20, Mo–Do 9–13 , 14–17, Fr 9–15.30, Sa 9–13 Uhr, So nach Voranmeldung

Das hochinteressante Missionsmuseum zeigt die Geschichte des Ortes und viele Exponate aus dem täglichen Leben, wie Haushaltsgeräte, Druckerpressen, medizinisches Equipment und die älteste Orgel des Landes.

Genadendal Printing Works

Tel. 028 251 81 40

Eine der ältesten Druckereien Südafrikas, die Genadendal Printing Works, ist noch immer in Betrieb. Im Vorraum stehen die schwarzen, alten Druckmaschinen aus Deutschland. Hinter einer ›Eintritt verboten‹-Tür

Buntbock-Antilopen gibt es nur in Südafrika, diese leben im Bontebok National Park

summen Computer, Printer und Scanner – ein Kontrast, wie er größer kaum sein könnte.

Übernachten

Renoviertes Schmuckstück – **The Post House:** 22 Main Rd., Tel. 028 254 99 95, www.posthouse.co.za, DZ mit Frühstück 1550–2440 Rand. Das Post House wurde 1860 erbaut und ist damit eines der ältesten Gebäude in Greyton. Das Hauptgebäude war ein Kolonialwarenladen und eine Herberge für müde Reisende. Der Post House Country Pub erlangte durch eine Bells-Whiskey-Reklame Berühmtheit und war auch einst – nomen est omen – Greyton's Postamt. Die 14 Zimmer sind in eleganten Grau- und Brauntönen gehalten. Es gibt ein kleines Pub und das Restaurant serviert ländliche Küche.

Charmant – **Greyton Lodge:** 52 Main St., Tel. 028 254 98 00, www.greytonlodge.com, DZ mit Frühstück ab 1250 Rand. Einladendes Pub, insgesamt englisches Ambiente, gutes Restaurant, 15 Zimmer in einem ehemaligen Laden, der 1882 erbaut worden ist.

Komfortable Zelte – **Oewerzicht Tented River Lodge & Farm Cottages:** Oewerzicht Farm, 9 km von Greyton auf der Krige Rd., Tel. 028 254 98 31, www.oewerzicht.co.za. Geräumige Zelte mit richtigem Bett und Bad, sowie Außendusche, die über eine Holzbrücke erreichbar sind. Baden im Fluss. Alternative sind die festen Häuschen. Zelt für 2 Personen 650 Rand, Häuschen für 4–8 Pers. ab 950 Rand.

Essen & Trinken

Südafrikanische Spezialitäten – **Abbey Rose:** 19 Main Rd., Tel. 028 254 94 70, www.abbeyrose.co.za, Mi 18–22, Do–Sa 12–15, 18–22, So 12–15 Uhr. Im gemütlichen Restaurant mit Tischen im Freien werden südafrikanische Spezialitäten wie Ochsenschwanz, Kudu-Pastete, Lammkeule und frischer Fisch serviert.

Das Beste auf einen Blick

Garden Route

Highlight!

Elephant Sanctuary: Hier dürfen Erwachsene und Kinder den Dickhäutern auf die Pelle rücken. Neben viel interessanten Elefanten-Fakten können Besucher diese auch reiten, was die alte Schulweisheit widerlegt, dass nur indische Elefanten abgerichtet werden können. S. 260

Auf Entdeckungstour

Unter Dampf – eine Fahrt mit historischen Zügen: Der Outeniqua Choo-Tjoe war der einzige noch auf seiner Originalstrecke (George–Knysna) verkehrende Dampfzug Südafrikas. Momentan wird die Trasse gerade nach Erdrutschen repariert, es gibt aber eine Alternative, denn auch Atlantic Rail hat ein Herz für historische Dampfloks. S. 244

Rüsselerlebnisse – zu Besuch bei den Elefanten: An der Garden Route gibt es mehrfach Gelegenheit, die größten Landsäugetiere der Welt hautnah zu erleben. S. 248

Wanderung auf dem Otter Trail: Dies ist der absolute Klassiker unter Südafrikas Wanderrouten – die Tour zwischen Bergen und Meer. S. 262

Kultur & Sehenswertes

Birds of Eden: Ein Tal mit natürlicher Vegetation und künstlichem Flusslauf wurde in eine riesige Vogelvoliere verwandelt, die die Besucher auf Holzstegen und -brücken durchqueren. S. 259

Monkeyland: Affen aus der ganzen Welt leben frei in diesem riesigen Gehege. Ein Führer erklärt diese während eines Rundgangs. S. 259

Aktiv unterwegs

Oystercatcher Trail: Die komfortabelste Wanderung Südafrikas beginnt westlich von Mossel Bay. S. 246

Bungee-Jump über dem Storms River: Der mit 216 m höchste Bungee-Sprung der Welt führt von der Bloukrans Bridge in die Tiefe. S. 260

Tsitsikamma Canopy Tours: Ebenfalls recht aufregend ist es, in den Baumwipfeln an Drahtseilen durch die Vegetation zu schwingen. S. 261

Genießen & Atmosphäre

Firefly Eating House: Atmosphärisch ansprechender Ort mit viel Lichteffekten und Kerzenschein. Spezialität des Hauses in Knysna sind schön scharfe, aber auch milde Varianten von Curry. S. 255

Tsala Treetop Lodge: Exklusive Übernachtung mit afrikanischem Ambiente in einer architektonischen Symphonie aus Holz und Glas, hoch in den Bäumen westlich von Plettenberg Bay. S. 257

An der Grünen Küste

Infobox

Infos

Mossel Bay Tourism Bureau: Ecke Market/Church St., Tel. 044 691 22 02, Fax 044 691 30 77, www.mosselbay.co.za oder www.visitmosselbay.co.za.
George Tourism Bureau: 124 York St., Tel. 044 801 92 95, www.georgetourism.org.za.
Wilderness Tourism Bureau: Beacon Rd., Milkwood Village, Tel./Fax 044 877 00 45, www.wildernesstourism.co.za. Infos zu Unterkünften und Mietwagen.
Knysna Tourism Bureau: 40 Main St., Tel. 044 382 55 10, www.visitknysna.co.za, Mo–Fr 8–17, Sa 8.30–13 Uhr.
Knysna- und Garden-Route-Information: Tel. 086 199 91 91, www.gardenroute.org, Mo–Fr 8.30–17, Sa 9–12.30 Uhr. Vermittlung von Unterkünften.
Plettenberg Bay Tourism Centre: Main St., Tel. 044 533 19 60, www.plett-tourism.co.za. Infos zu Übernachtungs- und Wassersportmöglichkeiten in und um den beliebten Ferienort ›Plett‹.
South African National Parks: Die Buchung von Nationalpark-Unterkünften organisiert man am besten über die Zentrale der SA National Parks (SANP) in Pretoria: Tel. 012 428 91 11, www.sanparks.org, Mo–Fr 7.45–15.45 Uhr; oder über die Touristeninformation Cape Town Tourism, Tel. 021 426 42 60. Rechtzeitig buchen und die Buchungsbestätigung unbedingt beim Parkbesuch mitbringen. Die informative Park-Website enthält eine genaue Beschreibung der Unterkünfte und bietet auch eine detaillierte Anfahrtsskizze.

Die Garden Route (www.gardenroute.org), die sich von Heidelberg im Westen bis zum Storms River im Osten erstreckt, gehört zu den beliebtesten Strecken im südlichen Afrika – kein Wunder, denn die Landschaft ist wunderschön. Die schmale, an Urwäldern, Seen, Lagunen und Flüssen reiche Küstenebene ist flankiert von den Sandstränden des warmen Indischen Ozeans und den beeindruckenden Bergketten der Langeberg, Outeniqua und Tsitsikamma Mountains. Das gemäßigte Küstenklima mit warmen Sommern und kühlen Wintern sorgt für ganzjährige Niederschläge, weshalb die Besucher meist durch dichtes Grün fahren. Die feuchten Luftmassen, die vom Meer aufsteigen, bleiben auf dem Weg ins Landesinnere an den Bergen hängen und regnen sich ab. Weil das Gebiet so fruchtbar wie ein Garten ist, erhielt es seinen Beinamen.

Entlang der grünen Garden Route laden einsame Sandstrände zu Badestopps ein. Fahrten über unbefestigte historische Bergpässe, die unter Denkmalschutz stehen, und durch die Tsitsikamma Section des Garden Route National Park sind unvergessliche Erlebnisse. Ausdauernde wandern auf dem berühmten Otter Trail, der direkt am Meer entlang verläuft.

Mossel Bay ▸ J 6

Mossel Bay gilt, von Kapstadt kommend, inoffiziell als ›Eingangstor‹ zur Garden Route. Hier setzte der erste Europäer seinen Fuß auf südafrikanischen Boden. Am 3. Februar 1488 landete hier, nach der Umsegelung des Kaps der Guten Hoffnung, die Karavelle des portugiesischen Navigators Bartolomeu

Dias. Ein großer Museumskomplex erinnert an den berühmten Seefahrer.

Dias hatte die Bucht Aguado de São Bras genannt. Erst 1601, nachdem der holländische Navigator Paulus van Carden in seinem Logbuch vermerkte, dass Muscheln das Einzige waren, was es an Essbarem an dieser Küste gab, wurde die Bucht zur Mossel Bay. Die offizielle Stadtgründung erfolgte 1848.

Bartolomeu Dias Museum Complex

1 Market St., Tel. 044 691 10 67, www.diasmuseum.co.za, Mo–Fr 9–16.45, Sa/So, Fei 9–15.45 Uhr, 20/5 Rand, Schiff 40/10 Rand

Das **Bartolomeu Dias Museum** zeigt u. a. einen Nachbau seines Schiffes. Im Jahr 1988, zum 500. Jahrestag der Landung, segelte die in Portugal gebaute Replik noch einmal auf der Dias-Route nach Mossel Bay. Das Museum wurde danach praktisch um das Schiff herum gebaut. Besucher können durch die verschiedenen Decks laufen und die hervorragenden Holzarbeiten bewundern. Da die Originalpläne fehlten, rekonstruierten die portugiesischen Schiffsbauer den Segler nach zeitgenössischen Skizzen und Gemälden.

Ein paar Meter vom Museumsgebäude entfernt steht das **Dias Monument,** direkt vor dem berühmten **Post Office Tree,** einem mächtigen, unter Denkmalschutz stehenden *milkwood*-Baum. In seinen Ästen hing früher ein Lederstiefel, in welchem die ersten Seefahrer Briefe für nachfolgende Schiffe deponierten. Heutige Besucher finden an der gleichen Stelle einen Briefkasten in Form eines Stiefels für ihre Urlaubspostkarten. Ein **steinernes Kreuz** markiert die Stelle, an der Dias angeblich an Land ging. Auch die von Dias' Männern ob ihres klaren Wassers gelobte **Quelle** plätschert heute noch, allerdings nicht mehr ins Meer, sondern in einen kleinen Stausee, um den herum viele einheimische Pflanzen wachsen. Ein **Muschel- und ein Heimatmuseum** (Shell Museum) mit Kopien der ersten Läden Mossel Bays ergänzen den Komplex.

Munroeshoek Cottages

Unterhalb des Hügels, von dem der bronzene Dias auf das Meer blickt, stehen drei hübsche, weiß getünchte Häuschen: die 1830 erbauten **Munroeshoek Cottages,** wo man Kunstgegenstände kaufen und Tee mit leckeren *scones* genießen kann.

Cape St. Blaize

Zur Wal-Zeit (Juli–Nov.), lassen sich die gewaltigen Säuger in der Bucht beobachten. Am besten geht das vom **Cape St. Blaize** aus, wo man auch eine große Fledermaushöhle besichtigen kann. Archäologische Funde beweisen, dass hier schon vor 80 000 Jahren Menschen gelebt haben, die *strandloper.* Weniger hübsch sind die gewaltigen Kessel und Industrieanlagen, die seit der Entdeckung umfangreicher Gasvorkommen vor der Küste im nördlichen Teil der Stadt aus dem Boden gewachsen sind.

Essen & Trinken

Pizza mit Meerblick – **Delfino's Espresso Bar & Pizzeria:** Restaurant 2, Point Rd., Tel. 044 690 52 47, www.delfinos.co.za, tgl. 7–23 Uhr, Pizza/Pasta/Burger um 40–80 Rand, Steaks ab 100 Rand. Delfino's ist bekannt für seine gute Pizza und Pasta.

Aktiv

Badefreuden – Neben dem berühmten Seefahrer hat Mossel Bay noch eine andere Attraktion zu bieten: das ausgeglichenste Kli- ▷ S. 246

Auf Entdeckungstour: Unter Dampf – eine Fahrt mit historischen Zügen

Eine Fahrt mit der historischen Schmalspurbahn The Outeniqua Choo-Tjoe, die viele Jahre entlang der Garden Route verkehrte, ist ein besonderes Erlebnis. Derzeit ruht der Zugverkehr aufgrund heftiger Regenfälle und Erdrutsche, die die Trasse in Mitleidenschaft gezogen haben. Die Alternative bis zur Wiederinbetriebnahme bildet eine Fahrt mit dem Atlantic Rail.

Reisekarte: ▶ 1, K/L 5; K/J 5/6; 2, B 1–4
Infos Friends of Choo-Tjoe : www.friendsofthechoo-tjoe.co.za, www.facebook.com (›Friends of the Choo-Tjoe‹)
Outeniqua Transport Museum: 2 Mission St., George, Tel. 044 801 82 86, www.outeniquachootjoe.co.za/museum.htm, Sept.–April tgl. 8–17 Uhr, Mai–Aug. Mo–Fr 8–16.30, Sa 8–14 Uhr, 20 Rand, 6–11 Jahre 10 Rand, darunter frei.

Atlantic Rail: Tel. 021 556 10 12, www.atlanticrail.co.za, 300 Rand, 3–12 Jahre 200 Rand, hin und zurück, vorherige Buchung unbedingt notwendig. Der Zug verkehrt nur an bestimmten Sonn- und Feiertagen (s. Website). Abfahrt ab Bahnhof Kapstadt 10.30 Uhr, Ankunft Simon's Town gegen 12.30 Uhr, Rückfahrt 15.15 Uhr.

Eine historische Trasse wird wiederbelebt

1924 begann der Gleisbau für die etwa 67 km lange Anschlussstrecke von George nach Knysna entlang der Küste. Bei der Eröffnung sprach man von der teuersten Eisenbahntrasse der Welt. 1992 wurde sie unter Denkmalschutz gestellt und 1993 an die Transnet Foundation, Heritage Preservation übergeben. Von nun an stand ein Trip pro Tag von George nach Knysna und retour auf dem Programm. Der historische Zug beförderte von Jahr zu Jahr mehr Gäste, vor allem ausländische Touristen. Doch dann fegten im Herbst 2006 verheerende Stürme über das südliche Kap hinweg, heftige Überschwemmungen zerstörten die Bahnlinie und führten zu ihrer Schließung.

Restaurierter Schienenbus

Im April 2007 wurde dann beschlossen, mit dem beliebten **Choo-Tjoe** in die Gegenrichtung zu fahren, von George bis Mossel Bay. Das wurde allerdings 2009 wieder aufgegeben, da die Strecke erheblich weniger attraktiv war als die historische Trasse. Seither kümmert sich der Verein Freunde des Choo-Tjoe Train aktiv darum, die Bahnlinie wieder zu etablieren. Seit Anfang 2012 hat Transnet nun auch wieder Interesse daran. Aber da die Mühlen in Südafrika langsamer mahlen als anderswo, wurde auch 2016 noch immer keine Entscheidung gefällt.

Mobil wie anno dazumal

Bis es so weit ist, kann man sich zumindest den historischen Zug ansehen. Er wartet geduldig im **Outeniqua Transport Museum,** in einer betagten überdachten Bahnhofshalle mit Bahnsteig. Dort sind weitere 12 historische Dampflokomotiven einschließlich einer Schmalspurbahn untergebracht.

Hier soll dann wieder bald die Zeitreise in eine Ära der Zugfahrten beginnen, die wir heute als gemächlich bezeichnen würden. Man verpasse nicht den Blick auf den privaten Eisenbahnwaggon von Burenpräsident Paul Kruger sowie auf all die alten Kutschen, Omnibusse und Oldtimer.

Im August 2012 waren die Freunde des Choo-Tjoe-Zuges mit der 18 Monate langen Restaurierung eines Inspektionsschienenzuges von 1970 fertig. Er kann in beide Richtungen gefahren werden, der Lokführer montiert nur die drei Pedale sowie Gang-, Handbrems- und Gashebel auf die andere Seite. Der Schienenbus ist nun in der Knysna Waterfront ausgestellt, da ihm derzeit noch die Schienen fehlen. Er wurde in den alten Farben der SAR (South African Railways) – rot, mit schwarzem Fahrgestell – lackiert.

Dampf-Alternative – Ab ans Kap

Die Zeit bis zur Wiederinbetriebnahme des Choo-Tjoe können sich Dampfeisenbahn-Fans mit dem **Atlantic Rail** verkürzen. Seit Ende 2010 verkehrt diese wunderbar restaurierte Dampflok zwischen Kapstadt und Simon's Town auf der Kap-Halbinsel. Der letzte Teil der Strecke führt direkt am Meer entlang, vorbei an den Strandorten **Muizenberg, St. James Beach** und **Kalk Bay**. Ab und zu spritzt die Brandung direkt auf Gleise und Trasse.

Der Zug bietet bis zu 170 Passagiere Platz. Neben dem regulären Fahrplan kann die Lokomotive auch komplett für Filmaufnahmen oder auch für Privatveranstaltungen gemietet werden.

Mein Tipp

Gondwana Private Game Reserve: Big Five an der Garden Route

Im Herzen der Garden Route, nur etwa 25 Minuten landeinwärts von Mossel Bay, liegt dieses private Naturreservat, wo sich die Big Five – Elefant, Löwe, Leopard (mit viel Glück), Nashorn und Büffel – in einer wunderbaren *fynbos*-Berg- und Hügellandschaft beobachten lassen. Das Besondere an dem Malaria-freien, 110 km² großen Gondwana Game Reserve ist, dass Kinder jeden Alters mit ihren Eltern willkommen sind. Sie übernachten in den Private Bush Villas. Alleinreisende Pärchen wählen die ruhigere Alternative, entweder die Kwena Lodge oder die Fynbos Villa. Es gibt spezielle Preise für Kinder unter 12 Jahren, Knirpse bis 4 Jahre zahlen nichts.

Für Kids gibt es außerdem ein Junior-Ranger-Programm (ab 4 Jahre), wo ihnen auf lockere Art Natur, Fauna und Flora etwas nähergebracht werden.

Gondwana Private Game Reserve: Tel. 044 697 70 77, www.gondwanagr.co.za, Gondwana Game Reserve ist auch auf Facebook und Twitter vertreten. Komplettangebot mit allen Mahlzeiten, Übernachtung, Pirschfahrten und Aktivitäten ab 5000 Rand/Person.

ma in Südafrika – in Kombination mit den herrlichen Sandstränden eine ideale Mischung. Die schönsten Stellen zum Baden sind die **natürlichen Pools** bei **Die Poort** und **Die Bakke** sowie der **Santos Beach** mit seinem attraktiven, 1915 erbauten Strandpavillon, der einem Vorbild im fernen, südenglischen Seebad Brighton nachempfunden ist.

Wanderung auf dem Oystercatcher Trail

Start: Point Village bei Mossel Bay, Ziel: Cape Vacca bzw. Sandpiper Leisure Center, Länge: 47 km, Dauer: 4–5 Tage, abkürzbar auf 1, 2 oder 3 Tage (entweder mit Basiscamp oder jeweils anderer Übernachtung), Schwierigkeitsgrad: leicht bis moderat; geführte Wanderung; Trail Jan.–Nov. geöffnet, beste Zeit ist von Aug.–Okt., wenn die Wale da sind und die Wildblumen blühen; Kosten je nach Übernachtungstyp 2550–9275 Rand/Person inklusive Guide, Gepäcktransport, Übernachtung, Vollpension. Wer nur eine Nacht auf dem Trail wandern und übernachten möchte, bucht eines der Sandpiper Cottages in Boggomsbaai. Die beiden traditionellen Kaphäuschen, Houthuis und Mosselkraker, in der Nähe von Mossel Bay haben zwei oder drei Zimmer und sind nur 500 Meter vom Strand entfernt, ab 850 Rand. Kontakt: Sandpiper Safaris, Tel. 044 699 12 04, www.oystercatchertrail.co.za

Westlich von Mossel Bay, am ›Eingangstor‹ zur Garden Route, findet sich der **Oystercatcher Trail,** der am Point Village seinen Ausgang hat. Ein weiterer herrlicher Küstenwanderweg und eine Alternative zum Whale Trail, falls dieser ausgebucht sein sollte. BBC zählt den Wanderweg weltweit zu den »30 walks to do before you die« (30 Wanderungen, die du machen musst, bevor du stirbst). Der Trail ist der wohl ›dekadenteste‹ in Südafrika. Hier wird nicht nur das gesamte Gepäck getragen, sondern auch am Abend sehr angenehm genächtigt und gegessen. Der Weg führt von Mossel Bay Richtung Westen zur Höhle am Cape St. Blaize, vorbei an dramatisch orangefarbenen Klippen und durch Küsten-*fynbos,* bevor er zur Küste hin absteigt. Dort läuft

Wanderung auf dem Oystercatcher Trail

man herrliche Sandstrände entlang, sammelt Muscheln, betrachtet das marine Leben in den Gezeitenpools und beobachtet den namensgebenden Black Oystercatcher (Schwarzer Austernfischer) und andere Vögel. Die angenehmen Tagesetappen führen durch ursprüngliche Naturlandschaften. Highlight sind die *guides,* die unterwegs alles erklären: Discovery Channel live. Am Ende des 2. und 3. Tages gibt es in den Sandpiper Cottages sogar Sauna und Wellness-Massagen. Komfort und viel Liebe zum Detail verleihen dem als anstrengend verrufenen Wandern eine neue Dimension und könnten auch sonst eher Fußlahme motivieren. Ein Teil der Trailgebühr geht an den Naturschutz, also tut man auch noch etwas für die Umwelt.

Tag 1: Am ersten Tag treffen sich die Wanderer im **Point Village** zum Meeresfrüchte-Dinner, um die Route zu besprechen. Ein wunderbarer Übernachtungspunkt mit Blick über das Meer. Wer früher ankommt, was sich sehr empfiehlt, kann an den tollen Stränden relaxen oder in der Saison Wale beobachten – oder **Mossel Bay** erkunden und den **Cape-St.-Blaize-Leuchtturm.**

Tag 2 führt vom **Point Village** nach **Dana Bay** (15 km, 4–5 Std.). Zunächst folgt der Pfad dem gut markierten Wanderweg **Cape St. Blaize Hiking Trail.** Die Wanderer treffen am Morgen ihren *guide,* der alles über die Gegend weiß. So wird die Wanderung zur interessanten Naturerfahrung. Man klettert zum Klippenrand hoch und erlebt wieder eine wunderbare Aussicht. Am Weg liegen diverse Höhlen, von denen viele noch gar nicht erforscht sind. Am einsamen **Strand von Oyster Bay** ist dann Gelegenheit für ein Bad im Meer. Durch dichtes Küstengebüsch geht es nach **Dana Bay,** wo ein Taxi die Wanderer zu den **Sandpiper Cottages** von **Boggoms Bay** bringt, der Unterkunft für die nächsten beiden Tage. Die renovierten Fischerhäuschen sind sehr warm, gemütlich und geschmackvoll eingerichtet. Abends brennt dann ein Feuer im offenen Kamin, und im Kühlschrank findet sich kaltes Bier. Rotwein und Sherry stehen draußen bereit. Am Abend wird ein traditionelles Dinner serviert.

Tag 3: Am nächsten Tag bringt ein Taxi die Wanderer zurück nach **Dana Bay,** von wo es dann – immer am Strand entlang – **nach Boggoms Bay** (12 km, 4 Std.) geht. Hier lassen sich die dem Trail seinen Namen gebenden Black Oystercatcher ▷ S. 250

Auf Entdeckungstour: Rüsselerlebnisse – zu Besuch bei den Elefanten

Als die ersten Weißen am Kap ankamen, wimmelte es rund um die Tafelbucht noch von Tieren. Die Elefanten wurden vor allem wegen ihres wertvollen Elfenbeins geschossen. Innerhalb weniger Jahrzehnte zogen sich die letzten Dickhäuter in entlegenere Gebiete zurück und wurden fast ausgerottet.

Reisekarte: ▶ J 5, L 5, L/M 5
Anfahrt: Die Elefantentour beginnt unweit von Mossel Bay in Little Brakriver (Klein Brakrivier), das man von Kapstadt auf der N 2 Richtung Osten erreicht (ca. 380 km). Weiter nach Knysna sind es noch einmal ca. 100 km.
Infos: www.visitknysna.co.za und www.knysnaelephantpark.co.za (s. S. 256), www.elephantsanctuary.co.za (s. S. 260)
Übernachtung: Zum Übernachten bieten sich Unterkünfte in Knysna (s. S. 254), Wilderness (s. S. 252) oder Plettenberg Bay (s. S. 257) an.
Zeitbedarf: Für die Tour sollte man ca. einen Tag Zeit einplanen.

Ein Reise entlang der Garden Route bietet die Möglichkeit, die großen Landsäuger einmal hautnah außerhalb von Zoos zu bewundern, nämlich zwischen Mossel Bay und Plettenberg Bay. Die südlichste, natürlich vorkommende Elefantenpopulation war die im nahezu undurchdringlichen

Knysna-Wald. Hier soll es heute noch Nachkommen der Tiere geben, die hier schon immer beheimatet waren.

Im Knysna Elephant Park

Zwischen Knysna und Plettenberg Bay befindet sich der **Knysna Elephant Park,** der bereits 1994, damals recht bescheiden, etabliert wurde.

Für Ian Withers, Besitzer des Knysna Elephant Park, begann die Faszination der Wildnis in seiner Kindheit, als er in den Ferien die Wälder beim Haus seiner Großeltern bei Knysna durchstreifte. Abends, vor dem Küchenfeuer, erzählte Ians Großvater von seinen Begegnungen mit Big Feet, den grauen Riesen des Waldes. Und davon, wie seine Vorfahren Passstraßen durch den nahezu undurchdringlichen Wald gebaut hatten, die den natürlichen Elefantenpfaden folgten. Die Population der Knysna-Elefanten war binnen gut 100 Jahren bis zum Jahr 1994 von etwa 500 auf eine einzige Elefantenkuh zurückgegangen. Diese war allerdings zum Glück trächtig – Spuren weisen daraufhin, dass heute noch drei oder vier Dickhäuter versteckt frei und wild im Knysna Forest leben.

Im Oktober 1994 kamen die ersten zwei Elefanten, Harry und Sally, in den Knysna Elephant Park. Harry und Sally waren Überlebende eines *culling*-Programms im Krüger National Park. Ian und seine Frau Lisette hatten das Gefühl, dass ihre Farm den beiden und weiteren Elefanten einen guten Lebensraum bieten würde.

Mittlerweile ist ein *big business* daraus entstanden. Zu den ursprünglichen zwei Rüsseltieren gesellten sich in den letzten Jahren weitere acht, die zum Teil im Park geboren wurden oder aber ebenfalls Überlebende von *culling*-Programmen sind.

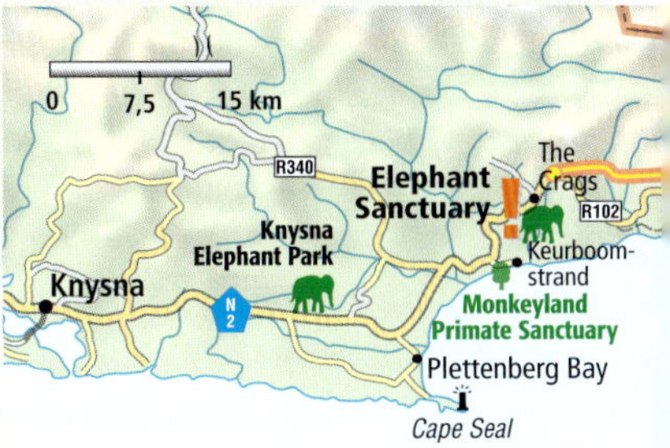

Auch im Knysna Elephant Park werden **Ausritte** angeboten und es gibt ein sehr interessantes **Museum.** Fotos mit echten Knysna-Elefanten, Knochen und Stoßzähne sind ausgestellt. Ein Film dokumentiert die Anfänge der Elefantenfarm und die Geschichte der südlichsten Elefantenpopulation Afrikas im Knysna-Wald.

Das Elephant Sanctuary bei Plettenberg Bay

Nur wenige Kilometer entfernt liegt rechts der Straße das **Elephant Sanctuary.** Auf dieser Farm, direkt neben Birds of Eden und Monkeyland am Rand des Tsitsikamma-Waldes, hat eine Gruppe von sechs Elefanten ein sicheres Refugium gefunden. Die Dickhäuter überlebten *culling*-Einsätze im Krüger-Park und in Simbabwe. Wie im Knysna Elephant Park kommen Besucher den hiesigen grauen Riesen ganz nah, erfahren von den *guides* viel über das Verhalten der Elefanten und ihr Sozialgefüge, über ihre Intelligenz und das jedem Tier eigene Temperament. Hier darf man die Urtiere am Rüssel nehmen und sie einen Pfad entlangführen oder auch einen kurzen **Ausritt** auf einem der sanften Riesen unternehmen – pures Afrika-Feeling.

live erleben. Die Vögel sind vom Aussterben bedroht, kommen hier aber noch häufig vor. Im Meer sieht man oft Delfine und Wale. Im **Blind River,** 3 km von Dana Bay entfernt, besteht die Möglichkeit zu schwimmen. 3 km weiter ist Lunch neben einem riesigen Muschelhaufen, den hier einst die indigene Bevölkerung, Khoi und San, hinterlassen haben. Eine letzte Wanderung durch die Dünen und die **Sandpiper Cottages** von **Boggoms Bay** sind erreicht, wo zum zweiten Mal übernachtet wird.

Tag 4: Die Wanderung führt von **Boggoms Bay** nach **Cape Vacca** (15 km, 4–5 Std.). Wer sich am Anfang des Trails ein ›Muschelpermit‹ geholt hat, darf heute an den Strandfelsen Austern sammeln und direkt vor Ort schlürfen. Muscheln können auch fürs Grillen am Abend gesammelt werden. Und weiter geht es am Strand entlang. Nach 4 km zweigt der Pfad Richtung Landesinneres ab und führt durch Küstenvegetation, vorbei an weiteren alten Muschelhaufen und Felsenpools. Dazu gibt es immer detaillierte Erklärungen. Etwa 8 km hinter Boggoms Bay wartet dann eine Überraschung: In einem alten, steinernen **Fischerhäuschen** wird ein leckerer Lunch mit Pasta und Salat zelebriert. Wieder endet der Tag mit einem herrlichen Stück Strand, bevor das Strandhäuschen im Kapstil von **Kanonpunt,** auch **Cape Vacca** genannt, erreicht ist. Grandiose Aussichten und das Grillen am Abend machen es zur schönsten Übernachtung auf dieser Wanderung.

Tag 5: Am letzten Tag steht ein Ausflug von **Cape Vacca** zum **Gouritz River Mouth** (4 km, 1,5 Std.) an. Die Wanderstrecke folgt dem Gouritz-Fluss ins Landesinnere. In der Lagune erwartet die Hiker ein Boot. Während der *river cruise* sind viele Vögel zu sehen. Im Anschluss geht es per Taxi-Transfer zum **Sandpiper Leisure Centre,** wo ein Abschieds-Lunch mit Austern und Champagner stattfindet. Im Anschluss erfolgt der Rücktransfer nach Point Village.

Botlierskop Private Game Reserve ▸ J 5

Gonnakraal Rd., Little Brak River, Tel. 044 696 60 55, www.botlierskop.co.za, Tel. 044 696 60 55
Eine gute Gelegenheit, an der Garden Route wilde Tiere zu beobachten, bietet sich im **Botlierskop Private Game Reserve** bei Klein Brakrivier, zwischen Mossel Bay und George (von Rangern begleitete Pirschfahrten im Geländewagen: 450/225 Rand). Wer nicht selbst laufen möchte, kann eine Reitsafari buchen: 310 Rand/Std. Gäste der Lodge übernachten in luxuriösen Safarizelten an einem Fluss, was naturnahes Schlafen ermöglicht, oder in Suiten im Manor House.

Übernachten

Afrikanisches Safari-Feeling – **Botlierskop Private Game Reserve:** Klein Brakrivier, Tel. 044 696 60 55, www.botlierskop.co.za, Zelte/Suiten ab 1500 Rand/2 Personen, aber auch Website-Specials, z. B. für 2 Personen inklusive Welcome Drink, Fünf-Uhr-Tee, Frühstück, Dinner, Pirschfahrt und geführter Naturwanderung ab 3000 Rand (Website-Specials). Komfortable ›Safari‹-Lodge mit persönlichem Rangerservice. Im Fireplace Restaurant, das über Holzstege erreichbar ist, werden Frühstück, Lunch und Dinner serviert. Tagesbesucher sind willkommen. Sie können, wie die Gäste auch, das Wellness-Zentrum der Lodge besuchen, eine dreistündige Pirschfahrt in den Busch oder einen Ausritt buchen.

George ▸ K 5

Auf dem Weg nach Osten ist die alte Straße R 102 die ruhigere und schönere Alternative zur autobahnähnlich ausgebauten N 2. Der natürlichen Topografie perfekt angepasst, schlängelt sich die Straße bis nach **George.**

Vor dem alten Bibliotheksgebäude in der York Street erinnert eine 1812 gepflanzte Eiche, angeblich die größte auf der südlichen Halbkugel, an die Gründung von George. Früher wurden im Schatten dieses *slave tree* Sklaven zur Versteigerung angeboten. Ein Stück der Ketten hat sich in den Stamm eingefressen. Heute steht George synonym für eine Sportart: Golf. Bereits 1886 wurde hier gespielt, allerdings nur auf dem 3-Loch-Platz einer Privatfarm. Mittlerweile sind noch ein paar Löcher hinzugekommen (**George Golf Club:** www.georgegolfclub.co.za, 18-Loch-Platz). In George befindet sich auch das **Outeniqua Transport Museum** (s. Entdeckungstour S. 244).

Essen & Trinken

Guter Türke – **Kafé Serefé:** 60 Courtenay St., Tel. 044 884 10 12, www.kafeserefe.co.za, Mo–Fr 11.30–22.30, Sa ab 18 Uhr, Hauptgericht 100 Rand. Traditionelle türkische Küche mit Meze-Vorspeiseplatten und viel Lamm, dazu türkische Musik im Hintergrund. Freitags gibt es meist Bauchtanz, die Wasserpfeife täglich.

Fast wie bei Muttern – **Margot's Bistro:** 63 Albert St., Tel. 044 874 29 50, Di–Sa 8.30–17, Mi–Sa 19 Uhr bis spät, Hauptgericht 100 Rand. Stilvoll zum Restaurant umgebautes Wohnhaus. Kleine, aber geschmackvolle Karte, tagsüber im Bistro-Stil mit Burgern, Sandwiches, leckeren Salaten und Pasta, abends gediegener, mit Vorspeisen wie Birne mit Gorgonzolafüllung im Speckmantel.

Viele Einheimische – **The Conservatory at Meade House:** 91 Meade St., Tel. 044 873 38 50, Mo–Fr 7.30–16, Sa 8–15 Uhr, Hauptgericht 75 Rand. Beliebter Frühstücks- und Lunch-Platz für Einheimische. Der Besitzer war vorher Chefkoch im Fancourt Hotel. Prima Steak und Fisch.

Seven Passes Road und Wilderness ▸ K/L 5

Eine Sehenswürdigkeit für sich ist die **Seven Passes Road,** die alte Straße zwischen George und Knysna. Auch sie ist wieder ein Projekt des berühmten südafrikanischen Straßenbaumeisters Thomas Bain, das er im Jahr 1867 in Angriff nahm. Um auf die historische Straßenverbindung zu kommen, fährt man auf der Knysna Road aus George hinaus und nach dem Pick-n-Pay-Supermarkt, vor der Pine Lodge direkt nach links.

Die teilweise ungeteerte Straße schlängelt sich durch dichtes Grün, man hört Affen im Unterholz kreischen und Vögel zwitschern. Nur ab und zu dringen Sonnenstrahlen durch die verwunschen wirkende Vegetation – eine Tour wie aus dem Dschungelbuch. Mal geht es steil bergauf, dann wieder rasant hinunter zum nächsten Fluss, der, wie die anderen auch, auf einer Brücke aus der Zeit König Edwards überquert wird.

Unterwegs zweigt die Straße nach rechts in Richtung **Wilderness** ab. Ein Stückchen weiter weist dann ein Schild zum Aussichtspunkt **Map of Africa** hin, der seinen Namen dem Umstand verdankt, dass der Verlauf des Kaaimans River von Süden her betrachtet den Umrissen Afrikas ähnelt.

In der entgegengesetzten Richtung bietet sich ein fantastischer Blick über das Meer, das Städtchen Wilderness und die Garden Route. Bei guten Windverhältnissen starten hier Gleitschirm- und Drachenflieger, um unten am Strand zu landen.

Ein kurzes Stück hinter dem Örtchen **Wilderness** liegt der **Wilderness-Teil des Garden Route National Parks,** der ein Gebiet von über 100 km^2 umfasst. Je nach Jahreszeit sind hier 5000–24 500 Wasservögel anzutreffen. Etwa 230 verschiedene Arten wurden bisher registriert. Wer will, kann in rustikalen Holzhütten übernachten (Infos, Übernachtungsbuchung über SA National Parks in Pretoria oder Cape Town Tourism, Kontaktinfos: s. Infobox S. 242).

Übernachten

Ruhig schlafen, exzellent dinieren – **Lakeside Lodge and Spa:** 3 Lakeside Drive, Swartvlei, Sedgefield, Tel. 044 343 18 44, www.lakesidelodge.co.za, DZ 2500 Rand, Website-Specials ab 1500 Rand, Frühstück 130 Rand pro Person. Ruhig an der idyllischen Swartvlei-Lagune, zwischen Wilderness und Sedgefield gelegene luxuriöse Lodge mit neun Zimmern. Alle mit Blick aufs Wasser. Das Gute am Haus ist das herrliche Wellness-Zentrum sowie eines der besten Restaurants der Garden Route: **Benguela Brasserie & Restaurant** (Di–So 8–11, 12–14.30; Di–Sa 18–21 Uhr, Hauptgerichte 140–180 Rand). Exzellente, leicht asiatisch angehauchte Küche.

Luxus am See – **Lake Pleasant Living:** Sedgefield, Tel. 044 349 24 00, www.lakepleasantliving.co.za, Suite für 2 Personen mit Frühstück ab 1700–2200 Rand; pro Kind bezahlt man 300 Rand extra. Am Lake Pleasant gelegene Ansammlung von komfortabel ausgestatteten Häusern für Selbstversorger. Es gibt außerdem ein Bistro, wo auch Frühstück serviert wird. Das Haus ist sehr kinderfreundlich. Leider hört man nachts die N 2 nur dann nicht, wenn man bei geschlossenen Fenstern schläft.

An der Lagune – **Moontide Guesthouse:** Wilderness Lagune, Southside Road, Tel. 044 877 03 61, www.moontide.co.za, DZ mit Frühstück 1100–1980 Rand. Am Ufer der Wilderness-Lagune gelegenes Gästehaus, etwa zwei Minuten vom Strand entfernt. Es gibt acht verschieden eingerichtete Häuschen und Zimmer, alle mit eigenem Eingang und Sitzgelegenheit im Freien. Ein Paradies für Vogelbeobachter, denn Vögel zwitschern zahlreich in den über 400 Jahre alten Milchholzbäumen.

Knysna ▸ L 5

Von Wilderness bieten sich zwei Routen zur Weiterfahrt an: entweder zurück auf die Seven Passes Road oder weiter die Garden Route entlang. Kurz vor Knysna treffen beide Routen wieder aufeinander. Von der N 2 geht es 5 km vor Knysna nach **Brenton-on-Sea** ab. Der kleine Ort hat einen wunderschönen Sandstrand, die einzige Möglichkeit, um in Knysna zum Baden ans Meer zu gelangen.

Knysna selbst ist für südafrikanische Verhältnisse sehr touristisch. Der Grund für die Entstehung des Ortes war das Holz aus den umliegenden Wäldern, das von hier aus per Schiff weitertransportiert wurde. Als George Rex, angeblich ein unehelicher Sohn von König George III., 1804 anfing, damit zu handeln, entstand die erste Sägemühle. Der Grundstein für Knysna war gelegt. Die touristische Entdeckung des Ortes kam jedoch erst

Großartiger Ausblick auf die Knysna Heads

viele Jahre später. Noch vor 100 Jahren beschrieb der »Kap-Almanach« das Gebiet und die Straßen dorthin als »die schwierigst vorstellbare Strecke, in ein Gebiet, das nur wenige Jäger kennen und wo es von Elefanten und Büffeln wimmelt«.

Heute wimmelt es in Knysna, vor allem im südafrikanischen Sommer, von Touristen, was kaum überrascht. Die 18 km^2 große **Knysna Lagoon** gilt als Juwel der Garden Route. Zweimal täglich fließt der nährstoffreiche Indische Ozean in die Bucht, die außerdem ständig mit frischem Wasser aus den Outeniqua Mountains versorgt wird. In der Lagune lebt u. a. das seltene Knysna-Seepferdchen, das auf Tauchtrips bei seinem Unterwasserritt beobachtet werden kann. Eher etwas für die Gaumen von Feinschmeckern ist ein anderer Bewohner der Lagune: die Auster – *Knysna oysters* gelten als die besten des Landes. Viele Restaurants vor Ort bieten Gelegenheit für einen Test.

Das Portal der Lagune zum Indischen Ozean wird rechts und links von Sandsteinklippen, den sogenannten **The Heads,** eingerahmt. Auf der östlichen Seite kann man erst auf einer Straße, dann auf einem engen Fußpfad über eine Holzbrücke bis zu einem Felsen gelangen, der den besten Ausblick auf die Sandsteinfelsen und das dahinter liegende Meer bietet.

Noetzie Castles

Auf der N 2 geht es aus Knysna hinaus Richtung Plettenberg Bay. Die Straße zieht sich einen steilen Hang hinauf, vorbei an den Holzhaussiedlungen der Schwarzen. Hier lebt u. a. die größte Rasta-Gemeinde im Western Cape. Am Ende der Steigung, etwa 8 km von Knysna entfernt, zweigt eine Piste nach rechts Richtung **Noetzie** ab. Der einsame Sandstrand ist nach 8 km erreicht. Oder vielmehr der Parkplatz, von dem es auf einer

Mein Tipp

Knysna Speed Festival
Die Geschichte des Knysna Speed Festivals begann 2009, als der **Simola Hillclimb** zum ersten Mal stattfand. Im Jahr darauf wie 2012 wurde das Event immer beliebter und ist nun eine der populärsten Rennsportveranstaltungen in Südafrika. Es ist das Äquivalent zum berühmten *Goodwood Festival of Speed*, das jährlich in England stattfindet. Der ganze Ort ist eingebunden: Am Freitag, dem Classic Car Day, geht es mit einer Oldtimer-Parade durch Knysna. Nach den Klassikern geht es am Samstag und Sonntag beim *King of the Hill Shootout* mit Supercars und Rennwagen darum, wer die 1,9 Kilometer lange Bergstraße am schnellsten bewältigt. Dabei werden Geschwindigkeiten von bis zu 260 km/h (!) erreicht. Der Rekord liegt bei etwas über 41 Sekunden (www.speedfestival.co.za).

sehr steilen Treppe hinunter bis zum **Beach** geht. Der Strand ist nicht für seine natürliche Schönheit berühmt, sondern für die ungewöhnlichen Bauwerke, die dort entstanden sind: Vier Burgen, **Noetzie Castles** genannt. Ihre Entstehungsgeschichte hat jedoch nichts, wie oft und gerne behauptet wird, mit Piraten zu tun. Sie ist eher unspektakulär: 1930 baute sich ein gewisser Robert Stephen Henderson ein Ferienhaus am Strand, wobei er die dort herumliegenden Natursteine verwendete. Ein Passant scherzte, dass da ja wohl nur noch die Türmchen fehlen würden, um eine Burg daraus zu machen. Bob war von der Idee sofort angetan und setzte einen Trend, den die anderen Landbesitzer aufnahmen. Seinem Castle folgten drei weitere. Drei der vier Burgen bieten Übernachtungen an.

Übernachten

Baumhäuser – **Phantom Forest Eco-Reserve:** Phantom Pass Rd., Tel. 044 386 00 46, www.phantomforest.com (Website auch auf Deutsch), DZ mit Frühstück ab 5700 Rand. Hoch oben in einem Wald gelegene afrikanische Lodge mit Blick auf die Lagune von Knysna. Gäste schlafen in ›Baumhäusern‹. Wellnessbereich mit Busch-Spa, *boma*-Restaurant (Freiluftrestaurant mit Feuerstelle). Besucher parken unterhalb der sehr steilen Piste zum Resort und werden dort mit einem Geländewagen abgeholt. Kinder ab 12 Jahren sind willkommen.

Noetzee Castles – Wer in einer der Burgen – **Lindsay Castle, Craighross Castle, Noetzie Bay House** – übernachten möchte, wendet sich an: Noetzie Castles, Tel 074 499 52 10, www.noetziecastles.co.za. Minimumaufenthalt drei (Neben-), fünf Tage (Hauptsaison). Je nach Burg/Haus und Saison 3000–15 000 Rand pro Tag (für 8–13 Personen).

Historisches Kraftwerk – **The Turbine Boutique Hotel & Spa:** Thesen Island, Tel. 044 302 57-45, -47, www.turbinehotel.co.za, DZ mit Frühstück ab 2640 Rand. Boutiquehotel in einem alten, aufgelassenen Kraftwerk. Die alten Maschinen und Geräte wurden komplett in die Gestaltung integriert: 17 Zimmer, 6 Suiten, Wellnessbereich, der zur Entspannung einlädt. Zum Restaurant gibt es empfehlenswertere Alternativen in Gehweite.

Idyllisch gelegen – **Belvidere Manor:** 169 Duthie Drive, Belvidere Estate, Tel. 044 387 10 55, www.belvidere.co.za, DZ mit Frühstück ab 1750 Rand. Idyllisch am westlichen Ende der Lagune gelegenes Hotel; Gäste übernachten in ihren eigenen Cottages, von denen es insgesamt 30 gibt. Dinner und Frühstück werden im aus dem Jahr 1834 stammenden Herrenhaus serviert.

Luxus in den Bergen – **Simola:** 1 Old Cape Road, Tel. 044 302 96 00, www.simolaestate.co.za, DZ mit Frühstück ab 1750 Rand. Das Fünf-Sterne-Resort mit Wellnessbereich liegt auf einem großen Landgut mitten in den Outeniqua-Bergen. Es gibt 40 geräumige DZ und im Spa eine Fülle von Behandlungen, auch für Partner. Nicht zu vergessen der 18-Loch-Golfplatz. Hier findet auch eines der bekanntesten Autorennen Südafrikas statt, der Simola Hillclimb (www.speedfestival.co.za), siehe Mein Tipp S. 254.

Bei deutschen Auswanderern – **Candlewood Lodge:** 8 Stinkwood Crescent, Tel. 044 382 51 04, www.candlewood.co.za, DZ mit Frühstück 990–1700 Rand. Das kleine Fünf-Sterne-Haus mit seinen sechs Zimmern und einer Familiensuite befindet sich auf einem Hügel mit schöner Aussicht auf Thesen Island und The Heads. Das viel gereiste deutsche Pärchen Ines und Andreas haben nicht nur in Südafrika geheiratet, sondern auch das Gästehaus gekauft, in dem sie als Urlauber immer übernachtet hatten. Sie bieten sehr persönlichen Service. Afternoon Tea, Sundowner und Braais auf Wunsch. Pool und Whirlpool. Ines macht auch Yoga für Gäste.

Rustikal – **Knysna River Club:** Sun Valley Drive, Tel. 044 382 64 83, www.knysnariverclub.co.za, Holzhaus je nach Größe ab 900 Rand. Mehrere an der Lagune gelegene, sehr schöne und rustikale Holzhäuser (mit Service) für Selbstversorger, TV, Grill; das River Club Café and Bar ist im historischen Wohnhaus auf dem Gelände untergebracht.

Essen & Trinken

Magisches Ambiente – **Firefly Eating House:** 152a Old Cape Road, Tel. 044 382 14 90, www.fireflyeatinghouse.co.za, Di–So 18–22 Uhr, Hauptgericht 130 Rand. Magische Esserfahrung in einem intimen, eklektischen Ambiente mit Lichterketten, Kerzen und Frida Kahlos Porträt über offenem Kamin. Das Essen dauert seine Zeit, was lange, gemütliche Abende zur Folge hat. Spezialität sind die Currys, die es in vielen Versionen gibt – von höllisch-scharf bis mild. Zur Begrüßung gibt es Lassi, ein erfrischendes Joghurtgetränk, und nach dem Hauptgang ein Kokosnuss-Sorbet zum Abkühlen.

Trendy Seafood – **Sirocco:** 28 Thesen Harbour Town, Tel. 044 382 48 74, www.sirocco.co.za, tgl. 12–22 Uhr, Hauptgericht ab 95 Rand. Ein trendiges Lokal für Lunch und Dinner. Neben den obligatorischen Austern gibt es viele andere Fischgerichte, leckere Sushi-Platten, aber auch Thai Stir Fry und leckere Pizza (1/2 Preis an Mi, Fr 18–21 Uhr). Tolle Lage am Wasser.

Mediterraner Genuss – **Île de Pain Bread & Café:** 10 The Boatshed, Thesen Island, Knysna, Tel. 044 302 57 07, www.iledepain.co.za, Di–Sa 8–15, So 9–13.30 Uhr (Mai, Aug. geschl.), Hauptgericht 85 Rand. Frühstück und Lunch. Ein Paradies für Brotfreunde – der Duft alleine ist einen Besuch wert. Das leckerste Frühstück und Lunch in Knysna! Mediterrane Zutaten wie karamellisierte Zwiebeln in Balsamicoessig und Knoblauch-Chili-Mayonnaise, natürlich ständig frische Backwaren.

Beliebter Italiener – **Caffe Mario:** Shop 7, The Quays, Waterfront Drive, Tel. 044 382 72 50, tgl. 7.30–22 Uhr, Hauptgericht 70 Rand. Guter Italiener, der bei Einheimischen sehr beliebt und vor allem im Sommer sehr gut besucht ist.

Austern pur – **Tapas & Oysters:** Thesen Harbour Town, Tel. 044 382 71 96, www.tapasknysna.co.za, tgl. 11–23 Uhr, Tapas 35–58 Rand, eine große Auster 32 Rand, Hauptgericht um 36–82 Rand. Cool, relaxt, definitiv nichts für feines Dinieren, hier wird mit den Fingern gegessen, herrliche Austern und Tapas, dazu Wein oder einen der vielen Cocktails.

Einkaufen

Shop til' you drop – **Malls und Märkte:** In Knysna gibt es hierzu zwei gute Möglichkeiten, zum einen die **Knysna Mall** (Main Rd., Tel. 044 382 45 74, www.knysnamall.co.za, Mo–Fr 9–17.30, Sa/So, Fei 9–14 Uhr) und **The Waterfront** (Knysna Quays, www.knysnawaterfront.com, tgl. 9–19 Uhr) mit vielen Geschäften, Restaurants und Cafés. Der **Knysna Arts and Crafts Market** (tgl. 9–18 Uhr) findet an der Ecke George Rex/Vigilance Drive statt, ebenso wie der **Templeman Square Craft Market** (tgl. 9–17 Uhr) an der Main Road, beides Kunsthandwerksmärkte mit Ständen im Freien.

Knysna Elephant Park ▶ L 5

Harkerville, zwischen Plettenberg Bay und Knysna, Tel. 044 532 77 32, www.knysnaelephantpark.co.za, tgl. 8.30–16.30 Uhr, die 45-minütigen Trips starten 8.30–16 Uhr jede halbe Stunde, 275 Rand, 5–12 Jahre 125 Rand, darunter frei, ein Eimer Ellie-(Elefanten-)Futter 40 Rand, s. auch Entdeckungstour S. 248

Auf der Garden Route, die zunächst dem Verlauf der N 2 folgt, fällt am Straßenrand das ›Vorsicht Elefanten‹-Schild auf. Ein Scherz des Tourismusbüros? Nein, Knysna-Elefanten gibt es tatsächlich – noch. Im Knysna Elephant Park bekommt man zwar keine echten Knysna-Elefanten zu sehen, er ist aber trotzdem den Besuch wert.

Plettenberg Bay ▶ L 5

Plettenberg Bay ist aufgrund seiner ausgedehnten Sandstrände einer der beliebtesten Badeorte an der Garden Route. Zwischen November und Januar ist hier die Hölle los, während im restlichen Dreivierteljahr fast dörfliche Ruhe herrscht, da viele der Feriendomizile leer stehen. Die empfehlenswertesten Strände sind **Lookout** und **Central Beach** sowie die in der Lagune. Inoffizielles Wappen von ›Plett‹ ist die *pansy shell,* das filigrane Skelett eines sehr seltenen Seeigels, der nur an der Küste zwischen Mossel Bay und Plettenberg Bay vorkommt. Das Muster auf dem Skelettrücken ähnelt einem Stiefmütterchen *(pansy).* Die geschützten *pansy shells* werden zu hohen Preisen gehandelt.

Bereits 1630 stand in Plettenberg Bay eine hölzerne Kirche, errichtet von den etwa 100 Überlebenden einer Schiffskatastrophe vor der Küste. Die nur acht Monate bewohnte Siedlung entstand aus den Wrackteilen der São Gonçalo. In der Nähe von Beacon Island wurde im 19. Jh. eine **Inschrift** der Schiffbrüchigen entdeckt: »Hier sank die São Gonçalo im Jahr 1630. Sie bauten zwei Boote ...« Eine Nachbildung des Steins steht auf Privatland an genau der Stelle, wo man das Original fand. Es befindet sich heute in der Slave Lodge in Kapstadt. Interessant ist die 1851 auf privatem Farmland erbaute, kleine *yellowwood*-Kirche **St. Andrew.** Ihr guter Erhaltungszustand zeigt, wie stabil dieses Holz ist.

Afrika-Feeling in der Tsala Treetop Lodge

Übernachten

Spektakuläre Lage – **The Plettenberg:** 40 Church St., Look-out-Rocks, Tel. 044 533 20 30, www.plettenberg.com, DZ mit Frühstück ab 3850 Rand. Malerisch auf einen Felsvorsprung gebaut, bietet das Hotel entsprechend spektakuläre Ausblicke auf den Indischen Ozean. Landhausatmosphäre mit 40 Zimmern und sehr guter Küche, das Haus ist Mitglied von Relais & Châteaux.

Strandnah – **Southern Cross Beach House:** 1 Capricorn Lane, Solar Beach, Tel. 044 533 38 68, www.southern crossbeach.co.za, DZ mit Frühstück 1930–2980 Rand. Gemütliches Bed & Breakfast mit nur fünf Zimmern, ein kinderfreundliches Haus und ganz nahe am Meer, zu dem die Besucher über hölzerne Stege gelangen. Ausgewogenes Preis-Leistungs-Verhältnis.

... außerhalb

Ethnisch-afrikanisch – **Tsala Treetop Lodge:** 10 km von ›Plett‹ auf der N 2 Richtung Knysna, Reservierung: Tel. 044 501 11 11, www.hunterhotels.com, DZ mit Frühstück ab 5000 Rand. Die ethnisch-afrikanische Baum-Lodge ist eine Symphonie aus Natursteinen, Holz, Glas und Wasser, mit fantastischer Aussicht über das Piesang-Flusstal und den Tsitsikamma-Wald. Die Swimmingpools befinden sich in 6 m Höhe. Hölzerne Stege verbinden die einzelnen Gebäude, der Waldboden bleibt unberührt. Sehr gutes Restaurant.

Waldblick – **Hog Hollow Country Lodge:** 18 km östlich von ›Plett‹, Askop Rd., The Crags, Plettenberg Bay, Tel./Fax 044 534 88 79, www.hog-hollow.com, DZ mit Frühstück ab 3900 Rand. In einem privaten Naturreservat gelegenes Gästehaus mit grandioser Aussicht über den Tsitsikamma Forest, zwölf Zimmer, dreigängiges Candle-Light-Dinner, Buchung sehr vieler Aktivitäten rund um ›Plett‹.

Plüschig-elegantes Boutiquehotel – **The Grand Café & Rooms:** 27 Main Street, Tel. 044 533 33 01, www.grandafrica.com, DZ mit Frühstück ab 1300 Rand. Ein wunderbares, opulentes Boutiquehotel mit nur sieben fantastisch ausgestatteten Zimmern, mit märchenhaft großen, französischen Federbetten, Sat-TV, DVD, CD. Das Grand Breakfast ist ebenso legendär wie die Aussicht aufs Meer. Jedes der Badezimmer hat eine große Wanne. Exzellentes Restaurant (tgl. Frühstück, Lunch, Dinner, Hauptgericht ab 100 Rand).

Essen & Trinken

Afrikanisch – **Nguni Restaurant:** 6 Crescent Rd., Tel. 044 533 67 10, www.nguni-restaurant.co.za, Mo–Fr 10–23, Sa 18–23 Uhr, Hochsaison tgl. 10–23 Uhr. Das Zulu-Wort für Kuh, *nguni,* ist symptomatisch. Hier kommt vor allem Fleisch auf den Tisch, wie das 300-Gramm-Ribeye-Steak (160 Rand), aber auch Straußenfilet (160 Rand), gegrillte Prawns (250 Rand) oder die sehr leckere Cape Seafood Soup (120 Rand). Das schwarz-weiße Kuhdekor zieht sich durch den gesamten Laden.

Schnelles Lunch – **The Pie Shop:** Church St., Tel. 044 533 49 08, Mo–Fr 8–17, Sa 8–13 Uhr, 20 Rand pro Pie. Ideal für ein schnelles, günstiges und gutes Take-away-Lunch. Die täglich frisch gemachten Pasteten *(pies)* haben appetitanregende, goldene Krusten, die verschiedene Füllungen umhüllen.

... außerhalb

Käsig – **Fynboshoek Cheese:** N 2, Forest Ferns Ausfahrt (gegenüber Tsitsikamma Lodge), 1 Std. außerhalb von Plett, Tel. 042 280 38 79, Mi–So 12–15 Uhr (Reservierung notwendig), Festmenü 160 Rand. Das simple Konzept Käse, Salat und Brot funktioniert hier prächtig, vor allem aufgrund der preisgekrönten, auf der Farm produzierten Kuh- und Ziegenkäsesorten. Gemütlich zum Sitzen. Den Käse gibt es auch zum Mitnehmen.

Aktiv

Wale und Delfine – **Ocean Blue Adventures:** Plettenberg Bay, Melville Centre, 1 Hopwood Street, Tel. 044 533 50 83, www.oceanadventures.co.za, tgl. 8–16 Uhr. Motorboot-Touren in die Bucht zum Beobachten von Delfinen und Walen. Walbeobachtung Juli–Nov. 700/380 Rand, Dez.–Juni Delfintouren 440/220 Rand, Sea Kayaking 300 Rand.

Tierreservate an der Garden Route ▸ M 5

Monkeyland Primate Sanctuary

The Crags, Tel. 044 534 89 06, www. monkeyland.co.za, tgl. 8–17 Uhr, Eintritt: frei, Führungen: 190/95 Rand, Kombitickets für Monkeyland und Birds of Eden: 300/150 Rand

Etwa 16 km östlich von ›Plett‹ zweigt eine Straße in Richtung des **Monkeyland Primate Sanctuary** ab. 2 km weiter ist das private Schutzgebiet erreicht. Affen aus aller Welt wurden hier angesiedelt. Die bereits ansässigen, endemischen Grünen Meerkatzen *(vervet monkeys)* freundeten sich schnell mit den ›Ausländern‹ an und zeigten ihnen sogar, wie und wo sie in den Küstenwäldern Nahrung finden. Ein Ranger führt die sehr interessante Tour zu Fuß, der Eintritt zur Aussichtsplattform ist frei.

Birds of Eden

The Crags, Tel. 044 534 89 06, www. birdsofeden.co.za, tgl. 8–17 Uhr, 190/95 Rand, Kombitickets für Monkeyland und Birds of Eden: s. links

Direkt neben ihrem Monkeyland haben dessen Besitzer **Birds of Eden** eingerichtet. Ein riesiges Netz überspannt ein komplettes Tal und verwandelt dieses damit in einen gigantischen ›Käfig‹, in dem die Vögel ›frei‹ herumfliegen. Besucher laufen Hunderte von Metern über lange, auf Pfählen errichtete Holzstege in ein dicht bewachsenes Tal, darüber breitet sich der gigantische Dom mit licht- und regendurchlässigem Netzwerk (das alleine schon 80 t wiegt) aus.

Der Name ist Programm: Nature's Valley

Elephant Sanctuary !
Animal Alley, The Crags, abseits der N 2 nahe Nature's Valley, Tel. 044 534 81 45, www.elephantsanctuary.co.za, 75-minütige Führung ohne Reiten 525 Rand, 8–14 Jahre 250 Rand, mit 15-minütigem Elefantenritt 1050 Rand, 8–14 Jahre 640 Rand, s. auch Entdeckungstour S. 248
Auf der Nachbarfarm gibt es statt Affen und Vögeln Größeres zu bewundern: Elefanten. Wenn man nur Zeit für ein Elefantenreservat hat, empfiehlt der Autor das attraktivere **Elephant Sanctuary,** anstatt des Knysna Elephant Parks. Zu Fuß geht es mit einem erfahrenen Führer zu den Elefanten. Etwas Besonderes ist die zweistündige *sundowner*-Elefantenerfahrung am späten Nachmittag, mit Ritt und anschließenden Drinks.

Nature's Valley ▸ M 5

Ein paar Kilometer hinter dem Abzweig zum Elephant Sanctuary geht von der N 2 rechts die R 102 Richtung **Nature's Valley** ab – wieder eine von Thomas Bain gebaute Traumstraße. 1884 bahnte er den Weg durch die undurchdringliche Vegetation in den Schluchten von Groot, Bloukrans und Storms River. Bärenpaviane stolzieren über die Straße, in den Bäumen sitzen Grüne Meerkatzen. Vögel und Zikaden tragen zur Geräuschkulisse bei. Über eine enge Dschungelstrecke folgt die Straße dem Groot River Pass 200 m steil nach unten bis nach **Nature's Valley** mit einem paradiesisch schönen Sandstrand.

Vorbei an der **Groot River Lagoon** schlängelt sich die Straße sofort wieder steil nach oben. Die Bäume rechts und links der engen Strecke wachsen oben zusammen, bilden einen grünen Tunnel. Hoch über Nature's Valley befindet sich links der Straße ein **Parkplatz** mit Aussicht über das Tal, den weißen Sandstrand und die Bilderbuchlagune des Groot-River-Deltas. Der **Campingplatz** in Nature's Valley, Endpunkt des Otter Trail (s. Entdeckungstour S. 262), liegt im westlichsten Ausläufer der Tsitsikamma Section des Garden Route National Park.

Die Straße setzt sich ostwärts durch *fynbos*-Vegetation fort und erreicht 6 km später den **Bloukrans Pass,** von dem es wieder bergab zum Bloukrans River geht. Hier wachsen mächtige *yellowwood*-Bäume ganz nahe an die Straße heran, von ihren Ästen hängt *old man's beard,* Pflanzen, die tatsächlich aussehen wie die langen grauen Bärte alter Männer. Überall dazwischen wachsen gewaltige Farne.

Die Route geht weiter durch eine felsige Schlucht, von wo aus sich rechts ein guter Blick auf die 216 m hohe **Bloukrans-Brücke** erhaschen lässt. Hier unten rauscht das Wasser, oben rauschen die Autos vorbei. Während die Distanz von 27 km auf der N 2 mit ihren drei riesigen Brücken in einer Viertelstunde zurückgelegt ist, dauert die Fahrt auf der kurvenreichen, alten Bain-Straße über eine Stunde. Kurz vor dem Elandsbos River geht die alte Straße in die N 2 über.

Aktiv

Hoch hinaus – **Bloukrans Bungy Jumping:** Face Adrenalin, The Crags, Tel. 042 281 14 58, www.faceadrenalin.com, tgl. 9–17 Uhr. Offiziell der höchste Bungee-Jump der Welt: 216 m geht es hinunter von der Bloukrans Bridge, 890 Rand/Person (bei Online-Buchung 850 Rand); Senioren über 60 springen gratis. Rekordhalter ist der 96 Jahre alte Mohr Keet.

Tsitsikamma & Storms River Mouth

▶ M/N 5

68 km von Plettenberg Bay, www.sanparks.org/parks/garden_route, Tel. 042 281 16 07, tgl. 7–19 Uhr, Tageskarte 196/98 Rand

Etwa 7 km weiter zweigt rechts die Straße in den Tsitsikamma-Teil des **Garden Route National Park,** der auch die Naturschutzgebiete bei Knysna und Wilderness einschließt, ab. Der Name bedeutet klares, sprudelndes Wasser. Der 650 km² große Park umfasst eine Küstenlinie von 80 km Länge. Das maritime Schutzgebiet reicht durchschnittlich 5,5 km in die See hinaus – eine beeindruckende Symphonie aus Wald und Meer. Er ist berühmt für seinen **Unterwasser-Trail** für Schnorchler und Taucher und seine grandiose Felsenküste.

Schwindelfreie Besucher können an einer **Canopy Tour** durch die Baumwipfel des Tsitsikamma-Waldes teilnehmen: Hoch oben in den Bäumen swingt man in Bergsteiger-Gurtzeug an langen Stahlkabeln etwa 30 m über dem Boden von Plattform zu Plattform. Neben höllischem Spaß bietet der Ausflug auch Vogelsichtungen, der *guide* erklärt die lokale Ökologie. Von der Rangerstation erreichen Besucher die Mündung des **Storms River** (Storms River Mouth) über hölzerne *boardwalks* (ca. 1 Std. hin und zurück). Am Ende des Pfades überquert eine recht wacklige Hängebrücke den Fluss.

Übernachten

Wie alle Unterkünfte in den Nationalparks ist auch Tsitsikamma bei South African National Parks zu buchen. In der Saison ist es ratsam, Campingplätze oder Hotelbetten im Park mehrere Monate vorher zu reservieren (www.sanparks.org/parks/ garden_route).

... außerhalb

Historisches Anwesen – **Tsitsikamma Village Inn:** Darnell St., Storms River Village, Tel. 042 281 17 11, www.village-inn.co.za, DZ mit Frühstück ab 1100 Rand. Website auch auf Deutsch. Übernachten in einem historischen Anwesen. Trotz relativer Nähe zur Straße sehr ruhig. Guter Ausgangspunkt für die Adrenalin-Aktivitäten rund um den Stormsriver.

Aktiv

Swinging Trees – **Tsitsikamma Canopy Tours:** Stormsriver Adventures, Stormsriver, Tel. 042 281 18 36, www.stormsriver.com. Kinder ab 7 Jahren, Dauer 2,5–3 Std., 595 Rand/Person, Buchung im Voraus ist notwendig, die Teilnehmer dürfen höchstens 120 kg wiegen, max. 8 Personen/Tour, Start alle 30 Min., im Sommer 5–17 Uhr, im Winter 8–15 Uhr.

Wildkatzenrefugium – **Tenikwa Wildlife Awareness Centre:** Old Forest Hall Road, The Crags, Tel. 044 534 81 70, www.tenikwa.co.za, tgl. 9–17.30 Uhr, 1-stündige Tour Erw./Kinder 200/100 Rand, unter 6 Jahren frei. Ursprünglich als Wildtier-Rehabilitationszentrum für die Garden Route konzipiert, bietet Tenikwa mittlerweile Touren für die Öffentlichkeit. Auf der einstündigen Tour kommen Besucher Erdmännchen, Luchsen, Leoparden, afrikanischen Wildkatzen, Servalen und Geparden näher. Tipp: der Sonnenaufgangs- oder Sonnenuntergangsspaziergang mit Geparden *(cheetah walk).* Der Trip kostet 780 Rand/Person (Kinder ab 1,50 m Größe) und muss vorgebucht werden.

Auf Entdeckungstour: Wanderung auf dem Otter Trail

Der 43 km lange Otter Trail ist einer der beliebtesten Wanderwege Südafrikas. Während früher die Mehrheit der Hiker Südafrikaner waren, nimmt der Anteil an ausländischen Wanderern Jahr um Jahr zu.

Reisekarte: ▶ M/N 5
Infos: www.footprint.co.za/otter.htm
Tour: Storms River Mouth/Storms River Rest Camp im Tsitsikamma National Park bis zum Nature's Valley.
Planung: Genehmigung *(permit,* ca. 1150 Rand/Person) erforderlich; sehr beliebter Trail, maximal 12 Personen/Tag; Vorbuchung per Fax oder online unter www.sanparks.org.za (Kreditkartenzahlung). Mit Glück bekommt man bei einer Buchungsstelle von SA National Parks kurzfristig ein *permit* (falls jemand storniert hat).

Knallgelb leuchten die Markierungen des Pfades auf den Felsen: ein Fußabdruck des krallenlosen Otters. Fünf Tage dauert der Marsch an der Küste entlang, der nur in einer Richtung, zwischen Storms River Rest Camp und Nature's Valley, unternommen werden darf. Übernachtet wird in einfachen Holzhütten mit Etagenbetten. Der Trail ist nichts für Unsportliche, da es am zweiten, dritten und vierten Tag ständig steil bergauf und wieder bergab geht. Und bei Regen wird das Queren der Flüsse zum Abenteuer.

Ein Trail in fünf Etappen – mit abenteuerlicher Flussquerung

Genug der Warnungen, das Abenteuer beginnt. Die **erste Tagesetappe** (4,8 km) ist etwas zum Einstimmen. Auffälligste Naturphänomene sind eine große **Höhle** in den Klippen sowie ein **Wasserfall**. Kurz danach ist die **Ngubu Hut** erreicht.

Der **zweite Tag** beginnt mit einem sehr steilen Anstieg zum **Olienboomkop.** Dann führt der Pfad durch ursprünglichen Wald mit *yellowwood*- und *stinkwood*-Bäumen. Der erste breitere Fluss ist der **Kleinbos River.** Nach 7,9 anstrengenden Kilometern ist die **Scott Hut** erreicht. Als Belohnung bietet der **Geelhoutbos River,** der sich nahe der Hütte ins Meer ergießt, gute Bademöglichkeiten. Dem Reichtum an Mineralien verdankt das Wasser seine Farbe: wie schottischer Single Malt Whiskey sieht es aus. Es ist sauber und kann sogar getrunken werden!

Am **dritten Tag** gilt es, den **Elandsbos** und den **Lottering River** zu queren, nach 7,7 km sind die **Hütten von Oakhurst** erreicht.

Die **vierte Etappe** ist mit 13,8 km die längste. Starten Sie früh, um den **Bloukrans River** bei Ebbe zu queren! Auch dann reicht das Wasser noch bis zur Brust. Folgen Sie der klar gekennzeichneten ›Fluchtroute‹ hoch zur Autobahn, falls Zweifel an der Durchquerbarkeit des Bloukrans bestehen. An der **Andre Hut** gibt es wieder frisches Wasser.

Am **fünften Tag** sind es dann bis **Nature's Valley** nochmals 6,8 km.

Zurück zum Ausgangspunkt

Nach Beendigung der Wanderung in Nature's Valley besteht die Möglichkeit, mit dem zwischen Kapstadt und East London verkehrenden Baz Bus (Tel. 021 422 52 02, www.bazbus.com, tgl. 13.30 Uhr) zurück zum Ausgangspunkt des Trails zu gelangen, wo man im Normalfall das Auto parkt. Wer ihn verpasst, muss trampen, was funktioniert, wenn jemand vorbeikommt – das kann werktags in der Nebensaison an der alten Bain-Straße aber eine Weile dauern.

Ein Marsch im Regen

Nicht immer läuft auf dem Otter Trail alles nach Plan. Wählt man einen ›feuchten‹ Termin, mischen sich Gischt und Nebel zu einer undurchdringlichen Wand. Die Sicht ist schlecht, der Weg aufgeweicht und rutschig. Der Wind peitscht den Regen ins Gesicht. In den engen, kleinen Holzhäuschen wird es ungemütlich und muffig. Beim Start warnen die Ranger vor dem Bloukrans River, von anderen Flüssen ist nicht die Rede. Doch bei Dauerregen steht man schon mal unerwartet vor einer weiteren reißenden Strömung. Das Abenteuer hat idyllische Seiten: den Anblick saftig-grünen Grases, dazwischen Proteen und andere *fynbos*-Blumen, das Zwitschern der Vögel und Quaken der Frösche …

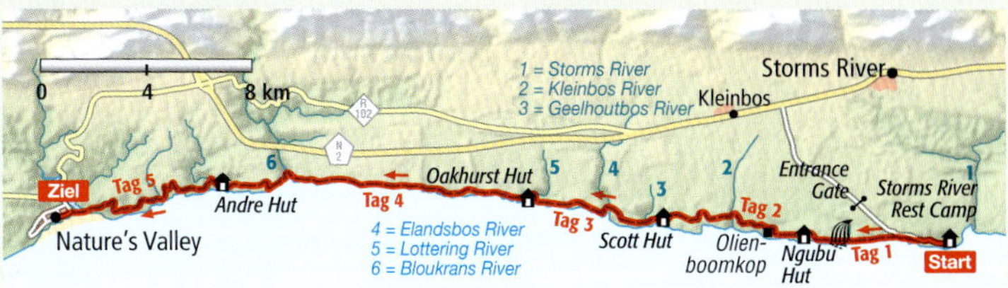

Das Beste auf einen Blick

Karoo

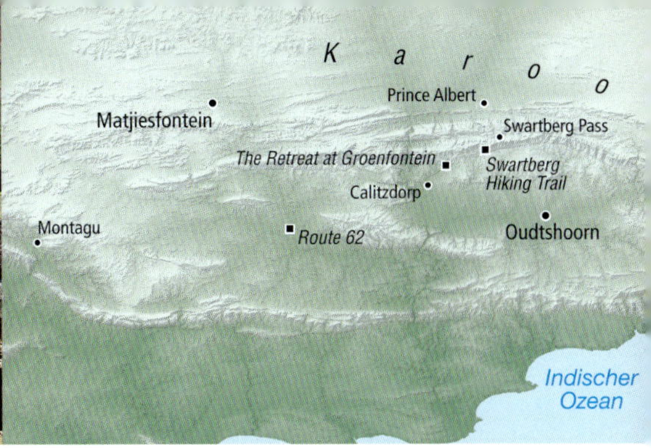

Kultur & Sehenswertes

Route 62: Das südafrikanische Pendant zur amerikanischen Route 66. Es gibt viele interessante Orte, Kneipen und Menschen entlang der Strecke zwischen Calitzdorp und Montagu. S. 266

Stadtrundfahrt in Matjiesfontein: Mit zehn Minuten eine recht kurze, aber dafür umso unterhaltsamere ›Stadtrundfahrt‹. S. 284

Aktiv unterwegs

Tauchen mit Krokodilen: In einem Käfig zu Krokodilen abzutauchen ist ein relativ neuer Thrill. Die Cango Wildlife Ranch in Oudtshoorn hat diesen Tauchausflug im Programm. S. 274

Swartberg Hiking Trail: Die anstrengendste und wildeste Wanderung in diesem Buch führt durch eine grandiose Berglandschaft. S. 277

Genießen & Atmosphäre

De Bergkant Lodge: Eine Übernachtung in historischen Mauern, im alten Pfarrhaus von Prince Albert. S. 281

Abends & Nachts

The Retreat at Groenfontein: Candle-Light-Dinner auf der Veranda der nordöstlich von Calitzdorp einsam gelegenen Groenfontein-Farm mit dem netten Gastgeber-Ehepaar. S. 272

Dinner bei Hendry in Prince Albert: Wer Glück hat und gerade dann in Prince Albert ist, wenn das Restaurant Hendry's at Olive Branch offen hat, kann unerwartet Delikates zu sich nehmen. Selbst kritische Gaumen geraten dort in Verzückung. S. 281

Pässe und Vögel der Superlative

Nach Oudtshoorn gelangt man von George aus über Bergpässe oder von Robertson und Montagu über die Route 62, Südafrikas ›Mother Road‹. Beide Routen wurden in den 1920er-Jahren gebaut, um ländliche Gebiete mit Städten zu verbinden, und beide wurden später durch breite, neue Highways ersetzt – und schließlich fast vergessen. Angekommen in der Straußenmetropole, sollte man sich die Besichtigung einer Straußenfarm nicht entgehen lassen. Durch grandiose Schluchten und über den abenteuerlichen Swartberg Pass erreicht man den wunderbar einsamen Ort Prince Albert. Danach geht es ab in die Wüste, in die englische Karoo-Oase Matjiesfontein. Die semiaride Karoo ist ein riesiges Gebiet, das aus schroffen Bergen und Canyons besteht. Liegt die Route 62 in der Kleinen Karoo, die etwas fruchtbarer ist, so führt der Swartberg Pass in die Große Karoo.

Infobox

Infos

Amalienstein-Info: Tel. 028 561 10 00. Auskünfte zur Missionsstadt und zu Bed-&-Breakfast-Unterkünften.

Calitzdorp Tourism Bureau: Kontakt über Erina Meiring, Voortrekker St. Calitzdorp, Tel. 044 213 37 75.

Klein Karoo Wine Route: Calitzdorp Co-op Winery, Tel. 044 213 33 01.

Oudtshoorn Tourism Bureau: B. v. Reede St., Tel. 044 279 25 32, www.oudtshoorn.com.

Prince Albert Tourism Bureau: Church St., Tel. 023 541 13 66, www.patourism.co.za, www.princealbert.org.za, Tipps zu Touren, Unterkünften, Restaurants.

Auf der Route 62 in die Karoo ▸ E 5 – J 4

Robertson ▸ E 5

Sowohl von den hier angebauten Tröpfchen als auch von den Unterkünften und Restaurants her ist Robertson eine prima Alternative zu den traditionellen Weinorten Stellenbosch, Franschhoek und Paarl.

Übernachten

Boutiquehotel aus dem Bilderbuch – **Robertson Small Hotel:** 58 Van Reenen St., Tel. 023 626 72 00, www.therobertsonsmallhotel.com, DZ mit Frühstück ab 2100 Rand. Im Weinort Robertson, kurz bevor es in die Klein-Karoo geht, befindet sich dieses wunderbare Boutiquehotel. Ein Ort, wo einfach alles passt. Stilvoll eingerichtete Zimmer, wo, wie beim Rest des Hotels auch, Alt und Neu geschickt kombiniert wird. Der Service ist spitze, und das Restaurant, geführt von Starkoch Reuben Riffel, spricht für sich. Website-Angebote beachten. Sehr romantisch, ideal für frisch oder immer noch Verliebte.

Essen & Trinken

Saisonal & lokal – **Reuben's at the Robertson Small Hotel:** 58 Van Reenen St., Tel. 023 626 72 00, www.therobertsonsmallhotel.com, tgl. 8–10, 12–15, 19–21 Uhr, Hauptgericht ab 200 Rand. Der prominente Chefkoch Reuben Riffel betreibt in dem intimen Hotel sein drittes Restaurant, neben

Mein Tipp

Über historische Passstraßen von George nach Oudtshoorn

Von George führen zwei Passstraßen über die Outeniqua-Berge nach Norden: die 1997 modernisierte, breit ausgebaute Straße über den **Outeniqua Pass** (▶ K 5) und der abenteuerliche, ungeteerte Weg über den **Montagu Pass** (▶ K 5). Die Piste über Letzteren wird, wie auch andere Bergübergänge in der Region, hauptsächlich während der heftigen winterlichen Niederschläge in Mitleidenschaft gezogen. Während der Pass sonst mit Pkw zu befahren ist, sind dann aufgrund der tiefen Auswaschungen Geländewagen notwendig. Am besten erkundigt man sich beim Tourismusbüro in George über den Pistenzustand.

Der historische Bergübergang, nach vierjähriger Bauzeit 1847 eröffnet, ist in seiner gesamten Länge denkmalgeschützt und der älteste befahrbare Pass Südafrikas. Immer wieder bieten sich grandiose Blicke zurück in Richtung George und Meer. Die grüne Vegetation erinnert eher an Bergstrecken der Pyrenäen oder Alpen. Die stolzen Besitzer des ersten Autos in George, Dr. Owen Snow und Mr. Donald MacIntyre, waren auch die Ersten, die den Pass motorgetrieben überquerten – jedoch nicht ganz so, wie im Museum von George beschrieben: Am Regop Trek, der steilsten Stelle des Passes, blieb ihr französischer Daraq hängen. Am Sonntag darauf versuchten sie es erneut – mit einer PS mehr. Sie spannten ein Pferd vors Auto und schafften es so bis nach oben.

Auf der Nordseite des Montagu Passes verändert sich das Landschaftsbild. Es geht in die **Kleine Karoo.** Der kühlende Seewind vom Indischen Ozean dringt nicht mehr bis hierher vor, in der Halbwüste herrschen meist Temperaturen jenseits von 30 °C im Schatten.

dem Stammplatz in Franschhoek und dem zelebrierten Show-Esstempel im One & Only Hotel in der Kapstädter Waterfront. Hier wie dort perfektioniert der Küchenmeister die ländliche Küche, zaubert Einfaches mit exzellenten Zutaten und neuen Ideen. Die Köche können durch ein großes Glasfenster bei ihrer Arbeit beobachtet werden. Wunderbarer Weinkeller.

Montagu ▶ E 5

Wer von Kapstadt in die Karoo strebt, sollte die Route 62 über Montagu nehmen. Kurz vor Montagu liegt die enge, rotsteinige Schlucht **Kogmanskloof,** wo sich die tektonischen Kräfte der Erde so richtig ausgetobt haben. Die Gesteinsschichten sind so wild verfaltet wie eine vom Teller gerutschte Lasagne. Im hübschen Städtchen **Montagu** mit seinen zahlreichen historischen Gebäuden beginnt die **Route 62** (www.route62.co.za), Südafrikas Version des amerikanischen Originals mit den zwei Sechsen.

Übernachten

Viktorianisch – **7 Church Street:** 7 Church St., Tel. 023 614 11 86, www.7churchstreet.co.za, DZ mit Frühstück ab 1300 Rand. Gemütliches viktorianisches Häuschen mit grünweißer Fassade und verschnörkelten schmiedeeisernen Balkongeländern mit typisch englischem Garten, Ententeich und Pool. Es gibt insgesamt fünf Zimmer, alle ganz verschieden und mit Antiquitäten eingerichtet.

Günstig, aber stilvoll – **The Mystic Tin:** 38 Bath St., Tel. 023 614 24 61, www.themystictin.co.za, DZ mit Frühstück ab 550 Rand. Lokale Kunst dekoriert diese sehr günstige Unterkunft mit vier Zimmern. Garten mit Bergaussicht, Kunsthandwerkladen und einem Restaurant, das lokale Spezialitäten serviert. In der gemütlichen Bar wird das in der Mini-Brauerei gebraute Karoo Brew – Karoo Ale, Honey Ale und dem Dark Ale – ausgeschenkt.

Essen & Trinken

Historisches Gebäude – **Simply Delicious:** Four Oaks, 46 Long St., Tel. 023 614 34 83, www.four-oaks.co.za, tgl. 18.30–21.30, Mi, So auch 12–15 Uhr, Hauptgericht um 110 Rand. Das strohgedeckte, historische Gebäude wurde 1855 errichtet. Im überraschend modernen Restaurant gibt es Gerichte, die mit frischesten Zutaten aus Bio-Anbau fantasievoll zubereitet werden.

Aktiv

Töff-Töff – **Montagu Tractor Trips:** Protea Farm, R 318, Koo Valley, Tel. 023 614 30 12, www.proteafarm.co.za, 120 Rand, Mittel- und Oberschüler 65 Rand, Vor- und Grundschüler 50 Rand, unter 2 Jahren frei, Mi, Sa 10 Uhr. 1985 fingen die Traktortouren an – und sind heute so beliebt wie damals. Ein großer, kräftiger Traktor zieht dabei einen überdachten Anhänger mit Sitzbänken aussichtsreich auf einer geschotterten Piste den Berg hoch bis auf 1500 m.

Sanbona Private Game Reserve ▸ F 5

Nach dem Verlassen von Montagu führt der Weg durch eine einsame, halbwüstenartige Busch-Landschaft. Zu beiden Seiten ragen Bergketten auf. Links der Route 62 ist nach einigen Kilometern die Abzweigung zum privaten **Sanbona Wildnis Reserve** erreicht. Mehrere ehemalige Farmen wurden hier in ein großes Schutzgebiet verwandelt.

Zurück auf der Route 62 bietet sich Autofahrern eine Landschaft wie im Western. Der **Karoo Saloon** (15 km vor Barrydale, rechts der Straße, Tel. 084 970 39 99, www.theroute62.co.za) verstärkt mit seiner gigantischen Naturstein-Adlerskulptur diesen Eindruck.

Übernachten

Großwildsafari in der Karoo – **Sanbona Private Game Reserve:** 40 km östlich von Montagu an der Route 62, Abfahrt ›Die Vlakte‹; Reservierung: Tel. 041 509 30 00, www.sanbona.com, DZ mit allen Aktivitäten und Mahlzeiten ab 13 490 Rand. Es gibt drei verschiedene Übernachtungsmöglichkeiten auf dem riesigen Gelände des Wildnisreservats: im Farmhaus Tilney Manor, in der Gondwana Family Lodge und im luxuriösen Zeltcamp Dwyka Tented Lodge (2 Erw. 14 000 Rand). Die exklusiven Unterkünfte liegen weit voneinander entfernt.

Barrydale ▸ F 5

Barrydale ist der Erste von vielen verträumten Orten an der R 62. Viele Aussteiger, darunter auch eine wachsende Gay-Community, haben sich hier in den letzten Jahren niedergelassen und geschmackvolle Restaurants sowie einige B-&-B-Unterkünfte eröffnet.

Ein paar Kilometer hinter Barrydale bleibt der Blick plötzlich an einem kleinen, weißen Häuschen, das rechts der Straße steht, kleben. Was steht da? **Ronnie's Sex Shop** ...? Der Laden ist gut für eine Pause mit kühlen Getränken und Grillfleisch (s. Essen & Trinken).

Übernachten

Romantisch – **Karoo Art Hotel:** 30 Van Riebeeck St., Tel. 028 572 12 26, www.karooarthotel.co.za, DZ mit Frühstück ab 990 Rand. Historisches, renoviertes Stadthotel. Die Zimmer im ersten Stock mit Himmelbetten und Balkon sind die beste Wahl. Die Dekoration ist herrlich verspielt, und das Restaurant serviert gute Gerichte – wenn es draußen kühl ist, am offenen Kamin.

Essen & Trinken

Absolut cooles Roadhouse – **Diesel and Crème:** s. Lieblingsort S. 271.

(No) Sex on Route 62 – **Ronnie's Sex Shop:** Tel. 028 572 11 53, www.roniessexshop.co.za, tgl. 10–24 Uhr. An der Route 62 erwartet Sie Südafrikas skurrilstes Pub. Ronnies Geschäft brummt. Eigentlich wollte er farmfrische Produkte verkaufen. Und so fing er an, das alte Häuschen zu renovieren und den roten Schriftzug »Ronnie's Shop« aufzupinseln. Dann kamen seine Freunde ins Spiel. Nach durchzechter Nacht stand plötzlich das Wörtchen »Sex« hinter »Ronnie's«. Das machte Durchreisende neugierig, und sie legten einen Stopp ein, um herauszufinden, was es mit dem ›Sex‹ auf sich hatte. Eines der bekanntesten Pubs des Landes war geboren. Um dem ›interessanten‹ Namen nun wenigstens einigermaßen gerecht zu werden, schwatzt der graubärtige Ronnie weiblichen Besuchern ab und zu etwas Unterwäsche ab, die nun dekorativ die Barwände ziert.

Rote Felsen prägen die Landschaft im Red Mountain Private Nature Reserve

REG. TRADE MARK
At the PUMP
with the
YELLOW GLOBE
SHELL
Castrol
VEC SA

Lieblingsort

Diesel and Crème ▶ F 5
Wer amerikanische Road Movies liebt, kommt an diesem coolen Karoo-Diner nicht vorbei. Definitiv einer der besten Stopps entlang der Route 62. Und das liegt nicht nur an den Hamburgern, den gigantischen Milkshakes oder dem guten Kaffee. Diesel and Crème ist fantastisch dekoriert, mit alten Zapfsäulen, patinierten Emailleschildern und so viel Krimskrams, dass man gar nicht weiß, wohin man zuerst schauen soll. Die Bedienungen sind alle richtig freundlich. Besitzer Arthur und sein Sohn Dean sind immer auf der Suche nach neuem rostigem Gold. Nach dem nicht überraschenden Erfolg ihres *roadhouse* in Barrydales Main Street wurde 2014 direkt nebenan in einem anderen Gebäude das Karoo Moon Motel eröffnet.
Diesel and Crème: Main St., Barrydale, Tel. 028 572 10 08, www.dieselandcreme.co.za, www.facebook.com/dieselandcreme, tgl. 8–17 Uhr.

Ladismith und Amalienstein ▸ G/H 4

Ladismith kündigt sich schon von Weitem durch den mächtigen, gespaltenen Gipfel des **Towerkop** an. Einer Legende nach spaltete ihn eine Hexe, indem sie ihm vor Wut mit ihrem Besen eins überzog, weil sie nicht in der Lage war, den ihr offensichtlich im Weg stehenden Berg wegzuräumen.

Die über 100 Jahre alte, von deutschen Missionaren gegründete, lutheranische **Kirche** in **Amalienstein** wurde von der Gemeinde in ihrer alten Ockerfarbe mit roten Akzenten restauriert. Kurios: Eine Orgel wurde aus Geldmangel nie eingebaut, aber stattdessen eine Bretterwand mit Orgelpfeifen bemalt. In der Nähe gibt es das **Aunt Carolina's Guesthouse** für Selbstversorger, das von der farbigen Kirchengemeinde unterhalten wird, sowie eine **Teestube** mit Selbstgebackenem.

Hinter Amalienstein zweigt die Piste durch den spektakulären **Seweweekspoort** von der Route 62 ab. Die Schluchtwände bestehen aus gefalteten, roten Sedimentgesteinsschichten.

Calitzdorp ▸ H 4

Calitzdorp gilt als Südafrikas Portwein-Haupt-›Stadt‹. Das Ende Mai stattfindende **Port Wine Festival** (s. Termine) wird diesem Ruf gerecht.

Offroad-Freunde, die nicht nach Oudtshoorn wollen, können von Calitzdorp die Piste über **Kruisrivier** und **Matjiesrivier** wählen. Kurz vor der Auffahrt zum Swartberg Pass stößt diese wieder auf die R 328. Reisende mit Pkw erreichen Oudtshoorn auf der R 62.

Übernachten

Wunderbar abgelegen – **The Retreat at Groenfontein:** 20 km (Piste) östlich von Calitzdorp, Tel./Fax 044 213 38 80, www.groenfontein.com, DZ mit Frühstück 1540–2500 Rand. Eine abgelegene Farm mit viktorianischem, stilvoll renoviertem Herrenhaus birgt fünf sehr schöne Zimmer – eine der ruhigsten und romantischsten Übernachtungsmöglichkeiten (samt Dinner, bei schönem Wetter im Freien) im Land. Die Wanderungen am Ende des Groenfontein-Tals sind herrlich einsam.

Längster Pool im Land – **Red Mountain Nature Reserve:** Buffelskloof, zwischen Calitzdorp und Oudtshoorn, an der R 62, Abfahrt ›Kruisrivier‹, 6 km gute Piste, Tel./Fax 044 213 31 12, www.redmountain.co.za, DZ mit Frühstück 1200–2000 Rand. Spektakulär zwischen roten Felsen gelegen; sehr geräumige, geschmackvoll im Country-Stil eingerichtete Zimmer mit riesigen Bädern; großer Garten und der längste, private Swimmingpool Südafrikas. Eine traumhafte Übernachtungsmöglichkeit.

Termine

Calitzdorp Port Wine Festival: Anfang Mai, www.portwinefestival.co.za. Tolles Fest in dem kleinen Karoo-Städtchen mit Probier- und Verkaufsständen, Tanz-, Theater-, Kabarettvorstellungen, Comedy, Klassik- und Rockkonzerten, Oldtimertreffen, Halbmarathon, Radrennen und Miss-Port-Wahl (die Gewinner erhalten ihre Preise in Port aufgewogen).

Oudtshoorn ▸ J 4

Die Halbwüste der Karoo besitzt ein ideales Klima für Strauße, die hier zu Tausenden gehalten werden. Das flugunfähige Geflügel hat die Region berühmt gemacht: Das Karoo-Städtchen Oudtshoorn gilt als die *›ostrich metropolis‹*. Hier leben 97 % der weltweiten Straußenpopulation.

In den 1920er-Jahren verdienten die Straußenbarone noch ein Vermögen mit dem Verkauf der Federn. Federboas waren in Europa und Amerika bei Frauen ein unverzichtbares Accessoire. Mit dem Ende dieser Mode begann der Zusammenbruch der Industrie, und schließlich folgte die Umbesinnung. Federn sind heute nur noch für die extravaganten Kostüme der Teilnehmer des Karnevals von Rio oder im Rotlichtmilieu gefragt. Geld verdient wird nun vor allem mit dem hochwertigen Leder, aber auch dem Fleisch der Strauße, das kein Cholesterin enthält und dessen Geschmack an Rind erinnert.

C. P. Nel Museum

Ecke Voortrekker Rd./Baron Van Rheede St., Tel. 044 272 73 06, www.cpnelmuseum.co.za, Mo–Fr 8–17, Sa 9–13 Uhr, So, Fei n. V., 20/10 Rand

In diesem Museum erfahren die Besucher allerlei interessante Fakten über die lokale Straußenindustrie und können sich umfassend über die Riesenvögel informieren.

Besuch von Straußenfarmen

Ein paar Kilometer außerhalb von Oudtshoorn zeigen zwei große Showfarmen, wie Strauße gehalten werden: die **Highgate Ostrich Show Farm** (Tel. 044 272 71 15, www.highgate.co.za, Führung 80 Min., 140 Rand, 6–12 Jahre 90 Rand) und die aufgrund ihres Straußenpalastes und der besseren Führung empfehlenswertere **Safari Ostrich Farm** (Tel. 044 272 73 11 u. 73 12, www.safariostrich.co.za, tgl. 7.30–17 Uhr, Tour tgl. 8–16 Uhr jede Std., 118 Rand, bis 14 Jahre 59 Rand).

Besucher erfahren in ihrer Landessprache alles über das überdimensionale Federvieh. Auf die am Ende der Führung angebotenen Straußenritte sollte man allerdings verzichten, denn sie sind eine Quälerei für die Tiere. In Souvenirshops gibt es Produkte aus Straußenleder und -eiern zu kaufen.

Übernachten

Viktorianisch – **Rosenhof Country House:** 264 Baron van Rheede St., Tel. 044 272 22 32, www.rosenhof.co.za, DZ mit Frühstück ab 2750 Rand. Das stilvoll renovierte viktorianische Anwesen mit seinen wertvollen *yellowwood*-Böden und Balken wurde 1852 erbaut; die antiken Möbel unterstreichen das historische Ambiente; wundervoll angelegter Rosengarten. Zwölf Zimmer, zwei Suiten, Kinder ab 12 Jahren willkommen, bekannt für die gute Küche, Wellnesscenter.

Heia Safari – **Buffelsdrift Game Lodge:** rechts der R 328 Richung Cango Caves, 7 km außerhalb von Oudtshoorn, Tel. 044 272 00 00, www.buffelsdrift.com, DZ mit Frühstück ab 2060 Rand. Unerwartet professionelles Safari-Erlebnis, so nahe an Oudtshoorn. Pirschfahrten im offenen Land Rover mit kundigem Ranger. Übernachtet wird in Luxuszelten. Im Sommer sind die direkt am Stausee gelegenen kühler, und man kann die Hippos besser sehen. Kinderfreundlich. Für die Kleinen unbedingt die Elefantenerfahrung buchen: Die Jungtiere spielen Fußball und baden im See.

Caravaning und Chalets – **Kleinplaas Holiday Resort:** Baron van Rheede St., stadtauswärts Richtung Cango Caves gelegen, Tel. 044 272 58 11, www.kleinplaas.co.za. 30 Caravanstellplätze und 44 Chalets für Selbstversorger; Restaurant, Swimmingpool. Chalets (bis 6 Pers.) ab 500 Rand, Caravanstellplatz 350 Rand.

Tauchen mit Krokodilen auf der Cango Wildlife Ranch

Essen & Trinken

In den *guest houses* und Lodges werden oft mehrgängige Dinner bei Kerzenschein serviert.

Afrikanisches Essen – **Paljas:** 109 Baron van Reede St., Tel. 044 272 09 82, tgl. 11–23 Uhr, Hauptgericht 130 Rand. Vielfältige Karte mit afrikanischen Spezialitäten der kapmalaiischen, Xhosa-, Zulu- und Karoo-Küche. Es wird auch draußen unter dem Bambusdach serviert. Obwohl einige der Rezepte über 300 Jahre alt sind, hat das Essen einen zeitgemäßen Touch. So gibt es Strauß, Krokodil und Springbock auf Maispfannkuchen.

Straußenpalast – **Montague House:** 12 Baron van Reede St., Tel. 044 272 32 08, www.guesthouseesterer.co.za, tgl. 7.30–19 Uhr, Gericht 80 Rand. Im großen Garten des Federpalastes werden Pasta, Salate und Sandwiches serviert. Frühstück gibt es bis 14.30 Uhr. Das selbst gemachte, italienische Eis ist bereits den Besuch wert.

Alte Mühle – **De Oude Meul:** Schoemanshoek, an der R 328 Richtung Cango Caves, Tel. 044 272 73 08, www.deoudemeulrestaurant.co.za, Mo–Sa 11–16, 18–22, So ab 18 Uhr, Hauptgericht 70–90 Rand. Die 150 Jahre alte Mühle steht noch und ist im Innern des Restaurants zu besichtigen. Es hat fast etwas Makabres, wenn die zahmen Kudus und Elenantilopen an das Holzdeck kommen, wo sich Gäste über ebensolche Wildsteaks hermachen.

Aktiv

Tauchen mit Krokodilen – **Cango Wildlife Ranch:** auf der R 328 von Oudtshoorn Richtung Norden. Etwa 3 km außerhalb der Stadt liegt links der Straße die Ranch, Tel. 044 272 55 93, www.cango.co.za, tgl. 8.30–16.30/17 Uhr, Führungen tgl. 8.30–ca. 16.30 Uhr (Start der letzten Führung), Dez./Jan., Juni/Juli, Sept./Okt. Beginn der letzten Führung 17 Uhr, Dauer 45–60 Min., 140 Rand, 4–13 Jahre 90 Rand, Geparden streicheln (ab 14 Jahre, Mindestgröße 1,55 m) 180/120 Rand, Krokodil-Tauchen (ab 14 Jahre) 180/120 Rand. Auf der Cango Wildlife Ranch können in Freigehegen Krokodile und Raubkatzen aus nächster Nähe betrachtet werden. Attraktion ist das Tauchen mit Krokodilen. ›Lebensmüde‹ ziehen eine Badehose an, bekommen eine Taucherbrille und steigen dann in einen Käfig, der in das Panzerechsen-Becken abgelassen wird. Die Hände sollten während des Tauchgangs innerhalb des Käfigs bleiben.

Termine

Klein Karoo National Arts Festival: April, Tel. 044 203 86 00, www.kknk.co.za. Das jährlich stattfindende Kunstfestival zeigt, dass der Ort noch mehr zu bieten hat als die größten Vögel der Welt. Das Fest dreht sich hauptsächlich um Afrikaanse Kunst und Kultur. Sehenswert!

Cango Caves ▸ J 4

Cango Caves, Tel. 044 272 74 10, www.cango-caves.co.za, tgl. Führungen: Heritage Tour: stdl. 9–16 Uhr, 60 Min., 85/50 Rand, Adventure Tour: stdl. 9.30–15.30 Uhr, 90 Min., 105/65 Rand, Vorausbuchung erforderlich

Durch die pittoreske Schoemanspoort-Schlucht geht es von Oudtshoorn 29 km nach Norden zu den **Cango Caves.** Die Tropfsteinhöhlen können es locker mit anderen Naturwundern dieser Art in der Welt aufnehmen. 3 km weit führen die Wege in das Innere der Erde. Die längste Halle ist 107 m lang, bis zu 54 m breit und 17 m hoch. Sie ist nach dem Cango-Caves-›Entdecker‹ **Van Zyl's Hall** benannt – ›Buschmänner‹ nutzten die Höhle allerdings natürlich schon viele Hundert Jahre vorher. Einige Tunnels und Passagen wie z. B. der **Lumbago-Tunnel** sind so eng, dass sich Besucher auf allen Vieren kriechend hindurchzwängen müssen. Es gibt allerdings auch ›harmlose‹, einstündige geführte Standardtouren (Heritage Tour) ohne Krabbeleinlagen.

Swartberg Pass ▸ J 4

Weiter Richtung Norden liegt das Meisterwerk des Straßenkünstlers Thomas Bain vor den Rädern: der 17. und gleichzeitig letzte von ihm geschaffene Bergübergang. Der am 10. Januar 1888 eröffnete **Swartberg Pass** schlängelt sich als staubige Piste, die allerdings bei trockenem Wetter recht gut auch mit einem normalen Pkw zu schaffen ist, auf immerhin 1585 m hinauf. Wie der Montagu ist auch der Swartberg Pass ein National Monument. Mithilfe von 200 bis 240 Sträflingen brauchte Bain vier Jahre für das gewaltige Projekt (s. Lieblingsort S. 278).

Das erste Auto, ein amerikanischer Panhard von 1902, überquerte den Swartberg Pass im Jahr 1904. Er gehörte einem gewissen Dr. G. Russel, der in Oudtshoorn lebte und lange Zeit der einzige Wagenbesitzer im Ort war. Im C. P. Nel Museum in Oudtshoorn hängt ein Bild von ihm, das ihn beim beherzten Queren einer Furt zeigt. Andere Autopioniere waren weniger mutig. Viele Flachländer, so vermerkt die Chronik süffisant, ließen an den steilen Anstiegen ihre Autos stehen. Von einem frühen Dodge-Lenker heißt es, dass er sich zwar getraut hatte, hochzufahren, ihm aber auf der Höhe von Droewaterval das Benzin ausging. Glücklicherweise hatte er eine Flasche des höllisch starken, in der Umgebung von Oudtshoorn destillierten Witblits-Schnapses dabei. Er schüttete den Inhalt in seinen Tank, startete den Dodge und fuhr weiter bis zum Zollhaus. Augenzeugen berichteten damals, dass sich bei der Ankunft des Autos alle Einheimischen um den Auspuff drängten, um den herrlichen Schnapsduft einzuatmen.

Selbst heute ist die Überquerung des Passes noch immer ein kleines Abenteuer. Eng schmiegt sich die Trasse an die Verwerfungen und Falten in den Sedimentgesteinen. Wintersperren durch Schneefälle sind hier eher die Regel als die Ausnahme. Auch im Sommer kann es durch Regenfälle und Erdrutsche zu Blockaden kommen. Immer wieder finden sich auch Mountainbiker zu atemberaubenden Downhillrennen ein. Ihre Vorgänger banden sich Anfang des 20. Jh. noch große Äste an ihre Räder, um die Abfahrt zu verlangsamen.

Die Aussicht von der windigen Passhöhe ist grandios. Richtung Norden breitet sich die Große Karoo aus, nach Süden kann man über die Kleine Karoo hinweg bis zu den Outeniqua-Bergen schauen. Mit den vielen kleinen Feldern sieht das Cango Valley von oben aus wie ein bunter Flickenteppich.

Abstecher nach Die Hel ▸ H 4

Kurz hinter der Passhöhe zweigt eine Piste nach links Richtung **Die Hel/ Gamkaskloof** ab, die sich bei guter Witterung und vorsichtiger Fahrweise auch mit einem normalen Pkw bewältigen lässt. Der Ausflug in die Hölle – den Beinamen bekam das Tal aufgrund der teuflischen Sommerhitze – bedeutet allerdings weitere 47 km Staubpiste (und den gleichen Weg wieder zurück). Belohnt werden die Strapazen durch ein wunderschönes, fruchtbares Tal am Ende des Weges, der auf den letzten 8 km in sehr steilen Kehren abwärts führt.

Die ersten Einwohner des Tales waren ›Buschmänner‹. Weiße Siedler kamen 1830 hierher, das erste feste Haus entstand etwa sieben Jahre später. 1841 gab es mit Onderplaas die erste Farmgründung. Der letzte Farmer verließ 1991 das Tal. Bis 1963 die Straße zum Swartberg Pass gebaut wurde, war Gamkaskloof abgeschlossen von der Außenwelt. Zucker, Salz und Petroleum mussten mit Packeseln von Prince Albert über die Berge gebracht werden. 1992 erklärte Cape Nature Conservation ein Gebiet von 1500 ha im Tal zum Kulturreservat, um die alten Häuser von Gamkaskloof zu erhalten und in ein **Freilichtmuseum** umzuwandeln.

Übernachten

In **Gamkaskloof/Die Hel** (im Gamkaberg Nature Reserve) gibt es zehn Campingplätze ab 150 Rand/Person, Duschen mit kaltem Wasser und Toiletten. Auch in acht der restaurierten Häuschen kann übernachtet werden. 1–4 Pers. werktags 380–800 Rand, pro zusätzliche Pers. 200 Rand. Buchung erfolgt über das Cape Nature Reservation Office: 021 659 35 00, www.capenature.co.za/reserves/gamkaberg-nature-reserve.

Den Swartberg Pass hinunter

Mit jeder Kehre, die es den Swartberg Pass hinabgeht, ändert sich der Blickwinkel. Immer wieder muss man anhalten, um die fantastischen Felsformationen bewundern zu können. Der **Eerstewater River** wird heute durch eine betonierte Furt gequert. Hier lag zur Bauzeit das Basiscamp von Thomas Bain. In den folgenden Jahren wurde dieser Platz unter dem Namen Dansbaan (Tanzfläche‹ bekannt, da viele junge Leute hierher kamen, um unter einem klaren Sternenhimmel

Walzer zu tanzen. Heute befindet sich hier ein romantischer Picknickplatz.

Auf dem Swartberg Hiking Trail

Start-/Endpunkt: Parkplatz De Hoek, Dauer: 5 Tage, Länge: 58 km, steiler und anstrengender Rundwanderweg, kürzere Routen (1–4 Tage) sind möglich, da man von den Übernachtungsplätzen immer wieder zum Jeep Track hin abkürzen kann; Verpflegung muss man selbst mitbringen, am besten auch Wasser; Swartberg Nature Reserve 40/20 Rand, zzgl. 180 Rand für den Trail; Kontakt: Cape Nature Conservation, Tel. 021 659 35 00, www.capenature.co.za

Dieser Wanderweg durchquert das zerklüftete Bergmassiv des Swartberg Nature Reserve, nördlich von Oudtshoorn. Wandern in den bis zu 2000 m hohen, abseits der Zivilisation gelegenen Bergen ist eher etwas für erfahrene Hiker. Die Sommer sind extrem heiß, die Winter sehr kalt, mit nicht seltenen Schneefällen. Der einzige Nachteil des Trails ist, dass die Übernachtungen nahe am Jeep Track liegen und dieser teilweise benutzt werden muss. Trotzdem ist der Swartberg Hiking Trail einer der spektakulärsten, ausgeschilderten Wanderwege am Kap.

Wenn man den Trail auf einer Karte lokalisiert, mag man zunächst verwirrt sein, da es verschiedene Ausgangspunkte gibt. Der beste Startpunkt ist beim **De Hoek Resort** in der Nähe der **Cango Caves** (s. S. 275), die diesen Bereich zum beliebtesten am Swartberg Hiking Trail machen. Allerdings sind, startet man hier, der erste und letzte Tag mit sehr steilen Wegstrecken verbunden. Doch der Berg-*fynbos*, die unglaublichen Aussichten und die dramatischen Schluchten und Berggipfel entschädigen für die Anstrengungen.

Tag 1: Am ersten Tag wandert man **von De Hoek nach Bothashoek** (8,5 km, 4 Std.). Am Parkplatz quert ein Steg den Zaun. Nur hier am ersten Fluss gibt es im Sommer sicher Wasser! Also mit vollen Wasserflaschen von hier starten. Und lange Hosen tragen, da die kratzigen Büsche sehr eng stehen. Der gut ausgelaufene Pfad führt nach oben zu einem Drehkreuz. Die meisten

Wanderung auf dem Swartberg Hiking Trail

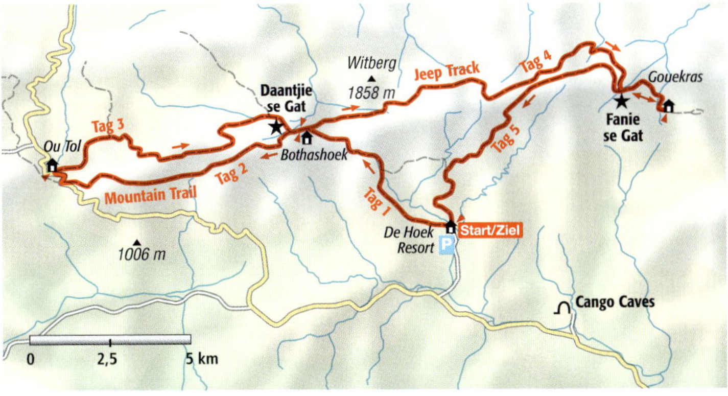

Lieblingsort

Swartberg Pass und Die Hel

▶ H/J 4

Der 1888 eröffnete Bergübergang gehört zu den schönsten Südafrikas. In engen Spitzkehren geht es an den akkurat aufgeschichteten Natursteinmauern vorbei nach oben. Wer von der Passhöhe weiter nach Die Hel, also in ›die Hölle‹, will, muss verteufelt gut fahren – vor allem auf den letzten vier der 37 km langen Strecke nach Die Hel. Die steilen Kehren, die dort ohne Randbefestigung ins 1000 m tiefer liegende Tal hinunterstürzen, erfordern tatsächlich etwas Mut und Geschick.

Wanderer nehmen die rechte Abzweigung Richtung Gouekrans, um dort die erste Nacht zu verbringen. Wer die gesamte, fünftägige Route läuft, sollte allerdings nach links laufen, Richtung Bothashoek, um sich das Beste für den Schluss aufzuheben. Zunächst folgt der Pfad dem Zaun zu einem **Fluss**. Der Anstieg aus diesem ersten Tal ist steil. Dann ist ein **Plateau** erreicht, wo das eigentliche Swartberg-Wanderparadies beginnt: mit *fynbos* bewachsene Hänge, grandiose Ausblicke und ein richtiges Wildnisgefühl. Nach 3,9 km passiert man eine **Gabelung,** wo die kürzere Rundtour von De Hoek auf den Pfad trifft. In der Distanz ist der Sattel auszumachen, über den es geht. Rechts liegt eine aus dem Sandstein geformte **Höhle.** Dahinter türmen sich wild verwitterte und gefaltete Felsmassive, bewachsen mit orangefarbenen Flechten. Und es geht immer weiter aufwärts. Oben am **Pass** selbst ist es meist sehr windig. Von dort aus sieht man im schmalen Tal unterhalb das Tagesziel, die **Bothashoek-Hütte.** In weniger als einer Stunde ist sie erreicht. Wie bei den anderen Swartberg-Hütten gibt es Stockbetten, Matratzen, Regenwasser-Tanks und sogar Spültoiletten und Duschen im neuen Sanitärblock. Die Hütte hat drei Zimmer, wobei das nach vorne raus am schönsten ist. Es gibt außerdem Küche und Wohnraum.

Tag 2: Nun geht es **von Bothashoek nach Ou Tol** (12,8 km, 4 Std.). Da man sich hier quasi im Zentrum einer Acht aus Wanderpfaden befindet, hat man die Wahl. Der **Mountain Trail** nach Ou Tol ist die empfehlenswerteste Variante. Westlich des Jeep Track führt der Pfad hier zum **Daantjie se Gat,** einem natürlichen Felsenpool, der im Hochsommer allerdings trocken ist. Hier führt der Weg nach links und aufwärts. Der Weg ist rau, und es geht auf und ab, aber unglaubliche Ausblicke entschädigen einmal mehr für die Anstrengung: Wenn man bereits das Gefühl hat, fast am Tagesziel zu sein, geht es vor dem Abstieg zur **Ou-Tol-Hütte** noch einmal richtig steil hoch.

Tag 3: Der dritte Tag führt **von Ou Tol zurück nach Bothashoek** (13,8 km, 4,5 Std.). Diese Etappe folgt dem Jeep Track, durch sandige und felsige Abschnitte, mit einigen steilen Anstiegen. Der **Bobbejaans River** bietet hier zum Glück einen Wasserfall, wo man sich mit Glück (im Sommer selten) herrlich erfrischen und die Wasserflaschen füllen kann.

Tag 4: Die vierte Etappe verbindet **Bothashoek mit Gouekrans** (13,4 km, 4 Std.). Von der Ou-Tol-Hütte aus sieht man den Jeep Track, der östlich aus dem Tal zu einem Pass aufsteigt. Nach einer kurzen flachen Sektion durchquert man ein sattgrünes Tal. Die Proteen sind hier gigantisch und stehen dicht zusammen. Etwa 1 km vor der Übernachtungshütte durchquert der Pfad einen Fluss. Hier befindet sich das **Fanie se Gat,** ein schöner Felsenpool: ein idealer Erfrischungsstopp auf dem Weg nach oben zur Hütte. Das Wasser ist auch im Sommer eiskalt und der Pool tief genug, um ganzjährig gefüllt zu sein. Die Zimmer der **Hütte** nutzen die natürlichen Fels- als Innenwände.

Tag 5: Am letzten Tag lohnt es sich, früh aufzustehen. Es geht **von Gouekrans zurück nach De Hoek** (12,6 km, 5,5 Std.), und der Anstieg aus dem Tal ist wieder einmal sehr steil. Die Morgenkühle hilft, aber die spektakulären Farben der Felsen im ersten Licht der Sonne – von Pink bis Gold – sind der Hauptgrund für den Frühstart. Es geht wieder mal auf, mal ab durch ausgedehnte Proteenfelder. Beim finalen Abstieg kann man unten bereits das De Hoek Resort erkennen. Und eine seltsame, riesige **Wand,** die sich quer durch den Hang zieht bis auf die andere Seite. Wahrscheinlich diente sie früher dazu, Tiere im unteren Teil des Berges zu halten. Der letzte Abschnitt hinunter zum **De Hoek Resort** ist noch einmal so richtig steil. Und von unten wirken die Berggipfel dann so einschüchternd hoch, dass man kaum glauben kann, diese alle in den letzten Tagen bezwungen zu haben.

Prince Albert ▸J 3

Über den Swartberg Pass steuert man auf Prince Albert zu, das aber auch auf befestigten Straßen zu erreichen ist, die ebenfalls durch eine beeindruckende Landschaft führen: Von Oudtshoorn geht es auf der N 12 in das kleine Städtchen **De Rust** und von dort nach **Klaarstrom.** Auf dem Weg nach Norden durchquert die Straße die 10,5 km lange **Meiringspoort-Schlucht,** die der Groot River durch das Herz der Swartberge geschnitten hat. Rote und orangefarbene Sandsteinschichten sind wild verformt und gefaltet. Über die R 407 geht es weiter nach **Prince Albert.**

Schöne weiße Häuschen prägen das ruhige Karoo-Städtchen. Obstbäume, Gemüse und Blumen wachsen hier, am Rande der Swartberge, besonders gut. Daher stammte auch der Name: Kweekvallei – Tal, in dem alles gedeiht.

Übernachten

Luxus im ehemaligen Pfarrhaus – **De Bergkant Lodge:** 5 Church St., Tel. 023 541 10 88, www.debergkant.co.za, DZ mit Frühstück ab 2000 Rand. Geschmackvoll restauriertes, ehemaliges Pfarrhaus, schöner Garten mit großem Pool, fünf großzügige Zimmer im historischen Haus mit geräumigen Bädern, vier Zimmer im Cottage-Stil mit Bambusdecken in einem Anbau.

Farmleben – **Dennehof:** 20 Christina de Witt St., Tel. 023 541 12 27, www.dennehof.co.za, DZ mit Frühstück ab 1100 Rand. Auf einer der ältesten Farmen Prince Alberts gibt es hier sieben schöne Zimmer, alle gemütlich und liebevoll mit Trödel eingerichtet.

Karoo-Stil – **Akkedis Cottage:** 15 Deurdrift St., Tel. 023 541 13 81, www.africanrelish.com, DZ mit Frühstück ab 1000 Rand. Das wunderbare, weiß verputzte typische Karoo-Gebäude mit olivfarbenen Fensterläden steht fotogen vor einem Aloegarten und einigen verrosteten Windrädern. Die beiden Zimmer mit Bad wirken wie einem Architekturmagazin entsprungen.

Klassiker – **Swartberg Hotel:** 77 Church St., Tel. 023 541 13 32, www.swartberghotel.co.za, DZ mit Frühstück ab 995 Rand. Die viktorianische Hotelikone steht seit 1864 in PA und gilt als das Herz der Stadt. Das Swartberg Arms im Haus ist ein gutes Steaklokal.

Essen & Trinken

Ländliche Gourmetkost – **Hendry's at Olive Branch:** 1 Mark St., Tel. 082 357 50 97. Hobby-Koch Bokkie Botha startete dieses inzwischen erfolgreiche Restaurant. Und heute ist die ehemalige Küchenhilfe Hendry der Kochstar. Tipp: die selbst gemachten Salami. Drei-Gänge-Menü um 220 Rand. Dinner an zwei Abenden in der Woche, je nach Reservierungen. Gästehaus- und B-&-B-Besitzer reservieren hier für ihre Gäste.

Autoren-Favorit – **Café Photo Albert:** 44 Church St., Tel. 023 541 10 30, www.cafephotoalbert.co.za, Di–So Frühstück, Lunch, Dinner, Hauptgericht 110 Rand. Die Schweizer Besitzer Sabine und Stephan haben ihre beiden Passionen an einem Ort vereint: exzellentes Essen mit einem eidgenössischen Touch und ein Hightech-Fotostudio, wo Stephan seine eigenen Fotos bearbeitet. Diese sind im Restaurant ausgestellt und können alle gekauft werden. Das Biltong-Carpaccio ist sehr zu empfehlen – und natürlich das Schweizer Raclette.

Noch ein Leckerbissen – **Gallery Café:** Seven Arches, 57 Church St., Tel. 023 541 11 97, www.princealbertgallery.co.za/gallery-cafe, tgl. ab 18.30 Uhr, Hauptgericht um 110 Rand. Prima Essen, serviert in den großzügigen Räumen eines historischen Hauses im ersten Stock, über einer Kunstgalerie. Nicht-Koch Brent realisierte seinen Traum vom eigenen Restaurant vor ein paar Jahren mit geringem Startkapital.

Kochschule mit Restaurant – **African Relish:** 34 Church St., Tel. 023 541 13 81, www.africanrelish.com, Mi–Sa 19–23 Uhr, Hauptgericht um 110 Rand. Modernes Restaurant mit einer Kochschule und beeindruckender Hightech-Küche. Die Speisekarte variiert ständig, je nachdem, was gerade frisch eingetroffen ist. So kann es rotes Thai-Gemüse-Curry oder in Cidre geröstetes Schwein geben.

Einkaufen

Mohairklamotten – **Prince of Africa:** 73 Church St., Tel. 023 541 10 16, tgl. 9–17 Uhr. Authentische Mohairklamotten, sozusagen direkt vom Schaf. Ideales Mitbringsel für kalte mitteleuropäische Winter. Von Wandersocken über Decken bis zu handgestrickten Pullovern.

Molkerei – **Gay's Dairy:** 6 Church St., Tel. 023 541 12 74, http://gaysguernseydairy.yolasite.com, Mo–Fr 7–9, 10–12, 16–18, Sa/So 7–10, 16.30–18 Uhr. Wenn Einheimische mit der Kanne frische, nicht pasteurisierte Milch bei Gay einkaufen, kommen fast nostalgische Gefühle auf. Seine traditionelle Molkerei produziert auch fantastische Joghurts und leckere Käsesorten.

Ausgezeichnet – **Prince Albert Olives:** 20 Hope St., Tel. 023 541 16 87, www.princealbertolives.co.za, Mo–Fr 7–13 Uhr. Fantastisches, lokal produziertes Olivenöl. Probe möglich. Prince Albert zelebriert sein Lieblingsanbauprodukt alljährlich mit einem Olivenfestival.

Matjiesfontein ▸ F 3

In **Matjiesfontein** wähnt man sich plötzlich auf die Britischen Inseln versetzt. Der verträumte Ort mitten im Nichts wirkt wie aus Großbritannien importiert. Kein Wunder, verdankt die viktorianische Wüstenoase ihre Entstehung doch dem weitgereisten Schotten Jimmy Logan. Eigentlich wollte der 17-Jährige 1887 mit dem Segelschiff Rockhampton nach Australien fahren. Nach einem heftigen Kap-Sturm rettete sich das Schiff in den Hafen von Simon's Town, wo es stark beschädigt liegen blieb. Mit fünf Pfund in der Tasche marschierte Jimmy kurz entschlossen nach Kapstadt, wo er im Bahnhof als Gepäckträger arbeitete und sein kometenhafter gesellschaftlicher Aufstieg begann.

Mit 20 Jahren hatte er es zum Vorsteher des neuen Kapstädter Bahnhofs gebracht. Ein Jahr später war er bereits verheiratet und verantwortlich für den Bahnstreckenabschnitt zwischen Hex River und Prince Albert Road. Er war in Touws River stationiert, 55 km westlich von Matjiesfontein. Beide Siedlungen lagen an der Straße und Bahnlinie nach Norden. Angelockt durch die Diamantenfelder in Kimberley und später durch den Goldrausch am Reef bei Johannesburg, strömten Hunderte von Menschen auf Ochsenwagen, Kutschen und per Zug durch die winzigen Orte. Verpflegung und Übernach-

Very british – Matjiesfontein

ten waren die Hauptbedürfnisse der Durchreisenden.

Noch während Logan bei der Eisenbahn beschäftigt war, bekam er eine Schanklizenz für Touws River. Zwölf Monate später kündigte er seinen Job bei der Bahn. 1883 zog er nach Matjiesfontein, da eine Lungenerkrankung, die er sich zugezogen hatte, im Karoo-Klima abzuheilen versprach. 1884 kam er in den Besitz einer Konzession für Matjiesfontein – und der Grundstein für seinen Reichtum war gelegt. Bis zum Ausbruch des Burenkriegs entwickelte er Matjiesfontein zu einem Gesundheits- und Ferienzentrum, in dem sich Reiche und Mächtige ein Stelldichein gaben. Überall war Jimmy als der Laird (Gutsherr) of Matjiesfontein bekannt.

Als er 1920 starb, war die Blütezeit des Ortes bereits vorbei. Nach dem Zweiten Weltkrieg, als die N 1 gebaut wurde, begann Matjiesfontein zu verfallen. Ende der 1960er-Jahre kaufte David Rawdon den kompletten Ort und eröffnete bereits 1970 das Milner Hotel unter seinem neuen Namen The Lord Milner. Seither hat sich allerdings leider nicht mehr viel getan.

Vor dem Bahnhof, in dem sich das sehr interessante viktorianische **Marie Rawdon Museum** (Mo–Sa 9–17 Uhr, 5 Rand) befindet, das größte Museum Südafrikas in Privatbesitz, erwartet Besucher eine besondere Attraktion. Mit zehn Minuten gehört die dort startende **Stadtrundfahrt** zu den kürzesten der Welt (s. Lieblingsort S. 284).

Übernachten

Englischer Wüstenhumor – **Lord Milner Hotel:** Tel. 023 561 30 11, www.matjiesfontein.com, DZ mit Frühstück ab 800 Rand. Viktorianisches Hotel, eine englische Oase, mitten in der kargen Karoo-Wüste. Direkt neben dem Hotel befindet sich das typisch englische, original erhaltene Lairds Arms Victorian Country Pub, wo Königin Victoria in all ihrer Hässlichkeit über dem Tresen hängt.

Lieblingsort

Matjiesfontein ▶ F 3
Das Örtchen Matjiesfontein ist so überraschend britisch, dass man noch mal eben das Flugticket herauskramen und nachschauen muss, ob die Reise tatsächlich nach Südafrika ging. Ganz der Tradition der Insel verpflichtet, lässt man es sich hier nicht nehmen, die wichtigsten Sehenswürdigkeiten von Matjiesfontein im Rahmen einer zehnminütigen Stadtrundfahrt im Original Londoner Doppeldeckerbus zu zeigen – eine Mr.-Bean-Er-›Fahr‹-ung.

A POINT
Leyland
EX-LONDON

Sprachführer

Allgemeines

guten Morgen	good morning
guten Tag	good afternoon
guten Abend	good evening
gute Nacht	good night
auf Wiedersehen	good bye/cheers/ cheers for now
Entschuldigung!	Excuse me!/Sorry!
hallo/grüß dich	hello
bitte	you're welcome/ please
danke	thank you
ja/nein	yes/no
Wie bitte?	Pardon?
Tut mir leid.	I'm sorry.
Woher kommen Sie?	Where are you from?
Ich komme aus …	I'm from …
Freut mich, Sie kennenzulernen.	Nice to meet you.
Darf ich mich zu Ihnen setzen?	May I join you?
Ist dieser Platz frei?	Is this seat taken?
Hat mich gefreut, Sie kennenzu- lernen.	It was nice meeting you/talking to you.
Wann treffen wir uns?	When shall we meet?
Wer? Was?	Who? What?
Welcher?	Which?
Wann?	When?
Wie?	How?
Wo ist …?	Where is …?
Haben Sie …?	Do you have …?

Unterwegs

Haltestelle	stop
Bus	bus
Auto	car
Geländewagen	four-wheel drive
Kleinbus	minivan
Wohnmobil	camper
Ausfahrt/-gang	exit
Tankstelle	petrol station
Benzin	petrol/fuel
rechts	right
links	left
geradeaus	straight ahead/ straight on
Auskunft	information
ausgebucht	fully booked
Telefon	telephone
Postamt	post office
Bahnhof	train station
Busbahnhof	bus station
Flughafen	airport
Abfahrt/Abflug	departure
Ankunft	arrival
rückbestätigen	to reconfirm
Gepäck	luggage
Handgepäck	hand luggage
Schließfächer	lockers
Zoll	customs
verzollen	to declare
Zoll bezahlen	to pay duty
Stadtplan	city map
alle Richtungen	all directions
Einbahnstraße	one-way street
Eingang	entrance
geöffnet	open
geschlossen	closed
Kirche	church
Museum	museum
Strand	beach
Brücke	bridge
Platz	place/square
Kreuzung	junction
Kreisverkehr	roundabout
Parkplatz	parking lot
Schnellstraße	dual carriageway
Autobahn	motorway
einspurige Straße	single track road

Zeit

3 Uhr (morgens)	3 a. m.
15 Uhr (nachmittags)	3 p. m.
Stunde	hour
Tag/Woche	day/week
Monat	month
Jahr	year
heute	today

gestern	yesterday
morgen	tomorrow
morgens	in the morning
mittags	at noon
abends	in the evening
früh	early
spät	late
Montag	monday
Dienstag	tuesday
Mittwoch	wednesday
Donnerstag	thursday
Freitag	friday
Samstag	saturday
Sonntag	sunday
Feiertag	public holiday
Winter	winter
Frühling	spring
Sommer	summer
Herbst	autumn

Notfall/Gesundheit

Hilfe!	Help!
Polizei	police
Praktischer Arzt	doctor/general practitioner (G. P.)
Sprechstunde	office hours
Zahnarzt	dentist
Frauenarzt	gynaecologist
schwanger	pregnant
Ich fühle mich nicht wohl.	I don't feel well.
Ich fühle mich krank.	I feel ill.
Apotheke	pharmacy/chemist/ apteek
Medizin	medication
Rezept	prescription
Krankenhaus	hospital
Notaufnahme	emergency room
Unfall	accident
Verletzung	injury
Schmerzen	pain, ache
Kopfschmerzen	headache
Magenschmerzen	stomach ache
allergisch	allergic
Schmerzmittel	painkiller
Fieber	fever/temperature
Entzündung	infection
Blut	blood
Schlaftablette	sleeping pill
Röntgen	x-ray
Rettungswagen	ambulance
Notfall	emergency
Panne	breakdown
Verbandskasten	first-aid-kit

Übernachten

Hotel	hotel
Pension	guesthouse
Wohnung	flat
mit Meerblick	with seaview
Parterre	ground floor
Einzelzimmer	single room
Doppelzimmer mit zwei Betten	double room with twin beds
normales/mittelgroßes/sehr großes Doppelbett	twin/queensize/ kingsize bed
Babybett	cot/crib
mit/ohne Bad	with/without bathroom
mit WC	ensuite
Toilette	toilet
Dusche	shower
Klimaanlage	air conditioning
mit Frühstück	with breakfast
Halbpension	half board
Rechnung	bill
Ermäßigung	discount
Raucher oder Nichtraucher?	smoking or non smoking?
Empfang	reception
Reservierung	reservation
Stornierung	cancellation
Nachricht	message
Stecker	plug
Bettlaken	sheets/linen
Waschbecken	sink
Handtuch	towel
Kleiderbügel	hanger

Mülleimer	dust bin/waste bin
Zimmer räumen	to check out

Einkaufen

Geschäft	shop
Markt	market
Kreditkarte	credit card
Geld	money
Geldautomat	cash machine
Bäckerei	bakery
Metzgerei	butchery
Lebensmittel	food
Drogerie	chemist's
teuer	expensive
billig	cheap
Größe	size
bezahlen	to pay

Bank, Post, Behörden

Währung	currency
Bankkonto	bank account
Geldautomat	ATM
Portemonnaie	wallet/purse
Geldschein	note
bar	cash
Kreditkarte	credit card

Zahlen

1	one	17	seventeen
2	two	18	eighteen
3	three	19	nineteen
4	four	20	twenty
5	five	21	twenty-one
6	six	30	thirty
7	seven	40	fourty
8	eight	50	fifty
9	nine	60	sixty
10	ten	70	seventy
11	eleven	80	eighty
12	twelve	90	ninety
13	thirteen	100	one hundred
14	fourteen	150	one hundred and fifty
15	fifteen		
16	sixteen	1000	a thousand

Die wichtigsten Sätze

Allgemeines

Sprechen Sie Deutsch?	Do you speak German?
Ich verstehe nicht.	I don't understand.
Ich spreche kein Englisch.	I don't speak English.
Ich heiße …	My name is …
Wie heißt du/ heißen Sie?	What's your name?
Wie geht's?	How are you?
Danke, gut.	Thanks, fine.
Wie spät ist es?	What's the time?
Bis bald (später).	See you soon (later).

Unterwegs

Wie komme ich zu/nach …?	How do I get to …?
Wo ist bitte …	Sorry, where is …?
Könnten Sie mir bitte … zeigen?	Could you please show me …?

Notfall

Können Sie mir bitte helfen?	Could you please help me?
Ich brauche einen Arzt.	I need a doctor.
Hier tut es weh.	Here I feel pain.

Übernachten

Haben Sie ein freies Zimmer?	Do you have any vacancies?
Wie viel kostet das Zimmer pro Nacht?	How much is a room per night?
Ich habe ein Zimmer bestellt.	I have booked a room.

Einkaufen

Wie viel kostet …?	How much is…?
Ich brauche …	I need …
Wann öffnet/ schließt …?	When does … open/ … close?

Zubereitung

baked	im Ofen gebacken
broiled/grilled	gegrillt
boiled/poached	gekocht
deep fried	frittiert (meist paniert), gebraten
fried	in Fett gebacken, oft paniert
hot	scharf
rare/medium rare	blutig/rosa
steamed	gedämpft
stuffed	gefüllt
well done	durch

Frühstück

bacon	Schinken
boiled egg	hart gekochtes Ei
cereals	Getreideflocken
cooked breakfast	englisches Frühstück
eggs (sunny side up/ over easy)	Spiegeleier (Eigelb nach oben/beidseitig)
jam	Marmelade (alle außer Orangen-marmelade)
scrambled eggs	Rühreier
cream	Kaffeemilch

Fisch und Meeresfrüchte

bass	Barsch
clam chowder	Venusmuschelsuppe
cod	Kabeljau
crab	Krebs/Krabbe
crayfish	Kap-Languste
flounder	Flunder
haddock	Schellfisch
hake	Stockfisch
gamba	Garnele
kingklip	Südafrikas bester Fisch, mit festem, weißem Fleisch, meist gegrillt serviert
kob	Kabeljau
line fish	fangfrischer Fisch des Tages
lobster	Hummer
mussel	Miesmuschel
oyster	Auster
perlemon	Abalone oder Meerohren
prawn	Riesengarnele
salmon	Lachs
scallop	Jakobsmuschel
shellfish	Schalentiere
shrimp	Krabbe
snoek	berühmter südafrikanischer Fisch mit festem Fleisch, meist geräuchert verkauft
sole	Seezunge
swordfish	Schwertfisch
tuna	Thunfisch
yellowtail	gelbflossiger Fisch, wird oft gegrillt

Wurst, Fleisch und Geflügel

beef	Rindfleisch
biltong	durch Trocknen und Würzen haltbar gemachtes, ähnlich wie Beef Jerky in den USA, schmeckt allerdings viel besser, vor allem vom Wild
bobotie	traditionelles Kap-Gericht, Hackfleisch-Curry, mit einem herzhaftem Ei-Pudding und mit Gelbwurz gewürztem Reis serviert
boerewors	wörtlich: Bauernwurst, würzige Bratwürste, gehören praktisch zu jedem braai, werden oft an Straßenständen wie Hotdogs verkauft
braaivleis	Grillfleisch
bredie	traditionelles Kap-Gericht; Eintopf mit

	Gemüse und Lamm, Hühnchen oder Fisch
chicken	Hähnchen
frikkadel	Fleischküchle, Frikadelle
ostrich	Strauß
poffade	Würste aus Innereien vom Wild
russian sausage	große rote Wurst, zwar gebraten, aber meist kalt serviert
vienna	kleinere Version der russian sausage
sausage	Würstchen
sosatie	mariniertes Lammfleisch mit getrockneten Früchten, auf Holzspießen gereicht, gegrillt
spare ribs	Rippchen
turkey	Truthahn
veal	Kalbfleisch
venison	Wildfleisch

Gemüse, Beilagen und Soßen

brinjal	Aubergine
cabbage	Kohl
carrot	Karotte
cucumber	Gurke
chips	Pommes frites
garlic	Knoblauch
geelrys	Reis mit Rosinen
ingera	afrikanisches Fladenbrot
lentils	Linsen
mealie	Maiskolben
mealie pap	Maisbrei, Hauptnahrungsmittel der schwarzen Bevölkerung Südafrikas
mushroom	Pilz
pap and sous	Maisbrei mit Soße
pepper	Paprikaschote
peas	Erbsen
potatoe	Kartoffel
squash/pumpkin	Kürbis
onion	Zwiebel
pickles	in Essig eingelegtes Gemüse
waterblommetjie	hyazinthenähnliche Wasserblume (wird oft für Suppen oder Bredies mit Fleisch verwendet)
welbebloontjes	Stockbrot, ausgerollter Teig wird um frische Holzstöckchen gewickelt und über dem Grill gegart

Obst

apple	Apfel
apricot	Aprikose
blackberry	Brombeere
cape gooseberry	kleine, gelbe Stachelbeere, die nach Tomate und Erdbeere schmeckt
cherry	Kirsche
fig	Feige
grape	Weintraube
grenadilla	Passionsfrucht
lemon	Zitrone
melon	Honigmelone
orange	Orange
peach	Pfirsich
pear	Birne
pineapple	Ananas
plum	Pflaume
raspberry	Himbeere
rhubarb	Rhabarber
strawberry	Erdbeere

Nachspeisen und Gebäck

brownie	Schokoplätzchen
cinnamon roll	Zimtschnecke
french toast	Toast in Ei gebacken
koeksisters	extrem süßes und klebriges Gebäck
maple sirup	Ahornsirup

malva pudding	traditioneller Nachtisch aus Aprikosenmarmelade und Essig
melktart	Mischung aus Vanillepudding und Käsekuchen, mit Zimt bestreut
muffin	Rührteiggebäck
pancake	Pfannkuchen
pastries	Gebäck
rusk	steinhartes Gebäck, nur nach dem Einweichen in Kaffee oder Tee genießbar
waffle	Waffel
whipped cream	Schlagsahne

Getränke

beer (on tap/draught)	Bier (vom Fass)
brandy	Kognac
coffee (decaffeinated/decaf)	Kaffee (entkoffeiniert)
lemonade	Limonade
icecube	Eiswürfel
iced tea	gekühlter Tee
juice	Saft
light beer	alkoholarmes Bier
liquor	Spirituosen
milk	Milch
mineral water	Mineralwasser
red/white wine	Rot-/Weißwein
root beer	dunkle Limonade
rooibos	wohlschmeckender und gesunder Tee aus den Blattspitzen des Rotbusches
soda water	Selterswasser
sparkling wine	Sekt
tea	Tee

Südafrikanische Eigenheiten

bottle store	Laden, der lizenziert ist, Alkohol zu verkaufen
braai	Barbecue, Grillen
cool drink	nicht-alkoholisches Dosengetränk (wie Cola oder Fanta)
dumpie	kleine Bierflasche
farm stall	Laden, meist an der Straße, der hauptsächlich farmfrische Produkte verkauft
padkos	Picknick

Im Restaurant

Ich möchte einen Tisch reservieren.	I would like to book a table.
Bitte warten Sie, bis Sie an einen Tisch gebracht werden.	Please wait to be seated.
Die Speisekarte, bitte.	The menu, please.
Weinkarte	wine list
Die Rechnung, bitte.	The bill, please.
Frühstück	breakfast
Mittagessen	lunch
Abendessen	dinner
Vorspeise	appetizer/starter
Suppe	soup
Hauptgericht	main course
Nachspeise	dessert
Speiseeis	icecream
Beilagen	side dishes
Tagesgericht	meal of the day
Gedeck	cover
Messer	knife
Gabel	fork
Löffel	spoon
Glas	glass
Flasche	bottle
Salz/Pfeffer	salt/pepper
Zucker/Süßstoff	sugar/sweetener
Kellner/Kellnerin	waiter/waitress
MwSt.	VAT
Trinkgeld	tip
Wo sind die Toiletten?	Where are the toilets please?

Register

Abdullah Kadi Abdus Salaam 75
Abseiling 32
Adriaan, Willem 166
Agulhas National Park 230
Aktivurlaub 32
Amalienstein 272
Anbieter von adventure-Sportarten 33
Ankunft 23
Anreise 23
Apartheid 69
Apotheken 36
Architektur 79
Arniston 230
Art-déco-Architektur 80
Ärztliche Versorgung 36
Atlantic Rail 244
Ausländische Investoren 65
Auto fahren 26

Babylonstoren Wine Farm 174
Bahn 24
Bain, Andrew Geddes 187
Bain's Kloof Pass 187, 190
Bakoven 159
Bärenpaviane 144
Barrydale 268
Bauboom 66
Bed & Breakfast 27
Behinderte 40
Betty's Bay 221
Bevölkerungsgruppen 72
Biedouw-Tal 215
Birds of Eden 259
Birkenhead Brewery 226
Bloubergstrand 194
Bloukrans-Brücke 260
Bloukrans Pass 260
Boegoekloof Trails 171
Boggoms Bay 247
Boland Hiking Trail 170
Bontebok National Park 237
Bordjiesdrif 145
Boschendal Estate 176
Botlierskop Private Game Reserve 250
Boulders Beach 141, 144
Boyes Drive 140
Braai 30
Bredasdorp 229
Brenton-on-Sea 252
Brillenpinguinen 57
Briten 73
Brücken-Jumping 32
Buffels Bay 145
Buitenverwachting 164
Bungee-Jumping 32, 260
Buren 73
Buschfeuer 53
Bushmans Kloof Private Game Reserve 216
Busse 24
Butterfly World 184

Calitzdorp 272
Camping 28
Camps Bay 155, 159
Cango Caves 275
Cape Agulhas 229
Cape Columbine 204
Cape Dutch 79
Cape Floral Kingdom 53
Cape Hangklip 221
Cape Jazz 133
Cape of Good Hope Nature Reserve 145
Cape Point 145
Cape Point, Leuchttürme am 147
Cape Point Ostrich Farm 148
Cape St. Blaize 243
Cape St. Blaize Hiking Trail 247
Capetonians 88
Cape Town International Airport 23
Cape Vacca 250
Cederberge 208
Ceres 210
Chapman's Bay 149
Chapman's Peak Drive 150
Choo-Tjoe 244
Christen 74
Church of England 75
Citrusdal 211
Clanwilliam 211
Clifton 155, 159
Coloureds 73
Constantia 162
Constantia Glen 165
Coral Gardens 159

Dana Bay 247
Danger Point 228
Darling 195
De Hoop Nature Reserve 230, 232
De Kelders 227
Delaire Graff Estate 176
De Rust 281
Die Hel 276, 278
Diplomatische Vertretungen 36
Drachenfliegen 32
Duiker Island 151
Du Toitskloof Pass 187
Dwarsrivier 213
Dyer Island 227

Eat Out Awards 29
Eerstewater River 276
Einreisebestimmungen 23
Eislaufen 131
Eland's Bay 205
Elefanten 248
Elektrizität 36
Elephant Sanctuary 249, 260
Elim 77, 229
Encounters: South African International Documentary Film Festival 34
Essen gehen 30
Essen und Trinken 29
Evita Bezuidenhouts (Evita se Perron) 82
Evita se Perron 195

Fahrradfahren 32
Fallschirmspringen 32
False Bay 139, 159
Feiertage 36
Felsmalereien 215
Ferienwohnungen 28
Fernkloof Nature Reserve 223
Fernsehen 38
Feste 34
Festkalender 35
Film 34
Filmproduktionen 67
Fish Hoek 140
Flugzeug 24
Fotografieren 37
Franschhoek 171
Franschhoek Pass 167, 168, 187
Fremdenverkehrsämter 19
Fynbos-Vegetation 53

Gansbaai 227
Garden Route 240
Garden Route National Park 252, 261
Geld 37
Genadendal 76, 238
George 244, 251
Geschichte 47
Gesundheitsvorsorge 37
Gleitschirmfliegen 32, 223
Gleitschirm- und Drachenfliegen 131
Goedverwacht 78
Golf 33

Gondwana Private Game Reserve 246
Gordon's Bay 220
Gouritz River 250
Grabouw 167
Green Point, Leuchtturm von 147
Greyton 238
Groenfontein 272
Groenkol Rooibos Tea Estate 217
Grootbos Nature Reserve 227
Groot Constantia 163

Haie 142, 227
Hai-Tauchen 227, 228
Harold Porter National Botanical Gardens 221
Haute Cabrière 172
Helderberg Nature Reserve 165
Helshoogte Pass 176
Hermanus 223
Herrnhuter Brüdergemeinde 77
Highgate Ostrich Show Farm 273
Hoedjiesbaai Beach 201
Holländisch-Reformierte Kirche 74, 76
Hotels 27
Hottentots Holland Nature Reserve 170
Hout Bay 150, 159
Hout Bay Nek 155

Information 18
Infos im Internet 18
Infostellen vor Ort 19
Islam 75

Jazz 132

Kalk Bay 139
Kanonkop Estate 177
Kap der Guten Hoffnung 145
Kap-Fauna 56
Kap-Florenreich 53
Kap-Halbinsel 136
Kapholländischer Stil 79
Kap-Malaien 75
Kapstadt 86, 104
– Abends & Nachts 131
– Abseiling 130
– Athlone 111
– Ausgehtipps 134
– Auwal Mosque 106
– Belmond Mount Nelson Hotel 94
– Bertram House 91
– Bo-Kaap 106
– Bo-Kaap Museum 106
– Bree Street 104
– Cab of Good Hope 113
– Canal Cruise 131
– Cape Archives 102
– Cape Peninsula University of Technology 99
– Cape Technikon 99, 101
– Cape Town Holocaust Centre 95
– Cape Town International Convention Centre 103
– Cape Town Stadium 81
– Castle of Good Hope 102
– Chavonnes Battery 111
– Church Street 106
– City Hall 102
– Clock Tower 111
– Clocktower Precinct 110
– Company's Garden 62, 90
– Crossroads 112
– De Tuynhuys 96
– District Six 81, 98
– District Six Museum 99
– Dock Road Complex 109
– Dunkley Square 94
– Einkaufen 128
– Essen & Trinken 119
– Feste, Festivals 135
– Galerien 130
– Gardens, Stadtteil 94
– General Post Office 80
– Golden Acre Centre 81
– Golden Acre Shopping Centre 103
– Good Hope Gallery 102
– Grand Parade 103
– Great Synagogue 95
– Greenmarket Square 80, 105
– Groote Kerk 97
– Gugulethu 112
– Hai-Tauchen 131
– Hanover Street Jazz Club 132
– Heerengracht Street 103
– Holyrood-Apartmentgebäude 80
– Houses of Parliament 96
– Iziko South African Museum und Planetarium 90
– Iziko South African National Gallery 95
– Jazztour 132
– Khayelitsha 112
– Koopmans-De Wet House 103
– Lion's Head 113, 120
– Long Street 104
– Mandela-Rhodes-Gebäude 81
– Maritime Centre 109
– Märkte 130
– Michaelis Collection 105
– Military Museum 102
– Muller & Sons Optometrists 80
– Mzoli's 127
– Namaqua Building 106
– Nelson Mandela Gateway 110
– Nobel Square 110
– Old Mutual Building 80
– Old Town House 105
– Penny Ferry 110
– Port Captain's Building 110
– Roggebaai Canal 81, 111
– Rose Corner Café 106
– Rust en Vreugd Historic House and Garden 95
– Rylands 112
– S. A. Slave Church Museum 104
– Seilbahn 112, 115
– Shell-Haus 106
– Signal Hill 113
– Silo District 111
– Slave Lodge 96
– South African Jewish Museum 95
– St. George's Cathedral 96
– St. Georges (Krotoa) Mall 103
– St. Georges Mall 103
– Straight no Chaser 132
– Table Bay Hotel 80
– Table Mountain 112, 114
– Table Mountain Aerial Cableway 112, 115
– Tafelberg 112, 114
– Tafelbucht-Trip 130
– Termine 135
– The Gardens 62, 90
– The Gateways 91
– Townships 111
– Township-Touren 131
– Trafalgar Place 103
– Trinkwasserreservoir-Ruine 103
– Two Oceans Aquarium 108
– Übernachten 113

– Victoria & Alfred Waterfront (V&A Waterfront) 107
– Victoria Junction Hotel 80
– Wachablösung 102
– Wandel Street 94
– Waterfront Marina 111
– William Fehr Collection 102
– Winchester Mansions 132
Kapstädter 88
Kaptölpel 206
Karneval 34
Karoo 264
Karten und Pläne 19
Khoi 73
Khoisan 73
Kinder 37
Kirstenbosch Botanical Gardens 138
Klaarstrom 281
Klein Constantia 164
Kleine Karoo 267
Kleinmond Coastal and Mountain Reserve 223
Klerk, F. W. de 70
Klima 21
Kloofing 33
Knysna 252
Knysna Elephant Park 249, 256
Knysna Speed Festival 254
Kogelberg Biosphere Reserve 221
Kogmanskloof 267
Kommetjie 147, 149
Ko-operatieve Wijnbouwers Vereniging van Zuid Afrika (KWV Wine Emporium) 185

Ladismith 272
Lambert's Bay 205
Landestypische Unterkünfte 27
Landwirtschaft 65
Langebaan 201, 202
Lanzerac Wine Estate 182
Leoparden 221
Lesetipps 20
Leuchttürme 146, 229
Leuchtturm von Agulhas 229
Leuchtturm von Cape St. Blaize 247
LifeCycle Week 35
Llandudno 155, 159

Malgas 235
Mamre 78, 194
Mandela, Nelson 45, 49, 50, 51, 70, 103, 196
Map of Africa 251
Marabi 133
Matjiesfontein 282
MCQP Mother City Queer Project 34
Medien 38
Meerlust 177
Meiringspoort-Schlucht 281
Mietwagen 25
Miller's Point 145
Milnerton, Leuchtturm von 146
Missionsstädte 77
Missionsstationen 76
Moderne Architektur 80
Monkeyland Primate Sanctuary 259
Montagu 267
Montagu Pass 267
Mossel Bay 242
Motorräder 26
Motorroller 26
Muizenberg 139
Muizenberg Beach 141
Mulderbosch Vineyards 177
Musik 34

Nama 73
Nationalparks 28
Nationalpark-Unterkünfte 28
Nature's Valley 260
Naturreservate 28
Nederburg Estate 185
Nederduitse Gereformeerde Kerk 74
Neil Ellis Wines 177
Nelson's Creek Wine Estate 185
Noetzie Castles 253
Noordhoek 149
Notruf 39

Öffnungszeiten 39
Olifantsbos Bay 145, 148
Otter Trail 262
Oudekraal 159
Oudtshoorn 272
Outeniqua Pass 267
Outeniqua Transport Museum 244
Oyster Bay 247
Oystercatcher Trail 4, 246

Paarl 184
– Afrikaans Language Museum 185
– Oude Pastorie Museum 185
– Taal Monument 185
– Weingüter 185
Pakhuis Pass 215
Palmiet Trail 171
Passstraßen, historische 186, 267
Paternoster 201
Paul Cluver Estate 177
Pearly Beach 229
Pinguine 57, 141, 144, 221
Plaisir de Merle 173
Plettenberg Bay 256
Point Village 247
Post 39
Postberg Wildflower Trail 199
Prince Albert 281
Prince Alfred Hamlet 210
Pringle Bay 221

Radio 38
Rassismus 69
Rastafari 73
Rauchen 40
Reiseintos 36
Reisekosten 39
Reisezeit 21
Religion 74
Rhodes, Cecil 90
Riebeeck, Jan van 61, 89
Robben Island 196
Robertson 266
Rocher Pan Nature Reserve 204
Roman Rock, Leuchtturm 147
Rondevlei Nature Reserve 139
Rooibos 217
Rooiels 221
Route 62 266

Safari Ostrich Farm 273
Saldanha 201
Saldanha, de 114
San 73
Sanbona Private Game Reserve 268
Sandboarding 33
Sandy Bay 159
Scarborough 148
Schmidt, Georg 76
Schwarze 72
Seaforth Beach 141
Sea Point 159
Sentinel 150
Seven Passes Road 251
Sevilla Trail 215
Seweweekspoort 272
Sheikh Yusuf 75
Sicherheit 40

Simola Hillclimb 254
Simon's Town 142, 147
Sir Lowry's Pass 167
Slangkop, Leuchtturm 147
Smitswinkelbay 145
Smitwinkels Marine Reserve 159
Somerset West 165
Souvenirs 40
Spartipps 39
Spice Route 188
Spier Wine Estate 182
Sport 32
Sportliche Events 35
Sprache 41
Stanford 226
Steenberg Estate 162
Steenbok Day Trail 201
Stellenbosch 177
- Alexander Street 180
- Bergville House 180
- Bird Street 180
- Bloem Street 179
- Burgerhuis 179
- Church Street (Kerkstraat) 181
- Coachman's Cottage 180
- Crozier House 180
- Die Braak 179
- Dorfsteg 181
- Dorp Street 181
- D'Ouwe Werf 181
- Drostdy-Herberge 180
- Erfurt House 180
- Hofmeyrsaal 181
- Libertas Parva 182
- Market Street 179
- Oom Samie Se Winkel 182
- Rathaus 181
- Rhenish Church 179
- Rhenish Complex 178
- Rhenish Institute 179
- Rhenish School 179
- Sasol Art Museum 180
- Stellenbosch College 180
- St. Mary's Anglican Church 180
- Toy and Miniature Museum 178
- Victoria Street 180
- Village Museum 180
- Weingüter 182
Stel, Simon van der 63, 164
Steuerrückerstattung 41
St. Helena Bay 205
St. James 139
Stoney Point 221
Storms River 261
Storms River Mouth 261
Strände 150, 159, 243, 256
Strände am Kap 140
Straußenfarmen 273
Surfen 33, 141, 150, 207
Surftipps im Internet 18
Swartberg Hiking Trail 277
Swartberg Pass 275, 278
Swellendam 236

Tafelberg 89
Tauchen am Kap 159
Tauchgründe an der Kap-Halbinsel 159
Taxis 24
Telefonieren 41
Textilproduktion 66
Thelema Mountain Estate 177
Tierwelt 56
Tieties Bay Nature Reserve 204
Tourismus 66
Trinkgeld 41
Tsitsikamma 261
Tuan Guru 75
Tulbagh 190
Tutu, Desmond 75

Übernachten 27
Umweltschutz 55
Unterhaltung 34
Uys, Pieter-Dirk 82, 195

Vergelegen Wine Estate 166
Verkehrsmittel im Land 24
Verkehrsregeln 26
Viljoens Pass 167
Vogelinsel 206
Volksgruppen 72
Voodoo 75

Waenhuiskrans 230
Wale 57, 58, 223, 225, 243
Walker Bay 226
Walker Bay Nature Reserve 226
Walküste 218
Wandern 33, 113, 114, 120, 148, 170, 199, 231, 246, 262, 277
Waterford Estate 177
Wein 61
Weinbau 66
Weine 177
Weingüter 162, 172, 177, 182, 185
Weinland 160
Weinrouten 63, 163
Weißen 73
West Coast National Park 195
Westküste 192
Wetter 21
Whale Trail 231
Wilderness 251
Wirtschaft 65
Wohnmobil 25
Wolfberg Arch 213
Woodstock 119, 157
Wupperthal 77, 216

Xhosa 72

Yzerfontein 195

Zeit 41
Zeitungen 39
Zeitverständnis 88
Zevenwacht 177
Zollvorschriften 23
Züge, historische 244

Der Autor: Dieter Losskarn lebt seit 1994 in Hout Bay bei Kapstadt. Er isst und trinkt gerne (in Maßen), was seinen Reportagen und Reiseführern zugutekommt, da er immer auf der Suche nach schönen Restaurants oder Weingütern ist. Er ist oft per Auto oder Motorrad in Südafrika unterwegs, um über neue Hotels, Lodges und Aktivsportarten zu berichten, was ihn zu einem intimen Kenner des Landes gemacht hat. Kein Wunder, dass die von ihm verfassten Reisebücher stets auf dem neuesten Stand sind: www.facebook.com/dieter.losskarn

Abbildungsnachweis
DuMont Bildarchiv, Ostfildern: S. 84/85, 107 (Schulze)
Glow Images, München: S. 192 li., 206 (ImageBroker/Schulz)
Huber Images, Garmisch-Partenkirchen: Titelbild
laif, Köln: S. 160 re., 181 (hemis.fr/Maisant), 238/239 (robertharding/Toon)
Dieter Losskarn, Hout Bay, Südafrika: S. 6, 12 o. re., 12 u. li., 12 u. re, 22, 38, 81, 156/157, 218 o. li., 222, 264 (2x), 269, 270/271, 284/285, 296
Alle anderen Fotos: Archiv Lossis Words & Images, Hout Bay, Südafrika

Kartografie
DuMont Reisekartografie, Fürstenfeldbruck

Umschlagfoto
Titelbild: Blick vom Tafelberg auf Lion's Head und Sea Point, Kapstadt

Hinweis: Autor und Verlag haben alle Informationen mit größtmöglicher Sorgfalt geprüft. Gleichwohl erfolgen alle Angaben ohne Gewähr. Bitte schreiben Sie uns! Über Ihre Rückmeldung und Ihre Verbesserungsvorschläge freuen wir uns: **DuMont Reiseverlag,** Postfach 3151, 73751 Ostfildern, info@dumontreise.de, www.dumontreise.de

5., aktualisierte Auflage 2017

Redaktion/Lektorat: Doreen Reeck, Ulrike von Düring
Grafisches Konzept: Groschwitz/Blachnierek, Hamburg
Printed in China

FSC www.fsc.org MIX Papier aus verantwortungsvollen Quellen FSC® C124385